Aschauer/Bertl/Eberhartinger/Eckert/Egger/Hirschler/Hummel/Kalss/
Kofler/Lang/Novotny-Farkas/Nowotny/Petutschnig/Riegler/Rust/Schuch/
Spies/Staringer (Hrsg)

Kauf und Verkauf von Unternehmen

Kauf und Verkauf von Unternehmen

Wiener Bilanzrechtstage 2021

herausgegeben von

Univ.-Prof. Dr. Ewald Aschauer
o. Univ.-Prof. Mag. Dr. Romuald Bertl
Univ.-Prof. Mag. Dr. Eva Eberhartinger
Univ.-Prof. Dr. Georg Eckert
em. o. Univ.-Prof. Dkfm. DDr.h.c. Anton Egger
Univ.-Prof. MMag. Dr. Klaus Hirschler
Univ.-Prof. Dr. Katrin Hummel
Univ.-Prof. Dr. Susanne Kalss
Univ.-Prof. DDr. Georg Kofler
Univ.-Prof. Dr. DDr.h.c. Michael Lang
Univ.-Prof. Dr. Zoltan Novotny-Farkas
em. Univ.-Prof. Dr. Christian Nowotny
a. Univ.-Prof. Dr. Matthias Petutschnig
Univ.-Prof. Dr. Christian Riegler
Univ.-Prof. Dr. Alexander Rust
Univ.-Prof. MMag. Dr. Josef Schuch
Univ.-Prof. Dr. Karoline Spies
Univ.-Prof. Dr. Claus Staringer

Linde

Zitiervorschlag: *Autor/Autorin* in *Aschauer* et al (Hrsg), Kauf und Verkauf von Unternehmen (2022) Seite

Bibliografische Information der Deutschen Nationalbibliothek

Die Deutsche Nationalbibliothek verzeichnet diese Publikation in der Deutschen Nationalbibliografie; detaillierte bibliografische Daten sind im Internet über http://dnb.d-nb.de abrufbar.

Hinweis: Aus Gründen der leichteren Lesbarkeit wird auf eine geschlechtsspezifische Differenzierung verzichtet. Entsprechende Begriffe gelten im Sinne der Gleichbehandlung für alle Geschlechter.

Das Werk ist urheberrechtlich geschützt. Alle Rechte, insbesondere die Rechte der Verbreitung, der Vervielfältigung, der Übersetzung, des Nachdrucks und der Wiedergabe auf fotomechanischem oder ähnlichem Wege, durch Fotokopie, Mikrofilm oder andere elektronische Verfahren sowie der Speicherung in Datenverarbeitungsanlagen, bleiben, auch bei nur auszugsweiser Verwertung, dem Verlag vorbehalten.

Es wird darauf verwiesen, dass alle Angaben in diesem Fachbuch trotz sorgfältiger Bearbeitung ohne Gewähr erfolgen und eine Haftung der Herausgeber, der Autoren oder des Verlages ausgeschlossen ist.

ISBN 978-3-7073-4496-7

© Linde Verlag Ges.m.b.H., Wien 2022
1210 Wien, Scheydgasse 24, Tel.: 01/24 630
www.lindeverlag.at
Druck: Hans Jentzsch & Co GmbH
1210 Wien, Scheydgasse 31
Dieses Buch wurde in Österreich hergestellt.

Gedruckt nach der Richtlinie des Österreichischen Umweltzeichens „Druckerzeugnisse", Druckerei Hans Jentzsch & Co GmbH, UW-Nr. 790

PRINTED IN AUSTRIA

Vorwort der Herausgeber

Nachdem im Jahr 2020 die Bilanzrechtstage zu unserem großen Bedauern entfallen sind, freuen wir uns, Ihnen nun die Ergebnisse der Vorträge und Diskussionen der 21. Bilanzrechtstage 2021 im vorliegenden Band zur Verfügung zu stellen. Die Institute für Revisions-, Treuhand- und Rechnungswesen, für Österreichisches und Internationales Steuerrecht und für Zivil- und Unternehmensrecht der Wirtschaftsuniversität Wien haben sich dem Generalthema *„Kauf und Verkauf von Unternehmen"* gewidmet.

Die Vortragenden haben den Bogen von der Kaufpreisfindung über Kaufpreisallokation, Konsolidierung, Finanzierung zu ertrags- und umsatzsteuerlichen Fragen sowie zu Fragen der Sorgfalt und der Leistungsstörungen gespannt. Wie jedes Jahr war es das Ziel der Veranstalter, ein zentrales Thema multidisziplinär aufzubereiten und sowohl Praktikern eine Hilfestellung als auch wissenschaftlich Interessierten eine vertiefte Analyse der behandelten Themen zur Verfügung zu stellen. Für die Organisation der Veranstaltung sowie die Unterstützung der Herausgabe des Bandes danken wir der Akademie der Steuerberater und Wirtschaftsprüfer, insbesondere Frau *Claudia Endl*, wie auch Frau *Sabine Rettig* vom Institut für Revisions-, Treuhand- und Rechnungswesen der WU. Ebenso danken wir dem Linde Verlag, der das Buch wie gewohnt in professioneller Weise umgesetzt hat.

Wien, im September 2021

Univ.-Prof. Dr. *Ewald Aschauer*
Univ.-Prof. Dr. *Romuald Bertl*
Univ.-Prof. Dr. *Eva Eberhartinger*
Univ.-Prof. Dr. *Georg Eckert*
em. Univ.-Prof. Dr. Dr.h.c. *Anton Egger*
Univ.-Prof. Dr. *Klaus Hirschler*
Univ.-Prof. Dr. *Katrin Hummel*
Univ.-Prof. Dr. *Susanne Kalss*
Univ.-Prof. DDr. *Georg Kofler*
Univ.-Prof. Dr. DDr.h.c. *Michael Lang*
Univ.-Prof. Dr. *Zoltán Novotny-Farkas*
em. Univ.-Prof. Dr. *Christian Nowotny*
a. Univ.-Prof. Dr. *Matthias Petutschnig*
Univ.-Prof. Dr. *Christian Riegler*
Univ.-Prof. Dr. *Alexander Rust*, LL.M.
Univ.-Prof. Dr. *Josef Schuch*
Univ.-Prof. Dr. *Karoline Spies*
Univ.-Prof. Dr. *Claus Staringer*

Verzeichnis der Autorinnen und Autoren

em. Prof. Dr. Dr.h.c. *Wolfgang Ballwieser*, LMU München

Univ.-Prof. Dr. *Georg Eckert*, Institut für Unternehmensrecht, WU Wien, wkk law Rechtsanwälte

Univ.-Doz. Dr. *Friedrich Fraberger*, Tax Partner, KPMG Austria

Univ.-Prof. Dr. *Klaus Hirschler*, Institut für Revisions-, Treuhand- und Rechnungswesen, WU Wien

Dr. *Katharina Kubik*, Freshfields Bruckhaus Deringer, Lektorin des Instituts für Österreichisches und Internationales Steuerrecht, WU Wien

Priv.-Doz. Dr. *Christoph Marchgraber*, Tax Senior Manager, KPMG Austria, Lektor des Instituts für Österreichisches und Internationales Steuerrecht, WU Wien

Stefan Novak, MA, Österreichischen Raiffeisenverband

em. Univ.-Prof. Dr. *Christian Nowotny*, Mitglied des Fachsenats für Handelsrecht und Revision der Kammer der Steuerberater und Wirtschaftsprüfer

Priv.-Doz. Dr. *Alexander Schiebel*, Österreichischer Raiffeisenverband

Univ.-Prof. Dr. *Karoline Spies*, Institut für Österreichisches und Internationales Steuerrecht, WU Wien, Deloitte Austria, Senior Tax Manager

Univ.-Prof. Dr. *Claus Staringer*, Institut für Österreichisches und Internationales Steuerrecht, WU Wien, Freshfields Bruckhaus Deringer, Principal Consultant

Univ.-Prof. Dr. *Julia Told*, Institut für Zivil- und Zivilverfahrensrecht, Abteilung Zivil- und Unternehmensrecht, WU Wien

Inhaltsverzeichnis

Vorwort der Herausgeber	V
Verzeichnis der Autorinnen und Autoren	VII
Abkürzungsverzeichnis	XI
Wolfgang Ballwieser Methoden der Kaufpreisfindung	1
Alexander Schiebel/Stefan Novak Kaufpreisallokation nach UGB und IFRS	15
Claus Staringer Was ist im Steuerrecht ein Kaufpreis?	33
Julia Told Sorgfalt der Geschäftsführung beim Unternehmenskauf	53
Karoline Spies Unternehmenskauf in der Umsatzsteuer	107
Georg Eckert Die Spaltung als Transaktionsbaustein	133
Christian Nowotny Leistungsstörungen beim Unternehmenskauf	151
Katharina Kubik Steuerliche Risikoverteilung beim Unternehmenskauf	163
Klaus Hirschler Erst- und Endkonsolidierung von Anteilen	179
Friedrich Fraberger Steuerliche Implikationen der Gestaltung des Unternehmenskaufpreises	197
Christoph Marchgraber Steuerfragen der Akquisitionsfinanzierung	225

Abkürzungsverzeichnis

a	auch
aA	anderer Ansicht
ABGB	Allgemeines bürgerliches Gesetzbuch JGS 1811/946
abl	ablehnend
Abs	Absatz
AFRAC	Austrian Financial Reporting and Auditing Committee
AG	Aktiengesellschaft; Die Aktiengesellschaft
AktG	Aktiengesetz 1965 BGBl 1965/98
amtl	amtlich
AnfO	Anfechtungsordnung RGBl 1914/337
Art	Artikel
ASVG	Allgemeines Sozialversicherungsgesetz BGBl 1955/189
ausf	ausführlich
B2B	business-to-business
BAO	Bundesabgabenordnung BGBl 1961/194
BB	Der Betriebsberater
Begr	Begründung
BFGjournal	BFG-Entscheidungen aus erster Hand
BFH	(deutscher) Bundesfinanzhof
BGH	Bundesgerichtshof
BGHZ	Entscheidungen des Bundesgerichtshofs in Zivilsachen
BlgNR	Beilage, -n zu den Stenographischen Protokollen des Nationalrates
BörseG	Börsegesetz BGBl I 2017/107
bspw	beispielsweise
BStBl	(deutsches) Bundessteuerblatt
Buchst	Buchstabe
bzw	beziehungsweise
CAPM	Capital Asset Pricing Model
D	Deutschland
d, dt	deutsch
DB	Der Betrieb

Abkürzungsverzeichnis

DCF	Discounted Cashflow
dh	das heißt
DSGVO	Datenschutz-Grundverordnung
DStR	Deutsches Steuerrecht
EBIT	earnings before interest and taxes
EBITDA	earnings before interest, tax, depreciation, and amortization
ecolex	Fachzeitschrift für Wirtschaftsrecht
EFG	Entscheidungen der Finanzgerichte (d)
EG	Europäische Gemeinschaften; Einführungsgesetz
Erg, erg	Ergänzung; ergänzt; ergänzend
ErwGr	Erwägungsgrund
EStR	Einkommensteuerrichtlinien 2000
et al	et alii
etc	et cetera
EU	Europäische Union
EuGH	Europäischer Gerichtshof
EUR	Euro
f, ff	folgende, fortfolgende
FinStrG	Finanzstrafgesetz BGBl 1958/129
FJ	Finanzjournal
FN, Fn	Fußnote
FS	Festschrift
gem	gemäß
GES, GeS	Zeitschrift für Gesellschaftsrecht und angrenzendes Steuerrecht
GesRZ	Der Gesellschafter, Zeitschrift für Gesellschafts- und Unternehmensrecht
GmbH	Gesellschaft mit beschränkter Haftung
GmbHG	Gesetz über Gesellschaften mit beschränkter Haftung RGBl 1906/58
GmbHR	Rundschau für GmbH
GoB	Grundsätze ordnungsgemäßer Buchführung
GuV	Gewinn- und Verlustrechnung
hA	herrschende Ansicht
HB	Handbuch
hL	herrschende Lehre

Hrsg	Herausgeber
IAS	International Accounting Standards
IASB	International Accounting Standards Board
IBFD	International Bureau of Fiscal Documentation
idF	in der Fassung; in der Folge
idR	in der Regel
idS	in diesem Sinn
IdW	Institut der Wirtschaftsprüfer in Deutschland eV
iE	im Ergebnis
IFRS	International Financial Reporting Standards
iHv	in Höhe von
insb	insbesondere
IO	Insolvenzordnung RGBl 1914/337
IRZ	Zeitschrift für Internationale Rechnungslegung
iSd	im Sinne der, des
iSv	im Sinne von
iVm	in Verbindung mit
iwS	im weiteren Sinne
iZm	in Zusammenhang mit
JBl	Juristische Blätter
Jh	Jahrhundert
JStG	Jahressteuergesetz 2018 BGBl I 2018/62
Kap	Kapitel
KartG	Kartellgesetz BGBl I 2005/61
KBB	*Koziol/Bydlinski/Bollenberger*, ABGB
Komm	Kommentar
KoR	Zeitschrift für internationale und kapitalmarktorientierte Rechnungslegung
krit	kritisch
KSchG	Konsumentenschutzgesetz BGBl 1979/140
LG	Landesgericht
lit	litera
Lit	Literatur
lt	laut
M&A	Mergers and Acquisitions (Fusionen und Übernahmen)

Abkürzungsverzeichnis

MAR	Marktmissbrauchsverordnung
maW	mit anderen Worten
mE	meines Erachtens
Mrd	Milliarde(n)
mwN	mit weiteren Nachweisen
MwSt	Mehrwertsteuer
MWStSyst-RL	Mehrwertsteuersystemrichtlinie
NR	Nationalrat
Nr	Nummer
NZ	Österreichische Notariats-Zeitung
NZG	Neue Zeitschrift für Gesellschaftsrecht
oÄ	oder Ähnliche(s)
ÖBA	Österreichisches Bankarchiv
OGH	Oberster Gerichtshof
ÖJT	Österreichischer Juristentag
OLG	Oberlandesgericht
PE	Private Equity
Pkt	Punkt
PKW	Personenkraftwagen
RÄG	Rechnungslegungsrechts-Änderungsgesetz
rd	rund
RdW	Österreichisches Recht der Wirtschaft
rk	rechtskräftig
RLG	Rechnungslegungsgesetz BGBl 1990/475
Rn	Randnummer
Ro	ordentliche Revision
Rs	Rechtssache
Rsp	Rechtsprechung
RStBl	Reichssteuerblatt
RWZ	Österreichische Zeitschrift für Rechnungswesen
Rz	Randzahl
S	Satz; Seite
s	siehe
sog	sogenannt, -e, -er, -es
SPA	Sale and Purchase Agreement

SpaltG	Spaltungsgesetz BGBl 1996/304
StuB (d)	Unternehmensteuern und Bilanzen
SWI	Steuer und Wirtschaft International
SWK	Österreichische Steuer- und Wirtschaftskartei
taxlex	Zeitschrift für Steuer und Beratung
TEUR	Tausend Euro
tw	teilweise
Tz	Textziffer
ua	unter anderem; und andere
UFS	Unabhängiger Finanzsenat
UGB	Unternehmensgesetzbuch BGBl I 2005/120
UK	United Kingdom
UmgrStG	Umgründungssteuergesetz 1991/699
UmgrStR 2002	Umgründungssteuerrichtlinien 2002
UmwG	Umwandlungsgesetz BGBl 1996/304
US	United States
UStG	Umsatzsteuergesetz 1994 BGBl 1994/663
uU	unter Umständen
uva	und vor allem
uvam	und viele(s) andere mehr
v	von, vom
va	vor allem
VAT	Valued Added Tax
verb Rs	verbundene Rechtssachen
VfSlg	Sammlung der Erkenntnisse und wichtigsten Beschlüsse des Verfassungsgerichtshofs
vgl	vergleiche
VO	EU-Verordnung
VwGH	Verwaltungsgerichtshof
wbl	Wirtschaftsrechtliche Blätter
WiB	Wirtschaftsrechtliche Beratung; Zeitschrift für Wirtschaftsanwälte und Unternehmensjuristen
WK	Wiener Kommentar
WPg	Die Wirtschaftsprüfung
Z	Zahl, Ziffer

zB	zum Beispiel
ZGR	(deutsche) Zeitschrift für Unternehmens- und Gesellschaftsrecht
ZHR	(deutsche) Zeitschrift für das gesamte Handelsrecht und Wirtschaftsrecht
ZIP	Zeitschrift für Wirtschaftsrecht und Insolvenzpraxis
zT	zum Teil

Methoden der Kaufpreisfindung

Wolfgang Ballwieser

1. **Einleitung**
2. **Präskriptive Theorie**
   2.1. Rahmenbedingungen einer Kaufpreisfindung
   2.2. „Rationale" Kaufpreisermittlung und deren Gestaltung
3. **Empirische Resultate**
   3.1. Fragestellungen und methodische Grundlagen
   3.2. Bewertungsverfahren
   3.3. Preisfindungsmechanismen
   3.4. Kaufpreishöhe
   3.5. Anekdotische Evidenz
4. **Resümee**

1. Einleitung

Wie kommen Kaufpreise für Unternehmen – oder wesentliche Beteiligungen an ihnen – zustande? Diese Frage lässt sich unter präskriptiven (praktisch-normativen) und empirischen (deskriptiven) Gesichtspunkten diskutieren. Für Theorie und Evidenz wäre es gut, dass sich zwischen den Resultaten beider Vorgehensweisen keine großen Lücken ergeben. Der Beitrag geht beiden Erkenntnisbereichen in den Kapiteln 2. und 3. nach und endet mit einem Resümee in Kapitel 4.

2. Präskriptive Theorie
2.1. Rahmenbedingungen einer Kaufpreisfindung

Kaufpreise sind die Ergebnisse der Handlungen von Käufer und Verkäufer. Beide handeln jedoch nicht kontextfrei, sondern sind unterschiedlichen Rahmenbedingungen ausgesetzt. Letztere betreffen insbesondere

a) die Eigenschaften des Transaktionsobjektes,
b) die Eigenschaften der Transaktionspartner,
c) die Situation des jeweiligen Transaktionspartners,
d) die Eigenschaften des Transaktionsmarktes,
e) die Zahlungsbereitschaften potentieller Käufer,
f) den Zeitpunkt und Zeitdruck der Transaktionspartner.

Ad a) Objekteigenschaften

Es ist evident, dass sich der Kauf einer Grazer Metzgerei(kette) von dem Erwerb von Tesla unterscheidet. Die Unternehmen sind unterschiedlich groß; für sie finden sich einerseits viele, andererseits keine (auch nur annähernd) vergleichbaren Unternehmen und die Preisvorstellungen und Finanzierungsbedarfe beider werden weit auseinandergehen. Auch befinden sich die potentiellen Kaufobjekte in ganz unterschiedlichen Entwicklungsphasen, die sich mit dem (wohlbekannten) Konzept des Lebenszyklus mit den vier Phasen „Position beziehen", „Verstetigen oder scheitern", „Nachhaltig erfolgreich sein" und „Neustart oder Exit" kennzeichnen lassen.[1]

Wer klassische Discounted-Cash-Flow-Verfahren, kurz: DCF-Verfahren, zu denen auch die Ertragswertmethode zählt, oder Multiplikatorverfahren verwenden will,[2] hat unterschiedliche Schwierigkeiten aufgrund der nicht übereinstimmenden Objekteigenschaften:

Realisierte Preise für gekaufte Metzgereien dürften zu besorgen sein, während sie bei Tesla fehlen.[3] Dasselbe gilt für die Entwicklung einer Peer Group, die man

---
[1] Vgl *Schwenker* et al (2021) 44 f.
[2] Vgl zB *Ballwieser/Hachmeister* (2016) 8–202 und 212–222.
[3] Die Börsen- oder Marktkapitalisierung ist kein realisierter Preis eines Unternehmens.

nicht nur bei der Multiplikatormethode, sondern auch bei den DCF-Verfahren, mindestens für eine nicht börsennotierte Metzgerei, uU aber auch für Tesla, für die Bestimmung des risikoangepassten Zinsfußes benötigt.

Ad b) Transaktionspartnereigenschaften

Nicht börsennotierte Familienunternehmen und große börsennotierte Konzerne als potentielle Käufer oder Verkäufer haben regelmäßig sehr unterschiedliche Eigenschaften. Das betrifft insbesondere den Planungshorizont (lang- vs eher kurzfristig), die Risikoneigung (stärkere vs schwächere Risikoaversion), die Finanzkraft (hohe vs niedrige Fremdkapitalanteile zur Finanzierung des Kaufobjekts) und die persönliche Betroffenheit nach Erwerb oder Verkauf eines Unternehmens (langfristige vs kurzfristige Bindung). Gleichermaßen könnten die Expertise bzw Beratungsnotwendigkeit der Transaktionspartner und die damit verbundene, in der Regel sehr teure Unterstützungsleistung unterschiedlich sein.

Ad c) Transaktionspartnersituation

Die Eigentümer eines Unternehmens könnten in eine persönliche oder unternehmensbezogene Notsituation geraten sein oder nur die Option prüfen wollen, ob sie sich von dem Unternehmen gerade günstig trennen können. Unternehmen, die als „underperforming", „stressed" oder „distressed" bezeichnet werden (wie auch immer dies gemessen sein mag),[4] haben eine andere Wertigkeit und ein anderes Verhandlungspotential bei Transaktionen als Unternehmen, denen eine dieser Eigenschaften fehlt. Miteigentümer, Gläubiger und Berater vermögen bei der erstgenannten Gruppe einen Druck aufzubauen, der in Verhandlungssituationen oder durch Auktionsgebote von der Gegenseite ausnutzbar ist.

Ad d) Transaktionsmarkteigenschaften

Die Tätigkeiten der Transaktionsobjekte sind in einem Markt- und damit verbundenen Strategiekontext zu sehen. Zum einen kann der Markt für Güter und Dienstleistungen sich in einer unterschiedlichen Lebenszyklusphase befinden, verschieden wettbewerbsstark oder -schwach und unterschiedlich reguliert sein. Zum anderen kann die Strategie der Unternehmensleitung auf Risikominderung im Unternehmen oder auf Ausrichtung am Kerngeschäft gerichtet sein. Hinzu kommen besondere volkswirtschaftliche Rahmenbedingungen, die den Transaktionsmarkt anfeuern und mit hohen Preisen unterstützen oder das Gegenteil bewirken.

Die Automobilbranche samt ihren Zulieferern hat beispielsweise ebenso wie die Bankenwelt gegenwärtig Schwierigkeiten, sich als nachhaltig (!) erfolgreich zu erweisen, und muss sich mindestens zum Teil mit Neustart, uU gar mit Untergang beschäftigen. Disruption ist das Wort der Stunde. Der Grazer Metzger ist nicht völlig sorgenfrei, aber seine Existenz wirkt deutlich weniger bedroht.

---

4 Vgl a *Bini* (2020) zu Anzeichen von „troubled firms".

Dass die Wettbewerbsstärke und die Regulierung in verschiedenen Märkten ebenfalls höchst unterschiedlich sein können, liegt gleichermaßen auf der Hand. Wer ein natürliches Monopol besitzt, wie es beispielsweise bei Netzen der Fall ist, wird zwar reguliert und muss dem Wettbewerb zu bestimmten Konditionen den Netzzugang erlauben, kann aber dennoch viel geschützter sein als ein Dienstleistungsunternehmen der Unterhaltungsbranche oder des Reisesektors.

Unternehmen bauen ihre Strategien auf Güter- und Dienstleistungsmarkteigenschaften auf und können sich – je nach Einschätzung von Risiken und Chancen – auf eine Portfolio- oder Kernkompetenzstrategie festlegen. Letztere führt in jedem Fall zu dem Versuch, Marktführer zu werden, um Skaleneffekte nutzen zu können. Das heizt uU starke M&A-Aktivitäten an, die preistreibend sein können, wenn ein Kampf um die Spitzenposition zwischen verschiedenen Unternehmen bei Zielobjekten einsetzt.

Auf die Transaktionsmarkteigenschaften haben aber gleichermaßen wirtschaftspolitische Entscheidungen und volkswirtschaftliche Parameter Einfluss. Man denke nur an die Zinspolitik der Europäischen Zentralbank, Währungs- und Kapitalmarktkonditionen und die Summen, die bei potentiellen Unternehmenskäufern, nicht nur aus ein und derselben Branche (und damit nicht strategisch), vorhanden sind, und für die Anlageobjekte gesucht werden, weil Kapitalmarktanlagen unrentabel wurden.[5]

Ad e) Zahlungsbereitschaften potentieller Käufer

Betriebswirtschaftlich rational handelnde, an finanziellen Ergebnissen orientierte Unternehmenskäufer werden nie mehr zahlen wollen, als was ein Unternehmen wert ist. So plausibel das ist, so wenig darf man vergessen, dass die Zahlungsbereitschaft eines Käufers stark davon abhängen kann, in welcher Form gezahlt wird: durch bare Mittel, eigen- oder fremdfinanziert, oder durch eigene Kapitalanteile. In Situationen, in denen Fremdkapital teuer und Eigenkapital knapp ist, bieten sich bare Mittel nicht als die beste Möglichkeit an. Im anderen Fall kann man leichter hohe Preise entrichten, erst recht, wenn man nicht in einem Familienunternehmen, sondern als Manager in einem börsennotierten Konzern angestellt ist und sich vorstellen kann, dass diese Anstellung „nicht ewig" sein wird. Hier werden Anreizprobleme zwischen Eigentümer und Management evident und deren Bewältigung spielt für die Kaufpreishöhe uU eine erhebliche Rolle.

Ad f) Zeitpunkt und Zeitdruck der Transaktionspartner

Gegenwärtig ist sehr viel Geld im Umlauf, das für Käufe von Unternehmen, auch mangels Attraktivität von Kapitalmarktanlagen, genutzt werden kann. Das ist ein

---

[5] So berichtet *Smolka* (2020) als Redakteur der Frankfurter Allgemeine Zeitung mit Bezug auf das Analysehaus Preqin, dass Ende 2019 Finanzinvestoren über 1,43 Billionen Dollar nicht investiertes Kapital verfügten und damit einen Rekord erzielten.

Faktor, der Preise im Transaktionsmarkt nach oben treiben kann (und wohl auch tut). Wer quasi „auf Geld sitzt", kann in einem Konzern, bei fehlender Neigung zur Ausschüttung, ein Rechtfertigungsproblem haben, was er – wenn nicht durch Kauf von Objekten und nachhaltige Investitionen – nur durch Aktienrückkauf etwas kaschieren kann. Zeitdruck für Transaktionspartner entfachen mithin nicht nur die oben bereits angesprochenen Notsituationen aufgrund schlechter Unternehmensleistung oder persönlicher Notfälle. Auch hohe Liquidität kann eine Ursache sein. Der Zeitdruck wird in beiden Fällen zum Einflussfaktor für den Kaufpreis.

2.2. „Rationale" Kaufpreisermittlung und deren Gestaltung

Preis und Wert eines Unternehmens sind zweierlei, auch wenn sowohl die Römer für beides nur einen Ausdruck („pretium") hatten[6] als auch unrealistische mikroökonomische Modelle, in denen alle Investoren identische Erwartungen über die ungewisse Zukunft aufweisen und transaktionskostenfrei handeln können, zu einer Übereinstimmung von Wert und Preis gelangen.[7]

Für die Bewertung bedient man sich idR bei Annahme einer Unternehmensfortführung der DCF-Verfahren. Üblicherweise werden prognostizierte Erwartungswerte von Cash-Flow-Verteilungen mit risikoangepassten Zinsfüßen diskontiert und ergeben aufsummiert den Unternehmenswert. Modifikationen des Ergebnisses oder des Zinsfußes hinsichtlich Beherrschungs- oder Minderheitsanteilen an der Gesellschaft, fehlender Marktgängigkeit, Unternehmensgröße oÄ sind in den deutschsprachigen Ländern bei Verwendung dieses Kalküls nicht üblich.[8] Das ist aus US-amerikanischer Perspektive anders.[9]

Damit der Kauf zustande kommt, muss ein Einigungsbereich für den Kaufpreis existieren. Dh der Wert für den Käufer darf den Wert für den Verkäufer nicht unterschreiten.

Mit den individuellen Wertvorstellungen geht man in die Verhandlung und es resultiert, meist nach Auseinandersetzung mit zahlreichen argumentativ vorgeschobenen Werten, ein die Interessen beider Parteien berücksichtigender Kaufpreis.

Je nach Vertrag kann der Kaufpreis als Festpreis oder als variabler Preis mittels einer Kaufpreisanpassungsklausel, oft formelmäßig unterlegt, festgelegt werden. Im letzten Fall wirken sich zwischen Vertragsabschluss („signing") und dinglichem Vollzug („closing") eingetretene Änderungen von für die Kaufpreisermittlung herangezogenen Ausgangszahlen auf den vorher vereinbarten Kaufpreis aus.[10]

6　Vgl a *Simon* (2020).
7　Hier denke man nicht zufällig an das CAPM.
8　Vgl zB *Ballwieser/Hachmeister* (2016) 113–124; *Ballwieser* (2018).
9　Vgl insb *Hitchner* (2017); *Pratt* (2012).
10　Vgl *Thurn* (2020) 279.

Eine Anpassung des Kaufpreises kann auch an die Entwicklung des Unternehmens nach Closing anknüpfen, indem sich bei Erreichen einer oder mehrerer vordefinierter Erfolgsgrößen innerhalb eines bestimmten Zeitraums nach Closing der ursprüngliche Kaufpreis erhöht bzw. der Verkäufer einen zusätzlichen Betrag als Mehrkaufpreis verlangen kann. Ein solcher sogenannter Earn Out-Mechanismus kann genutzt werden, um unterschiedliche Auffassungen des Verkäufers und des Käufers über die zukünftige Ertragskraft des Unternehmens und damit den Unternehmenswert zu überbrücken.[11]

Zu diesem bekannten Mechanismus einer rationalen Kaufpreisgestaltung treten mindestens zwei Besonderheiten hinzu:

a) zum einen die Orientierung an realisierten oder fiktiven Marktpreisen,
b) zum anderen die Gestaltung der Kaufpreisermittlung mithilfe von Auktionen.

Realisierte Marktpreise lassen sich nur selten für das Kaufobjekt erheben, und selbst wenn dies gelingt, dann sind sie meist nicht mehr zeitnah und haben in der Zwischenzeit zu Veränderungen des Transaktionsobjektes geführt. Dann muss man auf Marktpreise von Peers ausweichen. Fiktive Marktpreise werden oft an der Marktkapitalisierung verankert. Auf beide Bezugsgrößen lassen sich (meist) finanzielle Erfolgsgrößen der real oder fiktiv gehandelten Unternehmen beziehen und mittels Multiplikatoren auf das Bewertungsobjekt anwenden. Faktisch nimmt man damit jedoch Preisschätzungen anstelle von Bewertungen vor. Weil dadurch das eigentliche Ziel der Wertermittlung vor der Preisverhandlung nicht erreicht wird, sind die Vertreter der präskriptiven Theorie zu Recht gegen diese Vorgehensweise kritisch eingestellt und sehen allenfalls in ihr eine Gelegenheit, nach Anhaltspunkten für Differenzen zwischen realisierten Preisen und geschätzten Unternehmenswerten zu suchen, mithin die Bewertung nochmals vorläufig in Frage zu stellen und die Abweichung zu erklären.

Die Kaufpreisermittlung mittels Auktionen hat damit nur indirekt zu tun, weil es mit ihnen um prozessuale Aspekte anstelle von Bewertungsmethoden geht. Hier werden Unternehmen in einem geregelten Auktionsprozess angeboten, um in einem Bieterverfahren für mehrere Nachfrager einen möglichst hohen Verkaufspreis zu erzielen. Der Vertreter einer deutschen Bank zeigt in einem Schaubild die Vor- und Nachteile einer Auktion, einer limitierten Auktion sowie anderer Verkaufsprozessstrategien:[12]

---

11   *Thurn* (2020) 279 f.
12   *Kruse* (2019) 4.

Auktion	Limitierte Auktion	Direktansprache	Market Sounding	Reaktion auf Ansprache
✓ Breite Ansprache ✓ Strukturierter Prozess ✓ Geübte Praxis ✓ Hoher Wettbewerb – Hohe Anforderungen an die Organisation – Hohes Risiko für Vertraulichkeit – Geeignete Investoren können abgeschreckt werden – Unternehmen kann „verbrannt" werden	✓ Limitierte Information an den Markt ✓ Limitierter Aufwand ✓ Individuelle Investorenansprache – Geeignete Bieter werden übersehen	✓ Geringe Vorlaufkosten ✓ hohe Vertraulichkeit – Fehlender Wettbewerb – Späte Transparenz – Kein strukturierter Prozess	✓ Verkaufsabsicht bleibt nebulös – Keine Prozesskontrolle	– Keine gute Verhandlungsposition

Der Prozess bei einem kontrollierten Bieterverfahren lässt sich aus Verkäufersicht grundsätzlich in folgende Schritte unterteilen, die zT auch in verkürzter Form durchlaufen werden:[13]

a) Interne Due Diligence („Vendor Due Diligence" = VDD)
b) Erstellung von „Information Memorandum" (IM) und „Procedure/Process Letter"
c) Ausarbeitung von Teaser („One Pager")
d) Erstellung von „Long List" und Verdichtung auf „Short List" möglicher Interessenten
e) Anonymisierte Ansprache von „Targets" durch M&A-Berater
f) Einholung von Vertraulichkeitserklärung („Non-Disclosure Agreement" = NDA)
g) Versendung von „Information Memorandum" und „Procedure Letter"
h) Auswahl von Unternehmen für zweite Runde nach Erhalt von „Indicative Offer" („Non-Binding Offer")
i) Vereinbarung von „Management Meetings"
j) Zusammenstellung von Due-Diligence-Unterlagen
k) Due Diligence mittels „Virtual Data Room"
l) Weitere „Management Meetings"
m) Auswahl von Unternehmen für dritte Runde
n) Weitere Informationen für bevorzugte Bieter („Preferred Bidder")
o) Erhalt von „Binding Offer" oder „Letter of Intent" („LoI")
p) Verhandlung des Vertrags („Sale and Purchase Agreement" = SPA)
q) Unterzeichnung („Signing")
r) Dinglicher Vollzug („Closing")

---
13 Vgl *Klumpp* (2020); *Rödl & Partner* (2015).

3. Empirische Resultate
3.1. Fragestellungen und methodische Grundlagen

Auf der deskriptiven Ebene ist von Interesse, welche Bewertungsverfahren und Preisfindungsmechanismen mit welcher Häufigkeit beobachtet werden können. Auf der erklärenden Ebene interessiert die Aufdeckung der Rahmenbedingungen und Einflussfaktoren für die Kaufpreisfindung. Beiden Fragen wird im Folgenden nachgegangen.

Wie Kaufpreise empirisch gesehen zustande kommen und von welchen Faktoren ihre Höhe abhängt, lässt sich methodisch zum einen durch Fallstudien, zum anderen durch großzahlige Untersuchungen, idR mit Regressionsanalysen oder logistischen Funktionen, erheben. Beide Verfahren haben Vor- und Nachteile hinsichtlich Möglichkeiten der Fragestellung, Einzelfallgerechtigkeit und Verallgemeinerungsfähigkeit, Möglichkeiten der Anwendung statistischer Testverfahren auf Signifikanz oder Zufälligkeit der Ergebnisse, Gefahr der Vernachlässigung unbeobachteter Variablen etc. Sie hängen ferner von der Verfügbarkeit von möglichst nachprüfbaren Daten ab. Das muss hier nicht im Detail ausgeführt werden.

3.2. Bewertungsverfahren

Aus der jüngeren Literatur zur Anwendung von Unternehmensbewertungsverfahren in der Praxis sticht der Beitrag von *Welfonder/Bensch* aus dem Jahr 2017 heraus.[14] Die Autoren haben die 400 nach der Marktkapitalisierung am 18.6.2015 größten deutschen börsennotierten Unternehmen aus dem CDAX als Stichprobe gewählt. Die Rücklaufquote aufgrund einer Online-Umfrage betrug mit 48 Unternehmen 12 %, was gemessen an der Anzahl der Unternehmen mit früheren Studien vergleichbar ist.[15] Danach setzen rd 89 % der Unternehmen DCF-Verfahren, rd 68 % Multiplikatorverfahren, rd 33 % Residualgewinnverfahren, rd 29 % das Ertragsverfahren und rd 25 % das Dividend Discount Model „immer" oder „oft" ein. Bei den DCF-Verfahren dominiert bei „immer" oder „oft" der Free-Cash-Flow-Ansatz mit rd 80 %.[16]

Gleichermaßen interessant wie fragwürdig ist die von den Autoren vorgenommene Unterscheidung von Flow-to-Equity-Ansatz als Element der DCF-Verfahren, Ertragswertverfahren und Dividend Discount Model. Mit guten Gründen lassen sich die drei Verfahren, jenseits des deutschen Steuerrechts, das ein in den §§ 199 ff BewG beschriebenes „Vereinfachtes Ertragswertverfahren" kennt, als identisch ansehen. Dies bedarf aber hier insoweit keiner weiteren Vertiefung, als

---

14 Vgl *Welfonder/Bensch* (2017).
15 Zur Ausnahme vgl 100 Unternehmen bei *Brösel/Hauttmann* (2007). Ich gehe wegen des deutlich früheren Erhebungszeitraums hier nicht weiter darauf ein.
16 Vgl *Welfonder/Bensch* (2017) 177.

sowohl die Nennung mehrerer Verfahren zulässig war als auch die Dominanz der DCF-Verfahren davon unberührt bleibt.

Bedeutsamer ist stattdessen, dass nicht nur Kauf- bzw Verkaufssituationen als Bewertungsanlass genannt wurden. Dies lag nur in rd 21 % (Kauf) bzw rd 16 % (Verkauf) der Fälle vor. Bedenkt man aber die einem solchen Vorgang ähnlichen Fälle der Verschmelzung (rd 7 %), der Umwandlung (rd 5 %) und des Börsengangs (rd 5 %), dann belaufen sich die derart abgegrenzten Anteile auf insgesamt rd 54 % und damit mehr als die Hälfte.

Bei den Multiplikatorverfahren wurden Entity-Multiplikatoren mit rd 62 % und Equity-Multiplikatoren mit rd 35 % herangezogen. *„Lediglich ein befragtes Unternehmen gab hierbei an, bei der Unternehmensbewertung ausschließlich auf das Multiplikatorverfahren zurückzugreifen."*[17]

Klar ist, dass mit der Betrachtung von allein börsennotierten deutschen Unternehmen nur ein kleiner, wenn auch bedeutsamer Ausschnitt der Realität betrachtet wird. Bei anderen Rechtsformen, anderer Größe und anderen als in der Stichprobe vertretenen Branchen mögen die Ergebnisse nicht repräsentativ sein. Jedoch ist als Gegenargument gleichermaßen zu bedenken, dass das Verhalten der börsennotierten Unternehmen, auch beeinflusst durch Berater bei Kaufvorgängen, in vielen Fällen durchaus prägend sein dürfte.

3.3. Preisfindungsmechanismen

Festkaufpreise findet man zum einen bei Käufen aus der Insolvenz, weil sie gewünschte Planungssicherheit für den Insolvenzverwalter und die Insolvenzgläubiger erzeugen. Zum anderen spielen sie in solchen Fällen eine Rolle, in denen die Unterzeichnung des Kaufvertrags und der Vollzug zeitgleich erfolgen können. *„Dies ist nur dann der Fall, wenn keine Kartellfreigaben erforderlich sind, was in aller Regel nur bei kleineren Unternehmenskäufen zutrifft, die die relevanten Umsatzschwellen nicht erreichen."*[18]

Festkaufpreise waren bis Anfang der Neunzigerjahre auch noch bei größeren Unternehmenstransaktionen zu finden, denen Substanzwertberechnungen zugrunde lagen.[19] Dies ist heute überholt. Hingegen sind variable Kaufpreise und – seltener – Earn-Out-Mechanismen zu beobachten, ohne dass mir für ihre quantitative Häufigkeit repräsentative Daten vorliegen.

Als ein Festkaufpreisverfahren kennt man das sog Locked-Box-Verfahren. Hierbei wird der Kaufpreis auf Basis historischer Kennzahlen, die man dem jüngsten

---

17 *Welfonder/Bensch* (2017) 176.
18 *Ziegenhain* (2017) 128.
19 Vgl *Ziegenhain* (2017) 129.

Jahresabschluss des Zielunternehmens entnimmt, berechnet.[20] Voraussetzung ist, dass *„der wirtschaftliche Stichtag vor dem Zeitpunkt der Vertragsunterzeichnung liegt und der historische Jahresabschluss [...] zum wirtschaftlichen Stichtag dem Käufer bereits vorliegt".*[21] Der Festpreis ergibt sich dann als verzinster Kaufpreis seit dem wirtschaftlichen Stichtag. Dem Käufer wird insofern nur ein Schutz auf den historischen Stichtag gewährt. Nach *Ziegenhain* wird

> die überwiegende Anzahl von großvolumigen Unternehmenskaufverträgen auf der Basis einer Locked Box abgewickelt. Dies gilt jedoch primär für den kontinentaleuropäischen Raum, während US-Praxis nach wie vor überwiegend den Ansatz verfolgt, dass das wirtschaftliche Risiko hinsichtlich des Zielunternehmens erst zum Zeitpunkt des Vollzugs (Closing) auf den Erwerber übergeht und folglich auch die Ermittlung des Kaufpreises erst zum Vollzugstag stattfinden kann in Form der Erstellung von sog. „Closing bzw. Effective Date Accounts".[22]

Eine weitere Voraussetzung des Locked-Box-Verfahrens ist die Notwendigkeit, dass das Verkaufsobjekt rechtlich selbstständig ist. Man könnte zwar auch an einen separaten Buchungskreis des Objekts denken, aber dies schafft weitere Probleme, auf die hier nicht weiter einzugehen ist.[23]

Bei einem in der Zukunft liegenden wirtschaftlichen Stichtag ist ein Formelkaufpreis geboten. Beispiele liefert die Literatur.[24]

Auf Unternehmenskennzahlen bezogene Earn-Out-Mechanismen (wie EBIT oder EBITDA) sind trotz umfangreicher Vereinbarungskataloge sehr streitanfällig.

> Deshalb ist die Vereinbarung eines derartigen Earn-Out oft das letzte aller Mittel, um die unterschiedlichen Vorstellungen der Parteien bei der Kaufpreisfindung zu überbrücken.[25]

Daher haben sich insbesondere bei Transaktionen, in denen Finanzinvestoren kaufen, Earn-Out-Mechanismen durchgesetzt, die auf den Veräußerungserlös des gekauften Unternehmens abstellen. Man kann hierbei die Interessenharmonie von Verkäufer und Käufer nutzen und gelangt gleichzeitig zu einer verbesserten Justiziabilität der Verfahren.[26]

Kontrollierte Bieterverfahren waren noch vor einiger Zeit nur bei größeren, meist internationalen Unternehmenstransaktionen üblich, haben sich aber nach Aussage von Beratern in den letzten zehn bis 15 Jahren (vor 2015) verstärkt auch bei mittelgroßen Transaktionen durchgesetzt.[27]

---

20 Vgl *Ziegenhain* (2017) 130.
21 *Ziegenhain* (2017) 130.
22 *Ziegenhain* (2017) 131.
23 Vgl aber *Ziegenhain* (2017) 132 f.
24 Vgl *Ziegenhain* (2017) 133–143.
25 *Ziegenhain* (2017) 145.
26 Vgl *Ziegenhain* (2017) 145 f.
27 Vgl *Rödl & Partner* (2015).

3.4. Kaufpreishöhe

Generelle Aussagen über Kaufpreishöhen und deren Bestimmungsfaktoren fallen angesichts der Diversität der in Abschnitt 2.1. beschriebenen Eigenschaften des Transaktionsobjektes, der Transaktionspartner, deren jeweiliger Situation, des Transaktionsmarktes, der Zahlungsbereitschaft des Käufers und des Zeitpunktes und Zeitdrucks der Transaktionspartner schwer.

Dennoch lassen sich einige Fakten auf ordinaler Messebene (größer, kleiner, gleich) erheben, auf die im Folgenden eingegangen wird.

Beispielsweise weicht der Kaufpreis von börsennotierten Unternehmen regelmäßig von der (zu verschiedenen Zeitpunkten gemessenen) Marktkapitalisierung sowohl nach oben als auch nach unten ab.[28] Für Verwender von Marktmultiplikatoren für Zwecke der Marktpreisschätzung oder gar der Unternehmensbewertung ist dies eine schlechte Nachricht. Es hilft auch nichts, auf Durchschnittsabweichungen, möglicherweise in einer bestimmten Branche, zu setzen, weil sich hinter den Durchschnittszahlen oft große Schwankungen der Einzelwerte ergeben und das zu bewertende Unternehmen genau einem einzigen oder nur wenigen Einzelpreisen zuzuordnen wäre. Dazu fehlen meist belastbare Informationen.

Gleichermaßen hat sich gezeigt, dass Kaufpreise, die mit eigenen Aktien anstelle von Barmitteln beglichen werden, höher als im Vergleichsfall sind. Bei Barzahlungen steigt der Abschlag wegen fehlender Marktgängigkeit (DLOM) bzw fehlender Liquidität (DLL).[29] Diese Resultate stammen aus einer Untersuchung von Transaktionen zwischen Anfang 1997 und Mitte 2011 auf Basis von 827 nicht börsennotierten und 232 börsennotierten deutschen Unternehmen. Die Transaktionspreise wurden gemessen anhand des Enterprise Value zu Sales, EBITDA oder EBIT und mit den Werten einer Peer Group verglichen. Danach zeigte sich: Große Gesellschaften haben einen geringeren Discount als kleine, es gibt branchen- und verschuldungsgradabhängige Unterschiede und der Abschlag steigt bei Barzahlungen.

3.5. Anekdotische Evidenz

Hinsichtlich des Vorgehens bei einer Konzernumstrukturierung und damit verbundenem Transaktionskaufpreis sei noch kurz anekdotisch auf eine jüngere Transaktion eingegangen, bei der ein aus der Theorie bekannter Autor eine beachtliche Rolle spielte und über den die (deutsche) Börsen-Zeitung im Februar 2020 berichtete.[30] Es ging um Börsengang oder Verkauf der Aufzugssparte des

---

28 Vgl zB *Ballwieser/Hachmeister* (2016) 217 mwN.
29 Vgl *Dodel* (2014) 136, 138.
30 Vgl *Becker* (2020). Bei dem angesprochenen Autor handelt es sich um *Volker Dinstuhl*, der mit seiner 2003 erschienenen Dissertation über „Konzernbezogene Unternehmensbewertung" zu grundlegender Klarheit zur Anwendung von DCF-Kalkülen beitrug und im erwähnten Fall als M&A-Chef des Konzerns fungierte.

DAX-Konzerns ThyssenKrupp, der angesichts langjähriger hoher Schulden und volatiler Absatzmärkte in gefährliches Fahrwasser geriet und deshalb mehrfach Umstrukturierungen plante. An dessen Aufzugssparte („Elevator") hatten zwei strategische Investoren und zwölf Finanzinvestoren Interesse gezeigt, für die Datenräume einzurichten waren und deren Ernsthaftigkeit der Interessenbekundungen und deren Zahlungsbereitschaft auszuloten waren. Im Falle eines Verkaufs statt eines Börsengangs war über den Verkauf eines Minderheitsanteils oder sämtlicher Anteile an einen Finanzinvestor oder den Komplettverkauf an einen strategischen Investor zu entscheiden. Nach Sondierung des unsicheren Umfelds wurde vom Börsengang abgesehen. Auch lief der Verkauf einer Minderheit den Präferenzen der potentiellen Käufer zuwider und wurde Ende 2019 aufgegeben. Es kam schließlich Ende Februar 2020 zu einem Verkauf an ein Konsortium aus zwei Finanzinvestoren und der Essener RAG-Stiftung zu einem Preis von 17,2 Mrd Euro. Die Transaktion stand unter dem Vorbehalt fusionskontrollrechtlicher Regelungen, für die jedoch keine Bedenken bestanden. Laut Börsen-Zeitung handelte es sich damit um den größten Private-Equity-Deal in Europa der letzten zehn Jahre. Über den Abschluss der Transaktion wurde am 31.7.2020 berichtet.

4. Resümee

Die Vertreter der präskriptiven Theorie setzen auf DCF-Verfahren als Methoden der Unternehmensbewertung, während in praxi Multiplikatoren beliebt sind. Letztere mögen Preisschätzungen erlauben, sind aber von Bewertungen, die Verhandlungen oder einer Teilnahme an Auktionen vorausgehen sollten, zu trennen. Während über Bewertungsmethoden hinreichende theoretische Kenntnisse vorliegen und auch einige Erhebungen zur Häufigkeit ihrer Anwendung gefunden werden können, gibt es naturgemäß über deren Wirkung auf den realisierten Kaufpreis keine verallgemeinerungsfähige Evidenz. Das geht nicht zuletzt darauf zurück, dass die Rahmenbedingungen für Kaufobjekte, die Situation der Transaktionspartner und deren Verhandlungsstrategien vielschichtig und divers sind. Bei großen Transaktionen sind verschieden umfangreich gestaltete Auktionen zu beobachten, die Angebot und Nachfrage zum Ausgleich bringen. Auch gibt es gewisse Erfahrungen über die Häufigkeit fester und variabler Kaufpreise, ohne dass repräsentative Untersuchungen vorliegen. Insofern kann eine Schließung der Lücke zwischen Theorie und Praxis noch nicht belegt werden. Selbst die Bemessung von deren Dimension lässt noch viele Fragen offen.

Literatur

Ballwieser, W., Zur „Kunst" der Verwendung von Bewertungszuschlägen und -abschlägen, Corporate Finance 2018, 63–72

Ballwieser, W./Hachmeister, D., Unternehmensbewertung. Prozess, Methoden und Probleme[5] (Stuttgart 2016)

Becker, A., Der Schachspieler von Thyssenkrupp, Börsen-Zeitung v 29.2.2020, 12

Bini, M., Early warning signs (value based) of imbalances in troubled firms, Business Valuation OIV Journal, Vol 2, Issue 1, Spring 2020, 22–37

Brösel, G./Hauttmann, R., Einsatz von Unternehmensbewertungsverfahren zur Bestimmung von Konzessionsgrenzen sowie in Verhandlungssituationen: eine empirische Analyse, Teil I, Finanzbetrieb 9 (2007) 223–238

Dodel, K., Private Companies – Calculating Value and Estimating Discounts in the New Market Environment (Chichester, UK 2014)

Hitchner, J.R., Financial Valuation[4] (Hoboken, N. J. 2017)

Klumpp, M., Ablauf Unternehmensverkauf, https://www.tech-corporatefinance.de/blog/unternehmensverkauf-unternehmenskauf/unternehmensverkauf-ablauf/, Abruf: 24.4.2021

Kruse, J., Was ist der richtige Verkaufsprozess für das Familienunternehmen? in Newsletter, Juli 2019, 4; https://corporatefinance.mmwarburg.de/de/publikationen/offen-gesprochen/Was-ist-der-richtige-Verkaufsprozess-fuer-das-Familienunternehmen/, Abruf: 24.4.2021

Pratt, S. P., Business Valuation Discounts and Premiums[2] (New York uva 2012)

Rödl & Partner, M&A: Bieterverfahren eröffnet Chancen für Investoren und Verkäufer, https://www.roedl.de/themen/investieren-in-deutschland/mergers-aquisitions-bieterverfahren-limited-auction, Stand 27.8.2015, Abruf: 24.4.2021

Schwenker, B./Albers, S./Ballwieser, W./Raffel, T./Weißenberger, B. E., Erfolgsfaktor Betriebswirtschaftslehre. Was sie leistet und warum wir sie brauchen (München 2021)

Simon, H., Ich fürchte mich, irgendwann arm zu sein, Süddeutsche Zeitung v 31.1.2020, 19

Smolka, K. M., 1,4 Billionen für Firmenjäger – Private Equity verfügt über so viel Geld wie noch nie, Frankfurter Allgemeine Zeitung v 24.2.2020, 19

Thurn, O., Der Unternehmenskaufvertrag, in *Rechenberg, W./Thies, A./Wichers, H.* (Hrsg), Handbuch Familienunternehmen und Unternehmerfamilien – Gestaltungspraxis in Zivil-, Gesellschafts- und Steuerrecht[2] (Stuttgart 2020) 276–283

Welfonder, J./Bensch, T., Status Quo der Unternehmensbewertungsverfahren in der Praxis, Corporate Finance 2017, 175–179

Ziegenhain, H.-J., § 13 Kaufpreisformeln, in *Meyer-Sparenberg, W./Jäckle, C.* (Hrsg), Beck'sches M&A-Handbuch (München 2017) 126–150

Kaufpreisallokation nach UGB und IFRS

Alexander Schiebel/Stefan Novak

1. **Einleitung**
2. **UGB**
    2.1. Betrieb und Unternehmen
    2.2. Gegenleistung
    2.3. Ansatz und Bewertung von Vermögensgegenständen und Schulden
    2.4. Ansatz und Bewertung eines Firmenwertes
    2.5. Kaufpreisallokation und At-equity-Bilanzierung
3. **IFRS**
    3.1. Geschäftsbetrieb
    3.2. Gegenleistung
    3.3. Ansatz und Bewertung von Vermögenswerten und Schulden
    3.4. Ansatz und Bewertung eines Firmenwertes
    3.5. Kaufpreisallokation und At-equity-Bilanzierung
4. **Negativer Unterschiedsbetrag**
    4.1. UGB
    4.2. IFRS
5. **Ausblick auf künftige Änderungen des IFRS 3**
    5.1. Impairmenttest
        5.1.1. „Shielding"-Effekt
        5.1.2. Unterschiede zur Unternehmensbewertung
    5.2. Immaterielle Vermögenswerte
    5.3. Anhangangaben
6. **Zusammenfassung**

1. Einleitung

Mit „**Kaufpreisallokation**" ist in aller Regel die Aufteilung (also Allokation) des Kaufpreises auf die **Vermögensgegenstände (UGB-Terminus) bzw Vermögenswerte (IFRS-Terminus) und Schulden** sowie einen etwaigen **Firmenwert** gemeint, wenn man nicht nur einzelne Vermögensgegenstände bzw -werte und Schulden kauft, sondern eine Einheit daraus, die eine gewisse Selbständigkeit und Synergien aufweist.

Im Grunde ist eine Kaufpreisallokation erforderlich, weil sich diese Einheit nur mittels Abzinsung ihrer Cashflows bewerten lässt, das Ergebnis dieser Abzinsung aber für die Bilanzierung auf ihre einzelnen Vermögensgegenstände bzw -werte und Schulden und einen etwaigen Firmenwert aufgeteilt werden muss. Die Kaufpreisallokation leitet somit faktisch ein **Gesamtbewertungsverfahren** (der Einheit) über auf ein **Einzelbewertungsverfahren** der die Einheit ausmachenden Vermögensgegenstände bzw -werte und Schulden; ein etwaiger Firmenwert ist mehr oder weniger die Brücke zwischen diesen beiden Verfahren.

Die angesprochene **Einheit** muss also insbesondere für die Bilanzierung definiert werden. Auch muss unterschieden werden, ob es sich um einen **Asset Deal** oder einen **Share Deal** handelt und ob man eine Kaufpreisallokation nach **UGB** oder nach **IFRS** macht.

Bei einem **Asset Deal** werden rechtlich Vermögensgegenstände bzw -werte und Schulden der Einheit gekauft. Man erwirbt somit das rechtliche Eigentum daran. Bei einem **Share Deal** ist dem nicht so. Vielmehr wird rechtlich ein bestimmter Kapitalanteil an der Einheit gekauft.

Während man also bei einem Asset Deal im **Jahresabschluss** die gekauften Vermögensgegenstände bzw -werte und Schulden bilanziert, weist man den Share Deal im Jahresabschluss stets als Kapitalanteil aus. Nur im **Konzernabschluss** erfolgt unter bestimmten Voraussetzungen nicht mehr der Ausweis des Kapitalanteils, sondern der volle bzw quotale Ausweis der Vermögensgegenstände bzw -werte und Schulden (Voll- oder Quotenkonsolidierung) oder die Bewertung des Kapitalanteils anhand der quotalen Vermögensgegenstände bzw -werte und Schulden (At-equity-Bilanzierung). Dies aber nur deswegen, weil man sich vom rechtlichen Eigentum an dem Kapitalanteil löst und in wirtschaftlicher Betrachtungsweise die Einflussmöglichkeiten auf die dahinterstehenden Vermögensgegenstände bzw -werte und Schulden im Konzernabschluss zeigt.

Bislang gehen die einleitenden Worte davon aus, dass die Einheit einen **Firmenwert** erwirtschaftet, weil sie Synergien aufweist (positiver Unterschiedsbetrag zwischen dem Kaufpreis und der Differenz aus Vermögensgegenständen bzw -werten und Schulden). Der Firmenwert kann demnach als positiver Barwert künftiger Synergien umschrieben werden, für den man etwas zahlen muss, der also im Kaufpreis abgegolten wird. Demgegenüber kann die Gegenüberstellung von Kaufpreis und den Vermögensgegenständen bzw -werten abzüglich der Schulden dazu führen, dass man weniger bezahlt hat, als die Differenz aus Vermögensgegenständen bzw -werten und Schulden wert ist (**negativer Unterschiedsbetrag**); natürlich hängt das von der (bilanzrechtlichen) Bewertung der Einheit ab.

Die Ausführungen ergeben sich aus den geltenden **IFRS 3**. Dieser Standard des IASB befindet sich aber derzeit in Überarbeitung, was das **Diskussionspapier** vom März 2020 zeigt. Grundsätze des geltenden IFRS 3 stehen auf dem Prüfstand und können sich in Zukunft gegebenenfalls ändern, je nachdem, was die Konsultationen und Analysen des IASB ergeben.

Vereinfachend wollen wir im Rahmen der folgenden Darstellungen konzerninterne Umgründungen, die im Jahresabschluss des übernehmenden Rechtsträgers zu einer Kaufpreisallokation führen, während sie aus Konzernsicht auszublenden sind, nicht behandeln. Somit finden Umgründungen vereinfachend stets an der **Konzerngrenze** statt und sind daher auch aus Konzernsicht „sichtbar".

Es wird auf die Quotenkonsolidierung (anteilsmäßige Konsolidierung) beim Konzernabschluss nicht näher eingegangen, da die Vorgehensweise der Vollkonsolidierung im Prinzip gleicht. Die Vermögenswerte und Schulden werden aber im Gegensatz zur Vollkonsolidierung anteilsmäßig im Konzernabschluss berücksichtigt. So wird im § 262 UGB auf die Bestimmungen der Kapitalkonsolidierung und der Erfassung eines Unterschiedsbetrages bei der Vollkonsolidierung verwiesen. Aufgrund der anteilsmäßigen Berücksichtigung der Vermögenswerte und Schulden ist die Erfassung von „Anteilen anderer Gesellschafter" nicht vorzunehmen, da es diesen Ausgleichsposten nicht benötigt.[1] Unter IFRS gibt es nur bei „gemeinschaftlichen Tätigkeiten" (nicht Gemeinschaftsunternehmen) eine anteilsmäßige Konsolidierung. Auch hier ist wie bei einer Vollkonsolidierung den Regelungen des IFRS 3 zu folgen und weiterführend ist ein positiver Unterschiedsbetrag als Firmenwert anzusetzen.[2]

Die Abschnitte 2. und 3. beschreiben eine Kaufpreisallokation jeweils nach UGB und IFRS ohne Berücksichtigung eines negativen Unterschiedsbetrags und der künftigen Änderungen des IFRS 3. Beide Aspekte behandeln die Abschnitte 4. und 5. Abschnitt 6. fasst zusammen.

2. UGB

2.1. Betrieb und Unternehmen

§ 203 Abs 5 UGB spricht den Firmenwert bei einem Asset Deal an. Ein Asset Deal führt sowohl im Jahres- als auch Konzernabschluss, sofern er an der Konzern-

---

1 Vgl *Dollinger* in *Torggler*, Unternehmensgesetzbuch Kommentar[3] § 262 Rz 12.
2 Vgl *Lüdenbach/Hoffmann/Freiberg*[18] § 34 Rz 45.

grenze stattfindet, zu einer Kaufpreisallokation. Der erste Satz des § 203 Abs 5 UGB bezieht sich auf den Betrieb und ordnet an, dass der Firmenwert als Unterschiedsbetrag zu aktivieren ist, um den die Gegenleistung für die Übernahme eines Betriebes die **Werte** der einzelnen Vermögensgegenstände abzüglich der Schulden im Zeitpunkt der Übernahme übersteigt. Unter den Vermögensgegenständen sind nicht nur die bislang bilanzierten, sondern auch die im Rahmen der Betriebsübernahme erworbenen Vermögensgegenstände zu verstehen, selbst wenn sie bislang noch nicht bilanziert wurden (insbesondere also selbst hergestelltes, immaterielles Anlagevermögen). § 203 Abs 5 UGB gilt auch für einen Teilbetrieb.

Ein **Betrieb** ist jede Sachgesamtheit, die über eine ihrem Nutzungs- und Funktionszusammenhang entsprechende sachliche und personelle Organisation sowie die notwendigen Außenbeziehungen verfügt.[3] Somit steht die Zusammenfassung menschlicher Arbeitskraft und sachlicher Produktionsmittel im Vordergrund, welche in einer organisierten Einheit zusammengefasst wird.[4] Nach der Rsp des VwGH[5] handelt es sich bei einem **Teilbetrieb** um einen organisatorisch in sich geschlossenen, mit einer gewissen Selbständigkeit ausgestatteten Teil des Betriebes, der es aufgrund seiner Geschlossenheit ermöglicht, die gleiche Erwerbstätigkeit ohne Weiteres fortzusetzen, dh es müssen die wesentlichen Grundlagen des Teilbetriebes erworben werden. Unter der organischen Geschlossenheit versteht man, dass mehrere Wirtschaftsgüter innerhalb eines Betriebes eine Einheit (eigenständiger betrieblicher Funktionszusammenhang) bilden. Die eigenständige Lebensfähigkeit eines Betriebsteiles setzt voraus, dass dem Erwerber alle wesentlichen Betriebsgrundlagen übertragen werden, die ihm – objektiv gesehen – eine Fortführung des Betriebes ermöglichen, unabhängig davon, was der Erwerber schon zuvor besessen hat. Zur Beurteilung der wesentlichen Grundlagen des Unternehmens ist auf eine funktionale Betrachtungsweise abzustellen (zB Wirtschaftstreuhänder = Klientenstock). Eine Zweigniederlassung (Filiale) ist nicht automatisch Teilbetrieb, hat jedoch Indizwirkung für das Vorliegen eines solchen.

Ein Share Deal kann nur im Rahmen des **§ 244 UGB** und somit nur im Rahmen der Aufstellung eines Konzernabschlusses zu einer Kaufpreisallokation führen. In den ersten beiden Absätzen sind die Voraussetzungen dafür angeführt: Entweder wird ein **Unternehmen**[6] einheitlich geleitet oder kontrolliert, dann entsteht ein Mutter-Tochter-Verhältnis zwischen einer Kapitalgesellschaft (Mutterunternehmen) und eben diesem einheitlich geleiteten oder kontrollierten Unternehmen (Tochterunternehmen).

§ 254 Abs 1 UGB ordnet für den Konzern an, dass der Wertansatz der dem Mutterunternehmen gehörenden Kapitalanteile an einem in den Konzernabschluss ein-

---

3 Vgl *Zib/Dellinger*, UGB-Kommentar § 203 Rz 151.
4 Vgl *Marschner* in *Hirschler*, Bilanzrecht[2] § 189 Rz 24 iVm VwGH 18.7.1995, 91/14/0217.
5 Vgl zu den Voraussetzungen für das Vorliegen eines Teilbetriebes EStR 2000 Rz 5578 ff.
6 Vgl für den Begriff des Unternehmens *Schiebel/Schlögel* in *Hirschler*, Bilanzrecht Kommentar Band II: Konzernabschluss[2] § 244 Rz 9 ff.

bezogenen Tochterunternehmen mit dem auf diese Kapitalanteile entfallenden Betrag des Eigenkapitals des Tochterunternehmens verrechnet wird. Dabei ist das Eigenkapital mit dem Betrag anzusetzen, der **dem beizulegenden Zeitwert** der in den Konzernabschluss aufzunehmenden Vermögensgegenstände und Schulden zu dem für die Verrechnung gemäß § 254 Abs 2 UGB gewählten Zeitpunkt entspricht. Für die Bewertung des anteiligen Eigenkapitals des Tochterunternehmens gilt die Grenze der Anschaffungskosten der Kapitalanteile des Mutterunternehmens; unterschreiten diese Anschaffungskosten den Buchwert des anteiligen Eigenkapitals, ist der Buchwert anzusetzen.

2.2. Gegenleistung

Als Gegenleistung verstehen wir hier einerseits die in § 203 Abs 5 UGB für den Asset Deal angesprochene Gegenleistung und andererseits den im § 254 Abs 1 UGB angesprochenen Wertansatz der dem Mutterunternehmen gehörenden Kapitalanteile an dem Tochterunternehmen.

Die **Gegenleistung** des § 203 Abs 5 UGB ergibt sich aus dem Kaufpreis und den übernommenen Schulden des Betriebes, bewertet zum beizulegenden Zeitwert. Der Kaufpreis umfasst die Zahlungsbeträge bzw Leistungen für den Betriebserwerb. Findet ein Tauschgeschäft statt, indem statt Zahlungen auch andere Vermögensgegenstände für den Betriebserwerb hingegeben werden, sind die Tauschgrundsätze des UGB anzuwenden. Anschaffungsnebenkosten gem § 203 Abs 2 UGB zählen auch zur Gegenleistung. Übliche Anschaffungsnebenkosten sind zB Gebühren sowie Kosten der Rechtsberatung von Investmentbanken oder Wirtschaftsprüfer.

Im Gegensatz zu IFRS gibt es im UGB keine Regelungen zu bedingten Kaufpreiszahlungen (sogenannte **„Earn-out"-Klauseln**)[7]. Bedingte Kaufpreisbestandteile umfassen alle jene Vertragsklauseln, die zu einer Anpassung des Kaufpreises unter bestimmten Bedingungen führen.[8] Es wird bei Transaktionen der Barwert des wahrscheinlichen Auszahlungswerts dieser Klauseln aktiviert und gegengleich eine Rückstellung eingebucht.[9] Änderungen dieser Auszahlungsbeträge führen in weiterer Folge zu einer erfolgsneutralen Veränderung, indem sowohl die Anschaffungskosten als auch die Rückstellung anzupassen ist.[10]

Von „Earn-out"-Klauseln abzugrenzen sind Wertsicherungsvereinbarungen, die zu Ausgleichszahlungen führen, wenn sich die Werte von Vermögensgegenständen und Schulden bzw vom Reinvermögen des Kaufobjektes ändern.[11] Werden die

---

7 Vgl *Töglhofer/Winkler-Janovsky/Schiessel* in *Straube/Ratka/Rauter*, UGB II/RLG³, International Financial Reporting Standards (IFRS), International Accounting Standards (IAS), Rz 252.
8 Vgl *Richter/Rogler*, WPg 19/2021, 1207.
9 Vgl *Fröhlich* in *Hirschler*, Bilanzrecht Kommentar Band II: Konzernabschluss² § 254 Rz 95.
10 Vgl *Janschek/Jung* in *Torggler*, Unternehmensgesetzbuch Kommentar³ § 203, Rz 61 iVm *Galla*, taxlex 2010, 386.
11 Vgl *Richter/Rogler*, WPg 19/2021, 1208.

Wertänderungen dabei 1:1 durch eine Zahlung kompensiert, kommt es zu keinem Effekt im Konzernabschluss, da die Anschaffungskosten nicht verändert werden und die Wertänderungen des Reinvermögens durch die Zahlung ausgeglichen werden. Besteht jedoch ein Unterschied zwischen der Wertänderung und der Ausgleichszahlung, ist diese Differenz erfolgswirksam zu erfassen.[12]

Der **Wertansatz der dem Mutterunternehmen gehörenden Kapitalanteile** ergibt sich ebenfalls aus den Bestimmungen des § 203 Abs 2 UGB. Zusätzlich ist die Konzernsicht relevant, wodurch zB Unternehmensanteile, die von mehreren Konzerngesellschaften erworben werden, innerhalb des Konzernabschlusses zusammenzurechnen sind.[13]

2.3. Ansatz und Bewertung von Vermögensgegenständen und Schulden

Für den Ansatz und die Bewertung der Vermögensgegenstände und Schulden gelten für den Asset Deal und den Share Deal grundsätzlich die gleichen Regeln.[14] Dem Wortlaut des Gesetzes nach (also § 203 Abs 5 UGB und § 254 Abs 1 UGB) kann es zu Ausnahmen beim Wertmaßstab kommen, weil § 203 Abs 5 UGB vom **beizulegenden Wert** im Zeitpunkt der Übernahme des Betriebs spricht[15] und § 254 Abs 1 UGB vom **beizulegenden Zeitwert** zu dem für die Verrechnung gemäß § 254 Abs 2 UGB gewählten Zeitpunkt.[16]

Bilanzierungshilfen sind nicht zu übernehmen. Darunter versteht man zB bereits vorhandene Firmenwerte von Unternehmenserwerben oder Investitionsrücklagen.[17] Das gilt sowohl für die Kaufpreisallokation des Jahresabschlusses als auch für die des Konzernabschlusses.

Die **Betriebsübernahme** des § 203 Abs 5 UGB bzw die **Unternehmensübernahme** in wirtschaftlicher Betrachtungsweise nach § 244 UGB bedingt es, dass auch **selbst geschaffene immaterielle Vermögenswerte**, die bislang nicht bilanziert wurden, aktivierungspflichtig werden können. Grundsätzlich ist von einer Aktivierungspflicht auszugehen, wenn Rechte bestehen (zB Nutzungsrechte, Fruchtgenussrechte). Selbst wenn „nur" von einer hohen Wahrscheinlichkeit auszugehen ist, dass die Rechte bestehen werden, hat eine Aktivierung zu erfolgen (zB zurückgelegte

---

12 Vgl AFRAC-Stellungnahme 33 Kapitalkonsolidierung (UGB), Rz 84.
13 Vgl AFRAC-Stellungnahme 33 Kapitalkonsolidierung (UGB), Rz 44.
14 Der § 251 Abs 1 UGB verweist auf eine Reihe von Regelungen zum Jahresabschluss, die auch für die Konzernabschlusserstellung zu berücksichtigen sind, soweit keine anderslautenden Regelungen für den Konzernabschluss gelten.
15 Vgl zur entsprechenden Auslegung dieses beizulegenden Wertes *Janschek/Jung* in *Hirschler*, Bilanzrecht Kommentar Band I: Einzelabschluss² § 203 Rz 139 f.
16 Siehe § 198a Z 4 UGB sowie *Novak/Schiebel* in *Hirschler*, Bilanzrecht Kommentar Band I: Einzelabschluss² § 198a Z 4 Rz 1 ff.
17 Vgl *Konezny* in *Torggler*, Unternehmensgesetzbuch Kommentar³ § 203 Rz 46 f.

Konzessionen, wenn diese wahrscheinlich wieder erteilt werden).[18] Auch eine Übertragbarkeit immaterieller Vermögenswerte ist grundsätzlich ein Indiz für eine Aktivierungspflicht.[19] Von nicht ansetzbaren immateriellen Vermögenswerten ist bei einem Kundenstamm, Zertifizierungen oder einem besonders guten Standort von Unternehmen auszugehen.[20]

2.4. Ansatz und Bewertung eines Firmenwertes

Ein Firmenwert ist eine Restgröße, die sich aus der **positiven Differenz** der Gegenleistung (siehe Abschnitt 2.2.) und der Differenz aus angesetzten und bewerteten Vermögensgegenständen und Schulden (siehe Abschnitt 2.3.) ergibt.

Ein Firmenwert ist in den Folgejahren aufgrund einer geschätzten **Nutzungsdauer** abzuschreiben. Ist eine verlässliche Schätzung dieser Nutzungsdauer nicht möglich, ist eine Dauer von zehn Jahren gem § 203 Abs 5 UGB anzunehmen. Eine **außerplanmäßige Abschreibung** des Firmenwertes ist vorzunehmen, wenn eine voraussichtlich dauernde Wertminderung gegeben ist. Das wird der Fall sein, wenn sich die angenommenen Rückflüsse verringern und dadurch auch der Wert des Betriebes bzw Unternehmens rückläufig ist. Diese Bewertung eines Firmenwertes, der bei einem Asset Deal entstand, gelten auch für die Bewertung eines Firmenwertes, der bei der Kaufpreisallokation im Rahmen eines Share Deal entstand (§ 261 Abs 1 UGB).

Im Konzernabschluss ist zusätzlich zu berücksichtigen, dass auch **„Anteile anderer Gesellschafter"** (Fremdanteile) anzusetzen sind, wenn nicht nur das Mutterunternehmen am Tochterunternehmen beteiligt ist, es also sozusagen „konzernfremde" Gesellschafter des Tochterunternehmens gibt. Diese bestehen allerdings nur an den Vermögensgegenständen und Schulden, nicht jedoch am Firmenwert. Demgegenüber kann nach IFRS 3 auch die „Full-goodwill"-Methode angewandt werden, wodurch der volle Firmenwert und somit auch der Anteil anderer Gesellschafter am Firmenwert ausgewiesen wird (siehe Abschnitt 3.3.).

2.5. Kaufpreisallokation und At-equity-Bilanzierung

Auch bei Unternehmen, die at equity im Konzernabschluss einbezogen werden (assoziierte Unternehmen[21] bzw Gemeinschaftsunternehmen[22]), kommt es zu einer Kaufpreisallokation.

---

18 Vgl *Fraberger/Petritz* in *Hirschler*, Bilanzrecht Kommentar Band I: Einzelabschluss² § 197 Rz 23 ff.
19 Vgl *Hilber* in *Torggler*, Unternehmensgesetzbuch Kommentar³ § 196 Rz 10.
20 Vgl *Hilber* in *Torggler*, Unternehmensgesetzbuch Kommentar³ § 196 Rz 24.
21 Vgl zur Definition eines assoziierten Unternehmens *Dollinger* in *Torggler*, Unternehmensgesetzbuch Kommentar³ § 263 Rz 1 ff.
22 Vgl zur Definition eines Gemeinschaftsunternehmens *Dollinger* in *Torggler*, Unternehmensgesetzbuch Kommentar³ § 262 Rz 3 ff.

Kaufpreisallokation nach UGB und IFRS

Dass bei der At-equity-Bilanzierung ebenfalls eine **Kaufpreisallokation** erfolgt, ist im Konzernabschluss[23] nicht offensichtlich erkennbar, da gerade nicht die einzelnen Vermögensgegenstände und Schulden und ein etwaiger Firmenwert des Unternehmens angesetzt und bewertet werden. Wie auch bei vollkonsolidierten Tochterunternehmen findet aber im Zeitpunkt der erstmaligen Berücksichtigung eine Bewertung der Vermögenswerte und Schulden zum beizulegenden Zeitwert statt und eine Berechnung eines Unterschiedsbetrages.[24] In der Nebenrechnung werden in den Folgejahren die stillen Reserven und der Unterschiedsbetrag fortgeführt.[25] Es wird in der Folge nur der Beteiligungsbuchwert auf Basis der beschriebenen Nebenrechnung ausgewiesen.[26]

3. IFRS
3.1. Geschäftsbetrieb

Der Erwerb eines Geschäftsbetriebs erfolgt gem IFRS 3 „Business Combination". Im Gegensatz zum UGB gibt es hier keine Unterscheidung in Asset Deal und Share Deal. Beide Transaktionen werden einheitlich nach IFRS 3 geregelt. Wie auch im UGB kann aber ein Share Deal grundsätzlich nur im Konzernabschluss zu einer Kaufpreisallokation führen.[27]

Die Regelungen des IFRS 3 sind anzuwenden, wenn die übernommenen Vermögenswerte und Schulden einen Geschäftsbetrieb darstellen. Ein **Geschäftsbetrieb** weist folgende Eigenschaften auf:[28]

- Beim übernommenen Vermögen handelt es sich um eine unabhängige Einheit, die gewisse Inputfaktoren umfasst (zB Vermögenswerte, Nutzungsrechte) und über relevante Produktionsfaktoren verfügt;
- diese Inputfaktoren sind in einem betrieblichen Prozess integriert (also nicht nur eine lose Ansammlung von Vermögenswerten);
- die Vermögenswerte erwirtschaften nachhaltige Outputs/Unternehmensleistungen, welche sich in Form von zB Erträgen oder Produkten widerspiegeln.

3.2. Gegenleistung

IFRS 3.37 stellt auf den Fair Value der **Gegenleistung** ab. Die Gegenleistung bestimmt sich dabei aus den hingegebenen Vermögenswerten, den übernommenen Schulden und etwaigen als Gegenleistung ausgegebenen Eigenkapitalinstrumenten. Werden Zahlungen erst zeitlich versetzt geleistet, ist das Fair-Value-Konzept zu

---

23 Eine At-equity-Bilanzierung kann nach UGB nur im Konzernabschluss erfolgen.
24 Vgl *Fröhlich*, Praxis der Konzernrechnungslegung[3] 595.
25 Vgl *Dollinger* in *Torggler*, Unternehmensgesetzbuch Kommentar[3] § 264 Rz 22.
26 Vgl *Nowotny* in *Straube/Ratka/Rauter*, UGB II/RLG[3] § 264 Rz 1.
27 Ausnahme besteht bei At-equity-Unternehmen gem Abschnitt 3.5.
28 Vgl *Lüdenbach/Hoffmann/Freiberg*[18] § 31 Rz 21.

berücksichtigen und eine Abzinsung vorzunehmen. Erfolgt die Begleichung der Gegenleistung auch durch Vermögenswerte, sind diese mit dem Fair Value anzusetzen. Differenzen zwischen Buchwerten und Fair Values führen dabei zu erfolgswirksamen Abgangsergebnissen.[29] Ein Unterschied zum UGB besteht darin, dass nach IFRS Anschaffungsnebenkosten nicht Teil des Kaufpreises sind.[30] Diese Kosten sind erfolgswirksam.

Bei Unternehmenstransaktionen kommt es vor, dass neben Kaufpreiszahlungen auch bedingte (variable) Anteile vereinbart werden (sogenannte **„Earn-out"-Klauseln**).[31] Diese Zahlungen können mitunter erst einige Jahre nach dem eigentlichen Unternehmenserwerb fällig bzw erst nachträglich bestimmbar werden und sind oft vom Erreichen bestimmter Erfolgsziele abhängig. Es wird beim Erwerbszeitpunkt der Fair Value der bedingten Kaufpreiszahlung angesetzt. Fair-Value-Änderungen innerhalb der nächsten zwölf Monate führen zu einer Änderung des Kaufpreises und verändern somit auch den Firmenwert. Fair-Value-Änderungen nach zwölf Monaten sind erfolgswirksam zu bilanzieren und verändern den Firmenwert nicht.[32] Gegengleich ist beim Käufer bei einer möglichen Auszahlung diese als Eigenkapitalinstrument, finanzielle Schuld oder sonstige Schuld zu bilanzieren.[33]

3.3. Ansatz und Bewertung von Vermögenswerten und Schulden

Es sind die **identifizierbaren, übernommenen Vermögenswerte und Schulden** anzusetzen.[34] Das kann dazu führen, dass auch Vermögenswerte und Schulden angesetzt werden, die bislang noch nicht bilanziert wurden (zB selbst erstellte immaterielle Vermögenswerte); der Ansatz infolge des IFRS 3 ist aufgrund des wirtschaftlich unterstellten (Share Deal) bzw des tatsächlichen (Asset Deal) Geschäftsbetriebserwerbs losgelöst von der bisherigen Bilanzierung.

Gem IFRS 3.18 sind die Vermögenswerte und Schulden bei der Übernahme zum **Fair Value** nach IFRS 13 anzusetzen. Davon gibt es jedoch beispielsweise folgende **Ausnahmen**:

- Latente Steuern werden gem IAS 12 angesetzt und nicht zum Fair Value (somit keine Berücksichtigung von Zinseffekten).
- Risikofreistellungsansprüche sind mit dem Fair Value der Absicherung anzusetzen. Wurde also eine Entschädigung vom Verkäufer beim Anfall einer

---

29 Vgl *Baetge* et al, Rechnungslegung nach IFRS[43], IFRS 3 Tz 132.
30 Vgl *Fröhlich*, Praxis der Konzernrechnungslegung[3] 149.
31 Das „verwandte" Thema der Wertsicherungsklauseln wird bei Risikofreistellungsansprüchen im Abschnitt 3.3. behandelt.
32 Vgl *Lüdenbach/Hoffmann/Freiberg*[18] § 31 Rz 50.
33 Vgl *Richter/Rogler*, WPg 17/2021, 1078.
34 IFRS 3.10.

bestimmten Belastung vereinbart, so ist diese Belastung aufgrund einer Einschätzung zu passivieren und der Risikofreistellungsanspruch dementsprechend zu aktivieren.[35] Von Teilen der Literatur wird dabei davon ausgegangen, dass diese Folgebilanzierung der Forderung zum Fair Value stattzufinden hat.[36]
- Leistungen an Arbeitnehmer gem IAS 19 und aktienbasierte Vergütungen gem IFRS 2 sind nach den einschlägigen Standards zu bilanzieren.

Werden Vermögenswerte und Schulden übernommen, um sie in weiterer Folge wieder zu veräußern, und sind die Kriterien nach IFRS 5 erfüllt, ist **IFRS 5** anzuwenden (somit grundsätzlich Fair Value abzüglich Veräußerungskosten).

Beim Ansatz der Vermögenswerte und Schulden sind grundsätzlich die Regelungen des Conceptual Frameworks und der jeweiligen IFRS ausschlaggebend. Es gibt aber insbesondere im Bereich der **immateriellen Vermögenswerte** und **Eventualverbindlichkeiten** Erleichterungen, die dazu führen, dass diese Vermögenswerte und Schulden anzusetzen sind, obwohl dies nach IAS 38 bzw IAS 37 nicht möglich ist.[37] **Restrukturierungsrückstellungen** im Zusammenhang mit einem Geschäftsbetriebserwerb sind nur nach den strengen Regeln des IAS 37 zu passivieren.[38]

Immaterielle Vermögenswerte sind gem IFRS 3.B31 anzusetzen, wenn sie das Separierbarkeitskriterium oder das vertragliche/gesetzliche Kriterium erfüllen. Unter **Separierbarkeitskriterium** wird verstanden, dass der Vermögenswert verkehrsfähig ist und somit allein oder mit anderen Vermögenswerten auch getrennt vom Geschäftsbetrieb verwertet (zB veräußert oder vermietet) werden kann. Das **vertragliche/gesetzliche Kriterium** verlangt entweder ein vertragliches oder ein sonstiges Recht. Das Conceptual Framework fordert für den Ansatz eines Vermögenswertes einen wahrscheinlichen Ressourcenzufluss und eine verlässliche Bewertung.[39] Diese strengen Kriterien werden beim Erwerb eines Geschäftsbetriebs aufgeweicht, indem angenommen wird, dass der zukünftige ökonomische Nutzen gegeben und auch eine verlässliche Schätzung des Fair Value möglich ist. Entsprechende Unsicherheiten werden im Wertansatz abgebildet.[40]

Eine Trennlinie zwischen anzusetzenden und nicht ansetzbaren immateriellen Vermögenswerten zu ziehen ist in der Praxis oft mit Schwierigkeiten verbunden und bedarf einer Einzelbetrachtung. Zur Unterstützung werden zahlreiche Beispiele in den **Illustrative Examples des IFRS 3** dargestellt. So wird davon ausgegangen, dass nicht nur vertragliche Kundenbeziehungen anzusetzen sind, sondern auch Kundenbeziehungen, bei denen anzunehmen ist, dass diese auch in Zukunft weiterhin bestehen (langjährige Kundenbeziehungen), auch wenn diese

---

35 IFRS 3.27.
36 Vgl *Richter/Rogler*, WPg 17/2021, 1077.
37 Vgl *Lüdenbach/Hoffmann/Freiberg*[18] § 31 Rz 77.
38 Vgl *Baetge* et al, Rechnungslegung nach IFRS[43], IFRS 3 Tz 238.
39 Vgl *Fröhlich*, Praxis der Konzernrechnungslegung[3] 160.
40 Vgl *Baetge* et al, Rechnungslegung nach IFRS[43], IFRS 3 Tz 159.

jederzeit kündbar sind.[41] Die Illustrative Examples des IFRS 3 geben ua folgende Beispiele: Software (vor allem selbst erstellte oder bereits voll abgeschriebene Software), Patente, nicht patentiertes technologisches Know-how, Lizenzverträge, Markennamen, Auftragsbestände, Kundenlisten, nicht vertragliche Kundenbeziehungen.[42] Vertragliche Kundenbeziehungen und Auftragsbestände sind aufgrund der vertraglichen Komponente idR ansetzbar.[43]

3.4. Ansatz und Bewertung eines Firmenwertes

Der Firmenwert wird nach IFRS explizit als **Vermögenswert** angesehen.[44] Vor allem die **Abgrenzung** zu **immateriellen Vermögenswerten** führt zu Abgrenzungsschwierigkeiten. Faktoren, die zwar den Kaufpreis und somit den Firmenwert beeinflussen, aber zu keinem Ansatz eines immateriellen Vermögenswertes führen können, sind etwa:

- Lagevorteile des Unternehmens bzw von Geschäftslokalen;
- ein guter Ruf des Unternehmens;
- eine gut etablierte Organisation des Unternehmens wie auch das Know-how der Mitarbeiter und
- sonstige Gewinnerwartungen des Unternehmens, die nicht aus ansetzbaren Vermögenswerten resultieren.[45]

Es gibt es unter IFRS 3.19 das Wahlrecht, ob die Minderheitenanteile auch am Firmenwert zum Fair Value anzusetzen sind (**„Full-Goodwill"-Methode**) oder ob sie sich nur aus der Fair-Value-Bewertung der Vermögenswerte und Schulden ergeben (**„Partial-Goodwill"-Methode**). Die „Partial-Goodwill"-Methode gleicht der Vorgehensweise nach UGB, während bei der „Full-Goodwill"-Methode eben nicht nur der „Konzernfirmenwert", sondern auch der „konzernfremde" Firmenwert aktiviert wird. Die „Full-Goodwill"-Methode stellt somit den Firmenwert und die anderen übernommenen Vermögenswerte und Schulden gleich: Sie werden alle im Rahmen der Vollkonsolidierung vollständig in den Konzernabschluss aufgenommen.

Der Firmenwert wird nach IAS 36.10(b) nicht planmäßig abgeschrieben. Er muss zumindest jährlich auf Werthaltigkeit getestet werden („impairment only approach").[46] Unter **Impairmenttest** versteht man in der Grundkonzeption des IAS 36 den Vergleich des erzielbaren Betrags (als höheren Wert aus Nutzungswert und beizulegendem Zeitwert abzüglich Veräußerungskosten) mit dem Buchwert des einzelnen zu testenden Vermögenswertes.[47] Der Firmenwert ist min-

---

41 IFRS 3.IE30 lit c.
42 IFRS 3.IE16f.
43 IFRS 3.IE25.
44 Vgl *Baetge* et al, Rechnungslegung nach IFRS[43], IFRS 3 Tz 261.
45 Vgl *Lüdenbach/Hoffmann/Freiberg*[18] § 31 Rz 83.
46 Vgl *Fröhlich*, Praxis der Konzernrechnungslegung[3] 240.
47 Vgl *Eichner*, KoR 2017, 209.

destens einmal jährlich einem Impairmenttest zu unterziehen. Dieser Impairmenttest hat nicht zwingend zum Abschlussstichtag zu erfolgen, sondern kann an einem beliebigen Zeitpunkt während des Geschäftsjahres stattfinden. Der Zeitpunkt muss aber in weiterer Folge stetig beibehalten werden.[48] Ergibt der Impairmenttest eine Wertminderung („impairment"), ist zunächst der Firmenwert abzuschreiben.[49] Der Firmenwert darf gemäß IAS 36.124 nicht wieder zugeschrieben werden.

Sind aber die Einzahlungen, die man neben den Auszahlungen für die Ermittlung des Nutzungswerts jedenfalls benötigt, einem einzelnen Vermögenswert nicht direkt zuordenbar, muss die kleinste Gruppe von Vermögenswerten gesucht werden, denen Einzahlungen direkt zuordenbar sind. Diese Gruppe nennt man **Cash Generating Unit (CGU)** und sie dient nunmehr als Bezugsobjekt des Impairmenttests. Gemäß IAS 36.6 ist die CGU *„die kleinste identifizierbare Gruppe von Vermögenswerten, die Mittelzuflüsse erzeugen, die weitestgehend unabhängig von den Mittelzuflüssen anderer Vermögenswerte oder anderer Gruppen von Vermögenwerten sind"*. Wird ein Impairment auf diese Weise festgestellt, wird es auf die einzelnen in der CGU enthaltenen Vermögenswerte aufgeteilt, wodurch der Grundsatz der strengen Einzelbewertung im Ergebnis wiederhergestellt wird.

Da dem Firmenwert keine Einzahlungen direkt zugeordnet werden können, ist seine Einzelbewertung nach IAS 36 nicht möglich. Daher ist es notwendig, den Firmenwert CGUs oder Gruppen von CGUs zuzuordnen. Es ist somit die **Allokation des Firmenwerts zu CGUs oder Gruppen von CGUs** und die Dokumentation des Barwertkalküls zur Berechnung des Nutzungswertes erforderlich. Während die Abgrenzung von CGUs von weitestgehend unabhängigen Einzahlungen bestimmt ist, hat die Allokation des Firmenwertes auf CGUs oder Gruppen von CGUs gemäß IAS 36.80 wie folgt auszusehen:

> Zum Zweck der Überprüfung auf eine Wertminderung muss ein Geschäfts- oder Firmenwert, der bei einem Unternehmenszusammenschluss erworben wurde, vom Übernahmetag an jeder der zahlungsmittelgenerierenden Einheiten bzw Gruppen von zahlungsmittelgenerierenden Einheiten des erwerbenden Unternehmen, die **aus den Synergien des Zusammenschlusses Nutzen ziehen** [Hervorhebung durch die Autoren] sollen, zugeordnet werden, unabhängig davon, ob andere Vermögenswerte oder Schulden des erwerbenden Unternehmens diesen Einheiten oder Gruppen von Einheiten bereits zugewiesen worden sind. Jede Einheit oder Gruppe von Einheiten, zu der der Geschäfts- oder Firmenwert so zugeordnet worden ist,
> a) hat die niedrigste Ebene innerhalb des Unternehmens darzustellen, auf der der Geschäfts- oder Firmenwert für interne Managementzwecke überwacht wird; und
> b) darf nicht größer sein als ein Geschäftssegment, wie es gemäß Paragraph 5 des IFRS 8 Geschäftssegmente vor der Zusammenfassung der Segmente festgelegt ist.[50]

---

48 Vgl *Lüdenbach/Hoffmann/Freiberg*[16] § 11 Rz 15.
49 Vgl *Eichner*, KoR 2017, 209.
50 Vgl zum Geschäftssegmentkriterium IDW RS HFA 40 Tz 76.

Es lässt sich ein „*Spannungsverhältnis*"[51] zwischen der Vorgabe (IAS 36.80) zur Verwendung der niedrigsten Überwachungsebene des Firmenwerts im internen Berichtswesen und der Vorgabe „*die aus den Synergien des Zusammenschlusses Nutzen ziehen sollen*" erkennen. Ein Lösungsansatz für dieses Problem bietet die Zuordnung des Firmenwertes auf mehrere CGUs, die gemeinsam als Gruppe von CGUs überwacht werden: So ist die Allokation des Firmenwertes nicht zwingend auf die Ebene jeder CGU, die das Synergiepotential nutzt, herunterzubrechen; es genügt eine Zuordnung auf die Gruppe von CGUs, die das Synergiepotential gemeinsam nutzen.[52] Die Bezugnahme auf das interne Berichtswesen hat insofern in den Hintergrund zu treten, während die Bezugnahme auf das Nutzenziehen aus den Synergien in den Vordergrund tritt:

> Folglich werden die Integrationsabsichten des erwerbenden Managements bei der Bilanzierung des Geschäfts- oder Firmenwerts in den Vordergrund gestellt. Dadurch verliert die „kleinste" CGU für Zwecke des Werthaltigkeitstests eines Geschäfts- oder Firmenwerts de facto an Bedeutung.[53]

Ein Spezialproblem im Zusammenhang mit der Betrachtung „vor Steuern" des IAS 36 ergibt sich bei **passiven Steuerlatenzen**, die im Zuge der Kaufpreisallokation entstehen. Sie erhöhen den Firmenwert. Wenn man sie bei dem an die Kaufpreisallokation anschließenden Impairmenttest des Firmenwertes nicht berücksichtigt, ergibt sich ceteris paribus sofort ein Impairment des Firmenwertes. Die Lösung besteht daher darin, sie bei dem an die Kaufpreisallokation anschließenden Impairmenttest des Goodwills zu berücksichtigen.[54]

3.5. Kaufpreisallokation und At-equity-Bilanzierung

Grundsätzlich entspricht das Vorgehen bei der Kaufpreisallokation der **Vorgehensweise nach UGB**. Es findet ebenfalls eine Art „Erst- und Folgekonsolidierung" statt; die Vermögenswerte und Schulden sowie ein etwaiger Firmenwert werden aber nicht im Abschluss dargestellt.[55] Nach IFRS findet eine At-equity-Bilanzierung bei assoziierten Unternehmen[56] und bei Gemeinschaftsunternehmen[57] statt[58].

Bei **IFRS-Jahresabschlüssen** gibt es gem IAS 27.10 ein Wahlrecht, dass ein assoziiertes Unternehmen bzw ein Gemeinschaftsunternehmen auch im Einzelabschluss at equity bilanziert wird. Bei dieser Konstellation ist es somit möglich, dass es bei einem Share Deal auch im Einzelabschluss zu einer Kaufpreisallokation kommt.

---

51 Vgl *Hachmeister/Kunath*, KoR 2005, 70.
52 Vgl *Lüdenbach/Hoffmann/Freiberg*[16] § 11 Rz 162.
53 Vgl *Hachmeister/Kunath*, KoR 2005, 68.
54 Vgl *Lüdenbach/Hoffmann/Freiberg*[16] § 11 Rz 168.
55 Vgl *Fröhlich*, Praxis der Konzernrechnungslegung[3] 591.
56 Vgl zur Definition eines assoziierten Unternehmens *Lüdenbach/Hoffmann/Freiberg*[18] § 33 Rz 7 ff.
57 Vgl zur Definition eines Gemeinschaftsunternehmens *Lüdenbach/Hoffmann/Freiberg*[18] § 34 Rz 31 ff.
58 Vgl *Baetge* et al, Rechnungslegung nach IFRS[43], IAS 28 Tz 5.

4. Negativer Unterschiedsbetrag

Beim negativen Unterschiedsbetrag haben UGB und IFRS unterschiedliche Zugangsweisen. Nach IFRS 3 ist eine sofortige Erfassung als Ertrag zwingend vorzunehmen. Nach UGB hat eine Analyse des Grundes des passiven Unterschiedsbetrages zu erfolgen, wonach sich in weiterer Folge die Bilanzierung richtet. Zusätzlich gibt es nach UGB zwar klare Regelungen für den Konzernabschluss, aber nicht für den Einzelabschluss.

4.1. UGB

Im Konzernabschluss regelt **§ 261 Abs 2 UGB** die Folgebewertung eines passiven Unterschiedsbetrags bei einem **Share Deal**. Soweit der passive Unterschiedsbetrag auf drohenden Verlusten bzw künftigen Aufwendungen beruht, ist er über die GuV aufzulösen, sobald diese Verluste/Aufwendungen schlagend werden.[59] Eine erfolgswirksame Auflösung wird auch dann erfolgen, wenn mit diesen Verlusten/Aufwendungen nicht mehr zu rechnen ist.[60] Stammt der negative Unterschiedsbetrag aus einem „lucky buy", erfolgt eine erfolgswirksame Auflösung, wenn am Abschlussstichtag feststeht, dass er einem realisierten Gewinn entspricht. Zum Zeitpunkt des Erwerbs ist die erfolgswirksame Auflösung aber noch nicht möglich.[61]

Beim **Asset Deal** erfolgt durch § 203 Abs 5 UGB keine gesetzlichen Regelung zur Bilanzierung der Folgebewertung eines passiven Unterschiedsbetrages. In der **Literatur** finden sich beim Asset Deal folgende Sichtweisen zur Vorgehensweise:[62]

1. Nochmalige Überprüfung des Wertes der Gegenleistung wie auch der Werte der Vermögensgegenstände und Schulden;
2. Minderung des passiven Unterschiedsbetrags durch den Ansatz einer Rückstellung, soweit man in Zukunft von Verlusten/Aufwendungen ausgehen kann und diese Beträge bereits im Kaufpreis eingepreist wurden;
3. sollte weiterhin ein passiver Unterschiedsbetrag bestehen, gibt es in der Literatur unterschiedliche Ansätze, wie vorzugehen ist:
   a) Verminderung der Zeitwerte des nicht monetären Vermögens und bei einem verbleibenden passiven Unterschiedsbetrag eine sofortige Realisation in der GuV;
   b) oder Verteilung des Unterschiedsbetrages über mehrere Jahre, wenn zB die eingepreisten Aufwendungen realisiert werden;
   c) oder Erfassung im Eigenkapital oder in einem Sonderposten nach dem Eigenkapital und Auflösung des Unterschiedsbetrages erst bei Verkauf oder Liquidation des Unternehmens.

---

[59] Vgl *Fröhlich* in *Straube/Ratka/Rauter*, UGB II/RLG³ § 261 Rz 10.
[60] Vgl *Müller/Schreyvogl* in *Torggler*, Unternehmensgesetzbuch Kommentar³ § 261 Rz 10.
[61] Vgl *Fröhlich* in *Straube/Ratka/Rauter*, UGB II/RLG³ § 261 Rz 12.
[62] Vgl *Janschek/Jung* in *Hirschler*, Bilanzrecht Kommentar Band I: Einzelabschluss² § 203 Rz 147 ff.

4.2. IFRS

Nach IFRS ist ein passiver Unterschiedsbetrag sofort zu realisieren. Eine Passivierung ist nicht erlaubt. Bevor die Erfassung des Ertrags aus einem „bargain purchase" aber möglich ist, muss gem IFRS 3.36 noch eine Überprüfung des Unternehmenserwerbes stattfinden. Dabei sind die wertbestimmenden Faktoren eines etwaigen passiven Unterschiedsbetrages zu prüfen. Das sind die Bewertung der Vermögenswerte und Schulden; die Berechnung der Gegenleistung für den Unternehmenserwerb; die Bewertung der Anteile von Fremdgesellschaftern[63] und die Bewertung bestehender Anteile vor dem Unternehmenserwerb.

5. Ausblick auf künftige Änderungen des IFRS 3

In den Jahren 2013/2014 startete der IASB einen Post Implementation Review (PIR) des IFRS 3. Dabei wurde das Feedback verschiedener Stellen (zB bilanzierender Unternehmer, Wirtschaftsprüfer) eingeholt und ausgewertet. Hauptkritikpunkte waren:

- Fehlende Firmenwertabschreibungen trotz geringerer Performance des übernommenen Geschäftsbetriebs und von der Unternehmensbewertung abweichende Regelungen beim Impairmenttest (siehe dazu Abschnitt 5.1.);
- Bewertungsunsicherheiten beim Ansatz immaterieller Vermögenswerte (siehe Abschnitt 5.2.);
- unzureichende Anhangangaben (siehe dazu Abschnitt 5.3.).

Im März 2020 kam es zu einem rund 100 Seiten umfassenden **Diskussionspapier** mit möglichen Änderungsvorschlägen des IFRS 3. Kommentierungsfrist war Dezember 2020. In weiterer Folge werden die aus Sicht der Autoren relevantesten Änderungsvorschläge des IASB dargestellt, verbunden mit einer Stellungnahme des AFRAC, das im Dezember 2020 einen Comment Letter dazu verfasst hat.

5.1. Impairmenttest

5.1.1. „Shielding"-Effekt

Das IASB hat festgestellt, dass es aufgrund der Firmenwertallokation (siehe Abschnitt 3.4.) bei vielen Unternehmen zu einem „Shielding"-Effekt kommt.[64] Das bedeutet, dass eine schlechte Performance des übernommenen Unternehmens nicht zwangsläufig zu einer Firmenwertabschreibung führen muss. So können originäre Firmenwerte bereits vorhandener CGUs, denen der Firmenwert aus dem Erwerb des Geschäftsbetriebes zugeordnet wurde, zur Kompensation von Wertverlusten des übernommenen Unternehmens genutzt werden. Es kommt zu

---

63 Gilt nur bei einem Share Deal.
64 DP/2020/1, 3.31 ff.

einem „Saldierungskissen", das eine Performanceverschlechterung des übernommenen Vermögens auffangen bzw zumindest abfedern kann, wodurch entweder überhaupt keine Firmenwertabschreibung oder nur eine vergleichbar geringere Abschreibung erfolgt. Um dieser Praxis entgegenzuwirken, gibt es folgende Vorschläge im Diskussionspapier:

- **Umstellung auf planmäßige Abschreibung** ähnlich wie im UGB[65] oder
- Beibehaltung des „impairment only approach", aber Minderung des „Shielding"-Effekts mittels „headroom approach". Dabei soll der Impairmenttest angepasst werden, indem der zum Erwerbszeitpunkt vorhandene „headroom" einer CGU ermittelt und bei den zukünftigen Impairmenttests berücksichtigt wird. Beim „headroom" handelt es sich um den originären Firmenwert bereits vorhandener CGUs, der den „Shielding"-Effekt erst überhaupt ermöglicht. Durch die Ermittlung des „headrooms" kommt es bereits zu einer Firmenwertabschreibung, wenn der „headroom" erreicht wird, und nicht erst dann, wenn der erzielbare Betrag gem IAS 36 den Buchwert der CGU unterschreitet.[66]

Es sind auch Vereinfachungen des Impairmenttests angedacht: Derzeit ist zwingend ein jährlicher Impairmenttest des Firmenwertes vorzunehmen. Das IASB kann sich vorstellen, dass der Impairmenttest nur mehr anlassbezogen und somit bei sogenannten „impairment triggers" vorzunehmen ist.

5.1.2. Unterschiede zur Unternehmensbewertung

Bereits in der Vergangenheit sorgten Unterschiede zwischen der betriebswirtschaftlichen Unternehmensbewertung und der Ermittlung des Nutzungswertes im Rahmen des Impairmenttests nach IAS 36 für Kontroversen. Insbesondere ging es um die **Vorsteuerbetrachtung** und die Behandlung von **Erweiterungsinvestitionen** bei der Ermittlung des Nutzungswertes. Aufgrund des Vorschlags des IASB soll eine „Nachsteuerberechnung" beim Impairmenttest erfolgen. Auch Erweiterungsinvestitionen sollen bei der Nutzungswertermittlung berücksichtigt werden dürfen.[67] Solche Vereinfachungen sind zu begrüßen, da sich der Impairmenttest der Unternehmensbewertungspraxis annähert.

5.2. Immaterielle Vermögenswerte

Derzeit gilt die Regelung nach IFRS 3, dass sämtliche identifizierbaren immateriellen Vermögenswerte anzusetzen und somit getrennt vom Firmenwert zu bilanzieren sind.[68] Damit stellt sich die Frage, ob es für den Bilanzleser besser ist, dass eine Vielzahl von immateriellen Vermögenswerten bilanziert wird, bei denen

---

65 DP/2020/1, 3.55.
66 Vgl *Faßhauer/Schuber/Özcan*, IRZ 2020, 399.
67 Vgl *Berger/Fink*, WPg 2020, 1027 ff.
68 IFRS 3.B31.

nicht selten wesentliche Bewertungsunsicherheiten bestehen, oder ob der Ansatz von immateriellen Vermögenswerten beschränkt werden sollte und daher ein erhöhter Firmenwert in Kauf genommen wird.[69] Das AFRAC hat zu diesem Vorschlag des IASB eingeworfen, dass sich im Zusammenhang mit der Bewertung von immateriellen Vermögenswerten bereits gängige Bewertungsmodelle etabliert haben, wodurch Vermögenswerte wie langjährige Kundenbeziehungen oder Markennamen bewertet werden können. Das AFRAC ist sich bewusst, dass erfahrungsgemäß vor allem bei immateriellen Vermögenswerten große Ermessensspielräume bei der Identifikation und der Wertermittlung solcher immaterieller Vermögenswerte bestehen. Trotzdem ist das AFRAC hier der Meinung, dass der Ansatz von immateriellen Vermögenswerten nicht eingeschränkt werden soll.[70]

5.3. Anhangangaben

Im Zusammenhang mit Anhangangaben gibt es die Kritik, dass den Bilanzlesern oft keine geeigneten Informationen zur Verfügung gestellt werden, um zu beurteilen, wie sich das Kaufobjekt entwickelt hat. Vor allem in Folgejahren ist zwar erkennbar, ob eine Firmenwertabschreibung stattfindet, aber aufgrund des genannten „Shielding"-Effekts findet eine Abschreibung beim Firmenwert mitunter verspätet statt. Ziel muss es aber sein, den Investoren Informationen zur Verfügung zu stellen, damit diese beurteilen können, wie sich das Kaufobjekt bis dato entwickelt hat und wie die Zukunftsaussichten sind. Außerdem soll eine Beschreibung erfolgen, wie das Management die gesetzten Ziele überprüft.[71] Unter anderem befinden sich im Diskussionspapier folgende Vorschläge zur Verbesserung der Anhangangaben:

- Separate Angabe des Eigenkapitals ohne den vorhandenen Firmenwert, um ein „Worst-Case"-Szenario bei kompletter Abschreibung des Firmenwertes darzustellen;
- die bereits vorgeschriebenen Angaben zum Grund der Akquisition sollen erweitert und auch die strategischen Überlegungen sowie die Ziele des Managements näher erläutert werden;
- auch sollen in späteren Perioden Kennzahlen bezogen auf die Performancemessung des übernommenen Unternehmens veröffentlicht werden;
- bezogen auf die Höhe des Firmenwertes bei der Akquisition soll das Management zusätzliche Informationen bereitstellen, wieso der erhöhte Kaufpreis gezahlt wurde und welches Synergiepotenzial bei der Akquisition angenommen wird.

---

69 Vgl *Faßhauer/Schuber/Özcan*, IRZ 2020, 401.
70 Vgl Comment Letter zum IASB DP/2020/1 vom 17.12.2020, 4.
71 DP/2020/1, 3.IN19.

6. Zusammenfassung

Die Anwendungsfälle von Kaufpreisallokationen sind nach UGB und IFRS ident. Die Vorgehensweise unterscheidet sich jedoch teilweise. So sind im IFRS die übernommenen Vermögenswerte und Schulden grundsätzlich nach den Regelungen des IFRS 3 anzusetzen, unabhängig davon, ob der Unterschiedsbetrag zum Kaufpreis positiv oder negativ ist. Im UGB gibt es komplexere Regelungen und zusätzlich noch Unterscheidungen zwischen Asset Deal und Share Deal.

Gegenleistungen bei Unternehmenserwerben enthalten nach UGB auch Anschaffungsnebenkosten, die nach IFRS nicht aktiviert werden dürfen. Bedingte Kaufpreiszahlungen („Earn-out"-Klauseln) erfahren nach IFRS und UGB teils unterschiedliche Bilanzierungen. Des Weiteren gibt es beim Share Deal nach IFRS zwei Berechnungsvarianten des Firmenwertes, wobei die Anwendung der „Partial-Goodwill"-Methodeder Methode nach UGB gleicht. Bei der „Full-Goodwill"-Methode der IFRS werden auch die Minderheitenanteile am Firmenwert zum Fair Value berücksichtigt. Die Folgebewertung des Firmenwertes nach IFRS ist gänzlich anders als jene nach UGB. Während nach IFRS eine jährliche Werthaltigkeitsprüfung aufgrund des „impairment only approach" notwendig ist, gibt es nach UGB die pragmatische planmäßige Abschreibung.

Aufgrund anhaltender Kritik an einzelnen Bilanzierungs- und Ausweisvorschriften des IFRS 3, allen voran der Folgebewertung des Firmenwertes, hat der IASB im Jahr 2020 ein Diskussionspapier veröffentlicht, in dem Anpassungen vorgeschlagen werden, die in den kommenden Jahren zu Änderungen des IFRS 3 führen können.

Was ist im Steuerrecht ein Kaufpreis?

Claus Staringer

1. **Einleitung und Abgrenzung des Themas**
2. **Ausgangslage: Das geltende System der Besteuerung von Veräußerungsgewinnen aus Beteiligungen**
    2.1. Inlandsbeteiligungen – keine Steuerneutralität
    2.2. Auslandsbeteiligungen – Optionssystem für internationale Schachtelbeteiligungen
    2.3. Folgen des geltenden Systems
3. **Abgrenzung von Dividende und Veräußerungsgewinn**
    3.1. Vorbereitende Dividende zur Absenkung des Kaufpreises
    3.2. Dividendenvorbehalt
    3.3. Alineare Dividende
4. **Spätere Änderungen des Kaufpreises**
    4.1. Earn Out
    4.2. Leistungsstörungen
    4.3. Ausfall der Kaufpreisforderung
5. **Aufteilung von Gesamtkaufpreisen**
    5.1. Ausgangsfall: Globaltransaktionen über mehrere Verkaufsobjekte
    5.2. Bedeutung einer zwischen den Parteien vereinbarten Aufteilung
    5.3. Vorgehen ohne vereinbarte Aufteilung
6. **Der verbotene Kaufpreis im UmgrStG**
    6.1. „Umgründung gegen Geld" führt zur Versagung des UmgrStG
    6.2. Schädliche und unschädliche Gegenleistungen
7. **Schlusswort**

1. Einleitung und Abgrenzung des Themas

Der Kaufpreis – sei es für einzelne Wirtschaftsgüter oder ganze Unternehmen – kann im Steuerrecht auf vielen Themenfeldern Bedeutung haben: So ist die Höhe des Kaufpreises offenkundig dann von wesentlicher Bedeutung, wenn sich an einen Kaufpreis konkrete Steuerfolgen knüpfen, wie zB im Ertragsteuerrecht bei steuerbaren Verkaufstransaktionen. Dort geht es um die Bemessung eines Veräußerungsgewinns bzw -verlustes des Verkäufers oder den Ankaufspreis (dh die Anschaffungskosten) des Käufers. Ganz deutlich tritt der Kaufpreis im Steuerrecht auch zB bei der Grunderwerbsteuer in Erscheinung, wo er als Gegenleistung für den Verkauf von Grundstücken den Hauptfall der Bemessungsgrundlage der Grunderwerbsteuer bildet. Auch bei der Umsatzsteuer ist die Frage nach dem Kaufpreis von zentraler Bedeutung für die Ermittlung der Bemessungsgrundlage. Rasch zeigt sich, dass sich rund um den Kaufpreis vielfältige steuerrechtliche Themen stellen können.

Im vorliegenden Beitrag soll daher bewusst eine Auswahl einiger – zT durchaus „klassischer" – Aspekte der Frage nach dem Kaufpreis im Steuerrecht getroffen werden:

Zunächst sollen in der Folge nur ertragsteuerliche Themen behandelt werden.[1] Dabei soll der Blick vorrangig auf Kauf und Verkauf *von* Unternehmen *durch* Unternehmen gerichtet sein. Dies blendet zwar für sich durchaus spannende Fragen zB iZm mit der Veräußerung von Privatvermögen durch natürliche Personen aus (etwa rund um die Immobilienertragsteuer bei der Veräußerung von Grundstücken), trägt aber der vergleichsweise größeren wirtschaftlichen Bedeutung des M&A-Geschäfts Rechnung. Im Bereich des Unternehmenskaufs soll der Fokus auf die Veräußerung von Beteiligungen *von* Kapitalgesellschaften *an* Kapitalgesellschaften gelegt werden. Gerade vor dem Hintergrund der Unternehmenslandschaft in Österreich, das als „Land der GmbH" gilt, deckt dies die meisten wirtschaftlich bedeutenden Unternehmenstransaktionen ab. Schließlich soll bei den betrachteten Beteiligungstransaktionen vorrangig die Perspektive des Verkäufers eingenommen werden, zumal der Unternehmensverkauf bei ihm unmittelbare ertragsteuerliche Steuerfolgen auslöst (wogegen der Käufer idR spiegelbildlich „nur" von Fragen der Anschaffungskosten betroffen ist, die sich noch nicht sofort bei der Unternehmenstransaktion in Steuerpflichten materialisieren).

Wesentlich ist es in jedem Fall, die vorliegende Themenstellung von Fragen der wirtschaftlichen Kaufpreisfindung abzugrenzen. Wie sich die Parteien der Unternehmenstransaktion auf einen Kaufpreis einigen, welche Überlegungen zur Bewertung des Zielunternehmens dabei im Hintergrund stehen oder ob eine solche Bewertung – bei Übertragung zwischen verbundenen Unternehmen – fremdüblich ist, soll in der Folge ausgespart bleiben.

---

[1] Zu Themen iZm der Umsatzsteuer vgl *Spies* in diesem Band.

2. Ausgangslage: Das geltende System der Besteuerung von Veräußerungsgewinnen aus Beteiligungen

Vor dem Einstieg in das eigentliche Thema ist es aber wichtig, sich das in Österreich geltende System der Körperschaftsbesteuerung von Veräußerungsgewinnen aus Beteiligungen erneut vor Augen zu führen. Die wesentlichen Eckpunkte dieses Systems lassen sich – ohne Anspruch auf Vollständigkeit oder Detailtiefe – wie folgt zusammenfassen:

2.1. Inlandsbeteiligungen – keine Steuerneutralität

Für Inlandsbeteiligungen (dh Beteiligungen einer inländischen Muttergesellschaft an ihrer ebenfalls inländischen Tochtergesellschaft) ist keine Steuerneutralität vorgesehen. Damit unterliegt ein Veräußerungsgewinn bei der veräußernden Muttergesellschaft der vollen Körperschaftsteuerpflicht. Umgekehrt ist ein Veräußerungsverlust grundsätzlich ebenfalls steuerwirksam (dh abzugsfähig), aber zeitlich auf sieben Jahre verteilt (§ 12 Abs 3 Z 2 KStG). Durch diese Sieben-Jahres-Verteilung wird somit der Steuerentlastung des Veräußerers durch den Verlust iE zeitlich gestreckt, bleibt aber im Grundsatz erhalten. Anders ist dies jedoch im – in der Praxis wesentlichen – Fall des Bestehens einer Steuergruppe: Dort sind Verluste aus der Veräußerung von Gruppenmitgliedern beim Gruppenträger gem § 9 Abs 7 erster Satz KStG generell steuerneutral, zugleich bleibt die Steuerwirksamkeit von Gewinnen aus der Veräußerung von Gruppenmitgliedern unverändert erhalten.

2.2. Auslandsbeteiligungen – Optionssystem für internationale Schachtelbeteiligungen

Ganz anders wiederum ist die Lage bei Auslandsbeteiligungen (dh Beteiligungen einer inländischen Muttergesellschaft an einer ausländischen Tochtergesellschaft): Dort bewirkt das in § 10 Abs 3 KStG vorgesehene Optionssystem für internationale Schachtelbeteiligungen ein im Grundsatz symmetrisches System der Behandlung von Gewinnen oder Verlusten aus der Beteiligungsveräußerung. Im gesetzlichen Grundfall bleiben diese steuerneutral, es ist jedoch für die Muttergesellschaft eine beteiligungsbezogene Option zur Steuerwirksamkeit (symmetrisch für Gewinne und Verluste) möglich, und zwar für das Jahr des Beteiligungserwerbs mit zeitlich unbegrenzter („ewiger") Bindung.

2.3. Folgen des geltenden Systems

Schon dieser grobe Überblick zeigt, dass das Konzept des geltenden österreichischen Rechts bei der steuerlichen Behandlung von Beteiligungstransaktionen von einer besonderen Vielschichtigkeit gekennzeichnet ist.[2] Dieser Eindruck verschärft sich, wenn man tiefer in die Materie einsteigt und zu Ausnahmefällen vordringt, die die dargestellten Grundvarianten weiter verästeln.[3] Aber auch das Grundmodell ist durchaus rechtspolitischer Kritik ausgesetzt: So stellt die durch das Optionsmodell für Auslandsbeteiligungen eröffnete Besteuerung „nach Wahl" (die aufgrund der ewigen Optionsbindung auch zur „Qual der Wahl" führen kann) im internationalen Rechtsvergleich eine Besonderheit dar, die letztlich auf das historische Fehlen einer klaren systematischen Linie bei der steuerlichen Behandlung von Auslandsinvestitionen zurückgeht.[4] Vor allem aber ist die fehlende Steuerneutralität der Veräußerung von Inlandsbeteiligungen – bei gleichzeitiger voller Befreiung von Dividenden – seit langem Gegenstand wissenschaftlicher Kritik.[5] Diese fehlende Steuerneutralität ist ein systematischer Fremdkörper, der durch seine punktuellen Gegenausnahmen (insb innerhalb der Steuergruppe) nur noch deutlicher ins Auge fällt.

Aber es ist hier nicht der Ort, die – an anderer Stelle ohnedies hinreichend klar geäußerte – rechtspolitische Kritik am geltenden System der Beteiligungsbesteuerung zu wiederholen.[6] Im vorliegenden Zusammenhang reicht schon ein rascher Befund des geltenden Rechts, um die Bedeutung für das vorliegende Thema sichtbar werden zu lassen: Es macht in vielen Konstellationen einen entscheidenden Unterschied für die steuerlichen Rechtsfolgen, ob ein bestimmter Zufluss beim veräußernden Alt-Gesellschafter für steuerliche Zwecke nun als Veräußerungspreis oder als Beteiligungsertrag (bzw Dividende) gesehen wird. Denn während die Dividende in aller Regel beim Alt-Gesellschafter durch die allgemeine Beteiligungsertragsbefreiung (§ 10 Abs 1 KStG) steuerfrei bleibt, ist ein Veräußerungsgewinn in vielen Konstellationen voll steuerpflichtig.[7] In solchen Fällen ist es daher offenkundig wichtig, die Abgrenzung von Dividende und Veräußerungsgewinn treffsicher vorzunehmen. MaW setzt es das geltende Recht geradezu systemimmanent voraus, die beiden Größen klar zu unterscheiden. Es ist nicht überraschend, dass dies in einer Reihe von Fallgruppen zu Schwierigkeiten führen kann.[8]

---

2   Vgl nur die Analyse des Gesamtsystems bei *Staringer*, Konzernsteuerrecht, Gutachten 18. ÖJT, IV/1 (2012) 84 ff.
3   ZB das Zusammenspiel von § 9 Abs 7 erster Satz KStG mit § 12 Abs 3 Z 3 KStG (vgl VwGH 10.3.2016, 2013/15/0139) oder die steuerneutrale Wiederaufholung einer steuerneutralen Teilwertabschreibung in der Gruppe durch Veräußerung des Gruppenmitglieds (vgl KStR 2013 Rz 1108).
4   Zur Entstehungsgeschichte ausführlich *Staringer*, Konzernsteuerrecht, 18. ÖJT 2012, 93 f.
5   Notwendigkeit einer Modernisierung des Konzernsteuerrechts – Neun Thesen der Abteilung für Steuerrecht des Österreichischen Juristentages 2012, SWK 2012, 754.
6   Ausführlich bereits *Staringer*, Konzernsteuerrecht, 18. ÖJT 2012, 87 ff.
7   Konkret bei Inlandsbeteiligungen, ebenso bei optierten internationalen Schachtelbeteiligungen.
8   Dazu sogleich im folgenden Abschnitt.

3. Abgrenzung von Dividende und Veräußerungsgewinn

3.1. Vorbereitende Dividende zur Absenkung des Kaufpreises

„Klassischer" Fall der Notwendigkeit der Abgrenzung von Dividende und Veräußerungsgewinn ist die Auszahlung einer Dividende durch die Zielgesellschaft an den Alt-Gesellschafter vor Durchführung der Veräußerung. Durch den mit einer solchen vorbereitenden Dividende verbundenen Wertabfluss wird wirtschaftlich der Unternehmenswert der Zielgesellschaft gesenkt, sodass vom Verkäufer zur Erreichung des gleichwertigen Transaktionsergebnisses in weiterer Folge nur ein entsprechend geringerer Kaufpreis vereinnahmt werden muss. Dies stellt eine in der Praxis regelmäßige Gestaltung im Vorfeld von M&A-Transaktionen dar, die einen Teil des wirtschaftlichen Gesamtkaufpreises in eine steuerfreie Dividende transformiert.

Die Frage ist nun, ob dieser Gestaltung Grenzen gesetzt sind. Klar ist dabei, dass die Sonderregelung zur ausschüttungsbedingten Teilwertabschreibung (§ 12 Abs 3 Z 1 KStG) eine solche Grenze darstellt, denn diese Regelung bewirkt iE, dass ein durch die Dividende verursachter Wertverlust (der sich als Teilwertabschreibung oder als Veräußerungsverlust aus der Beteiligung materialisieren kann) steuerlich nicht abzugsfähig ist. Da in den Fällen des § 12 Abs 3 Z 1 KStG nach hA der Buchwert der Beteiligung trotz des Nichtabzugs sinkt, erhöht der ausschüttungsbedingte Wertverlust letztlich den steuerwirksamen Veräußerungsgewinn aus der Beteiligung.[9] Im praktischen Ergebnis bedeutet dies, dass eine Transformation von steuerwirksamen Veräußerungsgewinnen in steuerfreie Dividenden nur insoweit möglich ist, als der Beteiligungsansatz für die Beteiligung des späteren Veräußerers an der Zielgesellschaft durch die Vornahme der Dividende wertmäßig nicht abgesenkt werden muss. MaW muss der Buchwert der Zielbeteiligung auch nach der Dividende unverändert werthaltig sein. Ob dies der Fall ist, hängt von den konkreten Wertumständen des Einzelfalls ab (Höhe des Buchwertes bzw der historischen Anschaffungskosten der Beteiligung, Ausmaß der stillen Reserve in der Beteiligung sowie Höhe der Dividende).

Man darf den Grundgedanken der ausschüttungsbedingten Teilwertabschreibung aber nicht überspannen. Es ist eben das Grundkonzept – und auch der klare Wortlaut – der Regelung des § 12 Abs 3 Z 1 KStG, dass sie nur dann korrigierend eingreifen soll, wenn die Ausschüttung derart signifikant ist, dass der Buchwert der Beteiligung danach deren tatsächlichen Wert nicht mehr deckt.[10] In der Tat

---

[9] Vgl für viele umfassend *Marchgraber*, Die Zuschreibung von Beteiligungen an Kapitalgesellschaften (2013) 163 ff mwN.

[10] Vgl zB *Marchgraber/Plansky* in *Lang/Rust/Schuch/Staringer*, KStG² § 12 Rz 306.

geht die Vorschrift des § 12 Abs 3 Z 1 KStG auf das Bedürfnis des Gesetzgebers zurück, als besonders gravierend empfundene Gestaltungen iZm wertmindernden Ausschüttungen hintanzuhalten.[11] Über ihren vom Gesetz klar umrissenen Anwendungsbereich hinaus bietet die Vorschrift aber keine Handhabe für die Umqualifikation von Dividenden in Veräußerungsgewinne, und zwar schon allein deshalb nicht, weil sich die Rechtsfolge von § 12 Abs 3 Z 1 KStG in der Steuerneutralität des ausschüttungsbedingten Wertverlusts erschöpft. Eine Umwandlung der vorgelagerten Dividende wird vom Gesetz nicht angeordnet, diese bleibt weiterhin auch in den Fällen des § 12 Abs 3 Z 1 KStG bei der Muttergesellschaft steuerfrei. Umso weniger hat § 12 Abs 3 Z 1 KStG daher etwas mit der steuerlichen Behandlung der Dividende in Fällen zu tun, in denen gar kein ausschüttungsbedingter Wertverlust eintritt.

Somit bleibt die Frage, ob die allgemeinen Grundsätze der steuerlichen Umgehungslehre eine Umqualifizierung von Dividenden im Vorfeld einer M&A-Transaktion stützen könnten. Um das Ergebnis vorwegzunehmen: Eine solche generelle Möglichkeit zur Umqualifikation wird von der hA nicht gesehen.[12] Auch der Stand der Rechtsprechung dürfte dies mittelbar bestätigen, denn zu diesem – seit langem bestehenden – Thema ist aus der Judikatur des VwGH eine einzige Entscheidung bekannt geworden, die iE eine Umqualifizierung von Dividenden in einen Veräußerungsgewinn für möglich gehalten hat.[13] Dabei ging es allerdings um einen in mehrfacher Hinsicht ungewöhnlichen Sonderfall: So wurde dort die an den Alt-Gesellschafter ausbezahlte Dividende überhaupt erst durch einen Zuschuss ermöglicht, den der spätere Käufer an die Zielgesellschaft zu leisten hatte. Andernfalls hätte die Zielgesellschaft gar nicht über ausreichenden Gewinn verfügt. Aus dem festgestellten Sachverhalt ergab sich zudem, dass Käufer und Verkäufer diese Konstruktion erst kurz vor Vertragsabschluss vereinbart hatten, nachdem zuvor noch ausschließlich ein entsprechend höherer Kaufpreis (und keine Dividende) in Aussicht genommen worden war. In dieser Situation deutete der VwGH die Dividende als Bestandteil des Kaufpreises, da diese Dividende nach der Lage des Falles untrennbar mit der Beteiligungsveräußerung verbunden war und zudem durch den vom Käufer in die Gesellschaft geleisteten Zuschuss erst ermöglicht wurde.

Bemerkenswert ist, dass der VwGH in seiner Entscheidung nicht auf das Schlagwort der „Unangemessenheit", mit dem grenzwertige Gestaltungen jedenfalls unter der damaligen Fassung des § 22 BAO oft gebrandmarkt wurden, zurückgegriffen hat. Auch wurde die Frage nach allfälligen nicht steuerlichen Gründen zur Recht-

---

11 Als Reaktion auf VwGH 10.12.1991, 89/14/0064.
12 Vgl dazu zB *Kofler* in *Achatz/Kirchmayr*, KStG § 10 Rz 82; *Fürnsinn/Massoner* in *Lang/Rust/Schuch/Staringer*, KStG² § 10 Rz 43 mwN. Auch die Finanzverwaltung spricht in KStR 2013 Rz 1168 nur den Fall des Dividendenvorbehalts an, bei dem Dividenden *nach* erfolgter Veräußerung fließen, nicht *davor*.
13 VwGH 14.12.2005, 2002/13/0053.

fertigung der Dividendengestaltung vom VwGH nicht einmal gestellt. Die Entscheidung versucht somit nicht mehr und nicht weniger, als das tatsächliche Geschehen im Entscheidungssachverhalt rechtlich zu würdigen. Zur Behandlung der formal als Dividende geflossenen Beträge als Veräußerungspreis bedurfte es für den VwGH dabei keines Rückgriffs auf die Figur des Missbrauchs iSv § 22 BAO. Dieses Vorgehen ist methodisch heute überzeugender denn je, denn spätestens die Neufassung des § 22 BAO durch das JStG 2018 hat verdeutlicht, dass die Lösung jeder Rechtsfrage mit der sorgfältigen Aufarbeitung des tatsächlichen Sachverhalts beginnen muss.[14] Nicht anders war es auch im geschilderten Fall, in dem ein vom Käufer geleisteter Kaufpreis lediglich in eine Dividende eingekleidet war.

Solche extremen Fallkonstellationen kommen in der Praxis aber kaum vor.[15] Insbesondere die finanzierungsweise Einbindung des Käufers in die an den Verkäufer ausgeschüttete Dividende (erst recht wenn dadurch das Potenzial für die Gewinnausschüttung überhaupt erst geschaffen wird) ist eine seltene Ausnahme, ebenso wenig die vom VwGH seinerzeit vorgefundene enge vertragliche Verknüpfung von Dividende und Kaufpreissenkung. Aus gutem Grund: Jeder Verkäufer ist gut beraten, seine Dividendenpolitik selbständig (dh ohne Einfluss des Käufers oder gestalterisches Zusammenwirken mit diesem) festzulegen und umzusetzen.[16] Ist aber die Dividende in diesem Sinne „echt" bzw „wirtschaftlich real", dann bietet § 10 Abs 1 KStG – und damit richtigerweise auch § 22 BAO – keine Handhabe, diese Dividende in einen Veräußerungspreis umzuqualifizieren. Die Beteiligungsertragsbefreiung kennt nämlich keine Unterscheidung danach, ob eine Dividende in zeitlicher, gedanklicher oder sonstiger Nähe zur späteren Veräußerung ausgeschüttet wird. Dieser Befreiung geht es um die Vermeidung der wirtschaftlichen Doppelbesteuerung der Körperschaftsgewinne; schon dieses umfassende systematische Ziel der Norm steht einer Einschränkung der Befreiung entgegen. Dass der durch die Dividende iE reduzierte spätere Veräußerungsgewinn demgegenüber steuerpflichtig ist, spricht nicht gegen, sondern für dieses Ergebnis, denn wenn es dem Gesetzgeber – wie oben geschildert – offensichtlich im bestehenden Körperschaftsteuersystem gerade darauf ankommt, Dividenden und Veräußerungsgewinne mit unterschiedlichen steuerlichen Rechtsfolgen zu versehen, dann darf es kein Problem sein, in dieser Lage die günstigeren Rechtsfolgen einer Dividende zu nutzen.

---

14 Vgl dazu zB *Lang*, Die Neuregelung des Missbrauchs in § 22 BAO, ÖStZ 2018, 419 (424).
15 Insoweit ist der vom Entscheidungssachverhalt gelöste Bezug auf VwGH 14.12.2005, 2002/13/0053 in KStR 2013 Rz 1168 unglücklich und sollte nicht überbewertet werden.
16 Dem stehen die in M&A-Situationen zwischen Verkäufer und Käufer häufig getroffenen Vereinbarungen, wonach nur bestimmte Wertabflüsse (wie zB eben Dividenden) aus der Zielgesellschaft im Vorfeld der Transaktion vorgenommen werden dürfen („Non-Leakage"), richtigerweise nicht entgegen, denn solche Vereinbarungen sollen nur den Käufer vor einem wertmäßigen Aushöhlen der Zielgesellschaft schützen. Ob bzw welchem Umfang der Verkäufer von solchen Möglichkeiten tatsächlich Gebrauch macht, ist allein seine Sache. Aber auch im Fall einer Verletzung solcher Non-Leakage-Vereinbarungen liegt unverändert eine Dividende vor, denn regelmäßig werden solche Verletzungen zu einer Leistungsstörung führen, da sie die vereinbarte Beschaffenheit der Zielgesellschaft beeinträchtigen.

3.2. Dividendenvorbehalt

Eine andere Konstellation liegt beim sog Dividendenvorbehalt vor. Das ist die zwischen Verkäufer und Käufer getroffene Vereinbarung, dass der Käufer eine zukünftige Dividende an den Verkäufer weiterzuleiten hat. Auf diese Weise gelangt der Verkäufer an die Dividende der Zielgesellschaft, obwohl er zum Zeitpunkt der Ausschüttung nicht mehr Gesellschafter ist. Häufig kommen solche Dividendenvorbehalte daher bei M&A-Transaktionen vor, die zeitlich nach dem Ende des Wirtschaftsjahres der Zielgesellschaft, aber noch vor deren jährlicher Haupt- bzw Generalversammlung stattfinden. Insoweit handelt es sich daher in solchen Fällen um ein (dividenden-)saisonales Thema, das bei Regelbilanzstichtag 31.12. typischerweise in den ersten Monaten des Folgejahres auftritt. Aber ganz allgemein geht es um Vereinbarungen über die wirtschaftliche Berechtigung an zukünftigen Dividenden der Zielgesellschaft nach deren Verkauf. Diese können – zumindest theoretisch – auch für einen längeren Zeitraum getroffen werden und lassen den Verkäufer bzw Alt-Gesellschafter noch an von ihm selbst nicht mehr kontrollierten Ausschüttungen der Zielgesellschaft teilhaben.

Die steuerliche Kernfrage bei solchen Vorbehaltsdividenden ist, wer (dh Verkäufer oder Käufer) für sie die Beteiligungsertragsbefreiung des § 10 Abs 1 KStG in Anspruch nehmen kann. Das überwiegende Schrifttum hat für die Vorbehaltsdividende die Befreiung beim Verkäufer bzw früheren Gesellschafter mit deren Veranlassung *causa societatis* begründet.[17] Auch wenn der Verkäufer im Zeitpunkt des Beschlusses der Dividende nicht mehr an der Gesellschaft beteiligt ist (und daher selbst gar nicht am Beschluss mitwirken kann), so hätte die Dividende doch ihre Wurzel im früheren Gesellschaftsverhältnis zwischen Verkäufer und Gesellschaft. Die Finanzverwaltung steht dem kritisch gegenüber und will die Dividende bei *„offenkundigem Zusammenhang mit dem Verkauf"* als Kaufpreis sehen.[18]

ME greifen beide Auffassungen zu kurz:[19] Denn für eine Umqualifikation der Dividende in einem Kaufpreis ist gar kein Raum, da die Dividende selbst bei strenger Sicht der Finanzverwaltung beim Käufer als solche zu erfassen wäre (dort allenfalls steuerfrei), sodann vom Käufer (für ihn allenfalls steuerneutral aufgrund § 12 Abs 2 KStG) an den Verkäufer weitergeleitet würde und dort iE einen nachträglichen Veräußerungspreis für die Beteiligung darstellen würde.[20] Mit einer Umqualifikation der Dividende in „wirtschaftlicher Betrachtungsweise" oder Ähnlichem hat dies nichts zu tun, da die Dividende ja nicht verschwindet. Aber auch die Ansicht des Schrifttums hat Schwächen, denn der soziäre Veranlassungszusammenhang ist dann nicht trennscharf, wenn – wie beim Verkäufer bzw Alt-Gesellschafter – zwar ohne Zweifel ein Zusammenhang zur ehemaligen Gesellschafterstellung

---

17 Vgl zB die Nachweise bei *Fürsinn/Massoner* in Lang/Rust/Schuch/Staringer, KStG² § 10 Rz 43.
18 Vgl KStR 2013 Rz 1168.
19 So schon *Staringer*, Konzernsteuerrecht, 18. ÖJT 2012, 43.
20 Vgl KStR 2013 Rz 1168.

gegeben ist, aber es eine Wertungsfrage bleibt, ob dieser Zusammenhang tatsächlich stark genug ist, um den ebenfalls bestehenden sozietären Zusammenhang zum Käufer bzw Neu-Gesellschafter zu verdrängen.

Überzeugender ließen sich Fälle der Vorbehaltsdividende lösen, wenn man sie – was eigentlich nahe liegt – als eine Frage der persönlichen Zurechnung von Einkünften (hier Dividenden) versteht. Hierfür ist nach den allgemeinen Grundsätzen der Einkünftezurechnung letztlich entscheidend, wer im jeweiligen Einzelfall die Einkunftsquelle tatsächlich kontrolliert.[21] Gerade die Vorbehaltsdividende zeigt anschaulich, dass es hier verschiedene Fallgruppen geben kann: So kann es zB sein, dass die zwischen Verkäufer und Käufer getroffene Vereinbarung Letzteren dazu vertraglich verpflichtet, bei der bevorstehenden Haupt- bzw Gesellschafterversammlung der Zielgesellschaft die Dividendenausschüttung durch entsprechendes Stimmverhalten (etwa als Mehrheits- oder Alleingesellschafter) herbeizuführen (und sodann an den Verkäufer weiterzuleiten). In einem solchen Fall spricht vieles dafür, die Vorbehaltsdividende dem Verkäufer steuerlich zuzurechnen, zumal er – wenn auch nicht gesellschaftsrechtlich, so doch vertraglich – die Kontrolle über den Ausschüttungsbeschluss hat. Umgekehrt kann es in anderen Fällen an genau dieser Kontrolle des Verkäufers fehlen, etwa wenn der Käufer (zB als Minderheitsgesellschafter) gar nicht in der Lage ist, den gewünschten Ausschüttungsbeschluss herbeizuführen und daher vom Verkäufer dazu auch nicht verpflichtet werden kann. In solchen Fällen kann der Verkäufer auf die Ausschüttung einer Dividende lediglich hoffen. Wird tatsächlich eine Dividende ausgeschüttet, hat konsequenterweise deren steuerliche Zurechnung dann nicht an den Verkäufer, sondern an den Käufer zu erfolgen.

Auf diese Weise lassen sich nach den allgemeinen Prinzipien der Einkünftezurechnung – gegen deren Geltung auch in Fällen der Vorbehaltsdividende nichts spricht – im Einzelfall sachgerechte Ergebnisse finden. Freilich bedarf es dann eben auch tatsächlich einer sorgfältigen Prüfung des Einzelfalls. Gerade weil die Fallzahl hier überschaubar ist (die in Rede stehenden M&A-Transaktionen sind für die allermeisten Unternehmen Ausnahmeereignisse), sollte dies auch in der Praxis bewältigbar sein.

3.3. Alineare Dividende

In der Praxis häufig sind Fälle alinearer Dividenden. Dabei handelt es sich um Ausschüttungen, deren Verteilung nicht dem Beteiligungsverhältnis der Gesellschafter folgt, sondern – eben alinear zur Beteiligungsquote – anderen Verteilungsprinzipien unterliegt. Alineare Dividenden können ganz unterschiedliche Hintergründe haben: Typische Fälle sind zB die Abgeltung sozietärer Mehrbeiträge eines Gesellschafters (etwa die Zurverfügungstellung von Sondervermögen

---

21 Vgl die Nachweise bei *Staringer*, Konzernsteuerrecht, 18. ÖJT 2012, 43.

oder Arbeitskraft).[22] Häufig lassen auch Gesellschaftsverträge eine Quotenabweichung bei der Gewinnverteilung zu (etwa durch Formulierungen wie: „Gewinnverteilung erfolgt nach Anteilsquoten, sofern die Gesellschafter nichts anderes beschließen"). In solchen Fällen kann es *ad hoc* für das jeweilige Geschäftsjahr zu einer alinearen Dividende kommen.

Die Finanzverwaltung anerkennt alineare Dividenden grundsätzlich für steuerliche Zwecke, sofern sie gesellschaftsvertraglich gedeckt und wirtschaftlich begründet sind.[23] Nimmt man diese Anforderungen für die Anerkennung als Dividende – Deckung im Gesellschaftsvertrag und wirtschaftliche Begründung – beim Wort, könnten rasch Zweifel entstehen. So lösen zB verdeckte Gewinnausschüttungen für Steuerzwecke grundsätzlich die gleichen Rechtsfolgen wie offene Dividenden aus (dies namentlich auch dann, wenn sie nicht an alle Gesellschafter gleichmäßig erfolgen, also alinear sind), obwohl sie zweifelsohne gerade nicht durch den Gesellschaftsvertrag gedeckt sind. Ebenso unbefriedigend wäre es, wenn die Finanzverwaltung zB die wirtschaftliche Begründung einer von der Gesellschaftsversammlung zulässigerweise *ad hoc* beschlossenen alinearen Dividende eines bestimmten Jahres in Zweifel ziehen könnte. Letztlich haben es sich die Gesellschafter gerade vorbehalten, bei der Ausschüttung von der Beteiligungsquote abzuweichen. Warum sollte also die Finanzverwaltung die wirtschaftliche Sinnhaftigkeit dieses Vorgehens in Zweifel ziehen, das immerhin gesellschaftsrechtliche Realität ist?[24] Das würde die Aufgabe der Finanzverwaltung – und des Rolle des Steuerrechts insgesamt – in solchen Fällen überspannen.

Eine Lösung könnte aber darin liegen, die Anforderungen der Finanzverwaltung anders zu deuten. Die in den KStR enthaltenen Hinweise auf „wirtschaftliche Begründung" und „gesellschaftsvertragliche Deckung" können nämlich auch so verstanden werden, dass mit der alinearen Dividende kein anderer Vorgang verdeckt werden darf, der nichts mit dem Gesellschaftsverhältnis zu tun hat. So wäre es zB denkbar, dass mit der alinearen Dividende – die naturgemäß einen Gesellschafter bei der Ausschüttung gegenüber der Beteiligungsquote bevorzugt und andere benachteiligt – ein Vermögenstransfer zwischen den Gesellschaftern bewirkt werden soll. Der Rechtsgrund dieses Vermögenstransfers könnte zB in einer Schenkung liegen. Aber auch eine verdeckte Gegenleistung für eine Veräußerung wäre denkbar: Tritt zB ein Gesellschafter einen Teil seines GmbH-Anteils (vermeintlich) unentgeltlich ab, kann die Vereinbarung einer alinearen Dividende zugunsten des Abtretenden auf einen entgeltlichen Veräußerungsvorgang hindeuten. Solche Fälle will die Verwaltungspraxis hinterfragt wissen. Daran ist nichts Falsches: Denn letztlich geht es dabei um nicht mehr als die Erforschung des tatsächlichen Sachverhaltes. Die Ermittlung dieses Sachverhaltes darf nicht in Fällen

---

22 Vgl dazu zB *Lehner*, Alineare Ausschüttungen von Kapitalgesellschaften, ÖStZ 2009, 366.
23 Vgl KStR 2013 Rz 549.
24 Weiterführend *Kirchmayr* in *Achatz/Kirchmayr*, KStG § 10 Rz 82.

Halt machen, wo er in eine alineare Dividende eingekleidet ist. Genau dies war auch der gedankliche Zutritt der oben dargelegten VwGH-Entscheidung zur Umqualifizierung von Dividenden in Veräußerungsgewinne, denn die vom VwGH iE als Kaufpreis behandelte Dividende war alinear an den Verkäufer ausgeschüttet worden und sollte auf diese Weise den Charakter als Gegenleistung für den Anteilsverkauf verdecken.[25]

4. Spätere Änderungen des Kaufpreises
4.1. Earn Out

In zahlreichen Unternehmenskaufverträgen finden sich sog Earn-Out-Klauseln. Dabei handelt es sich um einen bedingten Kaufpreisbestandteil, dessen Auszahlung an den Verkäufer von zukünftigen wirtschaftlichen Parametern der Zielgesellschaft abhängt (zB dem Erreichen bestimmter Umsatz- oder Gewinnschwellenwerte). Für die steuerliche Behandlung eines solchen Earn Out sind folgende Grundsätze zu beachten:

Unstrittig handelt es sich bei der Earn-Out-Zahlung um einen verzögerten Kaufpreis, der das steuerliche Schicksal des (sonstigen) Kaufpreises teilt.[26] War etwa Gegenstand der Transaktion eine steuerneutrale internationale Schachtelbeteiligung, ist auch die in einer späteren Periode vereinnahmte Earn-Out-Zahlung beim Verkäufer steuerfrei. Entsprechendes gilt bei einem steuerpflichtigen Veräußerungsvorgang, der zu einem ebenfalls steuerpflichtigen späteren Earn Out führt. Insoweit unterscheidet sich der Earn Out nicht von einer Kaufpreiszahlung auf Raten. Auch dort richtet sich die steuerliche Behandlung der einzelnen Raten nach dem ursprünglichen Veräußerungsvorgang.

Differenziert ist jedoch die Frage zu sehen, zu welchem Zeitpunkt (dh in welchem Veranlagungsjahr) der Earn Out steuerwirksam wird, wenn sich die Earn-Out-Zahlungen (was oft der Fall ist) über mehrere Wirtschaftsjahre erstrecken. Letztlich ist der Earn Out ein Anspruch des Verkäufers, dessen Realisierung von zukünftigen Ereignissen abhängt. Damit ist aber klar, dass eine sofortige Steuerbarkeit zukünftiger Earn-Out-Erwartungen im Jahr der Veräußerung (nur) dann in Betracht kommt, wenn die Voraussetzungen für die Aktivierung einer Forderung gegeben sind. Es handelt sich somit um eine Frage des Realisationsprinzips. Ist nach diesen Realisationsgrundsätzen die Erwartung des Earn Out für den Verkäufer hinreichend sicher (zB wenn die Earn-Out-Schwellen von der Zielgesellschaft nach menschlichem Ermessen jedenfalls erreicht werden), dann sind die Earn-Out-Beträge – analog zur bloßen Ratenzahlung – unmittelbar steuerlich realisiert. Liegt die erforderliche Gewissheit nach vorsichtiger Einschätzung aber nicht

---

25 VwGH 14.12.2005, 2002/13/0053, vgl dazu oben in diesem Abschnitt.
26 ZB *Fürnsinn/Massoner* in *Lang/Rust/Schuch/Staringer*, KStG[2] § 10 Rz 129.

vor, kommt es zu einer zeitverzögerten steuerlichen Erfassung des Earn Out im jeweiligen Jahr der tatsächlichen Zahlung. Insoweit unterscheidet sich der Earn Out daher letztlich nicht von anderen ungewissen Forderungen: Seine steuerliche Realisation als zusätzlicher Veräußerungsgewinn hängt von der Sicherheit der Erwartung des Verkäufers ab.[27]

4.2. Leistungsstörungen

Nachträgliche Änderungen des Kaufpreises können auch – allerdings in die umgekehrte Richtung – als Folge von Leistungsstörungen beim Unternehmenskauf eintreten (wie zB Gewährleistung, Irrtum). Hier kommt es zu einer späteren Veränderung des Kaufpreises zulasten des Verkäufers. Dieser hat aufgrund der Leistungsstörung den Kaufpreis teilweise oder sogar gegebenenfalls sogar zur Gänze an den Käufer rückzuerstatten. Damit wird das grundsätzliche Problem solcher Kaufpreisanpassungen bzw -rückzahlungen sichtbar. Anders als beim Earn Out geht es nicht bloß um einen zusätzlichen Kaufpreisbestandteil, sondern um die Frage, ob dabei die bereits (gegebenenfalls steuerpflichtig) vereinnahmten Einkünfte des Verkäufers wieder rückgängig gemacht werden können.

Aus dem allgemeinen Steuerschuldrecht ergibt sich, dass eine solche Rückgängigmachung eines bereits erfüllten Steuertatbestandes nicht möglich ist. Diese strenge steuerschuldrechtliche Konsequenz besteht dabei unabhängig davon, ob die Leistungsstörung zivilrechtlich *ex nunc* oder *ex tunc* wirkt, denn eine allenfalls im Zivilrecht bestehende Rückwirkung ist im rückwirkungsfeindlichen Steuerrecht grundsätzlich (dh ohne entsprechende gesetzliche Regelung) unbeachtlich.[28] Auch die von § 295a BAO verfahrensrechtlich geregelte Änderung von Steuerbescheiden aufgrund eines nach Tatbestandsverwirklichung eingetretenen rückwirkenden Ereignisses – in die insoweit in der Vergangenheit einmal Hoffnungen gesetzt worden waren[29] – hilft hier nicht weiter, denn § 295a BAO ist eben nur eine Verfahrensvorschrift, die von ihr im Steuerverfahren umgesetzte Rückwirkung muss in der jeweiligen steuerlichen Materievorschrift (dh dem eigentlichen Steuertatbestand) angeordnet sein.[30] Dies ist bei den relevanten Veräußerungstatbeständen des EStG bzw KStG aber wohl – jedenfalls bei traditioneller Sicht – nicht der Fall.[31]

---

27 Zum Ganzen ausführlich *Tüchler*, Preisänderung beim Unternehmensverkauf im Ertragssteuerrecht (2014) 166 ff.
28 Vgl nur *Ritz*, BAO⁶ § 4 Rz 12. Dazu bereits *Staringer*, Das Steuerschuldverhältnis, in *Holoubek/Lang* (Hrsg), Die allgemeinen Bestimmungen der BAO (2012) 223 (227 ff).
29 ZB *Fraberger*, Steuerlich relevante Klauseln in und rund um den Kaufvertrag, in *Polster-Grüll/Zöchling/Kranebitter* (Hrsg), Handbuch Mergers & Acquisitions (2007) 303 (350).
30 So auch nunmehr VwGH 4.2.2009, 2006/15/0151. Dazu umfassend *Tüchler*, Preisänderung beim Unternehmensverkauf im Ertragssteuerrecht 186 ff.
31 Zum Sonderproblem der Beteiligungsveräußerung im Privatvermögen *Staringer* in *Holoubek/Lang*, Die allgemeinen Bestimmungen der BAO 231 ff.

Im Ergebnis kann die steuerliche Berücksichtigung von Kaufpreisanpassungen bzw -rückzahlungen beim Verkäufer nur im Wege nachträglicher negativer Einkünfte iSv § 32 Z 2 EStG erfolgen. Das ist die vom VwGH für diesen Fall gefundene Lösung.[32] Die negativen Einkünfte folgen dabei in ihren steuerlichen Attributen den ursprünglichen positiven Einkünften, dh die nachträgliche Rückzahlung eines steuerwirksamen Veräußerungsgewinns ist ebenfalls steuerwirksam (dh abzugsfähig). Immerhin dieser Abzug dem Grunde nach ist für den hier betrachteten Fall des Beteiligungsverkaufs im Körperschaftsteuerrecht (dh durch eine Mutterkörperschaft) erreichbar.[33]

Das Problem dabei ist freilich, dass die tatsächliche Verwertung eines solchen nachträglichen Verlustes von der sonstigen aktuellen und zukünftigen Gewinnsituation des Verkäufers abhängt,[34] denn dieser Verlust kürzt eben nicht den Veräußerungsgewinn früherer Jahre, sondern nur allfällige andere positive Einkünfte des Rückzahlungsjahres. Gerade bei einem Unternehmensverkauf kann es dabei um hohe Beträge gehen, die nicht ohne weiteres im laufenden Einkommen des Veräußerers Deckung finden (erst recht nicht, wenn der Veräußerer nach dem Verkauf gar keine sonstige Einkunftsquelle mehr unterhält). Dass dies eine unbefriedigende Situation sein kann, ist seit langem bekannt.[35] Sachgerechter erscheint hier die Lösung des deutschen Rechts, wo tatsächlich eine materiellrechtliche Rückwirkung einer solchen Kaufpreisanpassung bzw -rückzahlung angenommen wird.[36]

4.3. Ausfall der Kaufpreisforderung

Der *worst case* des Unternehmensverkaufs liegt wohl im nachträglichen Ausfall der Kaufpreisforderung (zB wegen Insolvenz des Käufers). Solche Fälle sind allerdings selten, da Unternehmenstransaktionen in den allermeisten Fällen Zug um Zug abgewickelt werden. Aber zB bei Forderungen auf später zu entrichtende zusätzliche Kaufpreisbestandteile ist ein solcher Ausfall durchaus denkbar.

In Österreich wird im Schrifttum die grundsätzliche Steuerwirksamkeit eine solchen Forderungsausfalls angenommen, und zwar unabhängig davon, ob der seinerzeitige Veräußerungsgewinn beim Veräußerer steuerwirksam war (zB weil eine Inlandsbeteiligung verkauft wurde) oder nicht (zB beim Verkauf einer steuerneu-

---

32 Vgl VwGH 4.2.2009, 2006/15/0151.
33 Sind im Einzelfall Gewinn und Verluste aus Veräußerungen einer Beteiligung asymmetrisch steuerwirksam (etwa bei Veräußerung eines Gruppenmitglieds nach § 9 Abs 7 erster Satz KStG), dann sind die nachträglichen negativen Einkünfte dennoch richtigerweise abzugsfähig. Denn bei der Rückgängigmachung eines früheren Veräußerungsgewinnes liegen zwar negative Einkünfte iSv § 32 Abs 1 Z 2 EStG vor, aber noch nicht notwendigerweise ein Veräußerungsverlust. Zu diesem kommt es erst dann, wenn die Rückgängigmachung des Kaufpreises den ursprünglichen Veräußerungsgewinn insgesamt in einen Veräußerungsverlust „dreht". In einem solchen Fall ist die Rückzahlung richtigerweise nur insoweit nicht abzugsfähig.
34 Anders nur bei Bestehen der Möglichkeit eines Verlustrücktrags wie für den Veranlagungszeitraum 2020.
35 Vgl zB *Staringer* in *Holoubek/Lang*, Die allgemeinen Bestimmungen der BAO 231 ff.
36 Dazu in Österreich *Tüchler*, Preisänderung beim Unternehmensverkauf im Ertragsteuerrecht 186 ff.

tralen internationalen Schachtelbeteiligung).[37] Letzteres mag auf den ersten Blick überraschend erscheinen, weil damit der Verkäufer iE steuerlich besser gestellt ist als bei einem Verkauf der Beteiligung mit (Total-)Verlust (dieser wäre nämlich steuerneutral). Begründet wird dies damit, dass es sich bei Beteiligungsverkauf und Forderungsausfall um zwei voneinander klar zu trennende Ereignisse handelt. Anders als beim Beteiligungsverkauf mit Verlust liegt der Grund für den Verlust aus dem Ausfall der Kaufpreisforderung nämlich nicht in der Verkaufstransaktion, sondern in der später eintretenden Insolvenz des Schuldners. Daher könne man nicht ohne Weiteres die steuerliche Behandlung des Forderungsausfalls nicht mit jener des Beteiligungsverkaufs zu verknüpfen.[38] Die Frage ist schwierig, der BFH hat sie für das deutsche Recht im Sinne einer Nichtabzugsfähigkeit des Forderungsausfalls entschieden.[39]

Zumindest ergebnisbezogen könnte in Österreich für den Abzug ins Treffen geführt werden, dass gem § 10 Abs 3 zweiter Satz KStG ein tatsächlicher und endgültiger Verlust aus dem Untergang der Beteiligung (durch Liquidation oder Insolvenz der Gesellschaft) auch dann steuerwirksam gestellt wird, wenn es sich um eine internationale Schachtelbeteiligung handelt. Aus der Sicht des Verkäufers liegt dieser Fall dem Verkauf mit späterem Forderungsausfall wirtschaftlich nahe, denn in beiden Szenarien hat er seine Investition in die Beteiligung vollständig verloren. Es ist eine bekannte Schwäche von § 10 Abs 3 zweiter Satz KStG, dass dadurch nur der Verlust infolge des „Untergangs" der Beteiligung gnadenhalber begünstigt wird, nicht aber der Verlust aus einem Verkauf.[40] Diese Schwäche könnte ein abzugsfähiger Forderungsausfall kompensieren.[41]

5. Aufteilung von Gesamtkaufpreisen

5.1. Ausgangsfall: Globaltransaktionen über mehrere Verkaufsobjekte

Zahlreiche M&A-Transaktionen beschränken sich nicht auf den Verkauf eines einzelnen Unternehmens (bzw einer Einzelbeteiligung), sondern sind Globaltransaktionen, bei denen auf verschiedene Konzernunternehmen (oft in verschiedenen Jurisdiktionen) verteilte Geschäftsfelder in einer gemeinsamen Transaktion nach einheitlichen vertraglichen Regeln verkauft werden. Regelmäßig vereinbaren die Parteien solcher Globaltransaktionen einen Gesamtkaufpreis für das

---

37 *Fürnsinn/Massoner* in *Lang/Rust/Schuch/Staringer*, KStG² § 10 Rz 130. AA bei steuerneutralem Veräußerungsgewinn *Tüchler*, Preisänderung beim Unternehmensverkauf im Ertragsteuerrecht 139.
38 So schon *Haslinger*, Die Veräußerung von Beteiligungen (2006) 64 ff und 158 ff.
39 BFH 22.12.2010, I R 58/10.
40 Vgl bereits *Staringer*, Konzernsteuerrecht, 18. ÖJT 2012, 96 f. Dies gilt selbst dann, wenn die Zielgesellschaft beim Verkauf bereits völlig wertlos ist und sodann in den Händen des Käufers insolvent wird.
41 Wobei dieser sofort in voller Höhe abzugsfähig wäre, der Untergangsverlust aus der Beteiligung hingegen gem § 12 Abs 3 Z 2 KStG nur über sieben Jahre verteilt.

übertragene Geschäft. Dies führt zur Frage, ob bzw wie ein solcher Gesamtkaufpreis aus steuerlicher Sicht auf die einzelnen Verkaufsobjekte (dh die einzelnen Zielbeteiligungen) aufzuteilen ist.

Diese Aufteilung des Gesamtkaufpreises kann je nach Lage des Falles erhebliche steuerliche Konsequenzen nach sich ziehen, denn je nach Ansässigkeit des jeweiligen Verkäufers einer Zielbeteiligung kann das internationale Besteuerungsrecht für die Veräußerung in unterschiedlichen Staaten liegen. Dies kann zu großen Belastungsunterschieden führen, je nachdem, ob der Verkäufer in einem Hoch- oder Niedrigsteuerland ansässig ist. Aus der Sicht des inländischen Fiskus ist dabei jede Allokation von Kaufpreisen zu ausländischen Transaktionen von vornherein „verloren".[42] Bei aus Österreich heraus erfolgenden Verkäufen (dh wo inländische Muttergesellschaften als Verkäufer auftreten) kommt noch das uneinheitliche Besteuerungsregime für Beteiligungsverkäufe hinzu, das zB den Verkauf von Inlandsbeteiligungen voll steuerpflichtig macht, jenen von Auslandsbeteiligungen aber häufig steuerfrei stellt. Schon allein dieser Unterschied kann die Kaufpreisaufteilung zu einer wesentlichen Steuerfrage der Transaktion machen.

5.2. Bedeutung einer zwischen den Parteien vereinbarten Aufteilung

Ist zwischen den Parteien der Transaktion eine konkrete Aufteilung des Gesamtkaufpreises auf die einzelnen Verkaufsobjekte vertraglich vereinbart, ist das Vorgehen relativ einfach: Die zwischen Verkäufer und Käufer vereinbarte Aufteilung (dh die konkreten Einzelkaufpreise) ist für steuerliche Zwecke grundsätzlich maßgebend. Allenfalls bestehende abweichende Vorstellungen (etwa der Finanzverwaltung) über den „tatsächlichen Wert" bzw eine andere „richtige Aufteilung" haben bei Vorliegen einer solchen Parteivereinbarung unter fremden Dritten keinen Platz. Das ist keine Besonderheit von Unternehmenskaufverträgen: Unter fremden Dritten hat eine steuerliche Angemessenheitskontrolle des Kaufpreises keine Rechtsgrundlage. Nichts anderes gilt für die vertragliche Aufteilung von Gesamtkaufpreisen, die letztlich lediglich die Summe von Vereinbarungen über Einzelkaufpreise ist.

Eine Grenze findet dies lediglich bei Scheingeschäften iSv § 23 Abs 1 BAO, die für steuerliche Zwecke stets unbeachtlich zu bleiben haben. Solche Fälle werden aber selten sein, denn für das Vorliegen eines Scheingeschäfts wäre nicht weniger als das Verdecken eines anderen Rechtsgeschäfts erforderlich.[43] Das schränkt den Anwendungsbereich des Scheingeschäfts wohl auf gravierende vorsätzliche Täuschungshandlungen ein, womit auch die damit verbundene verschärfte Strafbarkeit als Abgabenbetrug gem § 39 Abs 1 lit b FinStrG korrespondiert. Im Regelfall wird es bei

---

42 Sofern bei Verkauf von Inlandsbeteiligungen DBA-Schutz besteht.
43 Vgl *Ritz*, BAO[6] § 23 Rz 3. Insoweit läge ein relatives Scheingeschäft vor, das den tatsächlichen Kaufpreis verdecken soll.

Fragen der Kaufpreisaufteilung unter fremden Dritten aber um technische Bewertungsfragen von Unternehmen gehen, bei denen ein Bewertungsspielraum in der Natur der Sache liegt.

Strenger ist die Rechtslage allerdings bei Veräußerungen im Konzern. Dort muss die Kaufpreisaufteilung beim Unternehmenskauf – wie bei jeder Transaktion zwischen verbundenen Unternehmen – einem Fremdvergleich standhalten. Entsprechendes gilt auch dann, wenn die Veräußerung zwar an einen konzernfremden Erwerber erfolgt, aber die einzelnen Verkaufsobjekte durch verschiedene Konzerngesellschaften des Verkäufers übertragen werden. Hier kann – jedenfalls aus der Sicht des österreichischen Rechts – eine nicht fremdübliche Kaufpreisaufteilung bei der benachteiligten Verkäufer-Gesellschaft zu einer verdeckten Ausschüttung führen, die sich „in der Kette" bis zur Konzernspitze gedanklich fortsetzt und sodann zu verdeckten Einlagen wiederum „in der Kette" bis hin zur bevorteilten Verkäufer-Gesellschaft führen.

5.3. Vorgehen ohne vereinbarte Aufteilung

Denkbar ist allerdings auch, dass die Parteien einer Globaltransaktion keine Vereinbarung über eine Aufteilung des Gesamtkaufpreises auf die einzelnen Verkaufsobjekte treffen. Zivilrechtlich ist dies durchaus denkbar, da der Preis für den Einzelverkauf insoweit nicht bestimmt, sondern nur bestimmbar sein muss.[44] Auch das Steuerrecht verpflichtet die Parteien nicht zur vertraglichen Festlegung von Einzelkaufpreisen.

Dies ändert freilich nichts daran, dass die Parteien (dh die jeweiligen Verkäufer und Käufer) für steuerliche Zwecke eine Bepreisung der einzelnen Transaktionen vornehmen müssen, schon allein, um ihre konkreten Steuerpflichten (auf Verkäuferseite) bzw Anschaffungswerte (auf Käuferseite) zu ermitteln. In der Praxis kann hier eine abgestimmte Vorgehensweise von Verkäufer und Käufer sinnvoll sein, zwingend erforderlich ist eine solche Abstimmung freilich nicht. So wie bei jeder Verkaufstransaktion ist der konkrete Anschaffungskostenwert beim Käufer keineswegs formal an den Veräußerungspreis beim Verkäufer gebunden, was sich etwa bei der Verarbeitung von Tauschvorgängen zeigt (wo § 6 Z 14 EStG einer solchen Bindung entgegensteht). Es ist daher denkbar, dass Verkäufer und Käufer über die Kaufpreisaufteilung unterschiedliche Vorstellungen haben (und diese auch in ihren jeweiligen Rechenwerken umsetzen).

Praktisch gesprochen kann mit einer solchen nicht abgestimmten Vorgehensweise ein nicht unerhebliches steuerliches Streitrisiko mit der Finanzverwaltung verbunden sein. Denn es ist angesichts einer – jedenfalls im Verhältnis zu vielen Staaten –

---

44 Vgl § 1053 ABGB. Zu erwägen wäre allenfalls auch eine sinngemäße Anwendung von § 914 ABGB, wonach bei Fehlen jeglicher Preisvereinbarung den Parteien die Vereinbarung eines orts- oder verkehrsüblichen Preises unterstellt wird. Mangels Vereinbarung von Einzelkaufpreisen hätte die Kaufpreisaufteilung dann „orts- oder verkehrsüblich" zu erfolgen.

heute weitgehenden steuerlichen Amtshilfe für eine Finanzverwaltung ohne allzu große Mühe möglich, Daten zur Kaufpreisaufteilung von Verkäufer und Käufer international abzugleichen. Im reinen Inlandsfall gilt dies noch viel mehr. Lassen sich dabei entdeckte Unterschiede nicht aufklären bzw überbrücken, kann dies die von einer Vertragspartei unilateral vorgenommene Aufteilung in Zweifel ziehen.

6. Der verbotene Kaufpreis im UmgrStG

6.1. „Umgründung gegen Geld" führt zur Versagung des UmgrStG

Zuletzt noch ein Blick auf das Thema Kaufpreis aus der Perspektive des bei M&A-Transaktionen so wichtigen Umgründungssteuerrechts: Bei Umgründungen hat das Vorliegen eines Kaufpreises gravierende (in aller Regel unerwünschte) Rechtsfolgen, da seine Gewährung die Anwendung des UmgrStG grundsätzlich ausschließt. Es ist eines der Grundprinzipien des Umgründungssteuerrechts, dass die Steuerneutralität von Umgründungen nur dann vom UmgrStG unterstützt werden soll, wenn für die Umgründung eine ausschließlich sozietäre Gegenleistung (im Idealtypus die Gewährung von Anteilen) erbracht wird.[45] Eine „Umgründung gegen Geld" wird vom UmgrStG grundsätzlich nicht begünstigt und ist dementsprechend regelmäßig ertragsteuerwirksam.

Hiervon bestehen zwar für einige wenige kaufpreisähnliche Elemente bei Umgründungen ausdrückliche Ausnahmen. Dies ist zB für gesellschaftsrechtlich zulässige bare Zuzahlungen bei der Verschmelzung nach § 5 Abs 1 Z 2 UmgrStG oder bei der Einbringung nach § 19 Abs 2 Z 3 UmgrStG vorgesehen oder für spaltungsbedingte Zuzahlungen innerhalb der Drittelgrenze nach § 37 Abs 4 UmgrStG. Ebenso ist hier der aktienrechtlich nach § 224 Abs 2 Z 2 AktG zulässigerweise gegen Geld erfolgende Verzicht von Anteilsinhabern auf Anteilsgewährung bei der Verschmelzung zu nennen.[46] In solchen Fällen ist das kaufpreisähnliche Element zwar für sich nicht steuerneutral, die sonstige Neutralität der Umgründung insgesamt wird dadurch aber nicht berührt. Abgesehen von solchen Ausnahmen verlangt das UmgrStG aber – soll seine Anwendbarkeit nicht gefährdet sein – ausschließlich sozietäre Gegenleistungen.

6.2. Schädliche und unschädliche Gegenleistungen

Soweit das Grundprinzip, das traditionell fest im UmgrStG verankert ist.[47] Nichtsdestotrotz kann in der Praxis in vielen Konstellationen dennoch ein wirtschaftliches

---

45   Die Präambel der UmgrStR macht die Ausschließlichkeit der sozietären Gegenleistung konzeptionell zur Voraussetzung für den im UmgrStG bestehenden „Grundsatz des ertragsteuerlichen Formwechsels". Gerade die Verbindung der Vermögenshingabe mit einer gesellschaftsrechtlichen Gegenleistung wird daher als Begründung für die Unterdrückung der Gewinnrealisierung bei Umgründungen gesehen.
46   Zu diesem Fall UmgrStR 2002 Rz 289.
47   Zur Historie und systematischen Rechtfertigung bereits *Staringer*, Einlagen und Umgründungen (1994).

Bedürfnis bestehen, in eine Umgründungs-Transaktion nicht nur sozietäre, sondern auch monetäre Gegenleistungselemente einzubeziehen. Einfachster Fall ist dabei die im Wirtschaftsleben häufige Situation einer bewusst „gemischten" Gegenleistung, wo der Kaufpreis für ein Unternehmen sowohl eine Anteils- wie auch eine Geldkomponente haben soll. Dies lässt sich über eine Umgründung nach dem UmgrStG so nicht abbilden, sondern bedarf der weiteren Strukturierung (zB der Isolation der beiden Komponenten in getrennte Transaktionen). Gleiches gilt etwa Anleihekomponenten in der Gegenleistung.[48]

Die bewusst „gemischte" Gegenleistung aus Geld und Anteilen ist dabei aber noch der einfachere, weil klar liegende Fall. Schwierigkeiten bereitet die strenge Konzeption des UmgrStG aber in vielen Situationen, in denen rund um die Umgründung (oder als deren Teil) Transaktionselemente eingebaut sind, die zumindest wirtschaftlich einer nicht sozietären Gegenleistung nahekommen. Die Gestaltungsvarianten sind hier vielfältig und es ist nicht immer leicht zu sagen, ob ein solches Element nun – in der üblichen, auch von der Verwaltungspraxis in den UmgrStR verwendeten Terminologie – als „schädliche" oder „unschädliche" Gegenleistung zu kategorisieren ist. Hierzu ein kurzer Überblick:

Als schädliche Gegenleistung ist nach den UmgrStR etwa die Übernahme einer privaten Verbindlichkeit des Einbringenden anzusehen, sofern sie „nach dem Willen der Vertragsparteien eine Gegenleistung für das eingebrachte Vermögen darstellt".[49] Diese subjektive Willenskomponente ist naturgemäß nicht leicht dingfest zu machen. Möglicherweise ist an Gestaltungen gedacht, die nicht bloß faktisch zur Entschuldung des Einbringenden führen, sondern bei denen die Vertragsgestaltung – warum auch immer – den Gegenleistungsaspekt geradezu betont.[50] Ebenso soll die Übernahme einer Fruchtgenussbelastung auf das Einbringungsvermögen durch die übernehmende Gesellschaft eine schädliche Gegenleistung sein.[51]

Interessanterweise deutlich zahlreicher sind die Beispiele für als unschädliche Gegenleistungen eingestufte Gestaltungselemente: So ist die Miteinbringung einer Anschaffungs- oder Einlageverbindlichkeit bei der Anteilseinbringung jedenfalls unschädlich (weil sogar vom Gesetz ausdrücklich zugelassen).[52] Auch die Einräumung gesellschaftsvertraglicher Sonderrechte (wie Vorzugsdividenden, alineare Dividenden etc) ist unproblematisch.[53] Gleiches gilt für vorbehaltene Gewinnausschüttungen und sogar verdeckte Gewinnausschüttungen an den Einbringenden (wie zB ein verbilligtes Nutzungsrecht am Einbringungsvermögen).[54] Weiters

---

48 Vgl UmgrStR 2002 Rz 19 zu „schuldrechtlichen Gegenleistungsformen" bei der Verschmelzung.
49 UmgrStR 2002 Rz 1004.
50 Im Einzelnen dazu zB *Furherr* in *Kofler*, UmgrStG[10] § 19 Rz 7.
51 UmgrStR 2002 Rz 705. Kritisch dazu *Furherr* in *Kofler*, UmgrStG[10] § 19 Rz 13 mwN.
52 Vgl § 12 Abs 2 letzter TS UmgrStG.
53 ZB *Titz/Wild/Schlager* in *Wiesner/Hirschler/Mayr*, Handbuch der Umgründungen § 19 Rz 10 mwN. Solche Rechte werden als Teil des Anteils gesehen, den sie ausstatten.
54 UmgrStR 2002 Rz 1006.

unschädlich sind Maßnahmen zur Gestaltung des Einbringungs- oder Spaltungsvermögen nach § 16 Abs 5 UmgrStG oder § 33 Abs 5 UmgrStG und ihre Fremdfinanzierung (was klar ist, weil sie gesetzlich angelegt sind), und zwar sogar dann, wenn sie die Höchstgrenzen des § 16 Abs 5 Z 2 UmgrStG überschreiten (insoweit gilt nur der Überschreitungsbetrag als Einlagenrückzahlung).[55] Auch die Übernahme einer außerbetrieblichen Versorgungsrente an den Einbringenden durch die übernehmende Körperschaft[56] ist ebenso zulässig wie eine Maßnahme zur Vermeidung einer gesellschaftsrechtlich verbotenen Einlagenrückgewähr (zB bei der Schwesterneinbringung).[57] Gleiches gilt für die nachträgliche Wertanpassung der Gegenleistung, wenn dies im Einbringungsvertrag so vorgesehen ist.[58]

Die Liste ist sicherlich nicht vollständig, das sind nur einige in UmgrStR und Schrifttum angesprochenen Fälle. Es geht an dieser Stelle auch gar nicht darum, die Gestaltungsfantasie spielen zu lassen, welche Gegenleistungselemente man sonst noch in eine Umgründung einflechten könnte (und erst recht nicht um eine Detailanalyse der einzelnen Fälle). Ins Auge springt aber ein Spannungsverhältnis: Auf der einen Seite wird vom UmgrStG streng am allgemeinen Systemgrundsatz „Keine Umgründung gegen Geld" festgehalten, auf der anderen Seite wird dieser Grundsatz dann doch wieder in zahlreichen Einzelfällen – zT sogar vom Gesetz selbst – zumindest vom Ergebnis her durchlöchert. Denn wirtschaftlich ist zB eine unzulässige „Einbringung gegen Anteile und Geld" von einer zulässigen „Einbringung gegen Anteile mit Sonderdividendenrecht" nicht weit entfernt. Letztlich ist es daher oft eine Frage des Gestaltungsgeschicks, das gewünschte Ergebnis unter Erhalt der Rechtswohltaten des UmgrStG zu erreichen.

7. Schlusswort

Angesichts der Vielfalt der im Rahmen dieses Beitrags behandelten Themen ist es nicht leicht, zur eingangs gestellten Frage „Was ist im Steuerrecht ein Kaufpreis?" eine einheitliche Antwort zu geben. Ich verweise daher stattdessen auf die Ergebnisse der einzelnen Abschnitte.

Eines lässt sich aber festhalten: Die Gesamtschau hat gezeigt, dass sich rund um den Kaufpreis einer Unternehmenstransaktion zahlreiche steuerliche Rechtsfragen stellen, die ebenso praxisrelevant wie komplex sein können. Wer meint, Fragen des Kaufpreises wären keine Steuerrechtsthemen, sondern lediglich Sache der betriebswirtschaftlichen Bewertung und Preisverhandlung, wird sich daher in solchen

---

55 UmgrStR 2002 Rz 1008 f.
56 UmgrStR 2002 Rz 1011.
57 UmgrStR 2002 Rz 1007.
58 Nicht aber die nachträgliche Erhöhung der Gegenleistung wegen Eintritts zukünftiger Ereignisse (von den UmgrStR missverständlich als „Earn Out" bezeichnet). Vgl UmgrStR 2002 Rz 1012; dazu kritisch *Furherr* in *Kofler*, UmgrStG[10] § 19 Rz 23 ff.

Transaktionen nicht trittsicher bewegen. Ein solcher sicherer Tritt ist aber anzuraten, denn die dargestellten Steuerrechtsprobleme können bei großvolumigen Transaktionen rasch erhebliche wirtschaftliche Bedeutung erlangen. Dort ist Rechtssicherheit daher ein besonders hohes Gut. Ich hoffe, dazu einen Beitrag geleistet zu haben.

Sorgfalt der Geschäftsführung beim Unternehmenskauf

Julia Told

1. Einleitung
2. Pflichtenquelle und Haftungsnorm
   - 2.1. Objektiver Sorgfaltsmaßstab
   - 2.2. Unternehmerische Entscheidungen
   - 2.3. Rechtlich gebundene Entscheidungen
3. Verantwortung der Geschäftsleiter der veräußernden Gesellschaft
   - 3.1. Einzelpflichten der Geschäftsleiter der veräußernden Gesellschaft
     - 3.1.1. Entscheidung über den Verkauf des Unternehmens und Vorbereitung des Verkaufs
     - 3.1.2. Wahrung des Geheimhaltungsinteresses und vorvertragliche Aufklärung des Erwerbers über den Kaufgegenstand
       - 3.1.2.1. Informationserteilung beim Asset Deal
       - 3.1.2.2. Informationserteilung beim Share Deal
       - 3.1.2.3. Informationserteilung beim Erwerb von Anteilen einer börsenotierten Gesellschaft
     - 3.1.3. Kaufpreis, Vertragsverhandlung und Vertragsgestaltung
       - 3.1.3.1. Unternehmenswert/Kaufpreis und Fairness Opinion
       - 3.1.3.2. Zusicherungen, Garantien, Schadlosvereinbarungen
     - 3.1.4. Zuziehung von Experten
     - 3.1.5. Warranties- oder Indemnities-Versicherung
     - 3.1.6. Verkauf an bestimmten Erwerber
   - 3.2. Haftung und Enthaftungsstrategien der Geschäftsleiter der verkaufenden Gesellschaft
     - 3.2.1. Schaden, Kausalität und Rechtswidrigkeit
     - 3.2.2. Unternehmerische Entscheidungen und Business Judgment Rule
     - 3.2.3. Ressortverteilung
4. Verantwortung der Geschäftsleiter der kaufenden Gesellschaft
   - 4.1. Einzelpflichten der Geschäftsleiter der erwerbenden Gesellschaft
     - 4.1.1. Entscheidung über den Ankauf eines Unternehmens, Ausschluss von Deal-Breakern und Einleitung des Akquisitionsprozesses
     - 4.1.2. Sorgfältige Aufbereitung der Informationsgrundlage
       - 4.1.2.1. Entscheiden auf Basis angemessener Information

        4.1.2.2. Notwendigkeit der Durchführung einer Due-Diligence-Prüfung?
        4.1.2.3. Funktion der Due-Diligence-Prüfung
        4.1.2.4. Rechtsprechung und eigene Ansicht
    4.1.3. Ermittlung des Unternehmenspreises
    4.1.4. Vertragliche Absicherung und Versicherung
    4.1.5. Zuziehung von Experten
    4.1.6. Kaufentscheidung
    4.1.7. Integration des gekauften Unternehmens und Post Acquisition Audit
  4.2. Haftung und Enthaftungsstrategien der Geschäftsleiter der kaufenden Gesellschaft
    4.2.1. Schaden, Kausalität und Rechtswidrigkeit
    4.2.2. Unternehmerische Entscheidungen und Business Judgment Rule

5. Sonderkonstellation Management Buy-Out

6. Zusammenfassung

Der Verkauf oder Kauf eines Unternehmens erweist sich aufgrund der Komplexität des Kaufgegenstandes als risikoreich und damit haftungsgeneigt.[1] Das betrifft nicht nur das Verhältnis zwischen Veräußerer und Käufer (§ 1409 ABGB, § 38 UGB, §§ 871 f ABGB[2], §§ 922 ff, §§ 1295 ff ABGB), mit dem sich dieser Beitrag nicht vorrangig befasst, sondern auch das Verhältnis der Leitungsorganmitglieder zu ihren jeweiligen Gesellschaften. Sollte sich die Transaktion als nachteilig herausstellen, ist das Scheinwerferlicht auf die Geschäftsleiter und die Frage der Einhaltung der Sorgfaltsstandards im Zuge des Erwerbsvorgangs gerichtet.[3] Die gesetzlichen Vorgaben für die Binnenhaftung in § 25 GmbHG und § 84 AktG sind generell abstrakter Natur und müssen erst auf die spezifischen Anforderungen beim Unternehmenskauf übersetzt werden.[4] Der Beitrag schält die zentralen und besonders haftungsrelevanten Pflichten heraus und versucht solchermaßen, den Sorgfaltsmaßstab bei Unternehmensakquisitionen zu konkretisieren. Das Hauptaugenmerk ist dabei auf die veräußernde Gesellschaft und die erwerbende Gesellschaft gelegt. Beim Share Deal ist die Zielgesellschaft nicht die veräußernde Gesellschaft. Die Spezifika der Haftung ihrer Geschäftsführer werden am Rande mitbehandelt.[5]

1. Einleitung

Ein Unternehmen kann aus wirtschaftlichen Gesichtspunkten sowohl im Wege eines *asset deal* als auch im Wege eines *share deal* erworben werden (idF Unternehmens[ver]kauf).[6] Im letzteren Fall ist dafür zumindest ein beherrschender Gesellschaftsanteil zu erwerben. Der (Ver-)Kauf eines Unternehmens kann sich im Nachhinein sowohl für die veräußernde als auch für die erwerbende Gesellschaft als nachteilig und damit schadensträchtig erweisen. Ein Verkauf ist nachteilig, wenn sich der erzielte Kaufpreis als zu niedrig herausstellt[7] oder die Transaktion

---

[1] *Hermann/Ettmayer* in *Kalss/Frotz/Schörghofer*, HB Vorstand (2017) Rz 29/1; *Regner*, United States: What buy-side directors need to know, International Financial Law Review 2005, 24(4), 171; *Kiethe*, Vorstandshaftung aufgrund fehlerhafter Due Diligence beim Unternehmenskauf, NZG 1999, 976 (980 f).

[2] Vgl nur OGH 20.3.2002, 3 Ob 290/01w.

[3] Vgl nur OLG München 8.7.2015 – 7 U 3130/14, ZIP 2015, 2472; OLG Oldenburg 22.6.2006 – 1 U 34/03, NZG 2007, 434; *Sieger/Hasselbach*, Die Haftung des GmbH-Geschäftsführers bei Unternehmenskäufen, GmbHR 1998, 957; Supreme Court of the State of Delaware, *McElrath v Kalanick et al*, No 181, 2019; Court of Chancery of the State of Delaware, *Chen et al v Howard Anderson et al*, CA No 5898-VCL; *Page/Marris*, "We were mugged": the latest from the Lloyds/HBOS litigation, Case Comment, In-House Lawyer 2020, 118 f.

[4] Für Deutschland siehe *Kling*, Die Haftung des GmbH-Geschäftsführers der Zielgesellschaft beim Unternehmenskauf (2018) 25 ff.

[5] Auf die besonderen Pflichten der Geschäftsleiter einer börsennotierten Zielgesellschaft im Zuge eines Übernahmeangebots wird nicht eingegangen (Offenlegungspflicht, Objektivitätsgebot).

[6] Weiterführend für Deutschland siehe *Kling*, Die Haftung des GmbH-Geschäftsführers der Zielgesellschaft beim Unternehmenskauf (2018) 34 ff.

[7] Vgl *Rittmeister*, Due Diligence und Geheimhaltungspflichten beim Unternehmenskauf, NZG 2004, 1032 (1034).

infolge unzureichender Vorbereitung unnötig Rechtsstreitigkeiten provoziert, welche letztlich die Wirtschaftlichkeit der Transaktion unterhöhlen.[8] Darüber hinaus können infolge einer Ausbeutung von Unternehmensinterna durch letztlich von einem Kauf absehende Interessenten Schäden entstehen. Letzteres gilt beim *share deal* insbesondere auch für die Zielgesellschaft. Der Kauf eines Unternehmens ist nachteilig, wenn der gezahlte Kaufpreis zu hoch ist[9], entweder weil das gekaufte Unternehmen nicht den bedungenen Anforderungen entspricht und daraus resultierende Gewährleistungs- und Schadenersatzansprüche nicht einbringlich sind oder die übernommenen Risiken in keinem Verhältnis zum gezahlten Preis stehen.[10]

Eine Rückabwicklung des Unternehmens(ver)kaufs steht teilweise rechtlich *(pacta sunt servanda)* und meist faktisch nicht zur Alternative. Gesellschaften, die um eine Schadensminimierung bemüht sind, erwägen daher Ersatzansprüche gegen ihre (ehemaligen) Geschäftsleiter und damit meist auch gegen eine D&O-Versicherung. Vor diesem Hintergrund wird die Frage nach der Einhaltung der Sorgfaltspflichten beim Unternehmenskauf virulent. Die Detailausprägung der Sorgfaltspflichten der Leitungsorganmitglieder der veräußernden Gesellschaft[11] ist von jenen der erwerbenden Gesellschaft[12] zu unterscheiden. Auch wenn der Unternehmensverkauf und der Unternehmenskauf gleichermaßen unternehmerische Entscheidungen sind, gehen sie mit unterschiedlichen Einzelpflichten einher, die teilweise sogar in einem Spannungsverhältnis zueinander stehen:[13]

Die Geschäftsleiter der veräußernden Gesellschaft haben vor allem sicherzustellen, dass keine geheimen Informationen an nicht ernsthaft kaufwillige Interessenten herausgegeben werden, ernsthaft kaufwillige Interessenten aber ein der Realität entsprechendes Bild vom Unternehmen erlangen, sodass der Wert des Unternehmens sorgfältig ermittelt werden kann. Die Geschäftsleiter der kaufenden Gesellschaft haben vor allem dafür Sorge zu tragen, dass die Informationsgrundlagen des zu erwerbenden Unternehmens und damit der Wert des zu kaufenden Unternehmens sorgfältig erhoben werden.[14] Insofern haben Geschäftsleiter verkaufender Gesellschaften geheime Informationen möglichst lange zurückzuhalten, während

---

8   Vgl OLG München 8.7.2015 – 7 U 3130/14, ZIP 2015, 2472.
9   LG Hannover 23.2.1977 – I O.123/75, AG 1977, 198.
10 Vgl OLG Oldenburg 22.6.2006 – 1 U 34/03, NZG 2007, 434; erg siehe *Regner*, United States: What buy-side directors need to know, International Financial Law Review 2005, 24(4), 171 ff; *Page/Marris*, "We were mugged": the latest from the Lloyds/HBOS litigation, Case Comment, In-House Lawyer 2020, 118 f.
11 Siehe hierzu Kapitel 3.
12 Siehe hierzu Kapitel 4.
13 *Hemeling*, Gesellschaftsrechtliche Fragen der Due Diligence beim Unternehmenskauf, ZHR 169 (2005) 274 f; *Lutter*, Due diligence des Erwerbers beim Kauf einer Beteiligung, ZIP 1997, 613; *Oppenländer*, Grenzen der Auskunftserteilung durch Geschäftsführer und Gesellschafter beim Verkauf von GmbH-Geschäftsanteilen, GmbHR 2000, 535.
14 Vgl *Bötticher*, Organpflichten beim Unternehmenskauf, NZG 2007, 481 (482 f).

kaufende Geschäftsleiter keine Kaufentscheidung fällen dürfen, ehe die Informationsgrundlagen sorgfältig erhoben wurden.[15] Die Praxis versucht dieses Spannungsverhältnis durch Strukturierung des Verhandlungsprozesses zu bewältigen.[16] Konkret bedeutet dies, dass der Informationszugang mit dem Verhandlungsfortschritt und damit mit den vom Erwerbsinteressenten gemachten Zugeständnissen gestuft wird (zB Letter of Intent[17], kein Verhandlungsabbruch ohne wichtigen Grund bei sonstiger Vertragsstrafe). Das erfordert eine sorgfältige Planung und Vorbereitung des Unternehmenskaufs. Im Folgenden soll nach Aufarbeitung der gemeinsamen Grundlagen (2.) auf die haftungsrelevanten Pflichten der Geschäftsleiter der veräußernden (3.) und der erwerbenden Gesellschaft (4.) im Detail gesondert eingegangen werden.

2. Pflichtenquelle und Haftungsnorm

2.1. Objektiver Sorgfaltsmaßstab

Die Leitungsorganmitglieder haben bei der Führung der Geschäfte der Gesellschaft die Sorgfalt eines ordentlichen und gewissenhaften Geschäftsleiters anzuwenden und solchermaßen die Interessen der Gesellschaft zu fördern und Schäden von dieser abzuwenden.[18] Sie schulden branchen-, größen- und situationsadäquates Bemühen, aber keinen Erfolg.[19] § 25 Abs 1 GmbHG und § 84 Abs 1 AktG dienen somit gleichermaßen als Pflichtenquelle und Haftungsgrundlage. Spezifische Vorgaben für die Einhaltung der Sorgfalt beim Unternehmens(ver)kauf können dem Gesetz – abgesehen vom Erfordernis der Einbindung anderer Organe – keine entnommen werden.[20] Der abstrakte Sorgfaltsmaßstab ist im Einzelfall durch die Verkehrsanschauung und Verkehrssitte mit konkretem Inhalt auszuformen.[21] Dazu

---

15 Zu diesem Spannungsverhältnis siehe erg *Rittmeister*, Due Diligence und Geheimhaltungspflichten beim Unternehmenskauf, NZG 2004, 1032 (1034).
16 *Merkt*, Rechtliche Bedeutung der „due diligence" beim Unternehmenskauf, WiB 1996, 145 (147), der dies mit dem Begriff der *„due diligence procedure"* bekräftigt; *Treeck*, Die Offenbarung von Unternehmensgeheimnissen durch den Vorstand einer Aktiengesellschaft im Rahmen einer Due Diligence, in FS Fikentscher (1998) 434 (436).
17 Vgl *Schroeder*, Darf der Vorstand der Aktiengesellschaft dem Aktienkäufer eine Due Diligence gestatten? DB 1997, 2161.
18 OGH 15.9.2020, 6 Ob 58/20b; *Bötticher*, Organpflichten beim Unternehmenskauf, NZG 2007, 481 f; *Haas/Müller*, Haftungsrisiken des GmbH-Geschäftsführers im Zusammenhang mit Unternehmens(ver)käufen, GmbHR 2004, 1169 (1179); *Hauschka*, Corporate Compliance – Unternehmensorganisatorische Ansätze zur Erfüllung der Pflichten von Vorständen und Geschäftsführern, AG 2004, 461.
19 OGH 15.9.2020, 6 Ob 58/20b (Pkt 1.1; 1.4); OGH 30.8.2016, 6 Ob 198/15h (Pkt 4.5.3); *Bötticher*, Verpflichtung des Vorstands einer AG zur Durchführung einer Due Diligence, NZG 2005, 49 (50); *Nauheim/Goette*, Managerhaftung im Zusammenhang mit Unternehmenskäufen – Anmerkungen zur Business Judgment Rule aus der M&A-Praxis, DStR 2013, 2520.
20 So bereits *Mutschler/Mersmann*, Verfahrensmäßige Anforderungen an ordnungsgemäße Vorstandsentscheidungen im M&A-Bereich, DB 2003, 79; *Gunßer* in *Oppenländer/Trölitzsch*, Praxishandbuch der GmbH-Geschäftsführung³ (2020) § 36 Rz 4.
21 OGH 15.9.2020, 6 Ob 58/20b (Pkt 1.1).

kann auf die entsprechenden Reflexionen in der betriebswirtschaftlichen[22] und juristischen Literatur sowie auf die Rechtsprechung zurückgegriffen werden.[23] Spezifische höchstgerichtliche Entscheidungen, die sich inhaltlich mit dem Pflichtenprogramm der Geschäftsleiter beim Unternehmens(ver)kauf auseinandersetzen, gibt es – soweit überblickbar – in Österreich nicht. Immerhin ist der Rechtsprechung zu entnehmen, dass sich die Situationsadäquanz, welche den Sorgfaltsmaßstab inhaltlich konkretisiert, bei Transaktionen (auch) nach dem Transaktionswert richtet.[24] Ein Blick nach Deutschland ist hier ergiebiger. Das OLG Oldenburg[25] war mit den Geschäftsleiterpflichten der Erwerberin einer Klinik aus der Insolvenzmasse, das OLG München[26] mit den Pflichten der Geschäftsleiter im Zuge des Verkaufs sämtlicher Anteile befasst. Inhaltliche Anhaltspunkte können vor allem der Entscheidung des OLG Oldenburg entnommen werden. Das OLG München sah schon den Kausalitätsbeweis der klagenden Gesellschaft als nicht erbracht an und befasste sich daher kaum noch mit dem Pflichtenprogramm der Geschäftsführer. Die abstrakten gesetzlichen Vorgaben und die wenigen Anhaltspunkte in der Rechtsprechung gestalten die Formulierung eines allgemeingültigen Katalogs an Handlungspflichten im Ausgangspunkt herausfordernd. Die österreichische, aber auch die internationale Literatur haben sich jedoch schon zahlreich mit der Haftung der Geschäftsführer infolge eines Unternehmen(ver)kaufes befasst und insofern auch Usancen der Praxis reflektiert. Unter Würdigung dieser Reflexionen sollen die Geschäftsleiterpflichten im Folgenden wertungsmäßig angenähert werden. Dabei wird kein Anspruch auf Vollständigkeit gestellt, weil dies den Rahmen dieser Abhandlung sprengen würde. Vielmehr soll auf die wesentlichen Haftungsrisiken fokussiert werden.

2.2. Unternehmerische Entscheidungen

Sowohl der Verkauf als auch der Kauf eines Unternehmens erfordern zahlreiche Einzelentscheidungen der Leitungsorganmitglieder.[27] Auf Verkäuferseite ist zumindest zu beschließen, dass das Unternehmen verkauft werden soll, ob und – wenn ja – welche Experten hinzugezogen werden[28], und schließlich, ob – und

---

22 *Bötticher*, Organpflichten beim Unternehmenskauf, NZG 2007, 481 (483).
23 Siehe allgemein zu diesem Thema anhand des Praxisbeispiels der Prävention von *Social-engineering*-Fällen *Thomale/Told*, Zahlungsmanagement und Malversationsprävention als Organisationspflichten der Geschäftsleitung, ÖBA 2021, 233 ff.
24 OGH 30.8.2016, 6 Ob 198/15h (Pkt 4.5.3).
25 Vgl OLG Oldenburg 22.6.2006 – 1 U 34/03, NZG 2007, 434; die Revision wurde zurückgewiesen BGH 14.5.2007, II ZR 165/06.
26 Vgl OLG München 8.7.2015 – 7 U 3130/14, ZIP 2015, 2472.
27 Vgl nur *Hermann/Ettmayer* in *Kalss/Frotz/Schörghofer*, HB Vorstand (2017) Rz 29/2; *Nauheim/Goette*, Managerhaftung im Zusammenhang mit Unternehmenskäufen – Anmerkungen zur Business Judgment Rule im M&A-Praxis, DStR 2013, 2520; *Gunßer* in *Oppenländer/Trölitzsch*, Praxishandbuch der GmbH-Geschäftsführung³ (2020) § 36 Rz 4.
28 Vgl *Regner*, United States: What buy-side directors need to know, International Financial Law Review 2005, 24(4), 171 ff.

bei Vorliegen mehrerer Alternativen, an wen zu welchen Konditionen – verkauft werden soll. Auf Käuferseite ist insbesondere zu entscheiden, dass ein Unternehmen zugekauft werden soll, wenn das nicht bereits Ausfluss des Unternehmensgegenstandes ist, mit welchem Verkäufer in Verhandlungen eingetreten werden soll, welche Experten hinzugezogen werden sollen und letztlich zu welchen Konditionen welches Unternehmen gekauft werden soll. Alle diese Entscheidungen sind unternehmerische Entscheidungen, weil mehrere sorgfaltskonforme Handlungsalternativen in Betracht kommen und die Entscheidungen risikoträchtig sind.[29] Da solche unternehmerischen Entscheidungen *ex ante* unter Unsicherheit zu treffen sind und die daraus resultierenden Risiken nicht die Geschäftsleiter, sondern die Eigentümer der Gesellschaft zu tragen haben, schirmt die *Business Judgment Rule* in § 25 Abs 1a GmbHG und § 84 Abs 1a AktG als reduzierter *standard of review* vor einer Haftung ab.[30] Das bedeutet konkret, dass die Sorgfalt der Geschäftsleiter unwiderleglich vermutet wird, wenn sie nachweisen können, dass sie die unternehmerische Entscheidung auf Basis angemessener Information zum Wohle der Gesellschaft getroffen haben und sich dabei nicht von sachfremden Interessen leiten haben lassen. Eine angemessene Ermittlung der Informationsgrundlagen ist daher wesentlich, um das Haftungsrisiko der Leitungsorganmitglieder beim Unternehmen(ver)kauf zu reduzieren.[31] Hier ist insbesondere fraglich, ob eine *Due-Diligence*-Prüfung Voraussetzung für die sorgfältige Erhebung der Entscheidungsgrundlagen auf Käuferseite ist.[32]

2.3. Rechtlich gebundene Entscheidungen

Beim Kauf oder Verkauf eines Unternehmens sind von Gesetzes wegen zwingend auch andere Gesellschaftsorgane der Gesellschaft einzubeziehen. Die diesbezüglichen gesetzlichen Vorgaben lassen keinen Ermessensspielraum, weshalb ein Verstoß im Schadensfalle auch ersatzpflichtig macht.[33] Allenfalls kann der Rechtswidrigkeitszusammenhang des Normenverstoßes hinterfragt werden.

---

29 OGH 15.9.2020, 6 Ob 58/20b; *Hemeling*, Gesellschaftsrechtliche Fragen der Due Diligence beim Unternehmenskauf, ZHR 169 (2005) 274 (276); *Hermann/Ettmayer* in *Kalss/Frotz/Schörghofer*, HB Vorstand (2017) Rz 29/6; *Regner*, United States: What buy-side directors need to know, International Financial Law Review 2005, 24(4), 171; so auch OLG Oldenburg 22.6.2006 – 1 U 34/03, NZG 2007, 434; *Eisenberg*, The Director's Duty of Care in Negotiated Dispositions, 51 U Miami L Rev (1997) 579 (585 ff).

30 *Bötticher*, Organpflichten beim Unternehmenskauf, NZG 2007, 481 (482); *Haas/Müller*, Haftungsrisiken des GmbH-Geschäftsführers im Zusammenhang mit Unternehmens(ver)käufen, GmbHR 2004, 1169 (1179 f); erg siehe *Ulmer*, Haftungsfreistellung bis zur Grenze der groben Fahrlässigkeit bei unternehmerischen Fehlentscheidungen von Vorstand und Aufsichtsrat, DB 2004, 859.

31 *Werner*, Haftungsrisiken bei Unternehmensakquisitionen: die Pflicht des Vorstands zur Due Diligence, ZIP 2000, 989 (991).

32 Siehe dazu im Detail Kapitel 4.1.2. Erg siehe *Bötticher*, Organpflichten beim Unternehmenskauf, NZG 2007, 481 (482 f).

33 *Haas/Müller*, Haftungsrisiken des GmbH-Geschäftsführers im Zusammenhang mit Unternehmens(ver)käufen, GmbHR 2004, 1169 (1176); *Nauheim/Goette*, Managerhaftung im Zusammenhang mit Unternehmenskäufen – Anmerkungen zur Business Judgment Rule aus der M&A-Praxis, DStR 2013, 2520 (2521); *Gunßer* in *Oppenländer/Trölitzsch*, Praxishandbuch der GmbH-Geschäftsführung³ (2020) § 36 Rz 18.

Bei der GmbH sind sämtliche außerordentlichen Geschäftsführungsmaßnahmen, wozu Unternehmens(ver)käufe in der Regel zählen, der Generalversammlung zur Entscheidung vorzulegen.[34] Beim Erwerb eines Unternehmens kann auch § 35 Abs 1 Z 7 GmbHG greifen, der für den Abschluss von Verträgen über den Erwerb von unbeweglichen, dauernd dem Geschäftsbetrieb gewidmeten Gegenständen für einen Preis von mehr als 20 % des Stammkapitals die Zustimmung der Generalversammlung mit Dreiviertelmehrheit erfordert. Der Verkauf eines Unternehmens, das 90 % des Vermögens[35] der Gesellschaft ausmacht, erfordert in Analogie zu § 237 AktG ebenfalls einen Gesellschafterbeschluss mit Dreiviertelmehrheit.[36] Soweit die Generalversammlung verbindliche Vorgaben macht, ist das Ermessen der Geschäftsführer reduziert. Eine unternehmerische Entscheidung liegt im Überschreitungsfall nicht mehr vor. Sollte ein Aufsichtsrat eingerichtet sein, erfordert der Erwerb oder die Veräußerung eines Unternehmens gemäß § 30j Abs 5 Z 1 GmbHG auch die (Vorab-)Zustimmung des Aufsichtsrates zu dem entsprechenden Geschäft, soweit dieses sich nicht als gewöhnlich erweist.[37] Da die Aufsichtsratsmitglieder und Anteilseigner für die Beschlussfassung auf die Übermittlung der Informationen durch das Leitungsorgan angewiesen sind, ist dieses gemäß § 25 GmbHG und § 84 AktG zur richtigen und vollständigen Übermittlung der erforderlichen Informationen verpflichtet.[38] Sämtliche der Geschäftsführung vorliegenden Informationen braucht sie aber schon aus Effizienzgründen nicht weiterzureichen. Sollten aber insbesondere die Aufsichtsratsmitglieder nach weiteren Unterlagen fragen, sind diese in den Grenzen des § 1295 Abs 2 ABGB sowie ihrer organschaftlichen Treuepflichten vorzulegen. Darüber hinaus haben die Geschäftsführer Auskunft zu erteilen und daher ihrerseits in den Aufsichtsratssitzungen Rede und Antwort zu stehen. In ihren Erläuterungen haben sie Tatsachen von Wertungen bzw Annahmen klar abzugrenzen.[39] Bei als außerordentliche Geschäftsführungsmaßnahmen zu qualifizierenden Unternehmen(ver)käufen besteht bei der GmbH daher eine Kompetenzüberschneidung zwischen Generalversammlung und Aufsichtsrat, wenn ein solcher eingerichtet ist (§ 29 GmbHG). Auch wenn der Beschluss der Generalversammlung als oberstes Willensbildungsorgan einen entgegenstehenden Aufsichtsratsbeschluss übertrumpft,[40] macht er das Erfordernis

---

34 *Haas/Müller*, Haftungsrisiken des GmbH-Geschäftsführers im Zusammenhang mit Unternehmens(ver)käufen, GmbHR 2004, 1169 (1174); *Gunßer* in *Oppenländer/Trölitzsch*, Praxishandbuch der GmbH-Geschäftsführung³ (2020) § 36 Rz 18.
35 Siehe dazu *Told*, Leitung und Verantwortung im Konzern (2020) passim.
36 OGH 26.4.2018, 6 Ob 38/18h.
37 *Rauter* in *Straube/Ratka/Rauter*, WK GmbHG § 30j Rz 64 (Stand 1.10.2019).
38 Vgl implizit OGH 15.9.2020, 6 Ob 58/20b (Pkt 1.2); *Mutschler/Mersmann*, Verfahrensmäßige Anforderungen an ordnungsgemäße Vorstandsentscheidungen im M&A-Bereich, DB 2003, 79 (82); *Page/Marris*, "We were mugged": the latest from the Lloyds/HBOS litigation, Case Comment, In-House Lawyer 2020, 118 f; *Gunßer* in *Oppenländer/Trölitzsch*, Praxishandbuch der GmbH-Geschäftsführung³ (2020) § 36 Rz 18; erg siehe *Bötticher*, Organpflichten beim Unternehmenskauf, NZG 2007, 481 (484).
39 OLG Oldenburg 22.6.2006 – 1 U 34/03, NZG 2007, 434; *Gunßer* in *Oppenländer/Trölitzsch*, Praxishandbuch der GmbH-Geschäftsführung³ (2020) § 36 Rz 18.
40 Vgl für viele *Koppensteiner/Rüffler*, GmbHG³ (2007) § 30j Rz 20.

der Zustimmung des Aufsichtsrates nicht obsolet. Vielmehr haben Geschäftsführer zunächst die Zustimmung des Aufsichtsrates einzuholen und die Angelegenheit in der Folge der Generalversammlung zur informierten Entscheidung vorzulegen. Diese soll bei ihrer Entscheidung die Einschätzung des Aufsichtsrates berücksichtigen können, ist an diese aber nicht gebunden.[41] Sollte zunächst die Generalversammlung den Prozess des Verkaufs eines Unternehmens einleiten, ist dennoch die Zustimmung des Aufsichtsrates einzuholen. Unter Berücksichtigung des Beschlussergebnisses des Aufsichtsrates ist die Generalversammlung mit der Angelegenheit in der Folge erneut zu befassen, wenn dies zeitlich möglich ist.

Bei der Aktiengesellschaft ist gemäß § 95 Abs 5 Z 1 AktG jedenfalls die Zustimmung des Aufsichtsrates zum Erwerb und zur Veräußerung eines Unternehmens einzuholen, weshalb der Vorstand diesem die erforderlichen Informationen zum abzuschließenden Geschäft zu übermitteln hat. Im Hinblick auf die Informationsübermittlung und eine etwaige Kompetenzüberschneidung zwischen Aufsichtsrat und Hauptversammlung gilt das zur GmbH Ausgeführte entsprechend. Fraglich ist, inwieweit der (Ver-)Kauf eines Unternehmens auch einen Beschluss der Hauptversammlung erfordert. Gemäß § 237 AktG bedarf der Verkauf eines Unternehmens, das über 90 % des Gesellschaftsvermögens der verkaufenden Aktiengesellschaft ausmacht, zu seiner Wirksamkeit der Zustimmung der Hauptversammlung mit einer Dreiviertelmehrheit des bei der Beschlussfassung anwesenden Kapitals. Eine darüber hinausgehende verpflichtende Vorlage an die Hauptversammlung in Anlehnung an die vom BGH entwickelte *Holzmüller*-Doktrin[42] ist abzulehnen.[43] Freilich steht es dem Vorstand frei, eine Angelegenheit nach § 103 Abs 2 AktG der Hauptversammlung zur verbindlichen Entscheidung vorzulegen. Wirksame Entscheidungen der Hauptversammlung binden den Vorstand in der Folge.[44]

Neben der Zustimmung anderer Gesellschaftsorgane kann der Unternehmenserwerb auch eine behördliche Genehmigung als Zulässigkeitsvoraussetzung haben (zB FusionskontrollVO[45], §§ 7 ff KartG).[46] Diesfalls darf das Leitungsorgan den Erwerb nicht finalisieren, bis die entsprechende (wettbewerbsrechtliche) Geneh-

---

41 Im Detail siehe *Rauter* in *Straube/Ratka/Rauter*, WK GmbHG § 30j Rz 69 (Stand 1.10.2019).
42 BGH 25.2.1982, II ZR 174/80 (*Holzmüller*), NJW 1982, 1703, BGHZ 83, 122, 131; bestätigt durch BGH 26.4.2004, II ZR 154/02 (*Gelatine*); im Detail siehe *Kubis* in MünchKommAkt[4] (2018) § 119 Rz 48 ff; erg siehe *Kalss*, Alternativen zum deutschen Aktienkonzernrecht, ZHR 171 (2007) 146, 167 ff; für eine Beschränkung auf Konzernsachverhalte *Kropff*, Zur Konzernleitungspflicht, ZGR 1984, 112, 123; abl *Werner*, Zuständigkeitsverlagerungen in der Aktiengesellschaft durch Richterrecht, ZHR 147 (1983), 429, 450 ff; krit *Martens*, Die Entscheidungsautonomie des Vorstands und die „Basisdemokratie" in der Aktiengesellschaft, ZHR 147 (1983) 377, 383 f.
43 *Told*, Leitung und Verantwortung im Konzern (2020) passim.
44 *Bydlinski/Potyka* in *Artmann/Karollus*, AktG II[6] (2018) § 103 Rz 7.
45 Verordnung (EG) Nr 139/2004 des Rates vom 20. Januar 2004 über die Kontrolle von Unternehmenszusammenschlüssen („EG-Fusionskontrollverordnung"), OJ L 24, 29.1.2004, 1–22.
46 *Wellhöfer* in *Wellhöfer/Peltzer/Müller*, Die Haftung von Vorstand, Aufsichtsrat, Wirtschaftsprüfer (2008) § 5 Rz 8.

migung vorliegt. Aufgrund der Legalitätspflicht der Leitungsorganmitglieder begründet die Nichteinhaltung wettbewerbsrechtlicher Vorgaben auch eine Sorgfaltswidrigkeit im Verhältnis zu ihrer Gesellschaft. Ein Ermessensspielraum besteht nicht.

3. Verantwortung der Geschäftsleiter der veräußernden Gesellschaft

3.1. Einzelpflichten der Geschäftsleiter der veräußernden Gesellschaft

3.1.1. Entscheidung über den Verkauf des Unternehmens und Vorbereitung des Verkaufs

Die Geschäftsleiter der veräußernden Gesellschaft haben zunächst darüber zu entscheiden, dass der Verkaufsprozess für ein Unternehmen eingeleitet werden soll. Dafür haben sie zu reflektieren und zu begründen, warum der Verkauf nach ihrer Einschätzung dem Wohl und überdies der unternehmerischen Strategie der Gesellschaft am besten dient.[47] Außerdem sind grob die Rahmenvorstellungen für den Verkauf und daher insbesondere die Kaufpreisvorstellungen anzunähern. Nachdem die Geschäftsleitung eine positive Entscheidung über die Einleitung des Verkaufsprozesses gefasst hat, ist eine frühe informative Involvierung des Aufsichtsrates und allenfalls auch der Gesellschafterversammlung zu empfehlen, wenn der Unternehmensverkauf von deren Zustimmung abhängt und keine Geheimhaltungsinteressen entgegenstehen. Sollte sich die Gesellschafterversammlung oder der Aufsichtsrat nämlich kategorisch gegen den Verkauf positionieren, würde die Einleitung eines Verkaufsprozesses wahrscheinlich nur unnötig Kosten verursachen. Drückt insbesondere der Aufsichtsrat bei entsprechender Wirtschaftlichkeit seine prinzipielle Unterstützung aus, kann der Verkaufsprozess eingeleitet werden. Noch bevor in der Folge der Kontakt zu Interessenten aufgebaut wird, hat die veräußernde Gesellschaft die verkaufsrelevanten Unternehmensdaten zu erheben, um für Vertragsverhandlungen gerüstet zu sein *(Vendor Due Diligence)*.

3.1.2. Wahrung des Geheimhaltungsinteresses und vorvertragliche Aufklärung des Erwerbers über den Kaufgegenstand

3.1.2.1. Informationserteilung beim Asset Deal

3.1.2.1.1. Geheimhaltungspflicht der Geschäftsleiter ist kein absoluter Maßstab

Die Geschäftsleiter haben über nicht schon öffentlich bekannte, vertrauliche Informationen sowie Informationen, an denen die Gesellschaft ein berechtigtes Geheim-

---
[47] Ganz allgemein OGH 15.9.2020, 6 Ob 58/20b (Pkt 1.3).

haltungsinteresse hat,[48] grundsätzlich Stillschweigen zu bewahren.[49] § 84 Abs 1 S 2 AktG ordnet dies explizit für Vorstandsmitglieder an.[50] Bei der GmbH folgt die Geheimhaltungspflicht der Geschäftsführer aus ihren Treuepflichten.[51] Diese Geheimhaltungspflicht ist Ausdruck des allgemeinen Gesellschaftsinteresses und gilt nur insofern absolut, als sie mit diesem einhergeht.[52] Sie ist daher teleologisch zu reduzieren, wenn die Offenlegung vertraulicher Informationen im überwiegenden Interesse der Gesellschaft liegt.[53] Zur Beantwortung der Frage, ob die Geschäftsleiter einer *Due-Diligence*-Prüfung zum Zweck des Verkaufs eines Unternehmens zustimmen dürfen, ist sohin das Interesse der Gesellschaft an der Informationsweitergabe mit den aus dieser resultierenden Risiken abzuwägen.[54] Das ist zu bejahen, wenn die Gesellschaft ein ernsthaftes Verkaufsinteresse hat und ihre Interessensphäre ausreichend geschützt ist. Diesfalls ist konsequenterweise auch der objektive Sorgfaltsmaßstab trotz Offenlegung vertraulicher Informationen eingehalten.[55] Freilich kann

---

48 Für Deutschland siehe BGH 20.5.1996 – II ZR 190/95, ZIP 1996, 1341 (1342).
49 *J. Reich-Rohrwig/Cl. Grossmayer/K. Grossmayer/Zimmermann* in *Artmann/Karollus*, AktG II⁶ (2018) § 84 Rz 253; vgl erg *Kiethe*, Vorstandshaftung aufgrund fehlerhafter Due Diligence beim Unternehmenskauf, NZG 1999, 976 (978); *Werner*, Haftungsrisiken bei Unternehmensakquisitionen: die Pflicht des Vorstands zur Due Diligence, ZIP 2000, 989 (991); *Hemeling*, Gesellschaftsrechtliche Fragen der Due Diligence beim Unternehmenskauf, ZHR 169 (2005) 274 (278); *Lutter*, Due diligence des Erwerbers beim Kauf einer Beteiligung, ZIP 1997, 613 (617); *Ziemons*, Die Weitergabe von Unternehmensinterna an Dritte durch den Vorstand einer Aktiengesellschaft, AG 1999, 492 (493).
50 Für Deutschland vgl *Rittmeister*, Due Diligence und Geheimhaltungspflichten beim Unternehmenskauf, NZG 2004, 1032 (1033); *Körber*, Geschäftsleiterhaftung der Zielgesellschaft und due diligence beim Paketerwerb und Unternehmenskauf, NZG 2002, 263 (266).
51 *Haas/Müller*, Haftungsrisiken des GmbH-Geschäftsführers im Zusammenhang mit Unternehmens(ver)käufen, GmbHR 2004, 1169 (1171); *Rittmeister*, Due Diligence und Geheimhaltungspflichten beim Unternehmenskauf, NZG 2004, 1032 (1036).
52 *J. Reich-Rohrwig/Cl. Grossmayer/K. Grossmayer/Zimmermann* in *Artmann/Karollus*, AktG II⁶ (2018) § 84 Rz 259, 273; *Lutter*, Due diligence des Erwerbers beim Kauf einer Beteiligung, ZIP 1997, 613 (617); *Schroeder*, Darf der Vorstand der Aktiengesellschaft dem Aktienkäufer eine Due Diligence gestatten, DB 1997, 2161 (2162); *Rittmeister*, Due Diligence und Geheimhaltungspflichten beim Unternehmenskauf, NZG 2004, 1032 (1033); *Hemeling*, Gesellschaftsrechtliche Fragen der Due Diligence beim Unternehmenskauf, ZHR 169 (2005) 274 (278); *Ziemons*, Die Weitergabe von Unternehmensinterna an Dritte durch den Vorstand einer Aktiengesellschaft, AG 1999, 492 (493); *Mertens*, Die Information des Erwerbers einer wesentlichen Unternehmensbeteiligung an einer Aktiengesellschaft durch deren Vorstand, AG 1997, 541 (542).
53 *Schroeder*, Darf der Vorstand der Aktiengesellschaft dem Aktienkäufer eine Due Diligence gestatten? DB 1997, 2161 (2162), der vom Interesse der Gesellschaft als immanente Grenze der Schweigepflicht spricht; erg siehe *Körber*, Geschäftsleiterhaftung der Zielgesellschaft und due diligence beim Paketerwerb und Unternehmenskauf, NZG 2002, 263 (266, 269); für eine umfassende Interessenabwägung *Treeck*, Die Offenbarung von Unternehmensgeheimnissen durch den Vorstand einer Aktiengesellschaft im Rahmen einer Due Diligence, in FS Fikentscher (1998) 434 (444, 451 ff); *Oppenländer*, Grenzen der Auskunftserteilung durch Geschäftsführer und Gesellschafter beim Verkauf von GmbH-Geschäftsanteilen, GmbHG 2000, 535 (536).
54 *J. Reich-Rohrwig/Cl. Grossmayer/K. Grossmayer/Zimmermann* in *Artmann/Karollus*, AktG II⁶ (2018) § 84 Rz 275; *Haas/Müller*, Haftungsrisiken des GmbH-Geschäftsführers im Zusammenhang mit Unternehmens(ver)käufen, GmbHR 2004, 1169 (1171 f), die im Ergebnis bei der GmbH aber immer auch die Zustimmung der Generalversammlung erfordern; *Rittmeister*, Due Diligence und Geheimhaltungspflichten beim Unternehmenskauf, NZG 2004, 1032 (1033 f).
55 *Werner*, Haftungsrisiken bei Unternehmensakquisitionen: die Pflicht des Vorstands zur Due Diligence, ZIP 2000, 989 (993).

sich aus anderen Gesetzen, insbesondere der DSGVO[56] oder Geheimhaltungsrechten Dritter, ein spezialgesetzliches Verbot der Informationsweitergabe ableiten, das jedenfalls einzuhalten ist. Im Folgenden gilt es zu klären, unter welchen Bedingungen die Informationsweitergabe im Zuge einer *Due-Diligence*-Prüfung nun konkret im Interesse der veräußernden Gesellschaft liegen kann:

3.1.2.1.2. Interesse der veräußernden Gesellschaft an einer Due-Diligence-Prüfung

Erwerbsinteressenten eines Unternehmens haben ein besonderes Interesse, über die wertbildenden Betriebsfaktoren und damit insbesondere geheime Unternehmensinterna in Kenntnis gesetzt zu werden.[57] Ein Verkauf eines Unternehmens ohne vorvertragliche Aufklärung über den komplexen Kaufgegenstand des Unternehmens ist daher realistischerweise nicht oder nur unter erheblichen Abschlägen zu erwarten.[58] Käufer werden nämlich selten bereit sein, sprichwörtlich die „Katze im Sack" zu kaufen, und daher die Durchführung einer *Due-Diligence*-Prüfung verlangen.[59] Eine solche erfordert der objektive Sorgfaltsmaßstab der Geschäftsleiter der erwerbenden Gesellschaft nämlich in den meisten Fällen.[60] Dazu kommt, dass die Verkäuferin eines Unternehmens eine vorvertragliche Aufklärungspflicht über den Kaufgegenstand sowie über etwaige dem Vertragsabschluss entgegenstehende Hindernisse trifft;[61] eine *Due-Diligence*-Prüfung vermag diese vorvertraglichen Aufklärungspflichten zu erfüllen und insofern auch die Haftungsrisiken abzusenken (vgl § 928 ABGB).[62] Aus diesen Gründen impli-

---

56 Verordnung (EU) 2016/679 des Europäischen Parlaments und des Rates vom 27. April 2016 zum Schutz natürlicher Personen bei der Verarbeitung personenbezogener Daten, zum freien Datenverkehr und zur Aufhebung der Richtlinie 95/46/EG (Datenschutz-Grundverordnung), OJ L 119, 4.5.2016, 1–88.
57 Vgl auch bei *Treeck*, Die Offenbarung von Unternehmensgeheimnissen durch den Vorstand einer Aktiengesellschaft im Rahmen einer Due Diligence, in FS Fikentscher (1998) 434 (441 f).
58 Vgl *Himmelsbach/Krüger*, Anm zu OLG Oldenburg 22.6.2006 – 1 U 34/03, NZI 2007, 305 (310); *Rittmeister*, Due Diligence und Geheimhaltungspflichten beim Unternehmenskauf, NZG 2004, 1032 (1034); *Merkt*, Rechtliche Bedeutung der „due diligence" beim Unternehmenskauf, WiB 1996, 145 (149 f); *Körber*, Geschäftsleiterhaftung der Zielgesellschaft und due diligence beim Paketerwerb und Unternehmenskauf, NZG 2002, 263 (269); *Mertens*, Die Information des Erwerbers einer wesentlichen Unternehmensbeteiligung an einer Aktiengesellschaft durch deren Vorstand, AG 1997, 541 (543).
59 Erg siehe *Mertens*, Die Information des Erwerbers einer wesentlichen Unternehmensbeteiligung an einer Aktiengesellschaft durch deren Vorstand, AG 1997, 541 (543).
60 Siehe dazu Kapitel 4.1.2.2.
61 *Haas/Müller*, Haftungsrisiken des GmbH-Geschäftsführers im Zusammenhang mit Unternehmens(ver)käufen, GmbHR 2004, 1169 (1172); *Körber*, Geschäftsleiterhaftung der Zielgesellschaft und due diligence beim Paketerwerb und Unternehmenskauf, NZG 2002, 263 (264).
62 *Werner*, Haftungsrisiken bei Unternehmensakquisitionen: die Pflicht des Vorstands zur Due Diligence, ZIP 2000, 989 (990); *Hermann/Ettmayer* in *Kalss/Frotz/Schörghofer*, HB Vorstand (2017) Rz 29/46; *Körber*, Geschäftsleiterhaftung der Zielgesellschaft und due diligence beim Paketerwerb und Unternehmenskauf, NZG 2002, 263 (264); zur Rechtslage in Deutschland vor 2002 *Ziegler*, „Due Diligence" im Spannungsfeld zur Geheimhaltungspflicht von Geschäftsführern und Gesellschaftern, DStR 2000, 249; erg siehe *Mertens*, Die Information des Erwerbers einer wesentlichen Unternehmensbeteiligung an einer Aktiengesellschaft durch deren Vorstand, AG 1997, 541 (542 f); vorsichtig *Fleischer/Körber*, Due Diligence und Gewährleistung beim Unternehmenskauf, BB 2001, 841 (848); insofern aA für Deutschland *Loges*, Der Einfluß der „Due Diligence" auf die Rechtsstellung des Käufers eines Unternehmens, DB 1997, 965 (968).

ziert ein ernsthaftes Interesse der Gesellschaft am Verkauf des Unternehmens auch ein Interesse an der Offenlegung von Informationen, soweit dies für den Verkaufsprozess notwendig ist, weil ein lukrativer Verkauf ansonsten nicht zu erwarten ist.[63]

3.1.2.1.3. Risikominimierung

Damit vertrauliche Informationen weitergegeben werden dürfen, muss das Interesse der Gesellschaft an der Informationsweitergabe etwaige Risiken aus der Informationsweitergabe klar überwiegen.[64] Das setzt notwendigerweise voraus, dass die Risiken einer Ausbeutung der Informationssphäre der veräußernden Gesellschaft kontrolliert und dadurch möglichst geringgehalten werden.[65] Bevor in konkrete Verhandlungen mit Erwerbsinteressenten eingestiegen wird, sind diese daher aufzufordern, Geheimhaltungserklärungen abzuschließen, nach denen über die Verhandlungen und sämtliche in diesen erlangten Daten Stillschweigen vereinbart wird *(Confidentiality Agreement)*.[66] Die Geheimhaltungsvereinbarung hat die von der Vereinbarung umfassten Informationen zu adressieren und die Personen zu nennen, die Informationszugang haben, und ist durch empfindliche Vertragsstrafen abzusichern.[67] Die Geschäftsleiter haben überdies möglichst sicherzustellen, dass keine geheimen Informationen an Personen ohne ernsthaftes Kaufinteresse weitergegeben werden. Deshalb ist ein das Kaufinteresse bekräftigender *Letter of Intent* oder *Memorandum of Understanding* abzuschließen, das ebenfalls durch Vertragsstrafen abzusichern ist.[68] Der Informationszugang ist mit der zu-

---

63 Ähnlich *Ziemons*, Die Weitergabe von Unternehmensinterna an Dritte durch den Vorstand einer Aktiengesellschaft, AG 1999, 492 (494); *Treeck*, Die Offenbarung von Unternehmensgeheimnissen durch den Vorstand einer Aktiengesellschaft im Rahmen einer Due Diligence, in FS Fikentscher (1998) 434 (448).
64 *Ziemons*, Die Weitergabe von Unternehmensinterna an Dritte durch den Vorstand einer Aktiengesellschaft, AG 1999, 492 (495).
65 So auch *Hemeling*, Gesellschaftsrechtliche Fragen der Due Diligence beim Unternehmenskauf, ZHR 169 (2005) 274 (281); *Schroeder*, Darf der Vorstand der Aktiengesellschaft dem Aktienkäufer eine Due Diligence gestatten? DB 1997, 2161 (2163, 2166).
66 Zu den Details der Anforderungen an die Abfassung einer Verschwiegenheitserklärung *Treeck*, Die Offenbarung von Unternehmensgeheimnissen durch den Vorstand einer Aktiengesellschaft im Rahmen einer Due Diligence, in FS Fikentscher (1998) 434 (444 f); allgemein zum Erfordernis des Abschlusses *Hermann/Ettmayer* in *Kalss/Frotz/Schörghofer*, HB Vorstand (2017) Rz 29/59; *Werner*, Haftungsrisiken bei Unternehmensakquisitionen: die Pflicht des Vorstands zur Due Diligence, ZIP 2000, 989 (991); *Ziegler*, „Due Diligence" im Spannungsfeld zur Geheimhaltungspflicht von Geschäftsführern und Gesellschaftern, DStR 2000, 249 (251); *Hemeling*, Gesellschaftsrechtliche Fragen der Due Diligence beim Unternehmenskauf, ZHR 169 (2005) 274 (275, 281); *Ziemons*, Die Weitergabe von Unternehmensinterna an Dritte durch den Vorstand einer Aktiengesellschaft, AG 1999, 492 (494); *Mertens*, Die Information des Erwerbers einer wesentlichen Unternehmensbeteiligung an einer Aktiengesellschaft durch deren Vorstand, AG 1997, 541 (544).
67 So bereits *Schroeder*, Darf der Vorstand der Aktiengesellschaft dem Aktienkäufer eine Due Diligence gestatten? DB 1997, 2161 (2164); weiterführend *Treeck*, Die Offenbarung von Unternehmensgeheimnissen durch den Vorstand einer Aktiengesellschaft im Rahmen einer Due Diligence, in FS Fikentscher (1998) 434 (445).
68 *Ziemons*, Die Weitergabe von Unternehmensinterna an Dritte durch den Vorstand einer Aktiengesellschaft, AG 1999, 492 (494); *Mertens*, Die Information des Erwerbers einer wesentlichen Unternehmensbeteiligung an einer Aktiengesellschaft durch deren Vorstand, AG 1997, 541 (544).

nehmenden Verbindlichkeit der Vertragsverhandlungen zu stufen.[69] Das bedeutet, dass die zulässige Informationsweitergabe mit dem Verhandlungsfortschritt und einer damit einhergehenden, zunehmenden Pflichtenbindung der Erwerbsinteressenten anwächst. Besonders delikate Informationen dürfen daher erst in einem sehr späten Stadium der Vertragsverhandlungen offengelegt werden. Die Praxis behilft sich dabei häufig mit einer Unterteilung der unternehmerischen Informationen in unterschiedliche, farblich gekennzeichnete Vertraulichkeitsstufen, die im digitalen Datenraum erst nach und nach freigeschaltet werden.

3.1.2.1.4. Zulässigkeit von unmittelbarem Informationszugang?

Kontrovers diskutiert wird, ob die Geschäftsleiter veräußernder Gesellschaften den Erwerbsinteressenten überhaupt einen unmittelbaren Informationszugang gewähren dürfen oder ob das Informationsinteresse der Erwerber nur durch die Zwischenschaltung von standesrechtlich zur Verschwiegenheit verpflichteten, neutralen Experten erfüllt werden darf.[70] Die Zwischenschaltung von solchen Experten sichert die Informationssphäre der veräußernden Gesellschaft bestmöglich ab und hält die Haftungsrisiken für ihre Geschäftsleiter gering. Praktisch bestehen Erwerbsinteressenten jedoch meist auf einem unmittelbaren Informationszugang – zumindest durch die eigenen Anwälte und Unternehmensberater. Auch auf Basis eines unabhängigen Expertenprüfberichts sind sie häufig nur unter Abschlägen zum Kauf bereit. Hat die veräußernde Gesellschaft ein ernsthaftes Interesse am Verkauf und sind ihre ernsthaften Kaufinteressenten nur bei unmittelbarem Informationszugang zum Kauf bereit, ist die Einräumung eines unmittelbaren Informationszugangs zulässig, wenn dabei das Risiko für die veräußernde Gesellschaft möglichst gering gehalten wird.[71] Das bedeutet, dass die Informationsfreigabe für die *Due-Diligence*-Prüfung im Zuge des Verkaufsprozesses streng risikosensibel in mehrere Stufen des zunehmenden Informationszugangs für Erwerber zu gliedern ist.[72] Um in eine höhere Stufe vorzurücken und damit einen

---

69 *Hemeling*, Gesellschaftsrechtliche Fragen der Due Diligence beim Unternehmenskauf, ZHR 169 (2005) 274 (280); *Mertens*, Die Information des Erwerbers einer wesentlichen Unternehmensbeteiligung an einer Aktiengesellschaft durch deren Vorstand, AG 1997, 541 (546).

70 Einen unmittelbaren Informationszugang für unzulässig erachtend *Lutter*, Due diligence des Erwerbers beim Kauf einer Beteiligung, ZIP 1997, 613 (617), der nur in Extremfällen zu einem anderen Ergebnis kommt; ähnlich *Bihr*, Due Diligence: Geschäftsführungsorgane im Spannungsfeld zwischen Gesellschafts- und Gesellschafterinteressen, BB 1998, 1198 (1199). Demgegenüber für die Zulässigkeit *Haas/Müller*, Haftungsrisiken des GmbH-Geschäftsführers im Zusammenhang mit Unternehmens(ver)käufen, GmbHR 2004, 1169 (1171 f), die im Ergebnis bei der GmbH aber immer auch die Zustimmung der Generalversammlung erfordern; *Rittmeister*, Due Diligence und Geheimhaltungspflichten beim Unternehmenskauf, NZG 2004, 1032 (1033 f); einen Informationszugang in engen Grenzen für zulässig erachtend *Ziemons*, Die Weitergabe von Unternehmensinterna an Dritte durch den Vorstand einer Aktiengesellschaft, AG 1999, 492 (497).

71 Ähnlich *Mertens*, Die Information des Erwerbers einer wesentlichen Unternehmensbeteiligung an einer Aktiengesellschaft durch deren Vorstand, AG 1997, 541 (546 f).

72 *Kiethe*, Vorstandshaftung aufgrund fehlerhafter Due Diligence beim Unternehmenskauf, NZG 1999, 976 (978 f); *Körber*, Geschäftsleiterhaftung der Zielgesellschaft und due diligence beim Paketerwerb und Unternehmenskauf, NZG 2002, 263 (270); siehe bereits Kapitel 3.1.2.1.3.

weiterreichenden Informationszugang zu erlangen, muss das Kaufinteresse des Erwerbers vertraglich zunehmend verbindlich verfestigt sein. Beispielhaft ist in einem *Letter of Intent* oder *Memorandum of Understanding* festzuhalten, dass der Abbruch der Verhandlungen ab Erreichen einer gewissen Verhandlungsstufe auf wichtige Gründe oder überhaupt auf explizit genannte Gründe reduziert ist und im Verstoßfall Vertragsstrafen greifen, die allenfalls durch eine Garantie besichert sind.[73] Die im Zuge der *Due-Diligence*-Prüfung an die Kaufinteressentin übermittelten Informationen sind genau zu dokumentieren, um etwaige Verstöße in nachfolgenden Gerichtsstreitigkeiten auch nachweisen zu können.[74]

Unter strenger Einhaltung dieser Schutzvorkehrungen ist die Offenlegung von unternehmensbezogenen Daten zum Zwecke des Unternehmensverkaufs im Gesellschaftsinteresse daher grundsätzlich zulässig und auch sorgfaltskonform.[75] Zeigen sich Erwerber ausnahmsweise mit einem indirekten Informationszugang auch ohne erhebliche Abschläge auf den Kaufpreis einverstanden, haben Geschäftsleiter das Risiko der Transaktion im Interesse der Gesellschaft möglichst gering zu halten, weshalb nur ein indirekter Informationszugang sorgfaltskonform ist.

3.1.2.1.5. Ausnahmen der grundsätzlichen Zulässigkeit der Einräumung eines gestuften, unmittelbaren Informationszugangs

Hat die veräußernde Gesellschaft von Gründen Kenntnis, die ernsthaft befürchten lassen, dass eine Erwerbsinteressentin die erlangten Informationen zum Nachteil der Gesellschaft ausschlachtet, darf sie dieser keinen unmittelbaren Zugang zu ihren Gesellschaftsinterna gewähren. Beispielhaft ist an eine Wettbewerberin als Kaufinteressentin zu denken.[76] Die Sorgfaltsanforderungen erfordern diesfalls generell eine Zwischenschaltung von unabhängigen Experten, die standesrechtlich zur Verschwiegenheit verpflichtet sind.[77] Die Experten haben sich daher gegenüber beiden Vertragspartnern zur unabhängigen Durchführung der *Due-Diligence*-Prüfung ohne unmittelbare Weitergabe von unternehmensbezogenen Daten

---

73 Ähnlich *Hemeling*, Gesellschaftsrechtliche Fragen der Due Diligence beim Unternehmenskauf, ZHR 169 (2005) 274 (281).
74 *Werner*, Haftungsrisiken bei Unternehmensakquisitionen: die Pflicht des Vorstands zur Due Diligence, ZIP 2000, 989; *Merkt*, Rechtliche Bedeutung der „due diligence" beim Unternehmenskauf, WiB 1996, 145 (147).
75 *Kiethe*, Vorstandshaftung aufgrund fehlerhafter Due Diligence beim Unternehmenskauf, NZG 1999, 976 (979); *Werner*, Haftungsrisiken bei Unternehmensakquisitionen: die Pflicht des Vorstands zur Due Diligence, ZIP 2000, 989 (991); *Mertens*, Die Information des Erwerbers einer wesentlichen Unternehmensbeteiligung an einer Aktiengesellschaft durch deren Vorstand, AG 1997, 541 ff; *Schroeder*, Darf der Vorstand der Aktiengesellschaft dem Aktienkäufer eine Due Diligence gestatten? DB 1997, 2161 ff; hier beim *share deal* restriktiver *Lutter*, Due diligence des Erwerbers beim Kauf einer Beteiligung, ZIP 1997, 613 (616 ff).
76 *Körber*, Geschäftsleiterhaftung der Zielgesellschaft und due diligence beim Paketerwerb und Unternehmenskauf, NZG 2002, 263 (270); *Hemeling*, Gesellschaftsrechtliche Fragen der Due Diligence beim Unternehmenskauf, ZHR 169 (2005) 274 (280 f); *Ziemons*, Die Weitergabe von Unternehmensinterna an Dritte durch den Vorstand einer Aktiengesellschaft, AG 1999, 492 (494).

an die Erwerbsinteressenten zu verpflichten. Erwerber können diesfalls nur auf Basis der abstrakt gehaltenen Prüfberichte eine Risikoeinschätzung vornehmen. Werden diese Sicherheitsvorkehrungen eingehalten, ist die Informationsweitergabe im Rahmen einer *Due-Diligence*-Prüfung aber grundsätzlich selbst im Zuge von Vertragsverhandlungen mit Wettbewerbern oder sonstigen Erwerbern, welche den Informationszugang nachteilig ausnützen könnten, sorgfaltsgemäß. Sollte ausnahmsweise trotz der Zwischenschaltung eines neutralen Prüfers eine relevante Gefahrensituation bestehen, sind besonders sensible Informationen überhaupt zurückzuhalten. Es sind auch hier – wie generell – Zwischenlösungen denkbar, wonach zunächst nur der Prüfbericht übermittelt wird und bei sehr weitem Fortschritt der Verhandlungen doch auch ein unmittelbares Einsichtsrecht gewährt wird. Das muss aber in das situationsadäquate Ermessen der veräußernden Gesellschaft gestellt und vertraglich hoch abgesichert sein (Vertragsstrafen [§ 1336 ABGB], Garantie [§ 880a ABGB]).[78]

3.1.2.1.6. Zustimmung der Gesellschafterversammlung?

Bei der Aktiengesellschaft liegt die Entscheidungsprärogative für die Informationsweitergabe zur Durchführung einer *Due-Diligence-Prüfung* durch Erwerbsinteressenten beim Vorstand.[79] Ein zustimmender Hauptversammlungsbeschluss ist nicht erforderlich. Fraglich ist, ob die Weitergabe von Informationen im Rahmen einer *Due-Diligence*-Prüfung bei der GmbH als außerordentliche Geschäftsführungsmaßnahme einer Zustimmung der Generalversammlung bedarf.[80] Sollte die Generalversammlung die Einleitung des Verkaufsprozesses bereits formal genehmigt haben, ist für eine sorgfältige Informationsweiterleitung keine weitere Zustimmung erforderlich. Die Zustimmung zur Einleitung des Verkaufsprozesses nimmt der sorgfältigen Informationsweitergabe als zu erwartende Konsequenz den Ausnahmecharakter. Wurde aber kein solcher Beschluss über die Einleitung des Verkaufsprozesses eingeholt, ist spätestens für die Informationsweitergabe im Zuge einer *Due-Diligence*-Prüfung ein Gesellschafterbeschluss erforderlich.

---

77 *Ziegler*, „Due Diligence" im Spannungsfeld zur Geheimhaltungspflicht von Geschäftsführern und Gesellschaftern, DStR 2000, 249 (251), der dieses Vorgehen als statthaft bezeichnet; wohl ähnlich *Schroeder*, Darf der Vorstand der Aktiengesellschaft dem Aktienkäufer eine Due Diligence gestatten? DB 1997, 2161 (2164).

78 Wohl immer die Zwischenschaltung eines unabhängigen Sachverständigen für erforderlich erachtend, der auch nur einen Bericht mit Ergebnissen in allgemeiner Form übergeben darf, *Bihr*, Due Diligence: Geschäftsführungsorgane im Spannungsfeld zwischen Gesellschafts- und Gesellschafterinteressen, BB 1998, 1198 (1200).

79 So bereits *Hemeling*, Gesellschaftsrechtliche Fragen der Due Diligence beim Unternehmenskauf, ZHR 169 (2005) 274 (282); *Treeck*, Die Offenbarung von Unternehmensgeheimnissen durch den Vorstand einer Aktiengesellschaft im Rahmen einer Due Diligence, in FS Fikentscher (1998) 434 (443).

80 Das bejahend *Haas/Müller*, Haftungsrisiken des GmbH-Geschäftsführers im Zusammenhang mit Unternehmens(ver)käufen, GmbHR 2004, 1169 (1172); zum share deal *Körber*, Geschäftsleiterhaftung der Zielgesellschaft und due diligence beim Paketerwerb und Unternehmenskauf, NZG 2002, 263 (268).

3.1.2.2. Informationserteilung beim Share Deal
3.1.2.2.1. Keine Pflicht der Zielgesellschaft zur Information gegenüber Kaufinteressenten

Beim Share Deal tritt die Besonderheit hinzu, dass sich die Zielgesellschaft von der Vertragspartnerin der Käuferin unterscheidet.[81] Sie ist nicht Partei des Anteilskaufvertrages, sondern die Anteile an ihr sind Kaufgegenstand.[82] Die Zielgesellschaft steht daher in keinem vertraglichen Verhältnis zu Erwerbsinteressenten ihrer Geschäftsanteile, weshalb sie diesen gegenüber auch nicht zur (vorvertraglichen) Information verpflichtet ist.[83] Stattdessen sind ihre Geschäftsleiter grundsätzlich zur Geheimhaltung angehalten.[84] Für Erwerbsinteressenten größerer Anteil(spaket)e sind nun aber gerade die unternehmerischen Daten der Zielgesellschaft von Interesse.[85] Fraglich ist daher, ob die Geschäftsleitung der Zielgesellschaft eine *Due-Diligence*-Prüfung durch Kaufinteressenten ihrer Anteile zulassen darf oder vielleicht sogar muss.[86] Ein Verkaufsinteresse kann hier die Zulässigkeit der Offenlegung der unternehmensbezogenen Daten in der Regel nicht begründen, weil die Zielgesellschaft selbst ja nichts verkauft.[87] Lediglich in Ausnahmekonstellationen kann ein Eigeninteresse der Gesellschaft am Anteilsverkauf anerkannt werden. Zu denken ist etwa an den Erwerb durch einen strategischen Investor als Gesellschafter, der auch weitere Mittel zuschießen will.[88] In diesen Fällen ist eine Interessenabwägung mit dem Geheimhaltungsinteresse der Gesellschaft vorzunehmen. Sollte das Interesse der Zielgesellschaft an der Transaktion überwiegen, darf zu diesem Zwecke auch

---

81 Siehe hierzu im Detail *Rittmeister*, Due Diligence und Geheimhaltungspflichten beim Unternehmenskauf, NZG 2004, 1032.

82 *Körber*, Geschäftsleiterhaftung der Zielgesellschaft und due diligence beim Paketerwerb und Unternehmenskauf, NZG 2002, 263 (264 f).

83 Ähnl *Ziegler*, „Due Diligence" im Spannungsfeld zur Geheimhaltungspflicht von Geschäftsführern und Gesellschaftern, DStR 2000, 249; *Wellhöfer* in *Wellhöfer/Peltzer/Müller*, Die Haftung von Vorstand, Aufsichtsrat, Wirtschaftsprüfer (2008) § 5 Rz 8; vgl auch *Lutter*, Due diligence des Erwerbers beim Kauf einer Beteiligung, ZIP 1997, 613 (616, 617), der von einem für die Gesellschaft neutralen Geschäft spricht; *Oppenländer*, Grenzen der Auskunftserteilung durch Geschäftsführer und Gesellschafter beim Verkauf von GmbH-Geschäftsanteilen, GmbHG 2000, 535 (537).

84 Vgl *Lutter*, Due diligence des Erwerbers beim Kauf einer Beteiligung, ZIP 1997, 613 (617), der die Informationsweitergabe im Zuge einer *Due-Diligence*-Prüfung daher grundsätzlich als unzulässig einstuft und nur im Falle einmaliger und unwiederbringlicher Chancen für zulässig erachtet.

85 *Oppenländer*, Grenzen der Auskunftserteilung durch Geschäftsführer und Gesellschafter beim Verkauf von GmbH-Geschäftsanteilen, GmbHG 2000, 535.

86 Im Regelfall sehr restriktiv *Ziemons*, Die Weitergabe von Unternehmensinterna an Dritte durch den Vorstand einer Aktiengesellschaft, AG 1999, 492 (495).

87 So bereits *Ziegler*, „Due Diligence" im Spannungsfeld zur Geheimhaltungspflicht von Geschäftsführern und Gesellschaftern, DStR 2000, 249 (252); *Oppenländer*, Grenzen der Auskunftserteilung durch Geschäftsführer und Gesellschafter beim Verkauf von GmbH-Geschäftsanteilen, GmbHG 2000, 535 (536).

88 Weitere Beispiele bei *Ziemons*, Die Weitergabe von Unternehmensinterna an Dritte durch den Vorstand einer Aktiengesellschaft, AG 1999, 492 (495); *Mertens*, Die Information des Erwerbers einer wesentlichen Unternehmensbeteiligung an einer Aktiengesellschaft durch deren Vorstand, AG 1997, 541 (545); *Schroeder*, Darf der Vorstand der Aktiengesellschaft dem Aktienkäufer eine Due Diligence gestatten? DB 1997, 2161 (2162).

eine *Due-Diligence*-Prüfung durchgeführt werden.[89] Es sind die Ausführungen zum *Asset Deal* einschlägig.[90] Ist kein Eigeninteresse der Gesellschaft anzuerkennen, stellt sich die Frage, ob das Geheimhaltungsinteresse aus anderen Gründen teleologisch zu reduzieren ist.

3.1.2.2.2. Pflicht der Zielgesellschaft zur Information gegenüber ihren Gesellschaftern?

3.1.2.2.2.1. Allgemeine Informationsrechte der Gesellschafter zur Informationsweiterleitung?

Fraglich ist, ob die Zielgesellschaft die für die Durchführung einer *Due-Diligence*-Prüfung notwendigen Informationen an ihre Anteilseigner herausgeben muss. Im Detail unterscheidet sich die Rechtslage bei der GmbH von jener bei der Aktiengesellschaft.[91] GmbH-Gesellschafter haben grundsätzlich ein anlassunabhängiges, jederzeitiges und grundsätzlich unbeschränktes Informationsrecht gegenüber ihrer Gesellschaft,[92] Aktionäre *de lege lata* hingegen nur ein Recht auf Auskunft in der Hauptversammlung (§ 118 AktG).[93] Gegenüber ihren Gesellschaftern hat eine GmbH daher anders als Aktiengesellschaften grundsätzlich keine Geheimnisse.

Das umfassende Informationsrecht der GmbH-Gesellschafter ist von der Rechtsprechung[94] entwickelt worden, um den Gesellschaftern eine informierte Aus-

---

89 *Schroeder*, Darf der Vorstand der Aktiengesellschaft dem Aktienkäufer eine Due Diligence gestatten? DB 1997, 2161 (2162); viel restriktiver *Lutter*, Due diligence des Erwerbers beim Kauf einer Beteiligung, ZIP 1997, 613 (617), der die Zustimmung zu einer Due-Diligence-Prüfung nur in absoluten Extremfällen als sorgfaltskonform einstuft. Konkret erfordert er Gründe, die das Überleben der Gesellschaft bedingen, damit umfassende Informationseinsicht gewährt werden darf.
90 Siehe dazu Kapitel 3.1.2.1.
91 So auch in Deutschland *Lutter*, Due diligence des Erwerbers beim Kauf einer Beteiligung, ZIP 1997, 613 (614).
92 Siehe dazu OGH 30.9.1996, 6 Ob 7/96; OGH 21.2.2008, 6 Ob 11/08y; OGH 28.8.2013, 6 Ob 198/12d; OGH 6.9.1990, 6 Ob 17/90, ecolex 1991, 25; siehe erg *Wenger* in *Haberer/Krejci*, Konzernrecht (2016) Rz 10.55; siehe auch *Kalss/Eckert*, Zentrale Fragen des GmbH-Rechts (2005) 110.
93 OGH 22.4.1999, 6 Ob 323/98p; OGH 20.7.2016, 6 Ob 128/16s; zuletzt OGH 2.9.2020, 6 Ob 11/20s (Pkt 2.2); *Haas/Müller*, Haftungsrisiken des GmbH-Geschäftsführers im Zusammenhang mit Unternehmens(ver)käufen, GmbHR 2004, 1169 f; *Rodewald/Unger*, Die Haftung des Geschäftsführers oder Vorstands für die Informationserteilung im Rahmen von Unternehmensveräußerungen, DB 2007, 1627 (1628); *Körber*, Geschäftsleiterhaftung der Zielgesellschaft und due diligence beim Paketerwerb und Unternehmenskauf, NZG 2002, 263 (265 f); *Ziegler*, „Due Diligence" im Spannungsfeld zur Geheimhaltungspflicht von Geschäftsführern und Gesellschaftern, DStR 2000, 249 (252); *Hemeling*, Gesellschaftsrechtliche Fragen der Due Diligence beim Unternehmenskauf, ZHR 169 (2005) 274 (286); *Lutter*, Due diligence des Erwerbers beim Kauf einer Beteiligung, ZIP 1997, 613 (616); *Mertens*, Die Information des Erwerbers einer wesentlichen Unternehmensbeteiligung an einer Aktiengesellschaft durch deren Vorstand, AG 1997, 541 (543).
94 OGH 30.9.1996, 6 Ob 7/96: *„Der erkennende Senat hat ausgesprochen, daß dem Gesellschafter einer GesmbH zur Unterstützung seiner Leitungs- und Prüfungsrechte, aber auch seiner gesellschaftsrechtlichen Vermögensrechte ein nicht näher zu begründender, alle Geschäftsangelegenheiten umfassender Informationsanspruch gegen die Gesellschaft zusteht."*; OGH 21.2.2008, 6 Ob 11/08y; OGH 28.8.2013, 6 Ob 198/12d; OGH 6.9.1990, 6 Ob 17/90, ecolex 1991, 25.

übung ihrer Gesellschafterrechte, insbesondere ihrer umfassenden Einflussrechte, zu erlauben. Das Informationsrecht darf aber nur verhältnismäßig ausgeübt werden.[95] Das bedeutet, es muss mit seiner Ausübung ein legitimer mitgliedschaftlicher Zweck verfolgt werden, die Informationserteilung muss geeignet sein, diesen Zweck zu erreichen, und es dürfen nur jene Informationen abgefragt werden, die zur Erreichung dieses Zwecks notwendig sind. Die primäre Zweckrichtung des umfassenden Informationsrechts der GmbH-Gesellschafter ist nach der Rechtsprechung auf Befriedigung des Informationsinteresses der Gesellschafter zum Zwecke der Ausübung ihrer Investitionsinteressen gerichtet. Es ist daher schon dem Grunde nach zweifelhaft, ob auch die Weiterleitung von Informationen an Dritte zum Zwecke der Deinvestition davon umfasst sein kann. Dem umfassenden Informationsrecht der GmbH-Gesellschafter in Österreich sind aber jedenfalls die Schranken des Rechtsmissbrauchs (§ 1295 Abs 2 ABGB) und der Treuepflichten gesetzt, weshalb die Gesellschaft insofern ein Informationsbegehren auch verwehren darf.[96] Die Treuepflichten verbieten es den Gesellschaftern, mit der erlangten Information gesellschaftsexterne Interessen zu verfolgen, die sich für die Gesellschaft als schädlich erweisen können.[97] In Deutschland sieht § 51a Abs 2 S 1 GmbHG explizit vor, dass die Geschäftsführer die Auskunft an die Gesellschafter verweigern dürfen, wenn zu besorgen ist, dass sie die erlangten Informationen zu *„gesellschaftsfremden Interessen verwenden"*. Hierzu wird aber vertreten, dass die Weiterleitung von Informationen zur Durchführung einer *Due-Diligence*-Prüfung nicht zu gesellschaftsexternen Zwecken erfolgt.[98]

Vor diesem Hintergrund ist fraglich, ob sich ein GmbH-Gesellschafter sämtliche für die Durchführung einer *Due-Diligence*-Prüfung erforderlichen Unterlagen auf Basis des allgemeinen Informationsrechts vorlegen lassen und diese dann an Erwerbsinteressenten zum Verkaufszwecke der Anteile weiterreichen darf. Das

---

95 OGH 30.9.1996, 6 Ob 7/96; OGH 2.9.2020, 6 Ob 11/20s (Pkt 2.4); *Told/Rüffler*, Abuse of Law in Corporate Law, in *Potacs/Tichý*, Abuse of Law (2017) 113 (124 f); *Oppenländer*, Grenzen der Auskunftserteilung durch Geschäftsführer und Gesellschafter beim Verkauf von GmbH-Geschäftsanteilen, GmbHG 2000, 535 (538), der in jeder unverhältnismäßigen Ausübung einen Treuepflichtverstoß ausmacht.
96 OGH 2.9.2020, 6 Ob 11/20s; vgl konzeptionell *Told/Rüffler*, Abuse of Law in Corporate Law, in *Potacs/Tichý*, Abuse of Law (2017) 113 (124 f, 128 ff); *Oppenländer*, Grenzen der Auskunftserteilung durch Geschäftsführer und Gesellschafter beim Verkauf von GmbH-Geschäftsanteilen, GmbHG 2000, 535 (537 f); *Krömker*, Der Anspruch des Paketaktionärs auf Informationsoffenbarung zum Zwecke der Due Diligence, NZG 2003, 418 (419).
97 OGH 21.2.2008, 6 Ob 11/08y.
98 *Ziegler*, „Due Diligence" im Spannungsfeld zur Geheimhaltungspflicht von Geschäftsführern und Gesellschaftern, DStR 2000, 249 (250), der diese Ausnahmeregelung bei Veräußerung der Gesellschaftsanteile für nicht erfüllt ansieht und den Informationszugang daher erlaubt; ebenso *Oppenländer*, Grenzen der Auskunftserteilung durch Geschäftsführer und Gesellschafter beim Verkauf von GmbH-Geschäftsanteilen, GmbHG 2000, 535 (537), der die Treuepflicht der Gesellschafter als Grenze der Auskunftspflicht ausmacht; ähnlich *Krömker*, Der Anspruch des Paketaktionärs auf Informationsoffenbarung zum Zwecke der Due Diligence, NZG 2003, 418 (422), der im Wesentlichen nur eine angemessene Begrenzung der Risiken für erforderlich hält.

ist mit Blick auf das allgemeine Informationsrecht zu verneinen:[99] Zunächst ist eine Weiterleitung der Informationen an Dritte vom Zweck des allgemeinen Informationsrechts nicht erfasst.[100] Die Gesellschafter sollen Zugang zu den Gesellschaftsinterna haben, um ihren mitgliedschaftlichen Einfluss auf informierter Grundlage ausüben zu können. Die Weitergabe an Kaufinteressenten fällt nicht darunter. Aus diesem Grund wird auch generell die Genehmigung der Generalversammlung für die Durchführung einer *Due-Diligence*-Prüfung durch Dritte für erforderlich erachtet.[101] Soweit durch eine Informationsweiterleitung berechtigte Interessen der GmbH verletzt werden könnten, verbieten überdies die Treuepflichten der Gesellschafter eine Informationsweitergabe.[102]

Bei der Aktiengesellschaft haben die Aktionäre nur ein Auskunftsrecht in der Hauptversammlung,[103] weshalb Informationen zum Zweck des Erwerbs eines (beherrschenden) Aktienpaketes auf dieser Basis (an Dritte) nicht herausgegeben werden können. Ein umfassendes Einsichtsrecht zu Zwecken der Durchführung einer *Due-Diligence*-Prüfung ist vom Auskunftsrecht nicht gedeckt.[104]

Sowohl bei einer Ziel-GmbH als auch bei einer Zielaktiengesellschaft ist eine Informationsweitergabe an Anteilskaufinteressenten daher nicht aus einem allfällig allgemeinen Informationsrecht abzuleiten. Unterschiede ergeben sich nur im Ausgangspunkt: Bei der GmbH ist eine umfassende Informationsweitergabe an Gesellschafter grundsätzlich zulässig und nur die Weitergabe unzulässig, während eine solche bei der Aktiengesellschaft schon dem Grunde nach nur in einem sehr beschränkten Rahmen möglich ist.

---

99 AA *Oppenländer*, Grenzen der Auskunftserteilung durch Geschäftsführer und Gesellschafter beim Verkauf von GmbH-Geschäftsanteilen, GmbHG 2000, 535 (537 f), der nur die Treuepflicht einschränkend wirken lässt.

100 *Lutter*, Due diligence des Erwerbers beim Kauf einer Beteiligung, ZIP 1997, 613 (615); aA *Körber*, Geschäftsleiterhaftung der Zielgesellschaft und due diligence beim Paketerwerb und Unternehmenskauf, NZG 2002, 263 (266), der eine Pflicht zur Gewährung des Informationszugangs an Gesellschafter bejaht, auch wenn die Informationen an Dritte weitergeleitet werden sollen. Eine Ausnahme erkennt er nur dann an, wenn die Weiterleitung der Gesellschafter einen nicht unerheblichen Nachteil zuführen würde; ebenso aA *Oppenländer*, Grenzen der Auskunftserteilung durch Geschäftsführer und Gesellschafter beim Verkauf von GmbH-Geschäftsanteilen, GmbHG 2000, 535 (537 f).

101 *Rodewald/Unger*, Die Haftung des Geschäftsführers oder Vorstands für die Informationserteilung im Rahmen von Unternehmensveräußerungen, DB 2007, 1627 (1628); *Körber*, Geschäftsleiterhaftung der Zielgesellschaft und due diligence beim Paketerwerb und Unternehmenskauf, NZG 2002, 263 (268); *Ziegler*, „Due Diligence" im Spannungsfeld zur Geheimhaltungspflicht von Geschäftsführern und Gesellschaftern, DStR 2000, 249 (251).

102 OGH 28.8.2012, 6 Ob 198/12d; *Oppenländer*, Grenzen der Auskunftserteilung durch Geschäftsführer und Gesellschafter beim Verkauf von GmbH-Geschäftsanteilen, GmbHG 2000, 535 (537, 539 f); hier aA *Körber*, Geschäftsleiterhaftung der Zielgesellschaft und due diligence beim Paketerwerb und Unternehmenskauf, NZG 2002, 263 (266).

103 OGH 2.9.2020, 6 Ob 11/20s (Pkt 4.4).

104 *Ziegler*, „Due Diligence" im Spannungsfeld zur Geheimhaltungspflicht von Geschäftsführern und Gesellschaftern, DStR 2000, 249 (252).

3.1.2.2.2.2. Spezifisches Informationsrecht der Gesellschafter infolge (Treue-)Pflicht der Gesellschaft?

Aufgrund des Mitgliedschaftsverhältnisses kann die Gesellschaft explizit verpflichtet sein, die Deinvestition der Gesellschafter und damit den Verkauf ihrer Anteile durch risikosensible Bereitstellung der notwendigen Unternehmensdaten zu unterstützen. Aber auch ohne eine entsprechende explizite Regelung im Gesellschaftsvertrag ist zu erwägen, ob die allgemeine Treuepflicht der Gesellschaft gegenüber ihren Gesellschaftern es gebietet, diesen zum spezifischen Zweck des Verkaufs ihrer Anteile Informationszugang zu gewähren. Hierfür ist die Interessenlage der Gesellschafter mit jener der Gesellschaft abzuwägen:[105]

Zum einen ist es evident, dass eine Zielgesellschaft infolge einer Informationsweitergabe zum Zweck der Deinvestition eines Anteilseigners keine Nachteile in Kauf nehmen muss. Dafür ist sie an der Transaktion zu unbeteiligt. Demgegenüber haben die Gesellschafter ein berechtigtes Deinvestitionsinteresse, wenn sie nicht aus anderen Gründen (zB wegen einer Anteilsvinkulierung und ausstehender Zustimmung) an einer Weiterveräußerung ihrer Anteile gehindert sind. Das ergibt sich aus dem diesfalls bestehenden Grundkonsens der Gesellschafter, dass sie ihre Anteile frei verkaufen können sollen. Dieser Grundkonsens gestaltet als gemeinschaftlicher Wille der Gesellschafter das Mitgliedschaftsverhältnis der Gesellschafter zur Gesellschaft und umgekehrt die Treuepflichten der Gesellschaft gegenüber ihren Gesellschaftern.[106] Die gänzliche und pauschale Verweigerung eines Informationszugangs zum Zwecke der Durchführung einer *Due-Diligence*-Prüfung würde den Verkauf von größeren Anteilspaketen faktisch aber meist verhindern und damit wie eine Vinkulierungsregelung wirken.[107] Daher gebietet es die Treuepflicht der Gesellschaft gegenüber ihren Gesellschaftern, einen angestrebten Anteilsverkauf ihrer Anteilseigner nicht grundlos faktisch zu vereiteln.[108] Neben dem mittelbaren Interesse der Gesellschaft an der Einhaltung ihrer Treuepflichten gegenüber ihren Gesellschaftern ist auch ein gewisses Eigeninteresse der

---

105 Insofern übereinstimmend *Körber*, Geschäftsleiterhaftung der Zielgesellschaft und due diligence beim Paketerwerb und Unternehmenskauf, NZG 2002, 263 (266); für einen Ermessensspielraum der Geschäftsleiter der Zielgesellschaft *Hemeling*, Gesellschaftsrechtliche Fragen der Due Diligence beim Unternehmenskauf, ZHR 169 (2005) 274 (280); ähnlich *Oppenländer*, Grenzen der Auskunftserteilung durch Geschäftsführer und Gesellschafter beim Verkauf von GmbH-Geschäftsanteilen, GmbHG 2000, 535 (537 f), der aber eine Abwägung vor dem Hintergrund des allgemeinen Informationsrechts der GmbH-Gesellschafter für erforderlich hält und insofern bei GmbHs und Aktiengesellschaften zu anderen Ergebnissen kommt; etwas strenger *Lutter*, Due diligence des Erwerbers beim Kauf einer Beteiligung, ZIP 1997, 613 (617), der eine Informationsbefugnis des Vorstands nur bejaht, wenn eine einmalige und unwiederbringliche unternehmerische Chance davon abhängt, was kaum erreichbar sei.
106 Ebenfalls auf die Treuepflichten der Gesellschaft abstellend *Ziemons*, Die Weitergabe von Unternehmensinterna an Dritte durch den Vorstand einer Aktiengesellschaft, AG 1999, 492 (493 f).
107 So *Krömker*, Der Anspruch des Paketaktionärs auf Informationsoffenbarung zum Zwecke der Due Diligence, NZG 2003, 418 (420 ff) mwN zum Ursprung des Gedankens in Fn 22; *Oppenländer*, Grenzen der Auskunftserteilung durch Geschäftsführer und Gesellschafter beim Verkauf von GmbH-Geschäftsanteilen, GmbHG 2000, 535 (537), der von einer faktischen Vinkulierung spricht.
108 Ähnlich *Hermann/Ettmayer* in *Kalss/Frotz/Schörghofer*, HB Vorstand (2017) Rz 29/70 f.

Gesellschaft an der Informationsweitergabe zur Durchführung einer *Due-Diligence*-Prüfung zum Verkaufszweck auszumachen: Dieses ist darauf gerichtet, ihre Gesellschafter bei fehlender Vinkulierungsklausel nicht gegen ihren Willen in der Gesellschaft einzusperren und solchermaßen ein gesundes Verhältnis zu den Anteileignern zu erhalten.[109] Die Zielgesellschaft hat daher aufgrund ihrer Treuepflicht gegenüber ihren qualifizierten Anteilseignern, die ihre Anteile frei veräußern können sollen, Dateneinsicht zum Zwecke der Unterstützung des Anteilsverkaufs zu gewähren, wenn dem keine berechtigten Gründe entgegenstehen.[110]

Drohende, nicht ganz unerhebliche Nachteile für die Zielgesellschaft sind immer berechtigte Gründe für die Informationsverweigerung. Insbesondere können daher ernsthafte Geheimhaltungsinteressen der Zielgesellschaft der Informationsweitergabe entgegenstehen. Dafür ist es aber nicht ausreichend, dass sie abstrakt vorgeschoben werden. Vielmehr ist das Geheimhaltungsinteresse konkret zu plausibilisieren.[111] Die substanziierte Darlegung der möglichen Nachteile, zB dass eine Kaufinteressentin nach Durchführung der *Due-Diligence*-Prüfung die erlangten Informationen zum Nachteil der Gesellschaft einsetzen könnte, und der Gründe für diese Annahme muss aber bereits ausreichen.[112] Unter Wettbewerbern erscheint dies evident.[113]

Da bereits ein recht niederschwelliger Grund eine Treuepflicht der Gesellschaft zur Informationsweitergabe ausschließt und die Informationsweitergabe damit gleichzeitig sorgfaltswidrig macht, ist die Frage umgekehrt zu stellen, nämlich wann keine erheblichen Nachteile für die Zielgesellschaft infolge der Informationsherausgabe befürchtet werden müssen. Voraussetzung dafür ist, dass sämtliche denkbaren, nicht unerheblichen Nachteile eingedämmt werden.[114] Was dies erfordert, hängt letztlich vom Einzelfall ab und kann hier nur grob angenähert werden. Jedenfalls muss sich die Zielgesellschaft durch eine Geheimhaltungserklärung absichern.[115] Diese muss empfindliche Vertragsstrafen für den Verstoßfall enthalten,

---

109 AA *Hemeling*, Gesellschaftsrechtliche Fragen der Due Diligence beim Unternehmenskauf, ZHR 169 (2005) 274 (287), der zwar ein Recht der Geschäftsführer annimmt, Informationen weiterzugeben, aber eine Pflicht der Gesellschaft gegenüber ihren Gesellschaftern strikt ablehnt.
110 Aufgrund der Gleichbehandlungspflicht der Gesellschafter durch die Gesellschaft aA *Lutter*, Due diligence des Erwerbers beim Kauf einer Beteiligung, ZIP 1997, 613 (618).
111 So zur Verweigerung des Einsichtsrechts der GmbH-Gesellschafter OGH 18.9.2009, 6 Ob 178/09h; OGH 17.12.2010, 6 Ob 175/10v. *Told/Rüffler*, Abuse of Law in Corporate Law, in *Potacs/Tichý*, Abuse of Law (2017) 113 (124 f).
112 Etwas anders *Körber*, Geschäftsleiterhaftung der Zielgesellschaft und due diligence beim Paketerwerb und Unternehmenskauf, NZG 2002, 263 (266), der die Informationsweitergabe nur dann für nicht verpflichtend hält, wenn der Gesellschaft dadurch ein nicht unerheblicher Nachteil zugefügt würde.
113 Vgl auch *Lutter*, Due diligence des Erwerbers beim Kauf einer Beteiligung, ZIP 1997, 613 (615); *Oppenländer*, Grenzen der Auskunftserteilung durch Geschäftsführer und Gesellschafter beim Verkauf von GmbH-Geschäftsanteilen, GmbHG 2000, 535 (538 f).
114 Beim *share deal* weniger streng *Mertens*, Die Information des Erwerbers einer wesentlichen Unternehmensbeteiligung an einer Aktiengesellschaft durch deren Vorstand, AG 1997, 541 (547).
115 *Wellhöfer* in *Wellhöfer/Peltzer/Müller*, Die Haftung von Vorstand, Aufsichtsrat, Wirtschaftsprüfer (2008) § 5 Rz 13.

die allenfalls durch Garantien zusätzlich gesichert sind. Außerdem muss die Informationsweitergabe auf das für die Transaktion absolut Notwendige beschränkt werden.[116] Können dadurch etwaige Nachteile für die Zielgesellschaft noch nicht ausreichend eingedämmt werden, sollte das Begehren auf Informationszugang nur neutrale, zwischengeschaltete Experten umfassen, die einem zur Verschwiegenheit verpflichteten Berufsstand angehören und überdies vertraglich zusichern, dass sie nur das abstrakte Prüfergebnis, aber keine weiteren Unternehmensdetails an die Erwerbsinteressenten herausgeben (zB Rechtsanwälte).[117] Diesfalls ist das Geheimhaltungsinteresse der Zielgesellschaft regelmäßig nicht mehr erheblich tangiert.

Der selektive Informationszugang von Kaufinteressenten begründet auch kein Problem der Gesellschaftergleichbehandlung: Zum einen liegt eine besondere Konstellation vor, die eine Differenzierung zulässt:[118] Die Erwerber der Informationen sind im Zeitpunkt des Informationszugangs formell betrachtet nämlich noch keine Gesellschafter.[119] Aufgrund eines spezifischen Informationsinteresses von Paketverkäufern wird außerdem eine etwaige Ungleichbehandlung sachlich gerechtfertigt.[120] Zum anderen werden alle Gesellschafter in dieser Sonderkonstellation gleich behandelt, wenn der Anteilsverkauf von der Durchführung einer *Due-Diligence*-Prüfung abhängt (wohl bei jedem Paket über 10 %)[121] und überdies keine relevanten Nachteile für die Gesellschaft damit verbunden sind.[122] Eine *Due-Diligence*-Prüfung führt daher nicht dazu, dass die in ihr offengelegten Informationen sämtlichen Gesellschaftern eröffnet werden müssen.

Der Informationsweitergabe können aber andere berechtigte Interessen der Zielgesellschaft entgegenstehen: Zu denken ist an die mit der Durchführung einer

---

116 *Hemeling*, Gesellschaftsrechtliche Fragen der Due Diligence beim Unternehmenskauf, ZHR 169 (2005) 274 (281).
117 Erg siehe *Hemeling*, Gesellschaftsrechtliche Fragen der Due Diligence beim Unternehmenskauf, ZHR 169 (2005) 274 (282); *Ziemons*, Die Weitergabe von Unternehmensinterna an Dritte durch den Vorstand einer Aktiengesellschaft, AG 1999, 492 (496).
118 *Ziemons*, Die Weitergabe von Unternehmensinterna an Dritte durch den Vorstand einer Aktiengesellschaft, AG 1999, 492 (494 f), die wesentlich darauf abstellt, dass die Informationen nicht dem Aktionär, sondern einem Erwerbsinteressenten erteilt werden; so auch *Schroeder*, Darf der Vorstand der Aktiengesellschaft dem Aktienkäufer eine Due Diligence gestatten? DB 1997, 2161 (2165 f); *Treeck*, Die Offenbarung von Unternehmensgeheimnissen durch den Vorstand einer Aktiengesellschaft im Rahmen einer Due Diligence, in FS Fikentscher (1998) 434 (448).
119 Wesentlich auf diesen Punkt abstellend *Treeck*, Die Offenbarung von Unternehmensgeheimnissen durch den Vorstand einer Aktiengesellschaft im Rahmen einer Due Diligence, in FS Fikentscher (1998) 434 (446 f).
120 *Krömker*, Der Anspruch des Paketaktionärs auf Informationsoffenbarung zum Zwecke der Due Diligence, NZG 2003, 418 (423).
121 Auf 10 % abstellend *Oppenländer*, Grenzen der Auskunftserteilung durch Geschäftsführer und Gesellschafter beim Verkauf von GmbH-Geschäftsanteilen, GmbHG 2000, 535 (538).
122 *Ziemons*, Die Weitergabe von Unternehmensinterna an Dritte durch den Vorstand einer Aktiengesellschaft, AG 1999, 492 (496). Demgegenüber wohl ein generelles Problem mit dem Gleichbehandlungsgebot sehend *Lutter*, Due diligence des Erwerbers beim Kauf einer Beteiligung, ZIP 1997, 613 (618); *Mertens*, Die Information des Erwerbers einer wesentlichen Unternehmensbeteiligung an einer Aktiengesellschaft durch deren Vorstand, AG 1997, 541 (547).

Due-Diligence-Prüfung in der Regel verbundenen und nicht unerheblichen Aufwände und Kosten auf Seiten der Zielgesellschaft. Jedenfalls sind die Unterlagen für die Durchführung der *Due-Diligence*-Prüfung aufzubereiten, was zeitliche Ressourcen in Anspruch nimmt und in Konflikt zu anderen Projekten der Zielgesellschaft geraten kann. Sollten sich die Kosten und Aufwendungen der Zielgesellschaft für die Vorbereitung einer *Due-Diligence*-Prüfung gering halten oder überhaupt ersetzt werden und werden auch die zeitlichen Rahmenbedingungen der *Due-Diligence*-Prüfung jenen der Zielgesellschaft angepasst, sind regelmäßig keine erheblichen Gründe für die Ablehnung des Informationseinsichtsrechts zum Zwecke der Durchführung einer *Due Diligence* mehr anzuerkennen.

Sollte die Gesellschaft aufgrund ausreichender Vorkehrungsmaßnahmen keine berechtigten Gründe gegen die Informationsweitergabe haben, hat sie aufgrund ihrer Treuepflicht gegenüber ihren Paketgesellschaftern, die keinen sonstigen Transaktionsbeschränkungen unterliegen, daher eine Pflicht, zum Zwecke des Anteilsverkaufs den dafür notwendigen Informationszugang zu gewähren. Das gilt entsprechend für ihre Geschäftsleiter. Ein Sorgfaltsverstoß der Geschäftsleiter infolge der Weitergabe von Informationen der Gesellschaft liegt in dieser Konstellation daher nicht vor. Da die Gewährung des Informationszugangs unter diesen Bedingungen Ausfluss der Treuepflicht der Gesellschaft gegenüber den einzelnen Gesellschaftern ist, erübrigt sich bei der GmbH auch die Einholung eines Gesellschafterbeschlusses.[123] Eine außerordentliche Geschäftsführungsmaßnahme liegt nicht vor. Außerdem wäre ein ablehnender Beschluss wegen Treuepflichtverletzung ohnedies rechtswidrig und daher anfechtbar. Eine Pflicht, Informationszugang zu gewähren, ist aber zu verneinen, sobald nicht unerhebliche, berechtigte Interessen der Gesellschaft entgegenstehen. Ein Geschäftsleiter ist diesfalls unter Hinweis auf das Geheimhaltungsinteresse der Gesellschaft nicht nur zur Verweigerung des Informationsrechts berechtigt, sondern dazu auch verpflichtet. Eine Informationsweitergabe wäre daher sorgfaltswidrig. Ein Gesellschafterbeschluss kann die Informationsweitergabe aber dennoch anweisen und die Geschäftsleiter dadurch exkulpieren.[124] Die schroffe Ablöse einer Pflicht zur Informationsweitergabe durch eine Pflicht zur Verweigerung der Informationsweitergabe, wenn sich diese für die Gesellschaft als nicht bloß unerheblich nachteilig erweist, macht die Entscheidung über die Informationsweitergabe für Geschäftsführer besonders haftungsgeneigt. Da die konkrete Pflichtenausformung von der Wertungsentscheidung abhängt, ob der Gesellschaft durch die Informationsweitergabe ein nicht unerheblicher Nachteil droht, ist ein Ermessensspielraum

---

123 AA *Rittmeister*, Due Diligence und Geheimhaltungspflichten beim Unternehmenskauf, NZG 2004, 1032 (1036); *Körber*, Geschäftsleiterhaftung der Zielgesellschaft und due diligence beim Paketerwerb und Unternehmenskauf, NZG 2002, 263 (268); ebenso aA *Oppenländer*, Grenzen der Auskunftserteilung durch Geschäftsführer und Gesellschafter beim Verkauf von GmbH-Geschäftsanteilen, GmbHG 2000, 535 (539 f), der überhaupt einen Beschluss mit Dreiviertelmehrheit erfordert.
124 Vgl *Schima/Toscani* in *Schima/Toscani*, Handbuch GmbH-Geschäftsführer[2] (2020) 103.

anzuerkennen,[125] weil bei rechtlicher Unsicherheit die *Business Judgment Rule* (analog) greift *(Legal Judgment Rule).*[126] Es ist Geschäftsleitern daher nahezulegen, genau zu dokumentieren, warum sie von einer nicht unerheblichen Nachteiligkeit der Informationsweitergabe für die Gesellschaft ausgehen oder nicht.

3.1.2.3. Informationserteilung beim Erwerb von Anteilen einer börsenotierten Gesellschaft

Handelt es sich bei den zu erwerbenden Gesellschaftsanteilen um solche einer börsenotierten Gesellschaft, ist das Insiderrecht zu beachten.[127] Demnach sind Vorstandsmitglieder einerseits verpflichtet, Insiderinformationen unverzüglich zu veröffentlichen, sodass sie nicht ausgenutzt werden können;[128] andererseits haben sie sicherzustellen, dass (noch) nicht veröffentlichte Insiderinformationen nicht unrechtmäßig Dritten gegenüber offengelegt werden.[129] Durch das Zusammenspiel dieser Maßnahmen soll das Insiderrisiko minimiert werden.[130] Insiderinformationen sind sämtliche hinreichend konkrete Unternehmensinterna, die nicht öffentlich bekannt sind und deren Veröffentlichung erheblich kursrelevant wäre (vgl Art 7 der VO [EU] 596/2014 [MAR]).[131] Das ist der Fall, wenn ein verständiger Anleger die Information mit überwiegender Wahrscheinlichkeit seiner Anlageentscheidung zugrunde legen würde.[132] Im Hinblick auf Insiderinformationen könnten sich aus dem Verbot der unrechtmäßigen Offenlegung zusätzliche Schranken für eine Informationsweitergabe im Zuge einer *Due-Diligence-*Prüfung ergeben.[133]

Konkret sieht Art 10 der VO (EU) 596/2014 (MAR) als abstraktes Gefährdungsdelikt[134] vor, dass eine unrechtmäßige Offenlegung von Insiderinformationen vorliegt, wenn eine Person, die über Insiderinformationen verfügt, diese gegen-

---

125 So mit anderer Begründung *Hemeling*, Gesellschaftsrechtliche Fragen der Due Diligence beim Unternehmenskauf, ZHR 169 (2005) 274 (280).
126 *Told/Warto* in *Harrer/Neumayr/Told*, HB Organverantwortlichkeit (2021) in Druck.
127 *Treeck*, Die Offenbarung von Unternehmensgeheimnissen durch den Vorstand einer Aktiengesellschaft im Rahmen einer Due Diligence, in FS Fikentscher (1998) 434 (440); *Schroeder*, Darf der Vorstand der Aktiengesellschaft dem Aktienkäufer eine Due Diligence gestatten? DB 1997, 2161 (2163 f).
128 *Schroeder*, Darf der Vorstand der Aktiengesellschaft dem Aktienkäufer eine Due Diligence gestatten? DB 1997, 2161 (2164).
129 *Hössl-Neumann/U. Torggler* in *Kalss/Oppitz/U. Torggler/Winner*, BörseG, MAR (2019) Art 10 MAR, Rz 10.
130 *Kumpan/Grütze* in *Schwark/Zimmer*, Kapitalmarktrechtskommentar[5] (2020) Art 10 MAR, Rz 43.
131 *Körber*, Geschäftsleiterhaftung der Zielgesellschaft und due diligence beim Paketerwerb und Unternehmenskauf, NZG 2002, 263 (267); erg siehe *Wellhöfer* in *Wellhöfer/Peltzer/Müller*, Die Haftung von Vorstand, Aufsichtsrat, Wirtschaftsprüfer (2008) § 5 Rz 21 f; *Hemeling*, Gesellschaftsrechtliche Fragen der Due Diligence beim Unternehmenskauf, ZHR 169 (2005) 274 (283); *Schroeder*, Darf der Vorstand der Aktiengesellschaft dem Aktienkäufer eine Due Diligence gestatten? DB 1997, 2161 (2163).
132 Vgl EuGH 23.12.2009, C-45/08, Spector Photo Group, I-12073 Rz 68.
133 Vgl *Ziemons*, Die Weitergabe von Unternehmensinterna an Dritte durch den Vorstand einer Aktiengesellschaft, AG 1999, 492 (497); *Hansen* in *Ventoruzzo/Mock*, MAR (2017) Art 9 Rz B.9.62.
134 Hierzu weiterführend *Kumpan/Grütze* in *Schwark/Zimmer*, Kapitalmarktrechtskommentar[5] (2020) Art 10 MAR, Rz 5.

über einer anderen Person offenlegt, es sei denn, die Offenlegung geschieht im Zuge der normalen Ausübung einer Beschäftigung oder eines Berufs oder der normalen Erfüllung von Aufgaben. Fraglich ist, ob damit im Grundsätzlichen bereits jede Weitergabe von Insiderinformationen, die nicht unter einen der Ausnahmetatbestände fällt, eine unrechtmäßige Offenlegung ist oder ob dies davon abhängt, dass die Weitergabe unrechtmäßig ist.

Die Unrechtmäßigkeit ist nach überzeugender Ansicht[135] als objektives Tatbestandsmerkmal zu prüfen und wird durch den Zweck der Bestimmung sowie die Ausnahmetatbestände konkretisiert. Zweck des Verbots ist es, den begrenzten Zugang zu Insiderinformationen einzudämmen, um solchermaßen dem Insiderhandel den Nährboden zu entziehen und die Chancengleichheit der Marktteilnehmer und damit die Funktionsfähigkeit des Kapitalmarktes möglichst zu wahren.[136] Normale Arbeitsabläufe sollen aufgrund der expliziten Ausnahmetatbestände durch das Verbot aber nicht beeinträchtigt werden. Die Zulässigkeit der Weitergabe von Insiderinformationen setzt aber voraus, dass mit ihr ein zulässiges Ziel verfolgt wird, welches das Verbot der Weitergabe von Insiderinformationen möglichst wahrt. Die Informationsweitergabe muss sohin verhältnismäßig sein. Es ist vor diesem Hintergrund völlig unstreitig, dass das insiderrechtliche Offenlegungsverbot andergesetzliche Offenlegungspflichten nicht tangiert. Allenfalls ist auf Normzweckebene eine Abwägungsentscheidung zu treffen.[137] Das gilt jedoch nicht gleichermaßen für (vor)vertragliche Offenlegungspflichten, die erst die Verhältnismäßigkeitsprüfung passieren müssen.[138] Bei vergleichbarer Wertungslage wiegen die Ausnahmetatbestände des Art 10 Abs 1 der VO (EU) 596/2014 (MAR) aber für die Zulässigkeit einer Informationsweitergabe. Fraglich ist vor diesem Hintergrund, ob die Durchführung einer *Due-Diligence*-Prüfung rechtmäßig ist, weil sie entweder unter einen der Ausnahmetatbestände fällt oder von ähnlichen Wertungen getragen für zulässig zu erachten ist.

Nach der Lehre[139] und dem EuGH[140] sind die Ausnahmetatbestände des Offenlegungsverbots eng auszulegen. Zur Rechtslage vor Inkrafttreten der MAR wurde

---

135 Sohin überzeugend *Kumpan/Grütze* in *Schwark/Zimmer*, Kapitalmarktrechtskommentar[5] (2020) Art 10 MAR, Rz 7, 22 f.
136 *Ziemons*, Die Weitergabe von Unternehmensinterna an Dritte durch den Vorstand einer Aktiengesellschaft, AG 1999, 492 (497); *Schroeder*, Darf der Vorstand der Aktiengesellschaft dem Aktienkäufer eine Due Diligence gestatten? DB 1997, 2161 (2165); *Kumpan/Schmidt* in *Schwark/Zimmer*, Kapitalmarktrechtskommentar[5] (2020) Art 8 MAR, Rz 5; Art 10, Rz 9; erg siehe ErwGr 24 der MAR.
137 Vgl hierzu *Kumpan/Grütze* in *Schwark/Zimmer*, Kapitalmarktrechtskommentar[5] (2020) Art 10 MAR, Rz 46.
138 Siehe insoweit weiterführend *Kumpan/Grütze* in *Schwark/Zimmer*, Kapitalmarktrechtskommentar[5] (2020) Art 10 MAR, Rz 47.
139 Hierzu weiterführend *Hössl-Neumann/U. Torggler* in *Kalss/Oppitz/U. Torggler/Winner*, BörseG, MAR (2019) Art 10 MAR, Rz 14 ff.
140 So noch zu Art 3a der Insiderrichtlinie EuGH 22.11.2005, C-384/02, *Grøngaard & Bang*, Slg I-9961, Rz 36 ff.

daher auch teilweise vertreten, dass das Leitungsorgan schlichtweg keine Informationen im Rahmen einer *Due-Diligence*-Prüfung weitergeben darf.[141] Überwiegend wurde aber herausgearbeitet, dass die Weitergabe von Insiderinformationen im Rahmen von *Due-Diligence*-Prüfungen im Zuge der normalen Ausübung einer Beschäftigung oder eines Berufs erfolgt und daher unter den Ausnahmetatbestand fällt.[142] Voraussetzung dafür sollte aber die gesellschaftsrechtliche Zulässigkeit der Informationsweitergabe sein, was insbesondere den Abschluss einer Geheimhaltungsvereinbarung voraussetzte.[143] Teilweise wurde wesentlich darauf abgestellt, ob die Gesellschaft ein Eigeninteresse an der Weitergabe der Insiderinformationen hat, zB um einen besonders lukrativen Investor für eine Kernbeteiligung zu gewinnen.[144] Aus ökonomisch-teleologischer Perspektive wurde darauf verwiesen, dass ein allgemeines Interesse am Funktionieren des Marktes für den Verkauf von auch größeren Aktienpaketen bestünde und die Durchführung einer *Due Diligence* zu diesem Zweck die Funktionalität des Kapitalmarktes nicht auf relevante Weise beeinträchtige.[145] Aus ähnlichen Gründen wurde daher auch eine teleologische Reduktion von Art 10 MAR vorgeschlagen, wenn eine *Due-Diligence*-Prüfung insiderrechtlich unbedenklich ist.[146]

Art 9 Abs 4 MAR enthält nunmehr[147] Wertungen zur Zulässigkeit der Informationsweitergabe im Zuge des Erwerbs von Anteilen einer börsenotierten Gesellschaft. Konkret ordnet er eine positivierte Ausnahme von der widerlichen Vermutung an, dass erlangte Insiderinformationen auch zum Abschluss von Geschäften genutzt werden[148] und damit gegen das Verbot von Insidergeschäften

---

141 *Assmann/Cramer* in *Assmann/Schneider*, Wertpapierhandelsgesetz (1995) § 14 Rz 50 ff.
142 Siehe *Kiethe*, Vorstandshaftung aufgrund fehlerhafter Due Diligence beim Unternehmenskauf, NZG 1999, 976 (979); *Werner*, Haftungsrisiken bei Unternehmensakquisitionen: die Pflicht des Vorstands zur Due Diligence, ZIP 2000, 989 (992); *Rittmeister*, Due Diligence und Geheimhaltungspflichten beim Unternehmenskauf, NZG 2004, 1032 (1035); *Körber*, Geschäftsleiterhaftung der Zielgesellschaft und due diligence beim Paketerwerb und Unternehmenskauf, NZG 2002, 263 (266); *Hemeling*, Gesellschaftsrechtliche Fragen der Due Diligence beim Unternehmenskauf, ZHR 169 (2005) 274 (283); vgl erg *Ziegler*, „Due Diligence" im Spannungsfeld zur Geheimhaltungspflicht von Geschäftsführern und Gesellschaftern, DStR 2000, 249 (254), nach dem der Erwerber daher Primärinsider ist; erg siehe *Ziemons*, Die Weitergabe von Unternehmensinterna an Dritte durch den Vorstand einer Aktiengesellschaft, AG 1999, 492 (498, 499); *Schroeder*, Darf der Vorstand der Aktiengesellschaft dem Aktienkäufer eine Due Diligence gestatten? DB 1997, 2161 (2164); sich ebenfalls tendenziell für die Zulässigkeit aussprechend *Treeck*, Die Offenbarung von Unternehmensgeheimnissen durch den Vorstand einer Aktiengesellschaft im Rahmen einer Due Diligence, in FS Fikentscher (1998) 434 (440 f).
143 *Schroeder*, Darf der Vorstand der Aktiengesellschaft dem Aktienkäufer eine Due Diligence gestatten? DB 1997, 2161 (2164).
144 So bereits *Ziemons*, Die Weitergabe von Unternehmensinterna an Dritte durch den Vorstand einer Aktiengesellschaft, AG 1999, 492 (499).
145 *Schroeder*, Darf der Vorstand der Aktiengesellschaft dem Aktienkäufer eine Due Diligence gestatten? DB 1997, 2161 (2165).
146 *Kumpan/Grütze* in *Schwark/Zimmer*, Kapitalmarktrechtskommentar[5] (2020) Art 10 MAR, Rz 72.
147 Art 9 Abs 4 MAR geht auf keine Bestimmung der Marktmissbrauchsrichtlinie unmittelbar zurück; ErwGr 29 der Richtlinie hat jedoch indiziert, dass der Erwerb infolge eines öffentlichen Übernahmeangebots kein Insidergeschäft begründet.
148 Zum Begriff erg EuGH 23.12.2009, C-45/08, *Spector Photo Group*, I-12073.

gemäß Art 8 MAR verstoßen wird.[149] Konkret wird daher aus dem „Zurverfügungstehen" von Insiderinformationen noch nicht auf den Einsatz und damit den Abschluss eines Insidergeschäfts geschlossen, wenn die Insiderinformationen ausschließlich zur Betreibung eines Unternehmenszusammenschlusses oder einer kontrollierenden Anteilsübernahme auf Basis eines öffentlichen Angebots erlangt und eingesetzt werden und überdies das Kaufangebot nicht vor Veröffentlichung der Insiderinformationen durch die Aktionäre angenommen wird.[150] Da der Bieter die Zeitlichkeit der Angebotsannahme nicht beeinflussen kann, hat er sicherzustellen, dass die Insiderinformationen spätestens im Zeitpunkt der Abgabe des öffentlichen Angebots veröffentlicht sind.[151] Ein Insidergeschäft des Erwerbers liegt auch dann nicht vor, wenn die Informationen zwischenzeitlich ihre Qualifikation als Insiderinformationen verloren haben.[152] Zweck des Art 9 Abs 4 MAR ist es zu verhindern, dass das Verbot von Insidergeschäften Zusammenschlüsse und den Erwerb von kontrollierenden Anteilspaketen unterbindet.[153] Auch wenn Art 9 Abs 4 MAR vorrangig die Erwerberperspektive einnimmt, sind ihm vorsichtige Schlüsse auch für die Veräußererperspektive zu entnehmen:[154] Wenn die Erlangung von Insiderinformationen zum Zwecke des Anteilserwerbs auf Basis eines öffentlichen Angebots nicht die widerlegliche Vermutung der Nutzung für ein Insidergeschäft auslöst, muss eine Informationsweitergabe im Zuge einer Anteilsübernahme wohl auch auf Seiten des Veräußerers zulässig sein, wenn die Information nur zu diesem Zweck eingesetzt wird.[155] Art 10 MAR sanktioniert ja die abstrakte Gefährdung des Abschlusses von Insidergeschäften durch Weitergabe von Insiderinformationen,[156] die nach der Wertung des Art 9 Abs 4 MAR in seinem Anwendungsbereich gerade nicht gegeben ist. Außerdem wäre bei gegenteiliger Ansicht der Erwerb entgegen dem Telos des Art 9 Abs 4 MAR faktisch infolge abgeschnittenen Informationszugangs erheblich erschwert. Demnach schwebt über der Weitergabe von Insiderinformationen wohl auch für den Veräußerer der insiderrechtliche Mantel der Zulässigkeit, wenn sie im Zuge einer *Due-Diligence*-Prüfung im Vorfeld eines öffentlichen Angebots erfolgt und dieses auch nicht vor Veröffentlichung der Insiderinformationen angenommen wird.[157] Die Legitimationsausstrahlung von

---

149 *Kumpan/Schmidt* in *Schwark/Zimmer*, Kapitalmarktrechtskommentar[5] (2020) Art 8 MAR, Rz 3, 55. Zu den Wirkungen der Vermutung im Strafverfahren Rz 9; Art 9 Rz 1, 58 ff; erg siehe ErwGr 24, 30 der MAR.
150 Siehe hierzu *Kumpan/Schmidt* in *Schwark/Zimmer*, Kapitalmarktrechtskommentar[5] (2020) Art 9 MAR, Rz 60.
151 *Kumpan/Schmidt* in *Schwark/Zimmer*, Kapitalmarktrechtskommentar[5] (2020) Art 9 MAR, Rz 77.
152 Vgl *Hansen* in *Ventoruzzo/Mock*, MAR (2017) Art 9 Rz B.9.66 ff; *Winner* in *Kalss/Oppitz/U. Torggler/ Winner*, BörseG, MAR (2019) Art 9 MAR, Rz 51, 58.
153 *Kumpan/Schmidt* in *Schwark/Zimmer*, Kapitalmarktrechtskommentar[5] (2020) Art 9 MAR, Rz 58.
154 Selbstverständlich *Kumpan/Schmidt* in *Schwark/Zimmer*, Kapitalmarktrechtskommentar[5] (2020) Art 9 MAR, Rz 75.
155 So deutlich *Kumpan/Grütze* in *Schwark/Zimmer*, Kapitalmarktrechtskommentar[5] (2020) Art 10 MAR, Rz 74; erg siehe *Hansen* in *Ventoruzzo/Mock*, MAR (2017) Art 9 Rz B.9.68.
156 *Kumpan/Grütze* in *Schwark/Zimmer*, Kapitalmarktrechtskommentar[5] (2020) Art 10 MAR, Rz 5.
157 *Kumpan/Schmidt* in *Schwark/Zimmer*, Kapitalmarktrechtskommentar[5] (2020) Art 9 MAR, Rz 68.

Art 9 Abs 4 MAR ist aber ohnedies nur in jenem Bereich relevant, in dem Art 17 Abs 4 MAR eine Erstreckung der unmittelbaren Veröffentlichungspflicht ermöglicht.

Aus der prinzipiell auch auf Art 10 ausstrahlenden Legitimationswirkung von Art 9 Abs 4 MAR dürfen aber zweierlei Schlüsse nicht gezogen werden. Erstens legitimiert die insiderrechtliche Unbedenklichkeit der Informationsweitergabe diese nicht auch organisationsrechtlich. Vielmehr sind die aus dem Organisationsrecht ableitbaren Voraussetzungen einzuhalten. Zweitens schränkt Art 9 Abs 4 den Ausnahmetatbestand in Art 10 Abs 1 MAR nicht ein, weshalb nicht jede von Art 9 Abs 4 MAR wertungsmäßig nicht erfasste Informationsweitergabe im Zuge eines Unternehmens- oder qualifizierten Anteilserwerbs unzulässig ist. In einfache Worte gefasst ist eine Offenlegung von Informationen gemäß Art 10 Abs 1 unter den Bedingungen des Art 9 Abs 4 MAR jedenfalls zulässig.[158] Das bedeutet aber nicht, dass die Nichteinhaltung der Anforderungen des Art 9 Abs 4 MAR die Informationsweitergabe im Rahmen einer *Due Diligence* jedenfalls unzulässig im Sinne des Art 10 MAR macht. Diesfalls wäre in Art 10 Abs 1 MAR nämlich ein entsprechender Verweis auf Art 9 Abs 4 MAR anstatt einer eigenständigen, generellen Ausnahmeregelung angeordnet worden. Nach der Ausnahmeregelung ist eine Offenlegung generell zulässig, wenn sie in der normalen Ausübung einer Beschäftigung oder eines Berufs oder der normalen Erfüllung von Aufgaben erfolgt. Diese Ausnahmeregelung würde inhaltlich entleert, würde man sie im Kontext von Beteiligungserwerben und Zusammenschlüssen im Sinne des Art 9 Abs 4 MAR einschränkend verstehen und daher nur noch eine Informationsweitergabe im Zuge der Stellung eines öffentlichen Angebots für rechtmäßig erachten. Die Ausnahmeregelung des Art 10 Abs 1 MAR ist daher nicht etwa durch Art 9 Abs 4 MAR verdrängt, weil diese Bestimmung keine *lex specialis* enthält. Die allgemeine Ausnahmeregelung besteht fort. Die Zulässigkeit der Weitergabe von Insiderinformationen richtet sich sohin wie bisher danach, ob sie einem legitimen Interesse dient, das dem Zweck der Reduktion des Insiderhandels nicht auf relevante Weise entgegensteht, und sich die Informationsweitergabe überdies verhältnismäßig gestaltet.

Grundsätzlich besteht ein anzuerkennendes Marktinteresse daran, dass auch größere Aktienpakete einer börsenotierten Gesellschaft veräußert werden können. Auch börsenotierte Gesellschaften haben ein entsprechendes Eigeninteresse, dass der Verkauf nicht über die Börse erfolgt, weil damit aufgrund des großen Angebots sehr wahrscheinlich ein Preisverfall einherginge. Insofern ist die Weitergabe von Informationen im Zuge einer *Due-Diligence*-Prüfung zum qualifizierten Anteilserwerb als legitimes Interesse einzustufen, das dem Zweck, den Insiderhandel möglichst einzudämmen, nicht auf relevante Weise entgegensteht. Das setzt aber

---

158 So auch *Kumpan/Grütze* in *Schwark/Zimmer*, Kapitalmarktrechtskommentar[5] (2020) Art 10 MAR, Rz 74 f.

voraus, dass die Informationsweitergabe gesellschaftsrechtlich gedeckt ist.[159] Im Wesentlichen muss sich eine Zielgesellschaft daher durch empfindliche Geheimhaltungserklärungen absichern. Überdies darf der Informationszugang meist nur im Wege der Zwischenschaltung eines beruflich zur Verschwiegenheit verpflichteten Sachverständigen gewährt werden. Außerdem ist der Informationszugang mit dem Verhandlungsfortschritt zu staffeln. Werden diese Voraussetzungen eingehalten, ist in der Regel gleichzeitig der Verhältnismäßigkeitsmaßstab erfüllt, weshalb die Einsichtsgewährung im Zuge der normalen Erfüllung der Aufgaben geschieht oder einer solchen wertungsmäßig gleichzustellen ist. Das bedeutet, dass Art 10 MAR einer Informationsweitergabe im Zuge einer *Due-Diligence*-Prüfung zum Zwecke des Anteilserwerbs meist nicht entgegenstehen wird, wenn eine solche nach dem Organisationsrecht rechtskonform ist. Das Insiderrecht gibt bei genauer Betrachtung nämlich kaum genuine Schranken der Informationsweitergabe im Zuge der Durchführung einer *Due-Diligence*-Prüfung vor.[160] Eine andere Frage ist, ob ein Absehen vom Erwerb der Anteile auf Basis der erlangten Informationen einen Verstoß gegen das Insiderhandelsgebot (Art 8 MAR) begründet. Dem kann an dieser Stelle nicht in der erforderlichen Tiefe nachgegangen werden. Wertungsmäßig erschiene es aber überzeugend, dafür auf die Anforderungen des Art 9 Abs 4 MAR abzustellen, obwohl kein öffentliches Übernahmeangebot zur Beurteilung steht.

3.1.3. Kaufpreis, Vertragsverhandlung und Vertragsgestaltung

Die Geschäftsleiter der verkaufenden Gesellschaft haben im Zuge der Vertragsverhandlungen mit potentiellen Kaufinteressenten darauf zu achten, dass der Konsenskaufpreis aus Sicht der veräußernden Gesellschaft angemessen ist und die verkaufende Gesellschaft keine die Wirtschaftlichkeit der Transaktion untergrabenden Zugeständnisse, Garantien oder Schadloserklärungen abgibt.[161]

3.1.3.1. Unternehmenswert/Kaufpreis und Fairness Opinion

Die Geschäftsleiter der veräußernden Gesellschaft haben die Daten zur Errechnung des Unternehmenswertes intern aufzuarbeiten und eine sorgfältige Errechnung vorzunehmen oder vornehmen zu lassen. Die errechnete Bandbreite des Unternehmenswerts erlaubt eine Annäherung des aus Sicht der Verkäuferin angemessenen Kaufpreises, sodass diese Zahlen die Verhandlungen mit Kaufinteressenten anleiten können. In der Praxis wird als Ausgangspunkt für die Kaufpreiseinigung der Vertragspartner auch meist übereinstimmend das Ergebnis eines Ertragswertverfahrens oder *Discounted-Cashflow*-Verfahrens als Abbild des Unter-

---

159 Siehe insofern Kapitel 3.1.2.2.
160 Insofern im Ergebnis wohl ähnlich *Schroeder*, Darf der Vorstand der Aktiengesellschaft dem Aktienkäufer eine Due Diligence gestatten? DB 1997, 2161 (2165).
161 *Hermann/Ettmayer* in *Kalss/Frotz/Schörghofer*, HB Vorstand (2017) Rz 29/62 f.

nehmenswertes zu einem bestimmten Zeitpunkt akzeptiert.[162] Diesem Betrag werden häufig die liquiden Mittel des Unternehmens hinzugerechnet und die Finanzierungsverbindlichkeiten werden von ihm abgezogen. Allenfalls werden auch gewisse Substanzwerte, wie insbesondere Liegenschaften, additiv berücksichtigt.

Erhebliche Relevanz kommt dem Zeitpunkt zu, auf den für die Ermittlung des Unternehmenswertes abgestellt werden soll. Das gilt insbesondere für Bilanzpositionen, die Berücksichtigung finden, zB indem sie auf den im Wege einer Unternehmensbewertung herauskristallisierten Wert einwirken sollen oder unabhängig davon zugesichert werden. Hinsichtlich des Zeitpunktes der für die Kaufpreisfindung herangezogenen Bilanzposten haben sich in der Transaktionspraxis unterschiedliche Ansätze etabliert. Hier sollen nur stichwortartig der *Locked-box-* und der *Closing-accounts*-Ansatz unterschieden werden. Bei Ersterem wird fingiert, dass das Unternehmen zu einem vereinbarten Zeitpunkt vor dem *Signing* übertragen wird, weshalb auch die liquiden Mittel und Finanzverbindlichkeiten zu diesem Zeitpunkt für die Kaufpreiserrechnung herangezogen werden. Beim *Closing-accounts*-Ansatz werden die relevanten Bilanzpositionen im Zeitpunkt des *Closing* und damit des Gefahrenübergangs durch Setzung des Verfügungsgeschäfts herangezogen. Die Geschäftsleiter der veräußernden Gesellschaft müssen sich der Auswirkung dieser den Kaufpreis bestimmenden Klauseln bewusst sein und etwaige ihnen innewohnende Risiken in Kauf nehmen.

Soweit der tatsächlich erzielte Kaufpreis über oder in der Bandbreite des sorgfältig errechneten Unternehmenswertes liegt, scheidet eine Haftung von Leitungsorganmitgliedern der Verkäuferin mangels Schadens wohl in der Regel aus. Umgekehrt folgt aus einer Unterschreitung dieses Richtwertes durch den tatsächlich erzielten Kaufpreis nicht automatisch eine Haftung auf eine Differenz, wenn die Geschäftsführer den Abschlag begründen und nachvollziehbar darlegen können, warum aus ihrer Sicht der letztlich vorgenommene Verkauf dennoch im besten Interesse der verkaufenden Gesellschaft war.

Bei der Entscheidung, zu einem bestimmten Wert an eine bestimmte Kaufinteressentin zu verkaufen, handelt es sich um eine unternehmerische Entscheidung, weshalb den Geschäftsleitern dringlich zu empfehlen ist, ihre Entscheidungsgrundlagen genauestens zu dokumentieren. Ist für die Geschäftsleiter *ex ante* unklar, ob ein angebotener Kaufpreis noch rentabel für die verkaufende Gesellschaft ist, können sie auch eine *Fairness Opinion*, schlicht ein Gutachten, einholen, welches die Angemessenheit des Kaufpreises unter Berücksichtigung sämtlicher bekannter Rahmenbedingungen erörtert. Ein solches Gutachten vermag aber nur ein Handeln zum Wohle der Gesellschaft auf Basis angemessener Information zu begründen, wenn seine Einholung aus Sicht der Gesellschaft erforderlich war und sich

---

162 Vgl auch *Lutter*, Due diligence des Erwerbers beim Kauf einer Beteiligung, ZIP 1997, 613.

die Geschäftsleiter auch auf das Expertenurteil verlassen durften. Ein im Gesellschaftsinteresse nicht erforderliches Gutachten begründet nämlich nur frustrierte Aufwendungen. Eine *Fairness Opinion* ist nur vertrauenswürdig, wenn die Gutachter ausgewiesene Experten sind, welchen sämtliche relevanten Informationen übermittelt wurden und überdies die zu erörternde Frage offen gestellt wurde. Hält die *Fairness Opinion* inhaltlich auch einer Plausibilitätsprüfung stand, darf auf ihre Ergebnisse vertraut werden und sie begründet gleichzeitig den Nachweis für ein Handeln auf Basis angemessener Information. Gefälligkeitsgutachten reichen hierzu nicht aus.

3.1.3.2. Zusicherungen, Garantien, Schadlosvereinbarungen

Überdies haben die Geschäftsleiter der verkaufenden Gesellschaft im Zuge der Vertragsverhandlungen sicherzustellen, dass die veräußernde Gesellschaft keine Beschaffenheitsbeschreibungen des Kaufgegenstandes *(Warranties)*, Garantien im Hinblick auf diesen oder Schadloshaltungsversprechungen *(Indemnities)* abgibt, die sich im Nachhinein als unrichtig herausstellen können und damit in eine erfolgreiche Anspruchsgeltendmachung münden könnten. Insofern haben sie die Richtigkeit der Zusicherungen möglichst sicherzustellen und auch zu begründen. *Warranties*, Garantien und *Indemnities* werden häufig eingeräumt, weil Erwerber Risiken, die im Zuge der *Due-Diligence*-Prüfung hervorkommen oder für sie auf Basis der übermittelten Informationen nicht (ausreichend) einschätzbar sind, grundsätzlich nur unter Vereinbarung von Garantien oder Schadloshaltungsklauseln (*Indemnity*-Klauseln) zu übernehmen bereit sind. Ansonsten werden erhebliche Abschläge beim Kaufpreis gefordert. Falls umfangreiche Zusicherungen, Garantien oder Schadloshaltungsvereinbarungen von den Erwerbsinteressenten für den erfolgreichen Abschluss der Verkaufsverhandlungen zur Bedingung gemacht werden, ist jedenfalls eine Haftungsobergrenze zu vereinbaren. Unwirtschaftlichen Risikoübernahmen darf grundsätzlich nicht zugestimmt werden. Ausnahmsweise kann sich dies anders gestalten, zB wenn in sämtlichen Alternativszenarios mit noch größeren Nachteilen für die Gesellschaft zu rechnen wäre. Die Grundlagen für diese Annahme sind aber genauestens zu dokumentieren.

3.1.4. Zuziehung von Experten

Aufgrund der Komplexität von Unternehmensverkäufen ist es unwahrscheinlich, dass die veräußernde Gesellschaft auf sämtliches hierfür erforderliches *Know-how* innerbetrieblich zurückgreifen kann. Das gilt insbesondere für die Durchführung einer Unternehmensbewertungsrechnung wie auch für die Führung der Vertragsverhandlungen mit dem Käufer. Soweit das erforderliche *Know-how* fehlt, haben die Geschäftsleiter daher verlässliche und sachlich kompetente Experten zuzuziehen[163] und auf vertretbare Abrechnungsmodalitäten mit diesen zu dringen. Inhalt-

---

163 OGH 30.8.2016, 6 Ob 198/15h (Pkt 4.5.3).

lich dürfen sich die Geschäftsleiter unter folgenden Voraussetzungen auf die solchermaßen ausgewählten Experten verlassen: Zunächst müssen sie den Experten ernsthafte und damit ergebnisoffene Fragen oder Aufgaben übertragen. Gefälligkeitsgutachten exkulpieren – wie bereits ausgeführt – nicht.[164] Außerdem haben sie den Experten sämtliche für die sorgfältige Bearbeitung des Auftrags erforderlichen Informationen und Unterlagen zu übermitteln. Schließlich haben sie die Empfehlungen der Experten einer Plausibilitätsprüfung zu unterziehen. Unter Einhaltung dieser Voraussetzungen ist wohl bereits der objektive Sorgfaltsmaßstab erfüllt. Ein Handeln auf Basis angemessener Information kann ebenfalls bejaht werden, wenn die unternehmerische Entscheidung im Sinne der Experteneinschätzung getroffen wird oder ein Abweichen gut begründet ist.

3.1.5. Warranties- oder Indemnities-Versicherung

Sämtliche im Zuge des Verkaufs eines Unternehmens oder der Mehrheit der Anteile an einer unternehmenstragenden Gesellschaft bestehenden Risiken können nicht beherrscht werden. Die veräußernde Gesellschaft kann daher eine arrondierende Versicherung abschließen, die sie (bis zu einer gewissen Höhe) vor der Inanspruchnahme aus nicht erkennbar falschen *Warranties* oder *Indemnities* schützt. Ob eine solche Versicherung verpflichtend abzuschließen ist, ergibt sich aus einer Kosten-Nutzen-Analyse, wobei den Geschäftsleitern ein weites unternehmerisches Ermessen zukommt. Im Regelfall wird daher eine Pflicht nicht bejaht werden können. Bei besonders riskanten Transaktionen und attraktiven Versicherungsangeboten wird der Nichtabschluss aber eine sachliche Begründung erfordern, um dem Sorgfaltsmaßstab entsprechen zu können.

3.1.6. Verkauf an bestimmten Erwerber

Die Geschäftsleiter haben schließlich zu entscheiden, ob sie zu den verhandelbaren Konditionen den Vertrag über den Verkauf des Unternehmens abschließen wollen oder nicht. Bei Vorliegen mehrerer alternativer Kaufangebote haben sie unter diesen das für ihre Gesellschaft attraktivste auszuwählen. Dabei haben sie neben der Wirtschaftlichkeit der Transaktion besonderes Augenmerk auf die Bonität des Käufers zu legen und auf dieser Basis eine informierte und sachliche Entscheidung zu treffen.[165] Liegt nur ein ernsthaftes Kaufangebot vor, ist dieses auf seine Wirtschaftlichkeit hin zu überprüfen. Der Abschluss eines erkennbar unwirtschaftlichen Geschäfts ist sorgfaltswidrig, wenn nicht besondere rechtfertigende Gründe vorliegen.

---

164 OGH 30.8.2016, 6 Ob 198/15h (Pkt 4.5.3).
165 Zu den Sorgfaltspflichten beim Verkauf zu einem hohen Preis BGH 16.2.1981, II ZR 49/80, GmbHG 1981, 191.

3.2. Haftung und Enthaftungsstrategien der Geschäftsleiter der verkaufenden Gesellschaft

3.2.1. Schaden, Kausalität und Rechtswidrigkeit

Eine Haftung erfordert einen Schaden der veräußernden Gesellschaft, der von den Geschäftsführern im Zuge des Unternehmensverkaufs kausal und rechtswidrig herbeigeführt wurde. Die Rechtswidrigkeit indiziert infolge der Objektivität des Sorgfaltsmaßstabes auch das Verschulden.[166] Der Schaden ist anhand der Differenzmethode zu errechnen und von der Gesellschaft zu beweisen. Ein solcher kann insbesondere daraus resultieren, dass geheime Informationen schadensträchtig weitergegeben werden, ein zu niedriger Kaufpreis erzielt wird, die verkaufende Gesellschaft einen Teil des Kaufpreises infolge unrichtiger Zusicherungen zurückzahlen muss oder die Käuferin den Kaufpreis nicht (vollständig) leisten kann. Auch die Kosten für einen etwaigen Rechtsstreit können einen Schaden begründen. Die Gesellschaft muss überdies die Kausalität beweisen und die Rechtswidrigkeit der Geschäftsleiter substantiieren.[167] Gelingt dies, trifft die Geschäftsführer die Beweislast, dass sie ihrer Sorgfaltspflicht entsprochen haben. Der Beweis wird ihnen nur gelingen, wenn sie entsprechend Vorsorge treffen.

3.2.2. Unternehmerische Entscheidungen und Business Judgment Rule

Sämtliche den herausgearbeiteten Schäden zugrunde liegenden Geschäftsleiterentscheidungen sind unternehmerische Entscheidungen, die grundsätzlich durch die *Business Judgment Rule* vor einer Haftung abgeschirmt werden. Die Sorgfältigkeit wird daher unwiderleglich vermutet, wenn die Geschäftsleiter nachweisen können, dass sie die jeweilige unternehmerische Entscheidung (Erteilung des Informationszugangs, Verhandlung des Kaufpreises, vertragliche Zusicherungen, vertragliche Schadloshaltungen, Verkaufsentscheidung an bestimmten Erwerber) auf Basis angemessener Information zum Wohle der Gesellschaft getroffen haben und sich dabei nicht von sachfremden Interessen haben leiten lassen.[168] Gelingt dieser Nachweis, scheidet eine Haftung aus. Geschäftsleiter sollten daher die Voraussetzungen der *Business Judgment Rule* transaktionsbegleitend mitdenken.[169]

In einem ersten Schritt gilt es daher nachzuweisen, warum der Verkauf des Unternehmens im Interesse der Gesellschaft liegt. Die entsprechenden Erwägungen sind situationsbezogen anzustellen und auch zu begründen. Insbesondere ist zu erläutern, warum die Einrichtung eines Informationszugangs zur Durchführung einer *Due Diligence* im Interesse der Gesellschaft erforderlich ist oder warum der Ver-

---

166 *Told*, Zum Entlastungsbeweis bei der Managerhaftung, wbl 2012, 181 ff.
167 *Told*, Zum Entlastungsbeweis bei der Managerhaftung, wbl 2012, 181 (186 ff).
168 *Hermann/Ettmayer* in *Kalss/Frotz/Schörghofer*, HB Vorstand (2017) Rz 29/6 ff.
169 *Hermann/Ettmayer* in *Kalss/Frotz/Schörghofer*, HB Vorstand (2017) Rz 29/8.

kauf an eine ganz bestimmte Interessentin zum verhandelten Preis den Interessen der Gesellschaft am besten entspricht. Neben objektiven Ausführungen hat jeder Geschäftsführer aus subjektiver Sicht zu dokumentieren, warum er davon ausgeht, dass der vorgenommene Verkauf des Unternehmens im besten Interesse der Gesellschaft ist. Selbiges gilt für sämtliche mit dem Unternehmenskauf einhergehenden Einzelmaßnahmen.

In einem zweiten Schritt sind die Entscheidungsgrundlagen zu dokumentieren. Aufgrund der Komplexität des Unternehmensverkaufs werden meist Experten zur Beratung zugezogen. Wenn der Zukauf von *Know-how* auch im Interesse der Gesellschaft liegt, kann externer Rat ein Handeln auf Basis angemessener Informationen begründen. Das erfordert zum einen, dass die Gesellschaft selbst einen Vorteil aus der Beratungsbeziehung zieht, zB weil in der Gesellschaft das *Know-how* nicht zur Verfügung steht. Bei schlichten Absicherungsstrategien der Geschäftsleiter, die auch eigenständig entscheiden könnten, ist das Interesse der Gesellschaft mitunter zweifelhaft. Zum anderen müssen die zugezogenen Experten sorgfältig ausgesucht und ihnen die für die Auftragserfüllung notwendigen Informationen vollständig und richtig zugänglich gemacht werden. Die Geschäftsleiter dürfen sich schließlich nicht blind auf externe Beratungsergebnisse verlassen. Sie haben die externen Handlungsempfehlungen oder Analyseergebnisse nachzuvollziehen und einer inhaltlichen Plausibilitätsprüfung zu unterziehen. Verläuft die Plausibilitätsprüfung positiv und handeln die Geschäftsleiter entsprechend den Empfehlungen der Experten, wird der Beweis des Handelns auf Basis angemessener Informationen sehr wahrscheinlich gelingen. Werden keine Experten zugezogen, sind die sonstigen Entscheidungsgrundlagen zu dokumentieren. Für den Nachweis des Handelns auf Basis angemessener Informationen sind daher zumindest aussagekräftige Quellen als Informationsgrundlage festzuhalten. Das gilt letztlich für die Verkaufsentscheidung an einen bestimmten Erwerber und die dafür erforderliche Abwägung zwischen den Chancen und Risiken der Transaktion in ihrer Gesamtheit. Selbiges trifft aber bereits auf sämtliche Zwischenentscheidungen, wie zB die Gründe für die Stufung des Informationszugangs sowie die Grundlagen der Errechnung des Unternehmenswertes und damit für die Kaufpreisfindung zu. Gleiches gilt für die Gründe der Vereinbarung vertraglicher Absicherungsmechanismen, aber auch das Eingehen von vertraglichen Konzessionen, um einen Abschluss doch möglich zu machen.

In einem letzten Schritt haben die Geschäftsleiter sicherzustellen, dass keine sachfremden Interessen auf den Entscheidungsprozess einwirken. Da ein Negativbeweis kaum erbracht werden kann, ist den Geschäftsleitern zu empfehlen, ihre sachlichen Beweggründe im Zuge der Entscheidungsfindung zu dokumentieren und überdies zu manifestieren, dass sie im Zuge der Entscheidungsfindung keinem Interessenkonflikt unterlegen sind.

Bei Kollegialorganen ist streitig, ob ein Interessenkonflikt eines einzigen an der unternehmerischen Entscheidung mitwirkenden Geschäftsleiters, der nicht offengelegt wurde und sich daher erst im Nachhinein herausstellt, die unternehmerische Entscheidung insgesamt mit Fremdinteressen infiziert, sodass sich keines der Leitungsorganmitglieder auf die *Business Judgment Rule* stützen kann.[170] Das ist zu verneinen: Zunächst individualisieren § 25 Abs 1a GmbHG und § 84 Abs 1a AktG auf das einzelne Geschäftsführungsmitglied bzw Vorstandsmitglied. Der Wortlaut indiziert daher bereits, dass die *Business Judgment Rule* nicht das Entscheidungsergebnis in der Gesamtheit beurteilt, sondern die individuelle Stimmabgabe des einzelnen Mitglieds.[171] Dieses Verständnis passt harmonisch zum Verschuldensprinzip, wonach jedes Mitglied des Leitungsorgans nur für eigenes Verhalten haftet und eine Zurechnung der anderen Geschäftsleiter gemäß § 1313a ABGB ausscheidet. Ein Mitglied, das gegen einen Beschluss stimmt, haftet demgemäß auch nicht für etwaige negative Folgen der Umsetzung. Schließlich würde die Annahme, dass die gesamte Entscheidung auf Basis sachfremder Interessen getroffen ist, wenn nur ein Geschäftsleiter einem Interessenkonflikt unterliegt, in Widerspruch zu den Anforderungen an die Stimmabgabe der einzelnen Leitungsorganmitglieder geraten. Grundsätzlich haben diese ihre Entscheidungen nämlich selbstständig und selbstverantwortlich zu treffen, weshalb gerade nicht unterstellt werden sollte, dass ein Interessenkonflikt eines einzigen Mitglieds die Entscheidung insgesamt zu beeinflussen vermag. Die Gegendarstellung, dass die *Business Judgment Rule* als unwiderlegliche Vermutung nur greife, wenn die Entscheidung insgesamt sämtliche ihrer Voraussetzungen erfülle, da ihr Nichtgreifen ja noch nicht automatisch eine Haftung zur Folge habe, trägt daher nicht.[172]

3.2.3. Ressortverteilung

Aus Effizienzgründen wird in der Praxis in Variation des dispositivgesetzlichen Prinzips der Gesamtgeschäftsführungsbefugnis häufig eine Ressortverteilung getroffen.[173] Ist eine solche mit Verbindlichkeit gegenüber der Gesellschaft (echte Ressortverteilung) und nicht nur im Verhältnis der Geschäftsführer untereinander (unechte Ressortverteilung) wirksam eingerichtet,[174] ist das ressortverantwortliche Geschäftsleitungsmitglied für die Ressortangelegenheiten alleinig vollumfänglich

---

170 *Lutter*, Interessenkonflikte und die Business Judgment Rule, in *Heldrich/Prölss/Koller*, Festschrift für Claus-Wilhelm Canaris zum 70. Geburtstag, Band II (2007) 245 (249 f, 254), der dies auch für den Aufsichtsrat vertritt, was keinesfalls überzeugen vermag; wohl ähnlich *Kleindiek* in *Lutter/Hommelhoff*, GmbHG[20] (2020) § 43 Rz 25.

171 Vgl auch *Fleischer* in MünchKommGmbHG[3] (2019) § 43 Rz 86b; *Bunz*, Die Business Judgment Rule bei Interessenkonflikten im Kollegialorgan, NZG 2011, 1294 (1295); nicht überzeugend *Blasche*, Die Anwendung der Business Judgement Rule bei Kollegialentscheidungen und Vorliegen eines Interessenkonflikts bei einem der Vorstandsmitglieder, AG 2010, 692 (696), der von einem ungeschriebenen Ausschlussgrund der Business Judgment Rule spricht.

172 Vgl auch *Fleischer* in MünchKommGmbHG[3] (2019) § 43 Rz 86b; *Bunz*, Die Business Judgment Rule bei Interessenkonflikten im Kollegialorgan, NZG 2011, 1294 (1295).

173 Siehe dazu im Detail *Thomale/Told*, Zahlungsmanagement und Malversationsprävention als Organisationspflichten der Geschäftsleitung, ÖBA 2021, 233 ff.

174 Siehe dazu im Detail *Thomale/Told*, Zahlungsmanagement und Malversationsprävention als Organisationspflichten der Geschäftsleitung, ÖBA 2021, 233 (242 ff).

primärverantwortlich. Die anderen Geschäftsleiter dürfen bei einer echten Ressortverteilung in die fremden Ressorts nicht gestaltend, sondern nur überwachend einwirken. Dementsprechend haben sie auch nur ein Überwachungsverschulden mit geringer Intensität zu vertreten. Das bedeutet, dass sie die Berichte des ressortzuständigen Geschäftsleiters in den Geschäftsführerbesprechungen kritisch auf Plausibilität würdigen müssen. Darüber hinausgehende eigene Prüfhandlungen müssen sie jedoch nur insoweit setzen, als sich Ungereimtheiten auftun. Nur zur Überwachung verpflichtete Geschäftsleitungsmitglieder können in einem Haftungsprozess daher den Beweis erbringen, dass sie ihre jeweils einschlägigen Überwachungspflichten erfüllt und daher nicht sorgfaltswidrig gehandelt haben. Haben die Geschäftsführer lediglich mit Wirkung unter sich die Zuständigkeiten an einzelne unter ihnen delegiert (unechte Ressortverteilung), haben ressortunzuständige Geschäftsleiter aufgrund der Legitimität effizienter Arbeitsteilungsmaßnahmen ebenfalls nur für eine Überwachungssorgfalt einzustehen. Diese ist aber gesteigert, weshalb die Geschäftsleiter eigeninitiativ und anlassunabhängig Überwachungshandlungen zu setzen haben. Das gilt insbesondere für die Erhebung der Entscheidungsgrundlagen.

Der Verkauf eines Unternehmens wird meist sämtliche Ressorts umspannen. Das ist eindeutig, wenn das einzige Unternehmen der Gesellschaft verkauft werden soll. Diesfalls sind sämtliche Leitungsorganmitglieder für den Verkauf gemeinsam zuständig und auch verantwortlich. Freilich können die Geschäftsleiter die Aufgaben unter sich aufteilen (unechte Ressortverteilung). Das führt zu einer Absenkung der Sorgfaltspflicht der nicht primär zuständigen Geschäftsleiter auf eine aktive Überwachungssorgfalt. Die Verkaufsentscheidung an einen bestimmten Käufer ist aber jedenfalls gemeinsam zu treffen. Sollten mehrere Unternehmen in einer Gesellschaft betrieben werden, für die einzelne Geschäftsleiter ressortverantwortlich sind (betriebliche Spartenorganisation), ist fraglich, ob der Verkauf eines einzigen solchen Unternehmens als Grundlagengeschäft die zwingend formale Gesamtzuständigkeit sämtlicher Geschäftsleiter aktiviert. Das hängt vom Einzelfall und der Bedeutung des zum Verkauf stehenden Unternehmens für die Wirtschaftlichkeit der Gesellschaft ab. Ist von einem Grundlagengeschäft auszugehen, fällt die Angelegenheit in die Gesamtverantwortung der Geschäftsleiter. Aus Gründen der effizienten Gestaltung des Verkaufsprozesses kann der ressortzuständige Geschäftsleiter auch mit den Verkaufsverhandlungen und der Vorbereitung des Geschäfts betraut werden. Er ist dann primär für den Verkauf zuständig. Die anderen Geschäftsleiter treffen jedoch erhöhte Überwachungspflichten (unechte Ressortverteilung). Das bedeutet, dass sie eigeninitiativ Überprüfungsschritte zu setzen haben und sich nicht nur auf die Informationen des mit den Umsetzungshandlungen beaufragten Mitgeschäftsführers verlassen dürfen. Die Verkaufsentscheidung ist aber auch diesfalls jedenfalls gemeinsam zu fällen. Ist der Verkauf des Spartenunternehmens hingegen nicht als Grundlagengeschäft einzustufen, greift die Ressortverteilung. Die ressortunzuständigen

Geschäftsleiter sind daher nur passiv zur sorgfältigen Überwachung verpflichtet. Sie handeln daher nur insofern sorgfaltswidrig, als sie auch die Mindestanforderungen an die passive Überwachung nicht einhalten.

4. Verantwortung der Geschäftsleiter der kaufenden Gesellschaft

4.1. Einzelpflichten der Geschäftsleiter der erwerbenden Gesellschaft

4.1.1. Entscheidung über den Ankauf eines Unternehmens, Ausschluss von Deal-Breakern und Einleitung des Akquisitionsprozesses

Die Leitungsorganmitglieder einer kaufinteressierten Gesellschaft haben in einem ersten Schritt zu entscheiden, dass ein Unternehmen angekauft werden soll. Grundvoraussetzung für die Zulässigkeit ist, dass der Gegenstand des zu erwerbenden Unternehmens auch im Unternehmensgegenstand der Käufergesellschaft Deckung findet.[175] Ansonsten ist eine entsprechende Satzungsänderung abzuwarten. Außerdem muss der Unternehmenskauf auch finanzierbar sein.[176] Der Kauf eines Unternehmens muss auch im Interesse der Käufergesellschaft liegen. Das erfordert, dass er die Unternehmensstrategie sinnvoll abrundet, diversifiziert oder sonst ergänzt. Die Geschäftsleiter haben insofern Minimalanforderungen an zu erwerbende Unternehmen zu definieren und die Ziele der Einbettung in die eigene Unternehmensstrategie zu formulieren.[177] Zudem ist in diesem frühen Stadium vertraulichkeitssensibel vorzufühlen, ob der Aufsichtsrat und allenfalls auch die Gesellschafterversammlung einen Unternehmenskauf dem Grunde nach unterstützen würden, um keine unnötigen Kosten zu verursachen. Schließlich ist auch abzuklären, ob die Erteilung der erforderlichen behördlichen Genehmigungen (zB eine Fusionskontrolle) realistischerweise erwartet werden kann.[178]

Auf dieser Grundlage ist die Suche nach Zielunternehmen einzuleiten, die den Mindestvorstellungen entsprechen, wenn nicht bereits passende Geschäftschancen an die Gesellschaft herangetragen wurden. Um die prinzipielle Attraktivität einer Geschäftschance grob beurteilen zu können, ist eine heuristische Annäherung des

---

175 Vgl hierzu insbesondere LG Hannover 23.2.1977 – I O.123/75, AG 1977, 198; *Hermann/Ettmayer* in *Kalss/Frotz/Schörghofer*, HB Vorstand (2017) Rz 29/10; *Haas/Müller*, Haftungsrisiken des GmbH-Geschäftsführers im Zusammenhang mit Unternehmens(ver)käufen, GmbHR 2004, 1169 (1180); *Gunßer* in *Oppenländer/Trölitzsch*, Praxishandbuch der GmbH-Geschäftsführung³ (2020) § 36 Rz 8.
176 *Wellhöfer* in *Wellhöfer/Peltzer/Müller*, Die Haftung von Vorstand, Aufsichtsrat, Wirtschaftsprüfer (2008) § 5 Rz 7; *Hermann/Ettmayer* in *Kalss/Frotz/Schörghofer*, HB Vorstand (2007) Rz 29/13.
177 *Mutschler/Mersmann*, Verfahrensmäßige Anforderungen an ordnungsgemäße Vorstandsentscheidungen im M&A-Bereich, DB 2003, 79 (80).
178 *Hemeling*, Gesellschaftsrechtliche Fragen der Due Diligence beim Unternehmenskauf, ZHR 169 (2005) 274 (280).

Unternehmenswerts sowie eine Abschätzung der Synergiepotentiale vorzunehmen. Die Analyse muss in diesem Stadium freilich oberflächlich bleiben, weil nur auf öffentliche Informationen über das Zielobjekt sowie allenfalls auf vom potentiellen Verkäufer übermittelte Informationen oder Verkaufsprospekte zurückgegriffen werden kann. Dadurch sollen Zielobjekte herausgefiltert werden, die sich aus Sicht der erwerbenden Gesellschaft schon in diesem Stadium als klar nicht finanzierbar oder eindeutig nicht lukrativ oder unpassend herausstellen.

Um den weiteren Prozess nicht zu gefährden, hat die erwerbende Gesellschaft von Anfang an die Vertraulichkeit ihres Erwerbsinteresses klarzustellen und sich diesbezüglich auch gegenüber der veräußernden Gesellschaft, allenfalls einer von dieser abweichenden Zielgesellschaft, durch Vertraulichkeitserklärungen samt Konventionalstrafenregelung abzusichern.[179] Überdies hat sie sich das Verkaufsinteresse der Veräußerin in einem *Letter of Intent* bestätigen zu lassen – falls nicht initiativ auf eine Gesellschaft zugegangen wird und insofern erst Überzeugungsarbeit geleistet werden muss.[180]

4.1.2. Sorgfältige Aufbereitung der Informationsgrundlage

4.1.2.1. Entscheiden auf Basis angemessener Information

Nach einer ersten Vorselektion der Zielunternehmen sind die Unternehmensdaten jener Unternehmen, die in die engere Auswahl gekommen sind, einzuholen und aufzuarbeiten. Die Geschäftsleiter der Erwerbsinteressentin haben sich daher für einen entsprechenden Informationszugang einzusetzen. Dadurch soll möglichst gesichert abgeklärt werden können, ob das Unternehmen den Vorstellungen entspricht und auch die Annahmen, nach welchen der Kaufpreis kalkuliert werden soll, richtig sind.[181] Auch für die Anwendbarkeit der *Business Judgment Rule* ist eine sorgfältige Erhebung der Entscheidungsgrundlagen Voraussetzung, die insoweit vorsichtige Rückschlüsse auf den Gehalt des objektiven Sorgfaltsmaßstabs zulässt.[182] Die konkrete Art der Aufarbeitung der Informationsgrundlagen liegt dabei im Ermessen des Leitungsorgans.[183] Sämtliche irgendwie zugänglichen internen und externen Unternehmensdaten müssen daher nicht konsultiert werden.[184] Vielmehr ist im Einzelfall eine Kosten-Nutzen-Analyse anzustrengen, im Zuge derer auch die Zeitverhältnisse zu berücksichtigen sind.[185] Mit der Höhe des Transaktions-

---

[179] *Hermann/Ettmayer* in *Kalss/Frotz/Schörghofer*, HB Vorstand (2017) Rz 29/15 f.
[180] *Hermann/Ettmayer* in *Kalss/Frotz/Schörghofer*, HB Vorstand (2017) Rz 29/18 f.
[181] *Merkt*, Rechtliche Bedeutung der „due diligence" beim Unternehmenskauf, WiB 1996, 145 (147).
[182] *Hemeling*, Gesellschaftsrechtliche Fragen der Due Diligence beim Unternehmenskauf, ZHR 169 (2005) 274 (276 f).
[183] *Himmelsbach/Krüger*, Anm zu OLG Oldenburg 22.6.2006 – 1 U 34/03, NZI 2007, 305 (309).
[184] Insofern zu weitgehend, wenn er die Erhebung aller verfügbaren Informationen für erforderlich hält, *Bötticher*, Verpflichtung des Vorstands einer AG zur Durchführung einer Due Diligence, NZG 2005, 49 (52).
[185] *Told/Warto* in *Neumayr/Harrer/Told*, HB Organverantwortlichkeit (2021) in Druck; *Werner*, Haftungsrisiken bei Unternehmensakquisitionen: die Pflicht des Vorstands zur Due Diligence, ZIP 2000, 989 (994).

werts steigen aber die für die Informationsgrundlage sorgfältig aufzuwendenden Kosten.[186] Im Falle eines ernsthaften Zeitmangels reicht es aber aus, wenn die prioritären Entscheidungsgrundlagen aufgearbeitet werden.[187]

4.1.2.2. Notwendigkeit der Durchführung einer Due-Diligence-Prüfung?

Kontrovers diskutiert wird, ob die Durchführung einer *Due-Diligence*-Prüfung notwendige Voraussetzung für ein Handeln auf Basis angemessener Information ist.[188] Anders als im angloamerikanischen Raum[189] gilt in Österreich der Grundsatz des *caveat emptor* nicht, wonach der Erhalt von Ansprüchen aus der Leistungsstörung von der Untersuchung des Kaufgegenstandes abhängt.[190] Die Mängelrügeobliegenheit des § 377 UGB greift beim Unternehmenskauf ebenfalls nicht, weil das Unternehmen nicht als bewegliche körperliche Sache im Sinne dieser Bestimmung zu qualifizieren ist.[191] Der Anspruchserhalt des Käufers vermag die Erforderlichkeit der Durchführung einer *Due-Diligence*-Prüfung für das österreichische Recht daher nicht zu begründen. Vielmehr ist mit der Durchführung einer *Due-Diligence*-Prüfung infolge Offenkundigkeit von Mängeln nicht selten ein Verlust von Gewährleistungsansprüchen verbunden (§ 928 ABGB). Im Gegenzug können aber erkannte Unzulänglichkeiten oder Risiken bereits preismindernd berücksich-

---

186 Ähnlich OGH 30.8.2016, 6 Ob 198/15h.
187 Vgl *Werner*, Haftungsrisiken bei Unternehmensakquisitionen: die Pflicht des Vorstands zur Due Diligence, ZIP 2000, 989 (994); *Himmelsbach/Krüger*, Anm zu OLG Oldenburg 22.6.2006 – 1 U 34/03, NZI 2007, 305 (310); *Hermann/Ettmayer* in *Kalss/Frotz/Schörghofer*, HB Vorstand (2017) Rz 29/27.
188 Das bejahend *Hermann/Ettmayer* in *Kalss/Frotz/Schörghofer*, HB Vorstand (2017) Rz 29/23; so wohl auch LG Hannover 23.2.1977 – I O.123/75, AG 1977, 198, das eine detaillierte Prüfung fordert; *Wellhöfer* in *Wellhöfer/Peltzer/Müller*, Die Haftung von Vorstand, Aufsichtsrat, Wirtschaftsprüfer (2008) § 5 Rz 5; *Jaque* in *Ettinger/Jaques*, Beck'sches HB Unternehmenskauf im Mittelstand[3] (2021) Rz 239; im Grundsatz eine Verpflichtung bejahend, jedoch auch Ausnahmen anerkennend *Werner*, Haftungsrisiken bei Unternehmensakquisitionen: die Pflicht des Vorstands zur Due Diligence, ZIP 2000, 989 (990 f, 996); *Gunßer* in *Oppenländer/Trölitzsch*, Praxishandbuch der GmbH-Geschäftsführung[3] (2020) § 36 Rz 15; das verneinend *Himmelsbach/Krüger*, Anm zu OLG Oldenburg 22.6.2006 – 1 U 34/03, NZI 2007, 305 (309); *Rittmeister*, Due Diligence und Geheimhaltungspflichten beim Unternehmenskauf, NZG 2004, 1032; für einen Ermessensspielraum *Hemeling*, Gesellschaftsrechtliche Fragen der Due Diligence beim Unternehmenskauf, ZHR 169 (2005) 274 (277); *Fleischer/Körber*, Due Diligence und Gewährleistung beim Unternehmenskauf, BB 2001, 841; *Loges*, Der Einfluß der „Due Diligence" auf die Rechtsstellung des Käufers eines Unternehmens, DB 1997, 965 (968); offenlassend *Mutschler/Mersmann*, Verfahrensmäßige Anforderungen an ordnungsgemäße Vorstandsentscheidungen im M&A-Bereich, DB 2003, 79 (81); generell zum Erfordernis des Handelns auf Basis angemessener Information siehe *Ulmer*, Haftungsfreistellung bis zur Grenze der groben Fahrlässigkeit bei unternehmerischen Fehlentscheidungen von Vorstand und Aufsichtsrat, DB 2004, 859 (860); das in gewissen Konstellationen bejahend *Liese/Theusinger*, BB-Kommentar zu OLG Oldenburg vom 22.6.2006 – 1 U 34/03, BB 2007, 71 (72).
189 Vgl *Fleischer/Körber*, Due Diligence und Gewährleistung beim Unternehmenskauf, BB 2001, 841 (842); *Treeck*, Die Offenbarung von Unternehmensgeheimnissen durch den Vorstand einer Aktiengesellschaft im Rahmen einer Due Diligence, in FS Fikentscher (1998) 434 (435).
190 So bereits *Merkt*, Rechtliche Bedeutung der „due diligence" beim Unternehmenskauf, WiB 1996, 145 (146); für Deutschland *Rittmeister*, Due Diligence und Geheimhaltungspflichten beim Unternehmenskauf, NZG 2004, 1032.
191 OGH 20.3.2002, 3 Ob 290/01w.

tigt und überdies Rechtsstreitigkeiten über Gewährleistungsansprüche vermieden werden.[192]

4.1.2.3. Funktion der Due-Diligence-Prüfung

Eine *Due-Diligence*-Prüfung eignet sich jedenfalls zur sorgfältigen Feststellung, ob ein Zielunternehmen den Vorstellungen bzw Angaben entspricht – insbesondere was seine wirtschaftliche Leistungsfähigkeit und Integrationsfähigkeit betrifft.[193] Zudem kann sie etwaige Risiken zu Tage bringen und insgesamt die Ermittlung eines angemessenen Kaufpreises unterstützen.[194] Die Überprüfung der wirtschaftlichen und finanziellen Kennzahlen erfolgt meist getrennt von den rechtlichen Risiken, weshalb häufig zumindest zwei getrennte Prüfungen vorgenommen und auch zwei Berichte erstellt werden.[195] Risiken, die durch eine *Due-Diligence*-Prüfung nicht angenähert oder abgeklärt und daher auch bei der Preisbestimmung nicht ausreichend berücksichtigt werden können, können meist zumindest identifiziert und in der Folge vertraglich durch entsprechende Zusicherungen, Garantien oder Schadloshaltungsvereinbarungen abgesichert werden.[196]

Für eine *Due-Diligence*-Prüfung stellt die verkaufende Gesellschaft *idealiter* sämtliche relevanten Unternehmensdaten und Unterlagen in einem (digitalen) Datenraum zur (gestuften) Sichtung zur Verfügung, die anhand von Checklisten abgearbeitet werden.[197] Da das Ergebnis jeder *Due-Diligence*-Prüfung von der Vollständigkeit der gesichteten Unterlagen abhängt, haben die Geschäftsleiter der kaufenden Gesellschaft auf einen möglichst vollständigen Einblick in die Unternehmensdaten des Zielobjektes zu dringen und sich das durch Vollständigkeitserklärungen bestätigen zu lassen.[198] Wird keine vollständige Dateneinsicht gewährt, ist anzunähern, welche Unterlagen nicht zur Verfügung gestellt wurden, um dadurch allfällige Risiken abschätzen zu können. Erfolgt die Prüfung zur Wahrung von Geheimhaltungsinteressen der verkaufenden Gesellschaft durch

---

192 *Hemeling*, Gesellschaftsrechtliche Fragen der Due Diligence beim Unternehmenskauf, ZHR 169 (2005) 274 (277).
193 Erg siehe *Werner*, Haftungsrisiken bei Unternehmensakquisitionen: die Pflicht des Vorstands zur Due Diligence, ZIP 2000, 989; *Rittmeister*, Due Diligence und Geheimhaltungspflichten beim Unternehmenskauf, NZG 2004, 1032; *Körber*, Geschäftsleiterhaftung der Zielgesellschaft und due diligence beim Paketerwerb und Unternehmenskauf, NZG 2002, 263.
194 *Kiethe*, Vorstandshaftung aufgrund fehlerhafter Due Diligence beim Unternehmenskauf, NZG 1999, 976 (977); *Werner*, Haftungsrisiken bei Unternehmensakquisitionen: die Pflicht des Vorstands zur Due Diligence, ZIP 2000, 989.
195 Weiterführend zu den unterschiedlichen Prüfungsblickwinkeln *Werner*, Haftungsrisiken bei Unternehmensakquisitionen: die Pflicht des Vorstands zur Due Diligence, ZIP 2000, 989; *Fleischer/Körber*, Due Diligence und Gewährleistung beim Unternehmenskauf, BB 2001, 841.
196 *Mutschler/Mersmann*, Verfahrensmäßige Anforderungen an ordnungsgemäße Vorstandsentscheidungen im M&A-Bereich, DB 2003, 79 (81); *Werner*, Haftungsrisiken bei Unternehmensakquisitionen: die Pflicht des Vorstands zur Due Diligence, ZIP 2000, 989.
197 Siehe hierzu beispielhaft *Eschenbruch*, Konzernhaftung (1996) 345 ff (Rz 4074 ff).
198 *Mutschler/Mersmann*, Verfahrensmäßige Anforderungen an ordnungsgemäße Vorstandsentscheidungen im M&A-Bereich, DB 2003, 79 (80 f).

zwischengeschaltete unabhängige Experten, fassen diese ihr Ergebnis in einem Bericht zusammen. Ein solchermaßen indirekt gestalteter Informationszugang erlaubt daher meist nur eine Einschätzung der Wirtschaftlichkeit sowie des Risikos eines Unternehmenserwerbs, ohne die Gründe dafür umfassend offenzulegen. Ein indirekter Informationszugang ermöglicht aber dennoch wertvolle Rückschlüsse auf die Wirtschaftlichkeit der Transaktion, wenn der Expertenbericht richtig liegt.

Vor diesem Hintergrund kann festgehalten werden, dass eine *Due-Diligence*-Prüfung die Informationsgrundlagen für einen Unternehmenskauf sorgfältig erheben und aufarbeiten kann; das gilt jedenfalls für den unmittelbaren Informationszugang und etwas abgeschwächt auch für den mittelbaren, wenn sich der Verkäufer beharrlich weigert, die Informationen direkt offenzulegen. Noch ungeklärt ist, ob die Durchführung einer *Due-Diligence*-Prüfung jedenfalls erforderlich ist.

4.1.2.4. Rechtsprechung und eigene Ansicht

Das OLG[199] Oldenburg hat 2006 festgehalten, dass *„eine der wirtschaftlichen Tragweite des Geschäfts angemessene und ausreichende Prüfung und Analyse der Vorteile und Risiken der Investitionsentscheidung"* vorzunehmen ist. Daraus kann abgeleitet werden, dass sich die Erwerberin jedenfalls ein genaues Bild von der Wirtschaftlichkeit und den Risiken des zu erwerbenden Unternehmens machen muss. Eine *Due-Diligence*-Prüfung geht damit aber noch nicht zwingend einher. Sie eignet sich aber besonders gut, das Informationsdefizit des Erwerbers auszugleichen und dadurch sein Risiko einer Überzahlung oder der ungewollten Übernahme von Risiken zu reduzieren. Das wird insbesondere durch empirische Studien nachgewiesen, wonach die Wahrscheinlichkeit des Abbruchs der Verhandlungen nach Durchführung einer *Due-Diligence*-Prüfung ansteigt und der Kaufpreis häufig nach unten revidiert wird.[200] Aufgrund der immer selbstverständlicheren Bedeutung der *Due-Diligence*-Prüfung in der Praxis[201] entspricht sie heutzutage bei Transaktionen von erheblicher Bedeutung wohl bereits dem Standard[202] und damit einer Ver-

---

199 OLG Oldenburg 22.6.2006 – 1 U 34/03, NZG 2007, 434.
200 Erg zu Deal-Breakern *Werner*, Haftungsrisiken bei Unternehmensakquisitionen: die Pflicht des Vorstands zur Due Diligence, ZIP 2000, 989.
201 Ende des 20. Jh wurde für Deutschland empirisch ermittelt, dass bereits in 80 % der Fälle eines Unternehmenserwerbs eine *Due-Diligence*-Prüfung durchgeführt wurde, vgl *Haas/Müller*, Haftungsrisiken des GmbH-Geschäftsführers im Zusammenhang mit Unternehmens(ver)käufen, GmbHR 2004, 1169.
202 Vgl insoweit *Kiethe*, Vorstandshaftung aufgrund fehlerhafter Due Diligence beim Unternehmenskauf, NZG 1999, 976, nach dem mittlere oder größere Unternehmenskäufe ohne eine Due Diligence praktisch nicht mehr vorkommen; *Merkt*, Rechtliche Bedeutung der „due diligence" beim Unternehmenskauf, WiB 1996, 145; erg siehe *Körber*, Geschäftsleiterhaftung der Zielgesellschaft und due diligence beim Paketerwerb und Unternehmenskauf, NZG 2002, 263 (264), nach dem die finanzielle Due Diligence einen Verbreitungsgrad von 93,53 % hat; *Oppenländer*, Grenzen der Auskunftserteilung durch Geschäftsführer und Gesellschafter beim Verkauf von GmbH-Geschäftsanteilen, GmbHG 2000, 535; *Schroeder*, Darf der Vorstand der Aktiengesellschaft dem Aktienkäufer eine Due Diligence gestatten? DB 1997, 2161.

kehrssitte.²⁰³ Wenn der Erwerb erhebliche Auswirkungen auf die Wirtschaftlichkeit der erwerbenden Gesellschaft haben kann, ist dementsprechend wohl zwingend zumindest eine wirtschaftliche, finanzielle und rechtliche *Due-Diligence*-Prüfung durchzuführen,²⁰⁴ weshalb ein gänzliches Verlassen auf die wirtschaftlichen Daten der Veräußerin sorgfaltswidrig wäre.²⁰⁵ Beim Kauf einer seit Jahren verlusttragenden Klinik aus einer Insolvenzmasse hat das OLG Oldenburg daher zu Recht auch eine wirtschaftliche *Due-Diligence*-Prüfung seitens der Erwerberin für notwendig erachtet.²⁰⁶

Ist das zu kaufende Unternehmen aufgrund seiner geringen Bedeutung nicht geeignet, die Wirtschaftlichkeit der Erwerberin erheblich negativ zu beeinflussen, ist die Durchführung einer *Due-Diligence*-Prüfung nicht zwingend. Bei Heranziehung weniger aussagekräftiger Daten ist die damit einhergehende Risikoerhöhung aber möglichst durch entsprechende Zusicherungen im Unternehmenskaufvertrag abzufedern.²⁰⁷ Dabei ist zu bedenken, dass die Schadloshaltung für die erwerbende Gesellschaft bei Geltendmachung von schuldrechtlichen Ansprüchen von der Solvenz der Veräußerin abhängt.²⁰⁸

---

203   Eine Verkehrssitte bereits bejahend *Bank* in *Patzina/Bank/Schimmer/Simon-Widmann*, Haftung von Unternehmensorganen (2010) Rz 92; siehe erg die bei *Bötticher*, Verpflichtung des Vorstands einer AG zur Durchführung einer Due Diligence, NZG 2005, 49 angesprochenen empirischen Studien; für weitere Zahlen, die 2001 verarbeitet werden konnten, siehe *Fleischer/Körber*, Due Diligence und Gewährleistung beim Unternehmenskauf, BB 2001, 841 (846), die aber eine Verkehrssitte im Interesse der Käufer (§ 928 ABGB) ablehnen – eine Verkehrssitte im Sinne der Einhaltung der Sorgfalt gegenüber der eigenen Gesellschaft lehnen sie nicht ab; erg siehe *Merkt*, Rechtliche Bedeutung der „due diligence" beim Unternehmenskauf, WiB 1996, 145 (148), nach dem mittlere oder größere Unternehmenskäufe bereits 1996 ohne *Due-Diligence*-Prüfung praktisch nicht vorkamen; *Hauschka*, Corporate Compliance – Unternehmensorganisatorische Ansätze zur Erfüllung der Pflichten von Vorständen und Geschäftsführern, AG 2004, 461 (479); *Haas/Müller*, Haftungsrisiken des GmbH-Geschäftsführers im Zusammenhang mit Unternehmens(ver)käufen, GmbHR 2004, 1169, der auf einen Verbreitungsgrad von *Due-Diligence*-Prüfungen von 80 % verweist; auf die praktische Häufigkeit von *Due-Diligence*-Prüfungen verweisend *Schroeder*, Darf der Vorstand der Aktiengesellschaft dem Aktienkäufer eine Due Diligence gestatten? DB 1997, 2161.
204   *Treeck*, Die Offenbarung von Unternehmensgeheimnissen durch den Vorstand einer Aktiengesellschaft im Rahmen einer Due Diligence, in FS Fikentscher (1998) 434 (435), der auch noch auf die Environmental Due Diligence verweist; ebenso *Fleischer/Körber*, Due Diligence und Gewährleistung beim Unternehmenskauf, BB 2001, 841 f.
205   So auch *Böttcher*, Organpflichten beim Unternehmenskauf, NZG 2007, 481 (483); *Gunßer* in *Oppenländer/Trölitzsch*, Praxishandbuch der GmbH-Geschäftsführung³ (2020) § 36 Rz 13, nach dem im Normalfall eine *Due-Diligence*-Prüfung erforderlich ist; für etwas mehr Ermessen *Hemeling*, Gesellschaftsrechtliche Fragen der Due Diligence beim Unternehmenskauf, ZHR 169 (2005) 274 (277); erg siehe die Daten bei siehe *Fleischer/Körber*, Due Diligence und Gewährleistung beim Unternehmenskauf, BB 2001, 841 (846).
206   Im Hinblick auf eine beschränkte Due Diligence zustimmend *Himmelsbach/Krüger*, Anm zu OLG Oldenburg 22.6.2006 – 1 U 34/03, NZI 2007, 305 (310), aber die Forderung nach einer umfassenden Due Diligence mangels entsprechender Durchführbarkeit bei Erwerb aus einer Insolvenzmasse ablehnend.
207   *Hemeling*, Gesellschaftsrechtliche Fragen der Due Diligence beim Unternehmenskauf, ZHR 169 (2005) 274 (277).
208   *Kiethe*, Vorstandshaftung aufgrund fehlerhafter Due Diligence beim Unternehmenskauf, NZG 1999, 976 (981).

Weitere Ausnahmen vom Grundsatz der Notwendigkeit einer *Due-Diligence*-Prüfung müssen auf absolute Sondersituationen beschränkt bleiben. Zu denken ist hier etwa an Konstellationen, in denen die veräußernde Gesellschaft eine *Due-Diligence*-Prüfung kategorisch verweigert. Die Gründe dafür können mannigfach sein. Beispielsweise kann der Verkauf eines beherrschenden Anteilspaketes oder an eine Wettbewerberin dem Grunde nach unerwünscht sein.[209] Der Vorschlag der Zwischenschaltung eines unabhängigen Prüfers wird hier wenig Kompromisspotential in sich bergen. In diesen Konstellationen wird teilweise vertreten, dass die Geschäftsleiter der erwerbenden Gesellschaft von einem Kauf absehen müssen.[210] In dieser Pauschalität kann dem nicht zugestimmt werden.[211] Bei Berücksichtigung eines entsprechenden Unsicherheitsabschlags im Kaufpreis sowie vertraglicher Risikoabsicherung kann ein Kauf ausnahmsweise ohne Durchführung einer *Due-Diligence*-Prüfung sorgfältig sein, wenn die erwerbende Gesellschaft mit dem Kauf keine ihren soliden Bestand gefährdenden Risiken eingeht.[212] Aus Sicht der Geschäftsleiter sind diesfalls die Entscheidungsgrundlagen aber genauestens zu dokumentieren, weil sie sich auf besonders haftungsgeneigtem Terrain bewegen.[213]

4.1.3. Ermittlung des Unternehmenspreises

Die rechtliche, die wirtschaftliche und die finanzielle *Due-Diligence*-Prüfung erheben ua die Informationen zur Ertragskraft des Akquisitionsobjekts sowie der ihm innewohnenden Risiken, die um Rechnungen der wirtschaftlichen Eingliederung in das bisher betriebene Unternehmen zu ergänzen sind. Auf dieser Grundlage kann nach dem Stand der Wissenschaft der Wert eines Unternehmens für eine konkrete Gesellschaft erhoben und daher auch der Rahmen für die individuelle Angemessenheit des Kaufpreises und für die Wirtschaftlichkeit des Erwerbs für die Käufergesellschaft eingeschätzt werden.[214] Wissenschaftlich anerkannte Verfahren der Unternehmensbewertung sind das Ertragswertverfahren sowie dessen

---

209 *Werner*, Haftungsrisiken bei Unternehmensakquisitionen: die Pflicht des Vorstands zur Due Diligence, ZIP 2000, 989 (993 f); *Bötticher*, Verpflichtung des Vorstands einer AG zur Durchführung einer Due Diligence, NZG 2005, 49 (50); *Hemeling*, Gesellschaftsrechtliche Fragen der Due Diligence beim Unternehmenskauf, ZHR 169 (2005) 274 (277); einen Kauf ohne *Due-Diligence*-Prüfung selbst bei Weigerung der Zielgesellschaft für generell sorgfaltswidrig erachtend *Kiethe*, Vorstandshaftung aufgrund fehlerhafter Due Diligence beim Unternehmenskauf, NZG 1999, 976 (983).
210 So *Kiethe*, Vorstandshaftung aufgrund fehlerhafter Due Diligence beim Unternehmenskauf, NZG 1999, 976 (983); anders *Hemeling*, Gesellschaftsrechtliche Fragen der Due Diligence beim Unternehmenskauf, ZHR 169 (2005) 274 (277), der den Geschäftsführern der erwerbenden Gesellschaft ein breiteres Ermessen gewährt.
211 Vgl auch *Hemeling*, Gesellschaftsrechtliche Fragen der Due Diligence beim Unternehmenskauf, ZHR 169 (2005) 274 (277).
212 Ebenfalls nicht pauschal eine *Due-Diligence*-Prüfung für erforderlich erachtend *Werner*, Haftungsrisiken bei Unternehmensakquisitionen: die Pflicht des Vorstands zur Due Diligence, ZIP 2000, 989 (993); das Ermessen nach der Art eines beweglichen Systems etwas weiter spannend *Hemeling*, Gesellschaftsrechtliche Fragen der Due Diligence beim Unternehmenskauf, ZHR 169 (2005) 274 (277).
213 *Hermann/Ettmayer* in *Kalss/Frotz/Schörghofer*, HB Vorstand (2017) Rz 29/25.
214 *Fleischer/Körber*, Due Diligence und Gewährleistung beim Unternehmenskauf, BB 2001, 841 (842); *Merkt*, Rechtliche Bedeutung der „due diligence" beim Unternehmenskauf, WiB 1996, 145 (147); *Körber*,

Variante, das *Discounted-Cashflow*-Verfahren – allenfalls unter Berücksichtigung gewisser Substanzwerte.[215] Die Bewertung ist nachvollziehbar und rechnerisch richtig zu gestalten. Darüber hinaus ist auf Basis einer Integrationsrechnung zu bestimmen, inwieweit sich dieser Wert durch Eingliederung in die Käufergesellschaft verändern würde. Erst dadurch können etwaige Synergien oder Integrationskosten beziffert und damit die Wirtschaftlichkeit des Unternehmenskaufs für die Erwerberin insgesamt angenähert und auch der Verhandlungsspielraum beim Kaufpreis endgültig abgesteckt werden.[216] Ohne Durchführung entsprechender Bewertungsverfahren wird die erwerbende Gesellschaft einem hohen Unsicherheitsrisiko im Hinblick auf die angenommenen Ertragserwartungen ausgesetzt.[217] Hängt die Wirtschaftlichkeit erkennbar wesentlich vom Fortbestehen gewisser Geschäftsbeziehungen ab, ist sicherzustellen, dass die entsprechenden Vertragspartner von ihrem Widerspruchsrecht gemäß § 38 Abs 2 UGB oder *Change-of-Control*-Klauseln in Dauerschuldverhältnissen nicht Gebrauch machen.[218]

Ist eine Unternehmensbewertung mangels *Due-Diligence*-Prüfung nicht möglich, kann der Kaufpreis nur variabel durch stichtagsbezogene Indikation gewisser Daten ermittelt werden.[219] Das bedeutet, dass er zunächst ausgehend von gewissen Bilanzpositionen angenähert wird und in Tranchen zu zahlen ist, falls gewisse Prämissen zutreffen. Letzteres erweist sich aber für den Verkäufer eines Unternehmens als riskant, weil er seinen Einfluss auf das Unternehmen zu diesem Zeitpunkt bereits aufgegeben hat. Beim Erwerb von Anteilen einer börsenotierten Gesellschaft kann der Wert der Anteile alternativ durch Bezugnahme auf den Börsenkurs plausibilisiert werden.[220] Um eine Bewertungsmethode für zu erwerbende Unternehmen oder Anteile an einem solchen handelt es sich dabei aber ebenfalls nicht. Infolge der unterstellten Informationseffizienz des Kapitalmarktes wird ihm aber eine gewisse Richtigkeit der Wertindikation beigemessen.[221]

Den Kaufpreis hat die Unternehmensleitung auf Basis dieser Grundlagen mit dem Verkäufer zu verhandeln und dabei immer die Wirtschaftlichkeit aus Sicht der Erwerberin im Blick zu behalten. Haftungsfolgen können dabei so lange weitgehend

---

Geschäftsleiterhaftung der Zielgesellschaft und due diligence beim Paketerwerb und Unternehmenskauf, NZG 2002, 263 (264); *Ziegler*, „Due Diligence" im Spannungsfeld zur Geheimhaltungspflicht von Geschäftsführern und Gesellschaftern, DStR 2000, 249; *Mertens*, Die Information des Erwerbers einer wesentlichen Unternehmensbeteiligung an einer Aktiengesellschaft durch deren Vorstand, AG 1997, 541 (542).

215 Siehe dazu bereits Kapitel 3.1.3.
216 *Mutschler/Mersmann*, Verfahrensmäßige Anforderungen an ordnungsgemäße Vorstandsentscheidungen im M&A-Bereich, DB 2003, 79 (81).
217 So bereits *Fleischer/Körber*, Due Diligence und Gewährleistung beim Unternehmenskauf, BB 2001, 841 (847).
218 *Hermann/Ettmayer* in *Kalss/Frotz/Schörghofer*, HB Vorstand (2017) Rz 29/33.
219 Vgl *Mertens*, Die Information des Erwerbers einer wesentlichen Unternehmensbeteiligung an einer Aktiengesellschaft durch deren Vorstand, AG 1997, 541 (542).
220 *Böttcher*, Organpflichten beim Unternehmenskauf, NZG 2007, 481 (483); implizit auch LG Hannover 23.2.1977 – I O.123/75, AG 1977, 198.
221 LG Hannover 23.2.1977 – I O.123/75, AG 1977, 198.

ausgeschlossen werden, als der vereinbarte Preis aus *Ex-ante*-Sicht der erwerbenden Gesellschaft als wirtschaftlich und angemessen begründet werden kann. Wenn sich der Preis innerhalb der Bandbreite der Unternehmensbewertung befindet, wird der Nachweis meist nicht schwerfallen. Liegt der Kaufpreis über dem Bewertungsrahmen, ist grundsätzlich von einem Kauf abzusehen, wenn nicht weitere Gründe dennoch für den Abschluss sprechen.

4.1.4. Vertragliche Absicherung und Versicherung

Im Zuge der Vertragsverhandlung mit dem Veräußerer hat sich die erwerbende Gesellschaft möglichst durch Zusicherungen von Eigenschaften, Garantien und Schadloshaltungserklärungen abzusichern. Das gilt insbesondere für Daten, die zur Errechnung des Kaufpreises herangezogen werden. Es sind daher möglichst Bilanzgarantien und Umsatzgarantien zu verlangen.[222] Außerdem sind Risiken abzusichern, die trotz Durchführung einer *Due-Diligence*-Prüfung nicht eingeschätzt werden können.[223] Das gilt umso mehr, wenn die veräußernde Gesellschaft oder die Zielgesellschaft eine *Due-Diligence*-Prüfung verweigert.[224] In allen diesen Fällen ist zu bedenken, dass die Erwerberin bei Geltendmachung dieser Ansprüche das Kreditrisiko der Veräußerin trägt.[225] Sollte die Bonität der Veräußerin nicht völlig unzweifelhaft sein, empfiehlt sich daher eine Absicherung durch eine Bankgarantie oder die Aufnahme von Vertragsklauseln, wonach der Kaufpreis für das Unternehmen bis zum Ablauf eines bestimmten Stichtags auf einem Treuhandkonto zur Deckung etwaiger Gewährleistungs- und Schadenersatzansprüche oder Garantieleistungen verwahrt bleiben muss. Sollten entsprechende Absicherungen nicht konsensfähig und auch die Solvenz der Veräußerin nicht gesichert sein, können bei Wirtschaftlichkeit noch entsprechende Versicherungen abgeschlossen werden (*Warranties*- oder *Indemnities*-Versicherungen).[226] Ist auch dies nicht wirtschaftlich, ist von der Geschäftschance Abstand zu nehmen.

4.1.5. Zuziehung von Experten

Selten kann die erwerbende Gesellschaft auf sämtliches für den Kauf eines Unternehmens erforderliche *Know-how* innerbetrieblich zurückgreifen.[227] Diesfalls haben die Leitungsorganmitglieder Experten zuzuziehen.[228] In der Praxis wird meist

---

[222] *Jaque* in *Ettinger/Jaques*, Beck'sches HB Unternehmenskauf im Mittelstand³ (2021) Rz 238.
[223] Ähnlich *Merkt*, Rechtliche Bedeutung der „due diligence" beim Unternehmenskauf, WiB 1996, 145 (147, 148 f); *Wellhöfer* in *Wellhöfer/Peltzer/Müller*, Die Haftung von Vorstand, Aufsichtsrat, Wirtschaftsprüfer (2008) § 5 Rz 8.
[224] *Gunßer* in *Oppenländer/Trölitzsch*, Praxishandbuch der GmbH-Geschäftsführung³ (2020) § 36 Rz 19.
[225] *Jaque* in *Ettinger/Jaques*, Beck'sches HB Unternehmenskauf im Mittelstand³ (2021) Rz 238.
[226] *Gunßer* in *Oppenländer/Trölitzsch*, Praxishandbuch der GmbH-Geschäftsführung³ (2020) § 36 Rz 19.
[227] Ähnlich *Haas/Müller*, Haftungsrisiken des GmbH-Geschäftsführers im Zusammenhang mit Unternehmens(ver)käufen, GmbHR 2004, 1169; *Wellhöfer* in *Wellhöfer/Peltzer/Müller*, Die Haftung von Vorstand, Aufsichtsrat, Wirtschaftsprüfer (2008) § 5 Rz 7.
[228] *Werner*, Haftungsrisiken bei Unternehmensakquisitionen: die Pflicht des Vorstands zur Due Diligence, ZIP 2000, 989 (995); *Himmelsbach/Krüger*, Anm zu OLG Oldenburg 22.6.2006 – 1 U 34/03,

eine Wirtschaftsprüfungsgesellschaft mit der wirtschaftlichen und finanziellen *Due-Diligence*-Prüfung sowie mit der Errechnung des Unternehmenswertes befasst. Mit der rechtlichen *Due-Diligence*-Prüfung sowie der Vertragsverhandlung und Vertragsgestaltung wird eine Rechtsanwaltskanzlei beauftragt. Geschäftsleiter haben insoweit kompetente Experten auszuwählen und auf eine vernünftige Verrechnungspolitik sowie die Überschaubarkeit der Kosten zu achten. Die Ergebnisse der Expertenanalysen haben die Leitungsorganmitglieder kritisch zu hinterfragen und auf Plausibilität zu prüfen. Das gilt sowohl für die Wirtschaftlichkeit des Verkaufsobjekts und damit einhergehend das Ergebnis der Unternehmensbewertung als auch für die rechtlichen Rahmenbedingungen. Die Leitungsorganmitglieder haben daher insbesondere den Kaufvertrag im Detail zu reflektieren und darauf zu achten, dass auch nach der *Due-Diligence*-Prüfung offen gebliebene Risiken rechtlich möglichst abgesichert sind.

4.1.6. Kaufentscheidung

Sobald sich die Bedingungen für einen Kauf abzeichnen, haben die Leitungsorganmitglieder zu entscheiden, ob der Erwerb unter diesen Rahmenbedingungen vollzogen werden soll oder nicht. Dafür haben sie die Chancen und Risiken der Transaktion aus Sicht der Erwerbergesellschaft abzuwägen und die Wirtschaftlichkeit im Detail zu würdigen. Die Kaufentscheidung ist bei der Aktiengesellschaft nach Zustimmung des Aufsichtsrates grundsätzlich vom Vorstand zu treffen. Eine gänzliche Delegation an unterstellte Managementebenen ist nur bei Investitionsentscheidungen, die nicht bilanzwesentlich sind, sorgfaltskonform. Teilweise wird eine Delegation an Mitarbeiter generell unkritisch gesehen, wenn der Kaufpreis 10 % des Jahresumsatzes nicht überschreitet.[229] Bei der GmbH gilt das weitgehend entsprechend. Zu bedenken ist lediglich, dass außerordentliche Geschäftsführungsmaßnahmen der Zustimmung der Generalversammlung bedürfen.

4.1.7. Integration des gekauften Unternehmens und Post Acquisition Audit

Nach dem *Closing* und damit nach Abschluss des Verfügungsgeschäfts haben die Geschäftsleiter der Käufergesellschaft auf die erfolgreiche Integration des gekauften Unternehmens hinzuwirken und damit die organisatorischen Schritte zur Eingliederung zu setzen.[230] Das erfordert neben verpflichtenden Einmeldungen zum Firmen-

---

NZI 2007, 305 (309); *Körber*, Geschäftsleiterhaftung der Zielgesellschaft und due diligence beim Paketerwerb und Unternehmenskauf, NZG 2002, 263 (264); *Eschenbruch*, Konzernhaftung (1996) 344 f (Rz 4073); *Gunßer* in *Oppenländer/Trölitzsch*, Praxishandbuch der GmbH-Geschäftsführung³ (2020) § 36 Rz 17.

229 *Werner*, Haftungsrisiken bei Unternehmensakquisitionen: die Pflicht des Vorstands zur Due Diligence, ZIP 2000, 989 (995).

230 *Himmelsbach/Krüger*, Anm zu OLG Oldenburg 22.6.2006 – 1 U 34/03, NZI 2007, 305 (310).

buch und der Durchführung von sonstigen gesetzlich vorgesehenen Mitteilungen auch organisatorische Maßnahmen.[231] Beispielhaft sind die IT-Systeme des erworbenen Unternehmens mit den eigenen kompatibel zu schalten oder umzustellen. Es sind Rationalisierungsmaßnahmen zu treffen, um Doppelgleisigkeiten zu vermeiden und dadurch Synergien zu heben. Die Leitungsorganmitglieder haben sämtliche dieser Schritte nicht selbst zu setzen, diese aber klar als Ziel zu formulieren und die mit der Umsetzung betrauten Abteilungen zu überwachen.

Außerdem haben die Geschäftsleiter zu überprüfen, ob die Verkäuferzusicherungen hinsichtlich der Eigenschaften des übernommenen Unternehmens der Realität entsprechen. Um dies festzustellen, ist eine *Post Acquisition Due Diligence* durchzuführen.[232] Sollten sich hier nachteilige Abweichungen herausstellen, sind daraus resultierende Ansprüche möglichst zeitnah geltend zu machen.

4.2. Haftung und Enthaftungsstrategien der Geschäftsleiter der kaufenden Gesellschaft

4.2.1. Schaden, Kausalität und Rechtswidrigkeit

Ein Schaden der erwerbenden Gesellschaft kann insbesondere darin begründet sein, dass sie einen zu hohen Kaufpreis zahlt,[233] dass sie durch Zusicherungen, Garantien oder Schadloshaltungsklauseln nicht ausreichend abgesichert ist oder entsprechende Ansprüche nicht (rechtzeitig) geltend gemacht werden oder die Bonität der Verkäuferin eine Geltendmachung wirtschaftlich untergräbt. Auch die Kosten für einen etwaigen Rechtsstreit, der im Vorhinein leicht vermieden werden hätte können, können einen Schaden begründen. Für diese Schäden muss ein Verhalten der Geschäftsleiter auch kausal und rechtswidrig sein. Hinsichtlich der Beweislast gilt das zur verkaufenden Gesellschaft Ausgeführte (Kapitel 3.2.1.) entsprechend.

4.2.2. Unternehmerische Entscheidungen und Business Judgment Rule

Sämtliche den herausgearbeiteten Schäden zugrunde liegenden Geschäftsleiterentscheidungen sind unternehmerische Entscheidungen, die grundsätzlich durch die *Business Judgment Rule* geschützt sind. Eine Haftung scheidet daher aus, wenn ihre Tatbestandsmerkmale nachweislich erfüllt sind. Auch hier gilt das zur veräußernden Gesellschaft Ausgeführte weitgehend entsprechend. Es ist schlicht die besondere Pflichtenperspektive zu berücksichtigen.

---

231 *Gunßer* in *Oppenländer/Trölitzsch*, Praxishandbuch der GmbH-Geschäftsführung³ (2020) § 36 Rz 21.
232 *Merkt*, Rechtliche Bedeutung der „due diligence" beim Unternehmenskauf, WiB 1996, 145 (147); *Gunßer* in *Oppenländer/Trölitzsch*, Praxishandbuch der GmbH-Geschäftsführung³ (2020) § 36 Rz 22; *Jaques* in *Ettinger/Jaques*, Beck'sches HB Unternehmenskauf im Mittelstand³ (2021) Rz 239.
233 LG Hannover 23.2.1977 – I O.123/75, AG 1977, 198.

Zunächst sind daher die Gründe festzuhalten, warum der Kauf des Unternehmens im Interesse der Gesellschaft liegt und der Kaufpreis als angemessen zu erachten ist. Liegt der Kaufpreis innerhalb des Bewertungsrahmens des Unternehmens, kann dessen Angemessenheit leicht erwiesen werden. Liegt er darüber, ist die Überschreitung sachlich zu begründen und überdies darzulegen, warum der Kauf dennoch im besten Interesse der Gesellschaft ist. Denkbar ist, dass aus wirtschaftlichen Gründen unbedingt vermieden werden soll, dass ein Konkurrent das Unternehmen kauft und dadurch langfristig die Wirtschaftlichkeit der Gesellschaft beeinträchtigen könnte. Solchermaßen kann sogar eine Überzahlung im besten Interesse der Gesellschaft liegen. Außerdem hat jeder Geschäftsführer subjektiv zu erläutern, warum er davon ausgeht, dass der Erwerb des Unternehmens im Interesse der Gesellschaft liegt.

Auch den Geschäftsführern der erwerbenden Gesellschaft ist die Dokumentation ihrer Entscheidungsgrundlagen nahezulegen, weil auch ihnen im Prozess gegenüber ihrer Gesellschaft der Nachweis obliegt, dass sie auf Basis angemessener Information gehandelt haben. Es sind daher insbesondere die Grundlagen für die Annahme der Wirtschaftlichkeit des Kaufs und damit der Angemessenheit des Kaufpreises und des eingegangenen Transaktionsrisikos aus Sicht der kaufenden Gesellschaft sowie für die Annahme einer ausreichenden Bonität des Veräußerers im Hinblick auf Gewährleistungs- oder Schadenersatzansprüche zu dokumentieren. Zudem ist zu empfehlen, dass die aus den Entscheidungsgrundlagen gezogenen Schlüsse und Wertungen nachvollziehbar gestaltet werden. Bei Kaufentscheidungen von erheblicher Bedeutung ist eine *Due-Diligence*-Prüfung für ein Handeln auf Basis angemessener Information notwendig. Die im Zuge der Durchführung der *Due-Diligence*-Prüfung gesichteten Dokumente sind zu listen. Das gilt auch für die aus diesen gezogenen Schlüsse. Wird ein unabhängiger Experte zwischengeschaltet, sind der Expertenbericht und das Ergebnis der Plausibilitätsprüfung zu dokumentieren. Ansonsten reicht es aus, dass die Entscheidungsgrundlagen auf andere Art und Weise sorgfältig aufgearbeitet werden.

Schließich haben auch die Geschäftsleiter der erwerbenden Gesellschaft sicherzustellen, dass keine sachfremden Interessen auf den Entscheidungsprozess einwirken. Da hier die Anforderungen nicht von jenen bei der veräußernden Gesellschaft abweichen, kann auf die entsprechenden Ausführungen verwiesen werden.[234] Gleiches gilt für die Vereinbarung einer Ressortverteilung.[235]

5. Sonderkonstellation Management Buy-Out

Beim *Management Buy-Out* (MBO) kaufen die bisherigen Geschäftsführer oder Vorstandsmitglieder das Unternehmen ihrer Gesellschaft bzw Mehrheitsanteile

---
234 Siehe dazu Kapitel 3.2.2.
235 Siehe dazu bereits Kapitel 3.2.3.

an dieser und damit ein Objekt, das sie bereits bestens kennen.[236] Selten erwerben sie das Unternehmen direkt im Wege eines *Asset Deal* oder auch *Share Deal*. Meist wird eine Gesellschaft zum Erwerb des Unternehmens oder der Anteile aus haftungsrechtlichen Gründen zwischengeschaltet. Beim *Management Buy-Out* verkehrt sich das typische Informationsgefälle zwischen veräußernder und erwerbender Gesellschaft in sein Gegenteil, weil kaum jemand ein Unternehmen besser kennt als die Geschäftsleiter, die es führen. Eine *Due-Diligence*-Prüfung ist daher nicht zwingend notwendig. Etwaige Mängel sind offenkundig im Sinne des § 928 ABGB, wenn die Geschäftsleiter von ihnen wissen mussten.[237]

Um die Interessen der verkaufenden Gesellschaft aufgrund dieses Informationsvorsprungs nicht zu beeinträchtigen, haben kaufinteressierte Geschäftsleiter ihr Kaufinteresse gegenüber ihrer Gesellschaft offenzulegen, sobald sich dieses zu einem Interessenkonflikt verdichtet.[238] In der Folge haben die Gesellschafter und/oder der Aufsichtsrat über die Einleitung von Verkaufsverhandlungen abzustimmen. Wird ein positiver Beschluss gefasst, ist auch darüber zu entscheiden, wer die Interessen der Gesellschaft im Zuge des Verkaufs wahrnehmen soll. Die kaufinteressierten Geschäftsleiter können jedenfalls nicht für beide Gesellschaften oder für die Gesellschaft und im eigenen Namen den Kaufvertrag abschließen, ohne dass die Generalversammlung und/oder der Aufsichtsrat dem explizit zustimmen. Der Abschluss eines Insichgeschäfts wäre ansonsten nämlich mangels Vertretungsmacht unwirksam,[239] weil nicht erwartet werden kann, dass die Interessen beider Vertragsparteien ausreichend gegeneinander austariert werden können. Die Richtigkeitsgewähr des Konsenspreises fällt daher weg, weshalb Insichgeschäfte ohne entsprechende Zustimmung nur wirksam sind, wenn mit ihnen nicht einmal eine abstrakte Gefahr der Schädigung des Vertretenen einhergeht und sie sich solchermaßen manifestiert haben, dass sie nicht einfach wieder zurückgenommen werden können.[240] Beim Unternehmenserwerb ist aber immer eine abstrakte Gefahr der Schädigung gegeben, weshalb es der Zustimmung bedarf. Alle diese Wertungen treffen gleichermaßen für den Verhandlungsprozess zu, weshalb die kaufinteressierten Geschäftsleiter diesen nicht ohne Genehmigung auf Seiten der Gesellschaft führen dürfen. In der Praxis vertritt die verkaufende Gesellschaft meist der Aufsichtsrat, wenn nicht spezielle Personen mit den Vertragsverhandlungen betraut werden.

Eine Haftung der kaufinteressierten Geschäftsleiter infolge unsorgfältiger Gestaltung des Verkaufsprozesses scheidet daher meist aus, wenn der Interessenkonflikt

---

236 Zum Einblick in die Lage einer Gesellschaft durch ihre Geschäftsführer allgemein *Sieger/Hasselbach*, Die Haftung des GmbH-Geschäftsführers bei Unternehmenskäufen, GmbHR 1998, 957 (958); *Lutter*, Due diligence des Erwerbers beim Kauf einer Beteiligung, ZIP 1997, 613.
237 So auch für Deutschland *Merkt*, Rechtliche Bedeutung der „due diligence" beim Unternehmenskauf, WiB 1996, 145 (148).
238 *Haas/Müller*, Haftungsrisiken des GmbH-Geschäftsführers im Zusammenhang mit Unternehmens-(ver)käufen, GmbHR 2004, 1169 (1180).
239 Vgl OGH 25.3.2010, 5 Ob 179/09y.
240 Vgl für viele OGH 25.3.2010, 5 Ob 179/09y; OGH 11.6.2002, 1 Ob 115/02x.

rechtzeitig offengelegt wurde und andere Personen mit der Vertretung der Gesellschaft im Verkaufsprozess bestellt wurden. Insofern werden die Geschäftsleiter nämlich nicht für die Gesellschaft tätig, was auch beschlussmäßig abgesichert ist. Allenfalls müssen sie sich eine Treuepflichtverletzung vorwerfen lassen, wenn sie ihren Wissensvorsprung zum privaten Vorteil ausnutzen. Zu denken ist hier insbesondere an das Verschweigen der Kaufabsicht und ein nachfolgendes Handeln im Eigeninteresse oder das Verschweigen von Informationen, die eine Bewertung positiv beeinflussen könnten.[241] Insofern würden die kaufenden Geschäftsleiter gegen ihre aus den Treuepflichten resultierenden Aufklärungspflichten verstoßen, was eine Haftung gegenüber ihrer (ehemaligen) Gesellschaft begründen kann.

6. Zusammenfassung

1. Die Veräußerung und der Erwerb von Unternehmen können im Wege eines *Asset Deal* oder alternierend im Wege eines *Share Deal* gestaltet werden. Das Pflichtenprogramm der Geschäftsleiter der Erwerbergesellschaft ändert sich dadurch kaum; auf Seiten der veräußernden Gesellschaft tritt beim *Share Deal* die Besonderheit hinzu, dass die Transaktion von der Unterstützung des Leitungsorgans der Zielgesellschaft abhängt.
2. Der Erwerb eines Unternehmens erfordert auf Seiten der verkaufenden Gesellschaft wie auch auf Seiten der kaufenden Gesellschaft eine Vielzahl an Einzelentscheidungen, die mit wenigen Ausnahmen unternehmerische Entscheidungen und daher dem Schutz der *Business Judgment Rule* unterstellt sind.
3. Keine unternehmerischen Entscheidungen sind die Einhaltung statutarischer und gesetzlicher Pflichten wie insbesondere die Deckung einer Maßnahme im Unternehmensgegenstand, die Einholung der Zustimmung des Aufsichtsrates oder der Gesellschafterversammlung sowie die Einholung öffentlich-rechtlicher Genehmigungen. Im Falle eines Verstoßes ist eine Haftung bei Nachweis eines Schadens sowie der Kausalität in der Regel zu bejahen.
4. Soweit die Leitungsorganmitglieder bei unternehmerischen Entscheidungen die Einhaltung der Tatbestandsmerkmale der *Business Judgment Rule* nachweisen, kann die Haftungsgeneigtheit von Unternehmens(ver)käufen stark reduziert werden. Zu empfehlen ist daher eine transaktionsbegleitende Dokumentation der Erfüllung ihrer Voraussetzungen. Zunächst gilt es zu dokumentieren, warum der (Ver-)Kauf im besten Interesse der Gesellschaft ist und auch die einzelnen Leitungsorganmitglieder davon ausgegangen sind. Elementar ist der Nachweis des Handelns auf Basis angemessener Information. In der Literatur wird uneinheitlich beantwortet, ob eine Erwerbergesellschaft dafür zwingend eine *Due-Diligence*-Prüfung durchzuführen hat. Das ist als Verkehrssitte bei Unternehmenskäufen zu bejahen, welche die Wirtschaftlichkeit der erwer-

---

241 *Haas/Müller*, Haftungsrisiken des GmbH-Geschäftsführers im Zusammenhang mit Unternehmens(ver)käufen, GmbHR 2004, 1169 (1180).

benden Gesellschaft erheblich beeinträchtigen könnten. Darüber hinaus besteht ein gewisser Ermessensspielraum, nach dem die fehlende *Due Diligence* durch die Heranziehung von Informationen anderer Qualität (Zusicherungen der Verkäuferin, öffentliche Informationen) ersetzt und durch kompensierende Maßnahmen ausgeglichen werden kann. Zu denken ist hier an Kaufpreisabschläge, Schadloshaltungsvereinbarungen, Garantien und Eigenschaftszusicherungen. Schließlich sind die hinter der Entscheidung liegenden Wertungen offenzulegen, sodass auch ein Einfluss sachfremder Interessen – soweit ein Negativbeweis je gelingen kann – zumindest als fernliegend dargestellt werden kann. Ein Interessenkonflikt eines Mitgeschäftsführers infiziert nicht die gesamte unternehmerische Entscheidung. Wenn die anderen Geschäftsleiter ihre Stimme frei von sachfremden Interessen abgegeben haben, können sie sich auf die *Business Judgment Rule* stützen.

5. Uneinheitlich beantwortet wird, ob die Geschäftsleiter einer veräußernden Gesellschaft Kaufinteressenten zum Zwecke der Durchführung eine *Due-Diligence*-Prüfung Akteneinsicht gewähren dürfen. Ihre Verschwiegenheitspflichten stehen dem nicht entgegen, wenn der Verkauf des Unternehmens im Interesse der Gesellschaft liegt, weil das Potential der Transaktion etwaige Risiken überwiegt. Voraussetzung dafür ist aber, dass das Risiko der verkaufenden Gesellschaft möglichst umfassend eingedämmt wird. Das bedeutet, dass die zur Einsicht bereitgestellten Unterlagen zu dokumentieren sind wie auch sämtliche Personen, die in ebendiese Einsicht nehmen. Außerdem haben Erwerbsinteressenten eine Geheimhaltungserklärung zu unterzeichnen, die möglichst durch empfindliche Vertragsstrafen und allenfalls eine Garantie für ebendiese abzusichern ist. Außerdem ist der Informationszugang risikosensibel mit zunehmender Verbindlichkeit der Kaufabsicht zu stufen. Hochsensible Unterlagen können daher erst in einem späten Verhandlungsstadium offengelegt werden. Unter Einhaltung dieser Voraussetzungen kann grundsätzlich auch ein unmittelbarer Informationszugang gewährt werden. Ist dennoch ernsthaft zu befürchten, dass eine Erwerbsinteressentin die erlangten Informationen zum Nachteil der Gesellschaft ausschlachten könnte (zB Wettbewerber als Kaufinteressenten), kommt nur ein indirekter Informationszugang in Betracht, bei dem unabhängige, standesrechtlich zur Verschwiegenheit verpflichtete Experten zwischengeschaltet werden.

6. Beim *Share Deal* fällt ein Eigeninteresse der Zielgesellschaft an der Transaktion weitgehend weg. Es ist daher höchst umstritten, ob die Geschäftsleiter der Zielgesellschaft Erwerbsinteressenten überhaupt Informationszugang zur Durchführung einer *Due-Diligence*-Prüfung gewähren dürfen. Das ist aufgrund der Treuepflichten der Gesellschaft gegenüber ihren Gesellschaftern zu bejahen, wenn kein relevanter Grund dem entgegensteht. Jede konkrete Nachteiligkeit ist für einen solchen Grund aber bereits ausreichend. Eine solche ist aber schwer auszumachen, wenn der Informationszugang möglichst risikosensibel ausgestaltet ist und überdies ausschließlich Angehörigen eines zur Verschwiegenheit

verpflichteten Berufsstandes gewährt werden soll und zudem vereinbart ist, dass an die Erwerbsinteressenten nur die Endberichte der *Due-Diligence*-Prüfung und sonst keine Informationen weitergeben werden und sämtliche, der Zielgesellschaft entstehende Kosten ersetzt werden.

7. Beim Erwerb eines Aktienpaketes einer börsennotierten Gesellschaft verstößt die Durchführung einer *Due-Diligence*-Prüfung jedenfalls dann nicht gegen Art 10 der VO (EU) 596/2014, wenn ein öffentliches Angebot gestellt wurde und die entsprechenden Informationen zum Zeitpunkt der Annahme des Angebots veröffentlicht sind (Art 9 Abs 4 MAR). Außerdem ist eine Informationsweitergabe im Zuge einer *Due-Diligence*-Prüfung insiderrechtlich in der Regel zulässig, wenn die gesellschaftsrechtlichen Anforderungen eingehalten werden und sie daher möglichst risikoarm ausgestaltet ist.

Unternehmenskauf in der Umsatzsteuer

Karoline Spies

1. **Einleitung**
2. **Unionsrechtlicher Hintergrund**
   2.1. „No supply rule" in Artikel 19 MwStSyst-RL
   2.2. Umsetzung in den Mitgliedstaaten
   2.3. Vorteile des Artikels 19 MwStSyst-RL
3. **Die Übertragung von Unternehmen in der Umsatzsteuer in Österreich im Überblick**
4. **Share Deal**
5. **Asset Deal**
   5.1. Die Bestimmung des § 4 Abs 7 UStG
   5.2. Anwendungsvoraussetzungen des § 4 Abs 7 UStG
   5.3. Prüfschritte bei Anwendung des § 4 Abs 7 UStG
   5.4. Besonderheiten in grenzüberschreitenden Sachverhalten
   5.5. Unionsrechtskonformität des § 4 Abs 7 UStG
6. **Conclusio**

1. Einleitung

Der Verkauf von Unternehmen oder (Teil-)Betrieben eines Unternehmens führt in der Praxis zu einigen steuerrechtlichen Zweifelsfragen, die auch bei der Planung des Verkaufs bzw Kaufs bereits zu berücksichtigen sind. Im Mittelpunkt stehen dabei häufig das Ertragsteuerrecht und Fragen der Finanzierung und Strukturierung zur Vermeidung steuerlicher Konsequenzen (zB Aufdeckung stiller Reserven, Anfall von Grunderwerbsteuer und Gebühren). Aber auch die Umsatzsteuer kann bei einem Unternehmens(ver)kauf eine nicht zu unterschätzende Rolle spielen, die bereits im Vorfeld zu beachten ist und häufig der Unterstützung steuerlicher Experten bedarf. Dies trifft insbesondere auf Unternehmens(ver-)käufe zu, die als Asset Deal gestaltet werden und die Anwendungsvoraussetzungen des UmgrStG nicht erfüllen.

Dieser Beitrag stellt die umsatzsteuerlichen Rechtsgrundlagen und Gestaltungsfragen für Unternehmens(ver)käufe in den Mittelpunkt. Er gliedert sich dabei in folgende Abschnitte: Nach einer einleitenden Erläuterung des unionsrechtlichen Hintergrundes (Artikel 19 MwStSyst-RL), dem im Bereich der Umsatzsteuer immense Bedeutung zukommt (Abschnitt 2.), folgen ein Überblick über die umsatzsteuerlichen Implikationen des Unternehmens(ver)kaufs nach der österreichischen Rechtslage (Abschnitt 3.) und eine kurze Beleuchtung des Share Deal (Abschnitt 4.). Im Anschluss daran widmet sich Abschnitt 5. tiefgehender dem Asset Deal und der österreichischen Sonderbestimmung der Geschäftsveräußerung im Ganzen in § 4 Abs 7 UStG. Abgerundet wird der Beitrag durch eine kritische Würdigung.

2. Unionsrechtlicher Hintergrund
2.1. „No supply rule" in Artikel 19 MwStSyst-RL

Die umsatzsteuerliche Behandlung des Unternehmens(ver)kaufs ist in der MwStSyst-RL nicht abschließend geregelt. Vielmehr enthält die MwStSyst-RL in Artikel 19 Abs 1 ein Wahlrecht für die Mitgliedstaaten, welches lautet:

> Die Mitgliedstaaten können die Übertragung eines Gesamt- oder Teilvermögens, die entgeltlich oder unentgeltlich oder durch Einbringung in eine Gesellschaft erfolgt, behandeln, als ob keine Lieferung von Gegenständen vorliegt, und den Begünstigten der Übertragung als Rechtsnachfolger des Übertragenden ansehen.

Dieses Wahlrecht ermöglicht den Mitgliedstaaten, für die Übertragung von „Gesamt- oder Teilvermögen" eine spezielle Regelung im nationalen Umsatzsteuerrecht vorzusehen. Nach EuGH-Rechtsprechung muss es sich beim übertragenen Vermögen um eine betriebliche Einheit handeln, die vom Rechtsnachfolger fortgeführt wird *("transfer of going concern"*[1]*)*. In den Worten des EuGH: Artikel 19 MwStSyst-RL erfasst die

---
1 Vgl *Van Doesum/Kesteren/Cornielje/Nellen*, Fundamentals of EU VAT Law (2020) 168.

Übertragung eines Geschäftsbetriebs oder eines selbständigen Unternehmensteils […], die jeweils materielle und gegebenenfalls immaterielle Bestandteile umfassen, die zusammen genommen ein Unternehmen oder einen Unternehmensteil bilden, mit dem eine selbständige wirtschaftliche Tätigkeit fortgeführt werden kann.[2]

Nach hA in Deutschland ist der Erwerb eines (an sich fortführbaren) Unternehmens mit der Absicht, es anschließend zu versilbern, daher nicht von § 1 Abs 1a dUStG (deutsche Umsetzungsbestimmung zu Artikel 19 MwStSyst-RL) erfasst.[3] Ebenso nicht erfasst ist der Verkauf einzelner Betriebsbestandteile (wie zB Warenbestand[4]), wenn nicht alle für die Fortführung des Betriebs notwendigen Betriebsmittel und Personal mit übergehen.[5] Die Zurverfügungstellung einzelner Teile der notwendigen Betriebsmittel (zB Grundstück) mittels Leasing/Miete ist jedoch nicht schädlich.[6] Artikel 19 MwStSyst-RL erfasst nach dem Wortlaut zudem sowohl die entgeltliche (Kauf) als auch die unentgeltliche Übertragung (zB Schenkung) von Betrieben. Der klassische Anwendungsfall von Artikel 19 MwStSyst-RL ist ein „Asset Deal".[7] Ob Artikel 19 MwStSyst-RL unter bestimmten Voraussetzungen auch die Übertragung von (Mehrheits-)Anteilen an Unternehmen (Share Deal) umfasst, ist umstritten.[8]

Bei Ausübung des Wahlrechts durch einen Mitgliedstaat ist als Rechtsfolge vorzusehen, dass die Betriebsübertragung so behandelt werden muss, *„als ob keine Lieferung von Gegenständen vorliegt"*, maW: der Umsatz ist als nicht steuerbar zu behandeln. Die Bestimmung ist daher auch als „no supply rule" bekannt.[9] Wird vom

---

2 EuGH 27.11.2003, C-497/01, *Zita Modes*, Rn 40; vgl auch EuGH 10.11.2011, C-444/10, *Schriever*, Rn 24 ff.
3 Vgl *Bunjes/Robisch*, UStG[19] (2020) § 1 Tz 119; *Nieskens* in *Rau/Dürrwächter*, UStG[191] (2021) § 1 Tz 1335; *Oelmaier* in *Sölch/Ringleb*, UStG[92] (2021) § 1 Tz 189; *Peltner* in *Weymüller*, BeckOK UStG[29] (16.5.2021) § 1 Tz 175.
4 Vgl EuGH 27.11.2003, C-497/01, *Zita Modes*, Rn 40; siehe aber zum Verkauf eines vermieteten Grundstücks als Geschäftsveräußerung im Ganzen *Bunjes/Robisch*, UStG[19] (2020) § 1 Tz 122.
5 Vgl ausführlich zum sachlichen Anwendungsbereich mit Verweis auf BFH-Rsp *Oelmaier* in *Sölch/Ringleb*, UStG[92] (2021) § 1 Tz 182 ff; *Peltner* in *Weymüller*, BeckOK UStG[29] (16.5.2021) § 1 Tz 183 ff.
6 EuGH 10.11.2011, C-444/10, *Schriever*, Rn 29–36; Ähnlich zum Teilbetriebs-Begriff im UmgrStR: UmgrStR 2002 Rz 688 idF WE 2020: *„Die Anwendungsvoraussetzungen von Art. III UmgrStG werden […] nicht verletzt, wenn zu den wesentlichen Betriebsgrundlagen gehörende Anlagegüter zurückbehalten werden, im Rahmen des Betriebes aber weiterhin durch ein rechtlich abgesichertes Nutzungsrecht von der übernehmenden Gesellschaft genutzt werden können (zB auf Grund eines Mietverhältnisses) und gleichzeitig zumindest eine wesentliche Betriebsgrundlage übergeht. Dies wird insbesondere bei Liegenschaften eine Rolle spielen."* Die Miete/das Leasing fällt diesfalls allerdings selbst nicht in den Anwendungsbereich von Artikel 19 MwStSyst-RL (vgl *Van Doesum/Kesteren/Cornielje/Nellen*, Fundamentals of EU VAT Law (2020) 169). Auch eine gänzliche Übertragung des Betriebs mittels Pacht ist nicht von Artikel 19 MwStSyst-RL erfasst, da es diesfalls an der Eigentumsübertragung mangelt (EuGH 19.12.2018, C-17/18, *Mailat*, Rn 27–30; EuGH 28.2.2019, C-278/18, *Sequeira Mesquita*, Rn 29).
7 Vgl mwN *Van Doesum/Kesteren/Cornielje/Nellen*, Fundamentals of EU VAT Law (2020) 170.
8 Siehe hierzu die kryptischen Aussagen in EuGH 29.10.2009, C-29/08, *AB SKF*, Rn 35–36 und EuGH 30.5.2013, C-651/11, *X BV*, Rn 49 ff; ausführlich (kritisch) *Peltner* in *Weymüller*, BeckOK UStG[29] (16.5.2021) § 1 Tz 191; zur Praxis der Mitgliedstaaten *Annacondia*, VAT Options Exercised by the Member States, IBFD online, Stand 1. Januar 2020, Abschnitt 3.1.
9 Vgl *Annacondia*, VAT Options Exercised by the Member States, IBFD online, Stand 1. Januar 2020, Abschnitt 3.1; *Terra/Kajus*, Commentary on European VAT, IBFD online, Stand 1. Dezember 2020, Abschnitt 4.8; *Van Doesum/Kesteren/Cornielje/Nellen*, Fundamentals of EU VAT Law (2020) 168.

Wahlrecht des Artikels 19 MwStSyst-RL daher nicht Gebrauch gemacht, unterliegt der Unternehmensverkauf in Form eines Asset Deal den allgemeinen Mehrwertsteuerregeln und ist bei Entgeltlichkeit idR ein steuerbarer und steuerpflichtiger Vorgang. Als zweite Rechtsfolge legt Artikel 19 MwstSyst-RL fest, dass der Begünstigte der Übertragung „*als Rechtsnachfolger des Übertragenden*" anzusehen ist.

Ergänzt wird die Bestimmung des Artikels 19 Abs 1 MwStSyst-RL durch Artikel 19 Abs 2 und Artikel 29 MwStSyst-RL. Nach Artikel 19 Abs 2 MwStSyst-RL sind die Mitgliedstaaten bei Umsetzung des Wahlrechts berechtigt, alle erforderlichen Maßnahmen zu treffen, „*um Wettbewerbsverzerrungen für den Fall zu vermeiden, dass der Begünstigte nicht voll steuerpflichtig ist*". Zudem können die Mitgliedstaaten auch Maßnahmen zur Bekämpfung von Steuerhinterziehung oder -umgehung vorsehen.

Nach Artikel 29 MwstSyst-RL gilt „*Artikel 19 unter den gleichen Voraussetzungen für Dienstleistungen*". Wenngleich Artikel 19 MwStSyst-RL somit den Eindruck erweckt, als sei die Unternehmensübertragung aus unionsrechtlicher Sicht immer eine Lieferung von Gegenständen, so wird dies durch Artikel 29 MwStSyst-RL relativiert. Nach Auffassung des Unionsgesetzgebers kann eine Unternehmensübertragung daher auch aus einer (oder mehreren) sonstigen Leistung(en) bestehen.

2.2. Umsetzung in den Mitgliedstaaten

Alle Mitgliedstaaten dürften das Wahlrecht des Artikels 19 MwStSyst-RL ausgeübt haben. Jedoch unterscheiden sich das Ausmaß und die konkrete Umsetzung erheblich.[10] Deutschland hat vom Wahlrecht des Artikels 19 MwStSyst-RL in vollem Umfang Gebrauch gemacht und behandelt jegliche entgeltliche oder unentgeltliche Übertragung eines (Teil-)Betriebs im Rahmen eines Asset Deal mit Fortführungsabsicht als nicht steuerbar (§ 1 Abs 1a dUStG);[11] auch die Übertragung im Rahmen eines Share Deal wurde vom BFH unter bestimmten Voraussetzungen als erfasst angesehen.[12] Auch in Litauen dürfte der Verkauf von Anteilen (Share Deal) erfasst sein.[13] Einige andere Mitgliedstaaten nehmen, offenbar unter Berufung auf Artikel 19 Abs 2 MwStSyst-RL, jene Übertragungsvorgänge von der Bestimmung aus, bei denen der Rechtsnachfolger nicht voll vorsteuerabzugsberechtigt ist.[14]

Österreich hat vom Wahlrecht des Artikels 19 MwStSyst-RL demgegenüber nur für Vorgänge im Rahmen des UmgrStG (dh zB Einbringungen und Spaltungen)

---

10 Vgl ausführlich *Annacondia*, VAT Options Exercised by the Member States, IBFD online, Stand 1. Januar 2020, Abschnitt 3.1.
11 Vgl zur Bestimmung ua *Robisch* in *Bunjes*, UStG[19] (2020) § 1 Rn 117 ff.
12 Vgl BFH 27.1.2011 – V R 38/09; kritisch *Peltner* in *Weymüller*, BeckOK UStG[29] (16.5.2021) § 1 Tz 191.
13 Vgl *Annacondia*, VAT Options Exercised by the Member States, IBFD online, Stand 1. Januar 2020, Abschnitt 3.1.
14 ZB Belgien, Finnland (vgl *Annacondia*, VAT Options Exercised by the Member States, IBFD online, Stand 1. Januar 2020, Abschnitt 3.1.; verifiziert anhand IBFD VAT Country Tax Guides, IBFD online, abgerufen am 30.8.2021).

Gebrauch gemacht (siehe genauer Abschnitt 3.) und dürfte damit, im Vergleich zu anderen Mitgliedstaaten, eine der engsten Umsetzungen des Wahlrechts gewählt haben. Jeglicher Asset Deal, der außerhalb des UmgrStG stattfindet, ist daher in Österreich aus umsatzsteuerlicher Sicht steuerbar. Aufgrund der Sonderregel in § 4 Abs 7 UStG – die keine explizite Deckung in der MwStSyst-RL findet – ist aber nicht zwingend der gesamte Kaufpreis steuerpflichtig, sondern meist nur Teile davon (vgl hierzu genauer Abschnitt 5.).

Ob und unter welchen Voraussetzungen eine Teilumsetzung des Artikels 19 MwStSyst-RL (dh nur für manche Unternehmensübertragungen) unionsrechtlich zulässig ist, ist umstritten. In der Rs *Zita Modes* hat der EuGH ausgeführt, dass die Bestimmung in Artikel 19 Abs 2 MwStSyst-RL *„abschließend"* jene Situationen nennt, in denen die Anwendung des *„Grundsatzes der Nicht-Lieferung"* eingeschränkt werden darf. Die Ausübung des Wahlrechts *„muss"* daher auf *„jede Übertragung eines Gesamt- oder Teilvermögens"* angewendet werden und *„[kann] nicht auf bestimmte Fälle solcher Übertragungen [beschränkt werden]"*.[15] Demzufolge ist zur Vermeidung von Wettbewerbsverzerrungen nur eine Einschränkung auf Übertragungen von Personen mit vollem Vorsteuerabzugsrecht (in Österreich nicht erfüllt) oder zur Vermeidung von Steuerhinterziehung gestattet. In der Lehre wird zutreffend bezweifelt, dass die Einschränkung des Grundsatzes der Nicht-Lieferung auf Vorgänge im Rahmen des UmgrStG dem Ziel der Verhinderung von Wettbewerbsverzerrungen oder von Steuerhinterziehungen dient.[16] Die eingeschränkte Umsetzung durch den österreichischen Gesetzgeber dürfte daher unionsrechtswidrig sein.[17] Artikel 19 MwStSyst-RL scheint die Voraussetzungen für eine unmittelbare Anwendung (hinreichend bestimmt, unbedingt) zu erfüllen.[18] Dass es sich um ein Wahlrecht handelt, sollte der unmittelbaren Anwendung nicht entgegenstehen.[19] Bisher hat jedoch, soweit ersichtlich, kein Steuerpflichtiger den Rechtsweg beschritten, um eine Anwendung des Artikels 19 MwStSyst-RL (Nicht-Steuerbarkeit) auch auf andere Unternehmensübertragungen zu erwirken.[20]

---

15 EuGH 27.11.2003, C-497/01, *Zita Modes*, Rn 30–31.
16 Vgl *Tumpel*, Unternehmensnachfolge und Umsatzsteuer, in *Ludwig* (Hrsg), Generationenwechsel: steuerliche, unternehmensrechtliche und betriebswirtschaftliche Aspekte, Festschrift für Karl Bruckner (2008) 273 (283); *Mittendorfer/Tratlehner*, Der Vorgang des Outsourcings aus umsatzsteuerlicher Sicht, in Druck.
17 So auch *Haunold/Tumpel/Widhalm*, EuGH: Nichtsteuerbarkeit von Unternehmensübertragungen und 6. MwSt-RL, SWI 2004, 90 (92); *Tumpel* in *Ludwig* (Hrsg), FS Bruckner (2008) 283; *Leidel*, Die Bemessungsgrundlage der Umsatzsteuer bei einer Geschäftsveräußerung, in *Achatz/Tumpel*, Die Bemessungsgrundlage der Umsatzsteuer (2015) 181 (193).
18 Zweifelnd insb für Fälle, in denen der Empfänger kein volles Vorsteuerabzugsrecht hat, *Tumpel* in *Ludwig* (Hrsg), FS Bruckner (2008) 283.
19 Vgl zB EuGH 26.4.2012, C-621/10 und C-129/11, *Balkan and Sea Properties*, Rn 57; EuGH 15.2.2017, C-592/15, *British Film Institute*, Rn 13 ff; EuGH 10.12.2020, C-488/18, *Golfclub Schloss Igling*, Rn 25 ff; siehe jedoch EuGH 16.7.2015, C-108/14 und C-109/14, *Larentia + Minerva*, Rn 47–52 zum Wahlrecht in Artikel 11 MwStSyst-RL (Organschaft).
20 *Leidel* hat dies für die Beratungspraxis jedoch bereits angeregt: *Leidel* in *Achatz/Tumpel* (2015) 193.

2.3. Vorteile des Artikels 19 MwStSyst-RL

Artikel 19 MwStSyst-RL bietet für Käufer und Verkäufer von Unternehmen bzw (Teil-)Betrieben aus umsatzsteuerlicher Sicht im Vergleich zur Behandlung als steuerbarer Vorgang einige Vorteile.

Aus Sicht des Verkäufers sind folgende Vorteile zu nennen:

- **Keine Umsatzsteuer:** Der Verkäufer muss dem Käufer keine Umsatzsteuer in Rechnung stellen, was abhängig vom Käufer und dessen Vorsteuerabzugsrecht ein Wettbewerbs- und Preisvorteil gegenüber anderen Verkäufern sein kann.
- **Geringere Verwaltungskosten:** Der Käufer muss keine (uU aufwändige) Berechnung und Aufteilung der Bemessungsgrundlage für Zwecke des § 4 Abs 7 UStG vornehmen[21] (siehe Abschnitt 5.) und erspart sich – im Falle des grenzüberschreitenden Verkaufs – auch eine oft komplexe Zuordnung der Besteuerungsrechte anhand der Liefer- und Leistungsortregeln und die Evaluierung des Steuerschuldners (Reverse Charge) (siehe Abschnitt 5.). Zudem muss der Verkäufer bei Anwendung des Artikels 19 MwStSyst-RL auch keine formgültige Rechnung iSd § 11 UStG ausstellen.
- **Keine Vorsteuerberichtigung:** Da der Verkauf unter Anwendung des Artikels 19 MwStSyst-RL als nicht steuerbar gilt, kann der Verkauf selbst beim Verkäufer keine Vorsteuerberichtigung (zB für Investitionskosten bei mitübertragenen Gebäuden) auslösen.[22]
- **Keine Vorsteuerkosten auf Transaktionskosten:** Da der Verkauf unter Anwendung des Artikels 19 MwStSyst-RL als nicht steuerbar gilt, können Transaktionskosten nur in Verbindung mit der allgemeinen Tätigkeit des Verkäufers gesetzt werden.Es steht daher insoweit ein Vorsteuerabzugsrecht zu, als die laufenden Umsätze des Verkäufers steuerpflichtig sind.[23] Wäre der Verkauf steuerbar und, unter Anwendung des § 4 Abs 7 UStG, tw steuerfrei (zB Grundstücke, Wertpapiere), so stünde idR nur ein anteiliges Vorsteuerabzugsrecht zu.[24]

Aus Sicht des Käufers sind folgende Vorteile zu nennen:

- **Liquiditätsvorteil:** Der Käufer muss keine Umsatzsteuer an den Verkäufer bezahlen und muss daher weniger Barmittel aufwenden.
- **Keine Vorsteuerkosten auf Kaufpreis:** Sollte der Käufer nicht zum vollen Vorsteuerabzug berechtigt sein (zB Bank, Versicherung, Arzt), dann würden

---

21 Vgl zum Verwaltungsaufwand auch *Haslinger/Rindler*, Asset Deal aus umsatzsteuerlicher Sicht, ecolex 2016, 25 (29); *Leidel* in *Achatz/Tumpel* (2015) 185 und 199.
22 Vgl zur Vorsteuerberichtigung bei Grundstücken im Rahmen der österreichischen Umsetzung *Leidel* in *Achatz/Tumpel* (2015) 184 ff.
23 EuGH 22.2.2001, C-408/98, *Abbey National*, Rn 29 ff; vgl auch *Tumpel* in *Ludwig* (Hrsg), FS Bruckner (2008) 279.
24 Vgl *Leidel* in *Achatz/Tumpel* (2015) 199.

für ihn bei Steuerbarkeit des Kaufpreises nicht abzugsfähige Vorsteuern entstehen. Dies kann durch die Behandlung als nicht steuerbar vermieden werden.
- **Geringere Verwaltungskosten:** Der Käufer muss keine Prüfung der Rechnung im Lichte des § 11 UStG einschließlich der durchgeführten Aufteilung der Bemessungsgrundlage für den Vorsteuerabzug vornehmen. Im Falle des grenzüberschreitenden Verkaufs erspart er sich zudem auch eine oft komplexe Zuordnung der Besteuerungsrechte anhand der Liefer- und Leistungsortregeln und die Bestimmung des Steuerschuldners (Reverse Charge).
- **Keine Haftungsrisiken für Umsatzsteuer:** Wird der Verkauf als nicht steuerbar behandelt und fällt daher keine Umsatzsteuer an, können dem Grunde nach keine Haftungsrisiken für etwaige nicht abgeführte Umsatzsteuerbeträge bestehen. Ist der Verkauf hingegen steuerbar und -pflichtig, so können Umsatzsteuerschulden einschließlich jener für die Geschäftsveräußerung – abhängig von der nationalen Rechtslage – auf den Rechtsnachfolger übergehen oder zumindest einer Haftung beim Käufer unterliegen (wie bspw in Österreich, § 14 BAO).[25]
- **Kein „Neustart" des Vorsteuerberichtigungszeitraums:** Da nach Artikel 19 Abs 1 letzter Satzteil MwStSyst-RL der Käufer als Rechtsnachfolger des Übertragenden gilt, läuft der Vorsteuerberichtigungszeitraum des Verkäufers beim Käufer unverändert weiter. Ohne Umsetzung des Artikels 19 MwStSyst-RL löst der Kauf beim Käufer hingegen als neue Investition den Beginn eines neuen Vorsteuerberichtigungszeitraums aus.[26]

Im Gegensatz dazu scheint die Nichtsteuerbarkeit des Artikels 19 MwStSyst-RL aus Sicht des Käufers und Verkäufers mit keinen Nachteilen verknüpft zu sein. Die Bestimmung des Artikels 19 MwStSyst-RL führt daher aus Praxissicht zu einer einfacheren Handhabung des Unternehmens(ver)kaufs und garantiert die Neutralität der Umsatzsteuer, weil der zusätzliche Anfall einer endgültigen Mehrwertsteuerbelastung vermieden wird.[27]

Warum der österreichische Gesetzgeber trotz dieser Vorteile bisher nicht umfassend vom Wahlrecht des Artikels 19 MwStSyst-RL Gebrauch gemacht hat, ist unklar. Der einzige plausible Grund könnte darin bestehen, dass man den Verlust von Steuereinnahmen fürchtet, die vor allem bei Übertragungen von Unternehmen und Betrieben an nicht voll vorsteuerabzugsberechtigte Unternehmer (zB Banken, Versicherungen, Ärzte) entstehen.

---

25 Vgl *Hörtnagl-Seidner*, Umsatzsteuer aus der Unternehmensveräußerung, SWK 2007, S 890 (S 892).
26 Vgl kritisch zum Neubeginn des Vorsteuerberichtigungszeitraums im Rahmen des § 4 Abs 7 UStG bei Grundstücken und möglichen „systemwidrigen" Ergebnissen *Leidel* in *Achatz/Tumpel* (2015) 186 f.
27 Vgl zu den Vorteilen auch *Leidel* in *Achatz/Tumpel* (2015) 199.

3. Die Übertragung von Unternehmen in der Umsatzsteuer in Österreich im Überblick

Die Übertragung eines Unternehmens kann aus Sicht des Verkäufers – je nach rechtlicher Gestaltung – unter verschiedenste umsatzsteuerliche Regelungen fallen. Das Regelungswerk in Österreich ist – mangels umfassender Umsetzung des Wahlrechts in Artikel 19 MwStSyst-RL – komplex und vielschichtig. Es kann sich, abhängig von der rechtlichen Gestaltung, nämlich sowohl um einen nicht steuerbaren, einen steuerpflichtigen als auch einen (teilweise) steuerbefreiten Vorgang handeln.

Wird die Unternehmensübertragung als Umgründung gestaltet, die alle Voraussetzungen des UmgrStG erfüllt, so ist der Vorgang nicht steuerbar und alle Vorteile der „no supply rule" in Artikel 19 MwStSyst-RL greifen.[28] Dies ist für alle UmgrStG-Vorgänge (dh Verschmelzung[29], Umwandlung[30], Einbringung[31], Zusammenschluss[32], Realteilung[33] und Spaltung[34]) explizit im UmgrStG geregelt. Zu beachten ist hierbei insbesondere, dass die Rückwirkung des UmgrStG nicht für die Umsatzsteuer gilt, sondern die umsatzsteuerliche Rechtsnachfolge nach Verwaltungspraxis mit der Anmeldung zur Eintragung im Firmenbuch angenommen werden kann.[35] Diese Konstellation wird im Folgenden nicht näher beleuchtet.

Wird die Unternehmensübertragung als Share Deal (entgeltlicher Verkauf der Mehrheitsanteile am Unternehmen) gestaltet, so handelt es sich aus umsatzsteuerlicher Sicht um einen steuerbaren Vorgang, der jedoch nach § 6 Abs 1 Z 8 lit g UStG unecht steuerbefreit ist. Die Befreiung nach § 6 Abs 1 Z 8 lit g UStG setzt Artikel 135 Abs 1 Buchst f MwStSyst-RL um und erfasst alle Umsätze von Anteilen an Gesellschaften (Kapital- und Personengesellschaften[36]) und anderen Vereinigungen (siehe zu den umsatzsteuerlichen Konsequenzen genauer Abschnitt 4.).

Wird die Unternehmensübertragung als Asset Deal (entgeltlicher Verkauf des Unternehmens bzw eines Teilbetriebs als Ganzes) ausgestaltet und erfüllt die Voraussetzungen des UmgrStG nicht, dann ist der Verkauf steuerbar und unterliegt idR der Sonderregel des § 4 Abs 7 UStG zur Geschäftsveräußerung im Ganzen (im Folgenden kurz „GiG"). Dies hat zur Folge, dass der Vorgang – je nach Charakter und Natur der übertragenen Vermögenswerte – teilweise steuerpflichtig und teilweise steuerbefreit behandelt wird (siehe Abschnitt 5.).

---

28 Siehe zu den Vorteilen Abschnitt 2.
29 § 6 Abs 4 UmgrStG.
30 § 11 Abs 3 UmgrStG.
31 § 22 Abs 3 UmgrStG.
32 § 26 Abs 1 UmgrStG.
33 § 31 Abs 1 UmgrStG.
34 § 28 Abs 3 UmgrStG.
35 Vgl UmgrStR 2002 Rz 1221.
36 Vgl zum Anwendungsbereich *Rattinger* in *Melhardt/Tumpel* (Hrsg) UStG³ (2021) § 6 Tz 251 ff.

Zu guter Letzt ergeben sich weitere Besonderheiten, wenn die Unternehmensübertragung unentgeltlich erfolgt (Schenkung). In diesem Fall liegt nach hA in Österreich eine Entnahme nach § 3 Abs 2 UStG vor[37] und es kommt zu einer Umsatzbesteuerung auf die Wiederbeschaffungskosten der entnommenen Wirtschaftsgüter, sofern für diese ein Vorsteuerabzug geltend gemacht wurde. Handelt es sich um Grundvermögen oder andere steuerbefreite Gegenstände (Wertpapiere), so ist die Entnahme steuerbefreit (bei Grundstücken mit Option zur Steuerpflicht). Gegebenenfalls kann in diesen Fällen – zur Vermeidung einer endgültigen Umsatzsteuerbelastung – eine Überrechnung der Umsatzsteuer nach § 12 Abs 15 UStG an den Schenkungsempfänger erfolgen, wenn dieser Unternehmer ist. Das ist insbesondere vorteilhaft, wenn der Empfänger zum Vorsteuerabzug berechtigt ist.[38]

Alle diese Vorgänge – mit Ausnahme des Share Deal, bei dem dies umstritten ist[39] – könnten von Österreich bei Anwendung des Wahlrechts in Artikel 19 MwStSyst-RL als nicht steuerbar behandelt werden, was die Rechtslage deutlich vereinfachen würde.

4. Share Deal

Wird eine Unternehmensübertragung als Share Deal gestaltet, so liegt aus umsatzsteuerlicher Sicht eine sonstige Leistung nach § 3a UStG vor, die nach § 6 Abs 1 Z 8 lit g UStG als Übertragung von Anteilen an einer Gesellschaft unecht steuerbefreit ist. Dies hat dem Grunde nach für den Verkäufer und Käufer dieselben Vorteile zur Folge, die auch unter Anwendung des Artikels 19 MwstSyst-RL (nicht steuerbarer Vorgang) eintreten: Liquiditätsvorteil (keine Verrechnung und Zahlung von Umsatzsteuer), geringerer Verwaltungsaufwand (keine Berechnung und Aufteilung der Bemessungsgrundlage), keine (potentiellen) Vorsteuerkosten beim Käufer. Es besteht jedoch ein wesentlicher Unterschied: Anders als bei der Behandlung als nicht steuerbarer Umsatz kann für den Verkäufer das Problem auftreten, dass Vorsteuern für Transaktionskosten iZm dem Share Deal zur Gänze nicht abzugsfähig sind. Da die Transaktionskosten (insb Beratungsaufwand) in diesem Fall uU in direkten Zusammenhang mit einem unecht steuerbefreiten Umsatz (Verkauf von Gesellschaftsanteilen) gebracht werden können, besteht das Risiko, dass die Finanzverwaltung den Abzug dieser Vorsteuern gänzlich versagt.

---

37 Vgl *Pernegger* in *Melhardt/Tumpel*, UStG³ (2021) § 4 Rn 253; *Haslinger/Rindler*, ecolex 2016, 29; auch eine sonstige Leistung iSd § 3a Abs 1a UStG wäre denkbar (vgl *Tumpel* in *Ludwig* [Hrsg], FS Bruckner [2008] 283). Nach hL handelt es sich demgegenüber bei einer Erbschaft um keine Entnahme nach § 3 Abs 2 UStG, weil es an der willentlichen Entscheidung zur Übertragung mangelt (vgl *Ruppe/Achatz*, UStG⁵ [2017] § 4 Tz 228).
38 Vgl zB *Pernegger* in *Melhardt/Tumpel*, UStG³ (2021) § 3 Tz 455; *Haslinger/Rindler*, ecolex 2016, 29.
39 Siehe Nachweise in FN 8.

Nach der EuGH-Rechtsprechung ist ein direkter Zusammenhang zwischen Transaktionskosten und dem steuerbefreiten Verkauf von Anteilen insbesondere dann anzunehmen, wenn die Transaktionskosten Eingang in die Preiskalkulation des Verkaufspreises der Anteile gefunden haben.[40] Der VwGH hat diese Rechtsprechung weiter präzisiert und vertritt in einem Erkenntnis aus dem Jahr 2017, dass eine exakte Feststellung einer derartigen Kostenüberwälzung nicht erforderlich ist. Ein Vorsteuerabzug auf Transaktionskosten stehe auch dann nicht zu, wenn die Beratungsleistung auf andere Art nachweisbar dem Verkauf der Anteile direkt zuordenbar ist. Kein direkter und unmittelbarer Zusammenhang besteht idR für Dienstleistungen, die der Unternehmer erst als Folge und nach Abwicklung des Share Deal verwendet hat.[41] Dieser Auffassung folgen auch die UStR.[42] Auf Basis der Äußerungen des VwGH kann die Leistungsbeschreibung in der Rechnung des Beraters als Indiz für die Beurteilung des wirtschaftlichen Zusammenhangs dienen.[43] In der Praxis ist daher auf eine genaue Dokumentation und Abgrenzung der eingekauften Beratungsleistungen zu achten, um Vorsteuerkosten zu minimieren.

5. Asset Deal
5.1. Die Bestimmung des § 4 Abs 7 UStG

Das österreichische UStG enthält eine Sonderregel für den Unternehmensverkauf. Diese ist jedoch keine Umsetzung des Wahlrechts in Artikel 19 MwStSyst-RL und findet sich auch nicht im Abschnitt zu den steuerbaren Vorgängen (§ 1 UStG), sondern ist Teil der Bestimmungen zur Bemessungsgrundlage (§ 4 UStG). Dass der Unternehmensverkauf im Rahmen der Bemessungsgrundlage geregelt wird, bestätigt zugleich, dass der österreichische Gesetzgeber von der Steuerbarkeit und auch (zumindest teilweisen) Steuerpflicht dieses Vorgangs ausgeht.

§ 4 Abs 7 UStG enthält folgenden (recht komplexen) Wortlaut:

> Wird ein Unternehmen oder ein in der Gliederung eines Unternehmens gesondert geführter Betrieb im ganzen veräußert (Geschäftsveräußerung), so ist Bemessungsgrundlage das Entgelt für die auf den Erwerber übertragenen Gegenstände und Rechte (Besitzposten). Die Befreiungsvorschriften bleiben unberührt. Die übernommenen Schulden können nicht abgezogen werden.

---

40 EuGH 29.10.2009, C-29/08, *AB SKF*, Rn 58 ff.
41 VwGH 28.6.2017, Ro 2015/15/0014.
42 UStR 2000 Rz 1992.
43 Vgl VwGH 28.6.2017, Ro 2015/15/0014, Rz 14: „Diesen Zusammenhang hat das Bundesfinanzgericht zutreffend daraus abgeleitet, dass in der Rechnung über die gegenständlichen Leistungen die ‚laufende Unterstützung […] im Rahmen des Verkaufsprozesses der Technologie Gruppe für den Leistungszeitraum II-IX/05' angeführt wird und die in Rede stehenden Leistungen – nach den Angaben der Revisionswerberin im Beschwerdeverfahren – unerlässlich dafür gewesen sind, um überhaupt Verkaufsvorbereitungen andenken zu können. Daher kommt der Rüge keine Berechtigung zu, wonach für die Feststellung, dass die Beratungskosten ‚Kostenelement der Anteilsveräußerung' seien, jegliche Begründung und Beweiswürdigung fehle."

Bekannt ist die Bestimmung unter dem Titel „Geschäftsveräußerung im Ganzen".[44] Während der Anwendungsbereich der Bestimmung noch relativ einfach umreißbar und verständlich ist (Veräußerung eines *„Unternehmens"* oder eines *„gesondert geführten Betriebs"*), erschließen sich die konkreten Rechtsfolgen dem Leser auf den ersten Blick nur schwer. Der Hinweis auf *„Gegenstände"* und *„Rechte"* könnte zwar dahingehend gedeutet werden, dass aus Sicht des Gesetzgebers getrennte Lieferungen und sonstige Leistungen vorliegen;[45] mangels Übereinstimmung der Termini ist dies allerdings ebenso zweifelhaft.

Die UStR halten zu dieser Bestimmung fest:

> Es handelt sich zwar bei der Geschäftsveräußerung um eine einheitliche Lieferung, bei der Berechnung der USt ist aber eine Aufteilung der Bemessungsgrundlage vorzunehmen, als ob der Unternehmer eine Mehrzahl von Einzelleistungen erbracht hätte.[46]

Die hL folgt diesem Verständnis der Bestimmung.[47] Wenngleich der Wortlaut des § 4 Abs 7 UStG nicht ausdrücklich auf die Frage der einheitlichen Lieferung oder die Aufteilung der Bemessungsgrundlage eingeht, so ist dieses Verständnis der Bestimmung doch naheliegend. Insbesondere der Satz: *„Die Befreiungsvorschriften bleiben unberührt"* indiziert, dass auf den Kaufpreis (oder Teile davon) auch Befreiungsvorschriften anwendbar sein sollen. Dies ist allerdings nur dann möglich, wenn der Vorgang des Unternehmensverkaufs (zumindest) für Zwecke des § 4 UStG als eine Mehrzahl von Einzelleistungen verstanden wird und für jeglichen „Besitzposten" des verkauften Betriebsvermögens Befreiungsvorschriften zu prüfen sind.

Die hA und die Verwaltungspraxis gehen jedoch noch einen Schritt weiter: Nach hA ist jede Teilleistung nicht nur hinsichtlich Befreiungsvorschriften, sondern auch hinsichtlich Steuerbarkeit, Liefer-/Leistungsort und Steuersatz getrennt zu beurteilen.[48] Dieses Verständnis lässt sich aus dem UStG bzw § 4 Abs 7 UStG schwieriger schließen, weil sich im Gesetz keine Aussage dazu finden lässt.[49] Dieses Ergebnis erfordert, dass der Vorgang des Unternehmens(ver)kaufs nicht nur für Zwecke des § 4 UStG, sondern für Zwecke des gesamten UStG als eine Mehrzahl von Einzelleistungen verstanden wird. Um dieses Ergebnis zu erreichen, muss die

---

44 In Deutschland wird ebenso die Wortfolge „Geschäftsveräußerung im Ganzen" verwendet, allerdings für die Umsetzungsbestimmung zu Artikel 19 MwStSyst-RL (§ 1 Abs 1a dUStG) und damit eine Bestimmung mit anderem Anwendungsbereich und anderer Rechtsfolge.
45 Vgl *Leidel* in *Achatz/Tumpel* (2015) 190.
46 UStR 2000 Rz 676.
47 Vgl *Pernegger* in *Melhardt/Tumpel*, UStG³ (2021) § 4 Tz 251 ff; *Kanduth-Kristen* in *Berger/Bürgler/Kanduth-Kristen/Wakounig*, UStG-ON[3.00] § 4 Tz 122 (Stand 1.5.2018, rdb.at); *Haslinger/Rindler*, ecolex 2016, 26.
48 Vgl UStR 2000 Rz 676; *Ruppe/Achatz*, UStG⁵ (2017) § 4 Tz 146; *Pernegger* in *Melhardt/Tumpel*, UStG³ (2021) § 4 Tz 287–289; *Kanduth-Kristen* in *Berger/Bürgler/Kanduth-Kristen/Wakounig*, UStG-ON[3.00] § 4 Tz 125 (Stand 1.5.2018, rdb.at).
49 Dies ebenso bemerkend *Leidel*, Die Umsätze im Rahmen der Geschäftsveräußerung im Ganzen als einheitliches Rechtsgeschäft? taxlex 2008, 186 (186); *Leidel* in *Achatz/Tumpel* (2015) 190.

Systematik des § 4 Abs 7 UStG somit analog auf andere Bestimmungen (zB §§ 3, 3a, 10 UStG) erstreckt werden.

5.2. Anwendungsvoraussetzungen des § 4 Abs 7 UStG

Da § 4 Abs 7 UStG keine Umsetzung von Artikel 19 MwStSyst-RL oder einer anderen unionsrechtlichen Bestimmung ist, enthält dieser einige Begriffe, die nur im österreichischen Recht zu finden sind und daher auch nicht unionsautonom ausgelegt werden (müssen). Insbesondere muss sich der sachliche Anwendungsbereich nicht nach jenem des Artikels 19 MwStSyst-RL und der dazu ergangenen EuGH-Rechtsprechung richten. Die bisher zu § 4 Abs 7 UStG einschlägige nationale Rechtsprechung ist großteils bereits vor einigen Jahrzehnten ergangen.

Voraussetzung für das Vorliegen einer GiG ist die Veräußerung eines Unternehmens oder eines in der Gliederung des Unternehmens gesondert fortgeführten Betriebs im Ganzen. Die *„Veräußerung eines Unternehmens im Ganzen"* liegt vor, wenn sämtliche Wirtschaftsgüter, die die wesentlichen Grundlagen des bisherigen Unternehmens gebildet haben, veräußert werden. Diese müssen den Erwerber *„in die Lage versetzen"*, das Unternehmen fortzuführen. Welche Wirtschaftsgüter dies sind, hängt vom jeweiligen Unternehmens- bzw Betriebstypus ab (zB kundengebundene Tätigkeit, Produktionsunternehmen).[50]

Ein *„gesondert geführter Betrieb"* liegt nach der Rsp des VwGH vor, wenn *„der veräußerte Teil einen für sich lebensfähigen Organismus gebildet [hat], der unabhängig von den anderen Geschäften des Unternehmens betrieben worden [ist] und auch nach außen hin ein selbständiges, in sich abgeschlossenes Wirtschaftsgebilde ist"*.[51] Dieses Begriffsverständnis entspricht in etwa dem des Teilbetriebes iSd § 24 EStG.[52] Allerdings geht es insoweit jedenfalls darüber hinaus, als § 4 Abs 7 UStG keine betriebliche Tätigkeit iSd §§ 21–23 EStG erfordert. Auch aus ertragsteuerlicher Sicht außerbetriebliches Vermögen und damit verbundene Einkünfte (zB Mietobjekt) können daher unter § 4 Abs 7 UStG fallen.[53] Entscheidend ist auch hier, dass der Erwerber der Geschäftseinheit in die Lage versetzt wird, die Geschäftseinheit fortzuführen. Ihm müssen also jene Wirtschaftsgüter übertragen werden, die eine Weiterführung ermöglichen.[54]

Es müssen daher nicht alle Wirtschaftsgüter eines Betriebs übertragen werden, sondern nur die für die Betriebsführung wesentlichen. Die Zurückbehaltung unwesentlicher Wirtschaftsgüter, um diese ins Privatvermögen zu überführen

---

50 VwGH 3.10.1984, 83/13/0042; VwGH 22.4.1986, 85/14/0165; mit Praxisbeispielen *Pernegger* in *Melhardt/Tumpel*, UStG³ (2021) § 4 Rn 267.
51 VwGH 25.5.1971, 1705/69; 23.4.1974, 1982/73; 17.11.1983, 83/15/0053; vgl auch *Ruppe/Achatz*, UStG⁵ (2017) § 4 Tz 151.
52 Vgl VwGH 17.11.1983, 83/15/0053.
53 Vgl idS *Ruppe/Achatz*, UStG⁵ (2017) § 4 Tz 151.
54 Vgl VwGH 12.12.1988, 88/15/0017; *Pernegger* in *Melhardt/Tumpel*, UStG³ (2021) § 4 Rn 266.

oder anderweitig zu verkaufen, ist für das Vorliegen einer GiG somit unschädlich. Hervorzuheben ist zudem, dass anders als bei Artikel 19 MwStSyst-RL die tatsächliche Fortführung des Unternehmens/Betriebes durch den Erwerber keine Voraussetzung sein dürfte,[55] sondern die Möglichkeit der Weiterführung bereits ausreichend erscheint. Keine GiG liegt zudem vor, wenn Anteile an Unternehmen (Kapital- oder Personengesellschaften) verkauft werden oder ein Betrieb verpachtet oder aufgegeben wird.[56]

5.3. Prüfschritte bei Anwendung des § 4 Abs 7 UStG

Bei Anwendung des § 4 Abs 7 UStG sind, nach erfolgter Prüfung der Anwendungsvoraussetzungen, laut Verwaltungspraxis einige Schritte zu beachten, die im Folgenden kurz erläutert werden.

Als erster Schritt ist die Bemessungsgrundlage zu bestimmen. In aller Regel ist die Bemessungsgrundlage der vereinbarte Kaufpreis für das Unternehmen bzw für den Teilbetrieb zuzüglich vom Käufer übernommener Schulden. Dies ergibt sich aus § 4 Abs 7 letzter Satz UStG, wonach die *„übernommenen Schulden […] nicht abgezogen werden* [können]*"*. Zur Bemessungsgrundlage gehört – wie bei jedem Umsatz – nach § 4 Abs 1 UStG alles, was der Erwerber aufwendet, um das Unternehmen/den Betrieb zu erhalten (zB Wirtschaftsgüter, Dienstleistungen). Die explizite Nennung der übernommenen Schulden hat damit nur klarstellenden Charakter.[57] Da der Verkäufer sich die Rückzahlung der Schulden erspart, ist die Übernahme der Schulden als Gegenleistung des Käufers für die Übertragung des Unternehmens zu sehen. Wird gar kein Kaufpreis vereinbart und das Unternehmen daher auf den ersten Blick „verschenkt", so besteht die Bemessungsgrundlage in allen vom Käufer übernommenen Schulden (egal, ob betriebliche oder private Schulden).[58]

Im zweiten Schritt ist die so ermittelte Bemessungsgrundlage auf die Teilleistungen aufzuteilen. Dies erfolgt nach hL und den UStR im Verhältnis der Teilwerte (nicht der steuerlichen oder unternehmensrechtlichen Buchwerte!).[59] Es ist daher eine Bewertung der einzelnen Besitzposten erforderlich und stille Reserven sind für die Bewertung und Aufteilung der Bemessungsgrundlage zu beachten. Zu bedenken ist, dass nicht allen Bilanzposten für Zwecke des § 4 Abs 7 UStG ein Wert zuzuordnen ist: so gehen bspw aktive Steuerlatenzen bei einem Asset Deal nicht über und haben für den Erwerber keinen Wert (da stille Reserven idR durch den

---

55   Vgl Nachweise in FN 3.
56   Vgl mit weiteren Beispielen *Pernegger* in *Melhardt/Tumpel*, UStG[3] (2021) § 4 Rn 271.
57   Vgl *Pernegger* in *Melhardt/Tumpel*, UStG[3] (2021) § 4 Rn 278.
58   Vgl *Pernegger* in *Melhardt/Tumpel*, UStG[3] (2021) § 4 Rn 279; weiters zB *Haslinger/Rindler*, ecolex 2016, 26.
59   Vgl UStR 2000 Rz 676; siehe auch *Haslinger/Rindler*, ecolex 2016, 27; *Ruppe/Achatz*, UStG[5] (2017) § 4 Tz 158; *Pernegger* in *Melhardt/Tumpel*, UStG[3] (2021) § 4 Tz 287.

Asset Deal ohnehin aufgedeckt werden).[60] Verbleibt nach Abzug aller Teilwerte der übertragenen Besitzposten (Wirtschaftsgüter) von der Bemessungsgrundlage ein Restwert, so ist zu untersuchen, ob dieser Wert auf einen (in der Bilanz nicht aktivierten) immateriellen Besitzposten (selbst geschaffener immaterieller Vermögenswert) entfällt oder einem mitübertragenen Kundenstock zuordenbar ist. Sollte dies nicht der Fall sein, so ist im Restwert der Besitzposten „Firmenwert" zu sehen. Dieser Restposten „Firmenwert" unterliegt mangels einschlägiger Sondervorschriften dem Umsatzsteuersatz iHv 20 %, weshalb in der Praxis auf eine korrekte Zuordnung der Bemessungsgrundlage auf andere (eventuell steuerbefreite) Besitzposten zu achten ist.

Im dritten Schritt sind die jeweiligen Teilleistungen gesondert hinsichtlich Steuerbarkeit, Leistungs-/Lieferort, Befreiung und Steuersatz zu beurteilen. Als nicht steuerbar gilt nach Auffassung der Finanzverwaltung die Übertragung eines nicht vorsteuerabzugsberechtigten PKW im Rahmen des verkauften Betriebes.[61] Weitere nicht steuerbare Teilleistungen sind nicht denkbar. Als befreite Teilleistungen beim Unternehmenskauf sind insbesondere Kassa- und Bankguthaben[62], Geldforderungen[63], Wertpapiere[64], Gesellschaftsanteile[65] und Grundstücke[66] zu nennen. Für Grundstücke besteht nach § 6 Abs 2 UStG die Möglichkeit der Option zur Steuerpflicht, deren Ausübung für den Verkäufer insbesondere dann vorteilhaft sein kann, wenn in der Vergangenheit Vorsteuern iZm dem Erwerb oder der Errichtung/Renovierung geltend gemacht wurden und der Vorsteuerberichtigungszeitraum für diese Kosten nach § 12 Abs 10 UStG noch nicht abgelaufen ist. Im Einzelfall (insb bei Ärzten, Banken, Versicherungen) können auch andere Gegenstände nach § 6 Abs 1 Z 26 UStG befreit sein, wenn für diese kein Vorsteuerabzug geltend gemacht werden konnte und diese ausschließlich für steuerbefreite Tätigkeiten verwendet wurden.[67] Neben Befreiungen sind auch die relevanten Steuersätze getrennt für alle Teilleistungen zu prüfen. Hierzu sind alle übertragenen Gegenstände (insb Waren) im Lichte der in § 10 Abs 2 iVm Anlage 1 und Abs 3 UStG gelisteten Umsätze zu prüfen. Dem Normalsteuersatz iHv 20 % unterliegen jedenfalls die Betriebs- und Geschäftsausstattung und idR auch ein allfälliger Kun-

---

60 Zu weiteren Bilanzposten (zB Rückstellungen für Sozialkapital, passive Rechnungsabgrenzungen) vgl *Haslinger/Rindler*, ecolex 2016, 27.
61 Vgl UStR 2000 Rz 676 und Rz 1931. Dies widerspricht jedoch der VwGH-Rechtsprechung, wonach beim Verkauf eines nicht vorsteuerabzugsberechtigten PKW im Lichte einer unionsrechtskonformen Auslegung (Artikel 136(b) iVm Artikel 176 MwStSyst-RL) ein steuerbefreiter Umsatz nach § 6 Abs 1 Z 26 UStG vorliegt (VwGH 22.9.1999, 98/15/0136); vgl auch *Leidel* in *Achatz/Tumpel* (2015) 184.
62 § 6 Abs 1 Z 8 lit b UStG.
63 § 6 Abs 1 Z 8 lit c UStG.
64 § 6 Abs 1 Z 8 lit f UStG.
65 § 6 Abs 1 Z 8 lit g UStG.
66 § 6 Abs 1 Z 9 UStG.
67 Vgl zu Problemen bei der Anwendung im Rahmen des § 4 Abs 7 UStG bei nur teilweiser Verwendung für steuerfreie Umsätze *Leidel* in *Achatz/Tumpel* (2015) 187 f. Nach VwGH 22.9.1999, 98/15/0136 kann diese Befreiung in unionsrechtskonformer Weise auch auf Gegenstände angewandt werden, für die aufgrund anderer Umstände kein Vorsteuerabzugsrecht geltend gemacht werden konnte (zB PKW).

denstock und Firmenwert. Die Finanzverwaltung lässt eine Anwendung der Befreiung des § 6 Abs 1 Z 26 UStG auch auf den Kundenstock und Firmenwert zu, wenn der Verkäufer ausschließlich steuerbefreite Umsätze ausführt (zB Bank, Versicherung, Arzt).[68] Wenngleich diese Auslegung unternehmerfreundlich ist, so findet sie im Gesetz und in der EuGH-Rechtsprechung keine Deckung. § 6 Abs 1 Z 26 UStG (und auch die unionsrechtliche Grundlage in Artikel 136 MwStSyst-RL) gilt nur für *"Lieferungen von Gegenständen"*, nicht für sonstige Leistungen. Nach der EuGH-Rechtsprechung in der Rs *Swiss Re* liegt mangels körperlichem Gegenstand bei der Übertragung von Verträgen eine sonstige Leistung (und keine Lieferung) vor.[69] Nichts anderes kann für den Kundenstock und den Firmenwert gelten.[70] Hinsichtlich des Kundenstocks könnte man zwar vorbringen, dass es laut Protokollerklärung zu Artikel 13 der 6. MwSt-RL (Vorgängerbestimmung zu Artikel 136 MwStSyst-RL)[71] Intention war, diesen von der Befreiungsbestimmung zu erfassen.[72] Diese Argumentation hat aber den EuGH bereits in der Rs *Swiss Re* nicht überzeugt.[73]

Nach erfolgter Ermittlung und Aufteilung der Bemessungsgrundlage und entsprechender gesonderter Beurteilung der steuerlichen Konsequenzen für jede Teilleistung hat der Verkäufer eine Rechnung entsprechend den Vorschriften des § 11 UStG auszustellen, die Voraussetzung für den Vorsteuerabzug beim Käufer ist. Die sachgerechte Aufteilung der Bemessungsgrundlage und die korrekte gesonderte Anwendung etwaiger Befreiungsvorschriften und Steuersätze ist für die Ausstellung einer formgültigen Rechnung nach § 11 UStG besonders wichtig. Nach § 11 Abs 1 Z 3 UStG muss eine Rechnung nämlich eine genaue Leistungsbeschrei-

---

68 Vgl zum Kundenstock eines Versicherungsvertreters UStR 2000 Rz 991; implizit so wohl auch zum Firmenwert UStR 2000 Rz 342, wonach der Firmenwert als Lieferung eines Gegenstandes gilt und daher die Voraussetzungen des § 6 Abs 1 Z 26 UStG erfüllt wären. Eine geringfügige Verwendung (5 %) für steuerpflichtige Umsätze wird zudem ebenso nicht als schädlich betrachtet (UStR 2000 Rz 992).
69 EuGH 22.10.2009, C-242/08, *Swiss Re Germany Holding*, Rn 61.
70 Vgl so auch zum Kundenstock VwGH 27.6.2019, Ra 2018/15/0078; *Lehner*, Ein Kundenstock ist kein Gegenstand, SWK 2012, 30 (30 ff); so auch zum Firmenwert *Ruppe/Achatz*, UStG[5] (2017) § 3 Tz 20; *Haunold/Tumpel/Widhalm*, SWI 2009, 608 ff.
71 Wortlaut dieser Protokollerklärung: *"Der Rat und die Kommission erklären, dass das Überlassen des Kundenstamms im Zusammenhang mit einer steuerbefreiten Tätigkeit unter die in Artikel 13 Teil B Buchstabe c enthaltene Befreiung fällt";* vgl *Scheiner/Kolacny/Caganek* in *Ecker/Epply/Rößler/Schwab*, UStG[14] (2006) Tz 2.
72 So UStR-Wartungserlass 2019: *"Rz 991 wird aufgrund des VwGH-Erkenntnis vom 27.6.2019, Ra 2018/15/0078, zum Kundenstock abgeändert. Aufgrund der Protokollerklärung des Rates und Kommission zu Art. 136 MwSt-RL 2006/112/EG fällt die Überlassung eines Kundenstamms im Zusammenhang mit einer von der Steuer befreiten Tätigkeit weiterhin unter die in Art. 136 MwSt-RL 2006/112/EG enthaltene Bestimmung."*
73 EuGH 22.10.2009, C-242/08, *Swiss Re Germany Holding*, Rn 62: *"Im Übrigen ist zu dem Hinweis des Bundesfinanzhofs in seiner Vorlageentscheidung auf den Standpunkt, den der Rat der Europäischen Union und die Kommission der Europäischen Gemeinschaften zur Zeit der Genehmigung der Sechsten Richtlinie zum Überlassen eines Kundenstamms vertreten haben, festzustellen, dass Erklärungen, die bei vorbereitenden Arbeiten, die zum Erlass einer Richtlinie geführt haben, abgegeben worden sind, bei der Auslegung der Richtlinie nicht berücksichtigt werden können, wenn ihr Inhalt im Wortlaut der fraglichen Bestimmung keinen Ausdruck gefunden hat und sie somit keine rechtliche Bedeutung haben (vgl. Urteil vom 8. Juni 2000, Epson Europe, C-375/98, Slg. 2000, I-4243, Randnr. 26)."*

bung und den/die auf die jeweilige Leistung entfallende/n Steuersatz, Befreiung und Steuerbetrag enthalten. Passiert hierbei ein Fehler, so besteht das Risiko, dass die Finanzverwaltung dem Käufer den Vorsteuerabzug versagt.

Daneben sind bei Anwendung der Bestimmung zur GiG nach § 4 Abs 7 UStG in der Praxis auch weitere Punkte zu beachten:

Zur Vermeidung von Liquiditätsnachteilen für den Käufer empfiehlt sich eine Prüfung der Möglichkeit der Umbuchung/Überrechnung nach § 215 Abs 4 iVm § 211 Abs 1 Z 4 BAO: Der Erwerber bezahlt diesfalls nur den Nettokaufpreis an den Verkäufer; das Vorsteuerguthaben vom Abgabenkonto des Käufers wird auf das Abgabenkonto des Verkäufers zur Begleichung der Umsatzsteuerschuld des Käufers umgebucht.[74] Hierfür ist allerdings eine bilaterale Einigung zwischen Käufer und Verkäufer erforderlich. Voraussetzung für eine erfolgreiche Überrechnung ist zudem, dass der Käufer tatsächlich über ausreichend Guthaben am Abgabenkonto verfügt.[75] Sollte die Überrechnung (zB mangels Guthaben) nicht möglich sein, so trägt der Verkäufer das Risiko, dass er dennoch die Umsatzsteuerschuld zu begleichen hat und zusätzlich Säumniszuschläge festgesetzt werden, obwohl er vom Käufer nur den Nettobetrag erhalten hat. Hierfür sollte vertraglich vorgesorgt werden.

Hinsichtlich der Abfuhr der Umsatzsteuerschuld hat der Verkäufer zu beachten, dass für die GiG gemäß § 17 Abs 7 UStG zwingend die Sollbesteuerung gilt. Die Steuerschuld entsteht daher auch bei Unternehmern, die grundsätzlich der Istbesteuerung unterliegen (zB Einnahmen-Ausgaben-Rechner nach § 4 Abs 3 UStG, Freiberufler wie etwa Ärzte und Rechtsanwälte)[76], am Ende des Monats, in dem der Umsatz ausgeführt wurde, und nicht erst am Ende des Monats der Zahlung des Kaufpreises.[77] Bei einer GiG fällt daher auch dann die gesamte Umsatzsteuer auf einmal an, wenn Ratenzahlung vereinbart wurde.[78]

Zu guter Letzt sollte der Verkäufer auch prüfen, ob er bestimmte Wirtschaftsgüter (die für den Betrieb nicht essentiell sind) zurückbehalten möchte (zB bei Pensionierung, Verkauf des gesamten Unternehmens). Werden unwesentliche Vermögenswerte zurückbehalten (zB ein Gebäude) und ins Privatvermögen übernommen, so löst dies eine Entnahmebesteuerung nach § 3 Abs 2 UStG aus, sofern auf diese Vermögenswerte bei Anschaffung/Herstellung ein Vorsteuerabzug zugestanden ist.[79] Der Verkäufer hat daher gegebenenfalls 20 % Umsatzsteuer auf den Wiederbeschaffungspreis (§ 4 Abs 8 lit a UStG) im Zeitpunkt der Entnahme an den Fiskus zu leisten.

---

74 Vgl dazu auch *Leidel* in *Achatz/Tumpel* (2015) 189.
75 Vgl *Leidel* in *Achatz/Tumpel* (2015) 189.
76 Vgl mit weiteren Beispielen *Ruppe/Achatz*, UStG[5] (2017) § 17 Tz 11 ff.
77 Eine Ausnahme hierzu bildet die Anzahlung (§ 19 Abs 2 Z 1 lit a UStG).
78 UFS 12.5.2005, RV/1341-L/02; *Haslinger/Rindler*, ecolex 2016, 29.
79 Vgl *Pernegger* in *Melhardt/Tumpel*, UStG[3] (2021) § 4 Rn 260.

Zu beachten ist weiters, dass der Erwerber nach § 14 BAO unter bestimmten Voraussetzungen ebenfalls für die Umsatzsteuer aus der GiG haftet.[80] Aus Käufersicht ist daher zu empfehlen, dass in den Kaufvertrag eine umfassende Steuerklausel aufgenommen wird, wonach dem Käufer im Falle der Nichtbezahlung der Umsatzsteuer auf die GiG durch den Verkäufer und einer Inanspruchnahme durch die Finanzbehörden ein umfassendes Regressrecht gegenüber dem Verkäufer zukommt (bestenfalls zusätzlich abgesichert durch Bankgarantien). Dieses Risiko könnte wiederum durch die oben erwähnte Begleichung der Umsatzsteuer mittels Überrechnung vom Abgabenkonto des Käufers minimiert werden.

5.4. Besonderheiten in grenzüberschreitenden Sachverhalten

Erfolgt ein Verkauf eines Unternehmens über die Grenze (dh Verkäufer oder Käufer ist nicht in Österreich ansässig), so stellen sich weitere Sonderfragen, die anhand eines Beispiels näher beleuchtet werden sollen:

Beispiel
Verkäufer DE mit Ort der Geschäftsleitung in Deutschland verkauft eine Betriebsstätte in Deutschland an den Käufer AT mit Ort der Geschäftsleitung in Österreich. Die Betriebsstätte umfasst neben einem Büro, Warenlager und Personal auch einen Kundenstock und Firmenwert. Der Verkäufer tätigt nur steuerpflichtige Umsätze und ist daher voll vorsteuerabzugsberechtigt; der Käufer ist jedoch nur teilweise vorsteuerabzugsberechtigt.
In diesem Beispiel stellen sich die Fragen, (i) welcher Rechtsordnung (Deutschland oder Österreich) der Unternehmensverkauf unterliegt (Leistungs-/Lieferort) und (ii) wer (Verkäufer oder Käufer) gegebenenfalls eine Umsatzsteuer auf den (Ver-)Kauf zu deklarieren und abzuführen hat.

Entsprechend der hL in Österreich sind die Teilleistungen nach § 4 Abs 7 UStG auch hinsichtlich des Leistungs-/Lieferortes getrennt zu beurteilen.[81] Die Übertragung aller körperlichen Gegenstände (Betriebs- und Geschäftsausstattung, Waren) folgt daher der Lieferortregel des § 3 Abs 7 UStG und ist in Deutschland steuerbar. Da Deutschland Artikel 19 MwStSyst-RL allerdings umfassend umgesetzt hat, erfolgt keine Besteuerung dieser Gegenstände in Deutschland. Diese Teilleistungen unterliegen daher weder in Österreich noch in Deutschland der Umsatzsteuer. Für die Übertragung des Kundenstocks und des Firmenwerts ist die Beurteilung diffiziler.

Sieht man in der Übertragung des Kundenstocks und des Firmenwerts in unionsrechtskonformer Auslegung eine sonstige Leistung,[82] so richtet sich der Leistungs-

---
80 VwGH 12.12.1988, 88/15/0017; vgl dazu *Haslinger/Rindler*, ecolex 2016, 29; *Hörtnagl-Seidner*, SWK 2007, S 891 ff.
81 Vgl idS bspw *Haslinger/Rindler*, ecolex 2016, 27 ff zum Kundenstock und Firmenwert im Rahmen einer GiG.
82 Nach Auffassung der Finanzverwaltung gilt die Übertragung des Kundenstocks seit dem UStR-Wartungserlass 2019, dem VwGH folgend (VwGH 27.6.2019, Ra 2018/15/0078), als sonstige Leistung, die

ort nach der B2B-Grundregel in § 3a Abs 6 UStG. Auch nach deutscher Auffassung handelt es sich in beiden Fällen um eine sonstige Leistung.[83] Der Leistungsort liegt daher grundsätzlich am Unternehmerort des Empfängers, es sei denn, die Leistung ist einer empfangenden Betriebsstätte in einem anderen Land zuordenbar. Da der Käufer in Österreich ansässig ist, sollte der Firmenwert auf den ersten Blick einer Besteuerung in Österreich mit 20 % unterliegen. Dies hätte zur Folge, dass die Reverse-Charge-Regelung nach § 19 Abs 1 UStG greift und die Steuer vom Käufer AT in Österreich zu erklären und abzuführen wäre; die Rechnung wäre von Verkäufer DE daher gänzlich ohne Umsatzsteuer auszustellen. Allerdings ist in diesem Fall auch argumentierbar, dass die erworbene Betriebsstätte in Deutschland zugleich auch als leistungsempfangende Betriebsstätte des Käufers qualifiziert. Schließlich wird der erworbene Firmenwert vom Käufer in der deutschen Betriebsstätte genutzt werden. Die Zuordnung des Leistungsortes zur deutschen Betriebsstätte – die zukünftig im Eigentum des Käufers steht – könnte daher besser dem Bestimmungslandprinzip entsprechen.[84] Eine Zuordnung zur deutschen Betriebsstätte und damit Deutschland als Leistungsort hätte den Vorteil, dass keine Umsatzsteuer und damit auch keine potentiellen Vorsteuerkosten entstehen. Zudem wären durch diese Auslegung alle übertragenen Besitzposten im selben Land (Deutschland) steuerbar. In einer spiegelverkehrten Situation (Verkäufer AT verkauft österreichische Betriebsstätte an Käufer DE) könnte dies natürlich auch zum Ergebnis führen, dass alle Besitzposten in Österreich steuerbar sind und daher österreichische Umsatzsteuer (insb auf den Kundenstock und Firmenwert iHv 20 %) ausgelöst wird.

Dieses Beispiel zeigt, dass die eingeschränkte Umsetzung des Artikels 19 MwStSyst-RL in Österreich in grenzüberschreitenden Fällen zu zahlreichen Zweifelsfragen führt, deren Beantwortung sowohl für den Verkäufer als auch für den Käufer aus umsatzsteuerlicher Sicht wichtig ist.

5.5. Unionsrechtskonformität des § 4 Abs 7 UStG

§ 4 Abs 7 UStG ist keine Umsetzung des Artikels 19 MwStSyst-RL und hat keine ausdrückliche Grundlage in der MwStSyst-RL. Es stellt sich daher die Frage, ob § 4 Abs 7 UStG und die hA und Verwaltungspraxis zu dessen Auslegung unionsrechtskonform sind. Mit dieser Frage hat sich auch *Leidel* bereits eingehend befasst.[85]

Übertragung des Firmenwertes ist jedoch weiterhin eine Lieferung (UStR 2000 Rz 342 und 991). Der Firmenwert wäre dieser Auffassung folgend (mangels möglicher Versendung iSd § 3 Abs 8 UStG) ebenfalls nach § 3 Abs 7 UStG in Deutschland steuerbar, würde dort aber keine Umsatzsteuer auslösen. Zur alten Auffassung des Lieferortes bei einem Kundenstock *Haslinger/Rindler*, ecolex 2016, 27 f.

83 Vgl deutscher Umsatzsteuer-Anwendungserlass, Stand 15. Dezember 2020, Punkt 3.1. Abs 4.
84 Gegen dieses Ergebnis könnte jedoch vorgebracht werden, dass der Käufer im Zeitpunkt des Umsatzes noch über keine Betriebsstätte in Deutschland verfügt, sondern diese erst durch den Kauf entsteht.
85 *Leidel*, taxlex 2008, 186 ff; *Leidel* in *Achatz/Tumpel* (2015) 194 ff.

Um festzustellen, ob § 4 Abs 7 UStG dem Unionsrecht entspricht, ist zu analysieren, wie ein Unternehmensverkauf nach den allgemeinen Grundsätzen der MwStSyst-RL (bei Nichtausübung der Option nach Artikel 19 MwStSyst-RL) zu besteuern wäre. Die bedeutendsten Fragen hierbei sind: Stellt der Unternehmensverkauf eine einheitliche Leistung oder mehrere getrennte Leistungen dar? Sollte eine einheitliche Leistung vorliegen, kann diese im Lichte der EuGH-Rsp für Zwecke der Leistungs-/Lieferorte, Befreiungen und Steuersätze aufgespalten und jede Teilleistung gesondert beurteilt werden?

Nach der EuGH-Rechtsprechung kann eine einheitliche Leistung in zwei Konstellationen angenommen werden: Erstens, wenn eine Leistung als Nebenleistung zur Hauptleistung qualifiziert, weil diese für den Kunden *„keinen eigenen Zweck, sondern das Mittel darstellt, um die Hauptleistung des Leistungserbringers unter optimalen Bedingungen in Anspruch zu nehmen"*;[86] ein Beispiel hierfür wäre die Verpackung und der Versand bei einem Warenverkauf[87]; zweitens, wenn eine komplexe einheitliche Leistung vorliegt, dh mehrere Leistungen *„so eng miteinander verbunden sind, dass sie objektiv eine einzige untrennbare wirtschaftliche Leistung bilden, deren Aufspaltung wirklichkeitsfremd wäre"*.[88] Ein Beispiel hierfür ist die Portfolioverwaltung (Kauf/Verkauf von Wertpapieren und Analyse/Verwaltung des Vermögens), die nach Auffassung des EuGH eine einheitliche Leistung ist, da es dem durchschnittlichen Anleger im Rahmen der Leistung der Portfolioverwaltung gerade um die Verbindung dieser beiden Elemente geht.[89] Die Leistung der Portfolioverwaltung ist daher gesamt steuerpflichtig zu behandeln, auch wenn die Leistung des Kaufs/Verkaufs von Wertpapieren getrennt betrachtet grundsätzlich steuerbefreit wäre.[90] Indizien für die Behandlung als einheitliche Leistung können die gemeinsame Abrechnung, die Vertragsgestaltung, die nicht getrennte Verfügbarkeit der Leistung und das Wertverhältnis sein.[91] Eine getrennte oder gemeinsame Abrechnung allein ist aber nicht entscheidend.[92] Für die Beurteilung ist auf die Sichtweise eines Durchschnittsempfängers abzustellen.[93]

Letztlich ist die Frage, ob eine einheitliche oder mehrere getrennte Leistungen vorliegen, immer im Rahmen einer Einzelfallbeurteilung zu beantworten. In vielen Fällen erscheint bei einem Unternehmensverkauf eine Beurteilung als einheit-

---

86 Für viele EuGH 2.7.2020, C-231/19, *Blackrock Investment Management*, Rn 29; 4.3.2021, C-581/19, *Frenetikexito*, Rn 41.
87 Vgl *Pernegger* in *Melhardt/Tumpel*, UStG³ (2021) § 10 Rn 90.
88 Für viele EuGH 2.7.2020, C-231/19, *Blackrock Investment Management*, Rn 23; 4.3.2021, C-581/19, *Frenetikexito*, Rn 38.
89 EuGH 19.7.2012, C-44/11, *Deutsche Bank*, Rn 25.
90 EuGH 19.7.2012, C-44/11, *Deutsche Bank*, Rn 25.
91 Vgl EuGH 4.3.2021, C-581/19, *Frenetikexito*, Rn 39 ff.
92 Vgl UStR 2000 Rz 347; VwGH zu Fast-Food-Menü: trotz Pauschalpreis keine einheitliche Leistung (VwGH 20.12.2016, Ro 2014/15/0039-3).
93 Vgl EuGH 4.3.2021, C-581/19, *Frenetikexito*, Rn 39 ff.

liche Leistung im Sinne einer komplexen einheitlichen Leistung überzeugend.[94] Im Regelfall wird der Käufer eines Unternehmens oder eines (Teil-)Betriebs am Bündel an Vermögenswerten interessiert sein, denn nur das gesamte Bündel erlaubt ihm, den Betrieb fortzuführen. Nur in Einzelfällen, wenn einzelne Wirtschaftsgüter besonders bedeutend sind oder der Käufer die Zerschlagung des Betriebs plant, könnte für ihn der „Betrieb" als solcher in den Hintergrund treten und könnten die Einzelleistungen getrennt interessanter sein. Da die EuGH-Rechtsprechung ein Abstellen auf den Durchschnittsempfänger verlangt, kann die subjektive individuelle Absicht des Käufers jedoch nicht berücksichtigt werden. Es verbleiben damit nur jene Fälle, in denen das umsatzsteuerliche Unternehmen durch einzelne Wirtschaftsgüter besonders gekennzeichnet ist (zB Verkauf eines Mietobjekts[95]). Eine komplexe einheitliche Leistung wäre dann womöglich nicht gegeben. Allerdings könnte für diese Konstellationen argumentiert werden, dass die (unwesentlichen) Vermögenswerte eine Neben- zur Hauptleistung sind und daher erneut eine einheitliche Leistung vorliegt. Es verbleiben daher bei genauerer Betrachtung aufgrund des Abstellens auf einen Durchschnittskäufer wohl nur wenige Situationen, in denen keine einheitliche Leistung anzunehmen ist.

Liegt eine einheitliche Leistung vor, so ist diese für Umsatzsteuerzwecke grundsätzlich einheitlich zu behandeln, dh die Leistung ist entweder gänzlich befreit oder gänzlich steuerpflichtig und unterliegt nur einem Steuersatz. Auch kann idR nur ein Leistungs-/Lieferort bestehen.[96] Die Rechtsfolgen sind für alle Teile einer (einheitlichen) Leistung daher prinzipiell ident.[97] Ausnahmen von diesem Grundsatz gibt es nur dann, wenn die MwStSyst-RL dies explizit gestattet oder der Kontext besonders stark für eine derartige Auslegung spricht: So gilt bspw eine Personenbeförderungsleistung nach § 3a Abs 10 UStG (basierend auf Artikel 48 MwStSyst-RL) anteilig dort als ausgeführt, wo die Beförderung bewirkt wird; der Leistungsort der einheitlichen Leistung „Bustransport von Wien nach Prag" liegt daher anteilig in Österreich und in Tschechien.[98] Die Anwendung unterschiedlicher Steuersätze auf eine einheitliche Leistung ist bspw bei Restaurantumsätzen möglich. Obwohl Restaurantumsätze als einheitliche Leistung gelten[99]

---

94 Vgl so auch *Leidel*, taxlex 2008, 188; *Tumpel* in *Ludwig* (Hrsg), FS Bruckner (2008) 276 und 281; *Leidel* in *Achatz/Tumpel* (2015) 195.
95 Vgl *Pernegger* in *Melhardt/Tumpel*, UStG³ (2021), § 4 Rn 269; USt-Protokoll 2002, Z 09 4501/44-iV/9/02.
96 Siehe jedoch EuGH 29.3.2007, C-111/05, *Aktiebolaget NN*, Rn 45 ff: In diesem Urteil ging der EuGH davon aus, dass die Verlegung eines Glasfaserkabels in mehreren Mitgliedstaaten auch in mehreren Mitgliedstaaten anteilig nach der Länge des sich auf seinem Hoheitsgebiet befindlichen Kabels steuerbar sein kann.
97 Vgl die ständige Rsp des VwGH 16.4.1991, 90/14/0012; 30.3.1992, 90/15/0158.
98 Im Rahmen der Auslegung (ohne ausdrückliche Rechtsgrundlage) ähnlich zu Montagelieferungen: EuGH 29.3.2007, C-111/05, *Aktiebolaget NN*, Rn 45 ff; vgl dazu *Tumpel* in *Ludwig* (Hrsg), FS Bruckner (2008) 276 f.
99 EuGH 2.5.1996, C-231/94, *Faaborg-Gelting Linien*, Rn 13 ff; vgl *Scheiner/Kolacny/Caganek* in *Ecker/Epply/Rößler/Schwab*, UStG²⁴ (2009) § 10 Abs 2 Z 1 Tz 81 ff.

und diese grundsätzlich nach § 10 Abs 2 Z 1 lit b UStG dem ermäßigten Steuersatz unterliegen, gestattet es Artikel 98 iVm Anhang III Z 12a MwStSyst-RL, *"die Abgabe von (alkoholischen und/oder alkoholfreien) Getränken auszuklammern"*. Demfolgend ist in unionsrechtskonformer Weise nach hA in Österreich die Anwendung des Normalsteuersatzes auf Getränke im Rahmen einer Restaurantrechnung trotz einheitlicher Leistung möglich.[100] Darüber hinaus hat der EuGH in der Rs *Talacre Beach* im Jahr 2006 zwar auch anerkannt, dass im Falle spezieller Sonderbestimmungen die Anwendung unterschiedlicher Steuersätze auf eine einheitliche Leistung denkbar ist.[101] In der Rs *Stadion Amsterdam* im Jahr 2018 hat der Gerichtshof aber deutlich gemacht, dass diese Aussagen sehr einschränkend zu verstehen sind und nur für spezielle Ausnahmeregelungen zur Rückerstattung von Steuern gelten dürften.[102]

Für die Unternehmensübertragung gibt es in der MwStSyst-RL (anders als für Personenbeförderung und Restaurationsumsätze) keine Grundlage, die die Anwendung unterschiedlicher Steuersätze oder die Aufteilung in einzelne Teilleistung für Zwecke des Leistungsortes oder der Befreiungen explizit regelt. Wird ein Unternehmensverkauf aus Sicht des Durchschnittsempfängers daher als einheitliche Leistung qualifiziert, so sollte dies mE grundsätzlich die Anwendung identer Rechtsfolgen bei Befreiung, Steuersatz und Leistungs-/Lieferort zur Folge haben.[103]

Als erste Frage ist dabei zunächst zu klären, ob die einheitliche Leistung als Lieferung nach § 3 UStG oder als sonstige Leistung nach § 3a UStG qualifiziert, weil an diese Qualifikation zahlreiche weitere Rechtsfolgen knüpfen. Dies hat nach hA im Rahmen einer Schwerpunktbetrachtung zu erfolgen.[104] Liegt der Schwerpunkt der Unternehmensübertragung auf dem Warenbestand und den Gebäuden, so

---

100 Vgl *Scheiner/Kolacny/Caganek* in *Ecker/Epply/Rößler/Schwab*, UStG^{24} (2009) § 10 Abs 2 Z 1 Tz 82 und 84.

101 EuGH 6.7.2006, C-251/05, *Talacre Beach*, Rn 24–25; zu dieser mE nunmehr überholten Rsp noch *Leidel* in *Achatz/Tumpel* (2015) 196 ff.

102 EuGH 18.1.2018, C-463/16, *Stadion Amsterdam*, Rn 32–33: *„Was drittens das Urteil vom 6. Juli 2006, Talacre Beach Caravan Sales (C-251/05, EU:C:2006:451), anbelangt, so betrifft es […] die Frage, ob die Tatsache, dass bestimmte Gegenstände eine einheitliche Lieferung bilden, die zum einen eine Hauptleistung, die nach dem Recht dieses Mitgliedstaats unter eine die Rückerstattung der gezahlten Steuer vorsehende Ausnahmeregelung im Sinne von Art. 28 Abs. 2 Buchst. a der Sechsten Richtlinie fällt, und zum anderen Gegenstände umfasst, die nach dem genannten Recht von dieser Ausnahmeregelung ausgeschlossen sind, den betreffenden Mitgliedstaat daran hindert, auf die Lieferung dieser ausgeschlossenen Gegenstände Mehrwertsteuer zum Normalsatz zu erheben. […] In diesem Urteil hat der Gerichtshof ausdrücklich festgestellt, dass die Rechtsprechung zur Besteuerung einheitlicher Umsätze nicht für Ausnahmeregelungen, wonach die gezahlte Steuer zurückerstattet wird, im Sinne von Art. 28 der Sechsten Richtlinie gilt."*; ähnlich deutlich und einschränkend äußerte sich der EuGH zum EuGH-Urteil 8.5.2003, C384/01, *Kommission/Frankreich* – siehe EuGH 18.1.2018, C-463/16, *Stadion Amsterdam*, Rn 31: *„Aus diesem Urteil lässt sich daher keine Schlussfolgerung zur Möglichkeit der Anwendung eines eigenen Mehrwertsteuersatzes auf separate Bestandteile einer einheitlichen Leistung ziehen."*

103 AA *Haslinger/Rindler*, ecolex 2016, 26; dagegen könnte auch das Urteil EuGH 29.3.2007, C-111/05, *Aktiebolaget NN*, Rn 45 ff vorgebracht werden.

104 Vgl dazu *Leidel* in *Achatz/Tumpel* (2015) 195; *Leidel*, taxlex 2008, 188; *Tumpel* in Ludwig (Hrsg), FS Bruckner (2008) 281; zB zu Werklieferung/Werkleistung vgl *Ruppe/Achatz*, UStG^5 (2017) § 3 Tz 96 ff.

wird eine Lieferung anzunehmen sein. Besteht der wesentliche Betriebsbestandteil hingegen in Know-how und immateriellen Rechten, dann ist eine sonstige Leistung gegeben.[105]

Anschließend ist die Anwendung von Befreiungen oder ermäßigten Steuersätzen zu prüfen. Der EuGH war bereits mehrfach mit der Frage befasst, welche Rechtsfolgen für einheitliche Leistungen gelten, wenn eine Teilleistung grundsätzlich die Voraussetzungen für eine Befreiung oder einen ermäßigten Steuersatz erfüllt. Der Gerichtshof beruft sich hierbei primär auf seinen Grundsatz der engen Auslegung von Ausnahmen. Demnach sollen Ausnahmen wie die Befreiungen und ermäßigte Steuersätze, die nicht dem Grundprinzip der MwStSyst-RL entsprechen, eng ausgelegt und nicht auf Leistungen erstreckt werden, die hievon grundsätzlich nicht erfasst sind.[106] Auf Basis dieser Erwägungen hat der EuGH festgehalten, dass eine einheitliche komplexe Leistung gesamt steuerpflichtig ist[107] und auf die gesamte einheitliche komplexe Leistung nur der Normalsteuersatz anwendbar sein kann.[108] Sollte im Rahmen einer Schwerpunktbetrachtung der einheitlichen Leistung[109] zudem eine Lieferung (und keine sonstige Leistung) vorliegen, so scheidet eine Anwendung der Steuerbefreiung für sonstige Leistungen (insb gem § 6 Abs 1 Z 8 UStG) bereits dem Grunde nach aus. Gleiches gilt im umgekehrten Fall für Befreiungen für Lieferungen (zB § 6 Abs 1 Z 9 UStG).

Eine Ausnahme hiervon könnte nur dann eintreten, wenn es sich um keine komplexe einheitliche Leistung handelt, sondern um eine einheitliche Leistung bestehend aus Haupt- und Nebenleistung. Für diese Konstellation der einheitlichen Leistung hält der EuGH in ständiger Rechtsprechung allgemein fest, dass die Nebenleistungen *„das steuerliche Schicksal der Hauptleistung teilen“*.[110] Dies bedeutet konsequent zu Ende gedacht,[111] dass die Anwendung einer Steuerbefreiung auf die einheitliche Leistung des Unternehmensverkaufs unionsrechtlich bspw dann möglich wäre, wenn die Hauptleistung in der Übertragung eines Grundstücks besteht und nicht zur Steuerpflicht optiert wird. Die Anwendung eines ermäßigten Steuersatzes wäre folglich denkbar, wenn die Hauptleistung in der Übertragung eines Warenbestands besteht, der einem ermäßigten Steuersatz unterliegt.

---

105 Vgl ähnlich bereits *Leidel* in *Achatz/Tumpel* (2015) 195; *Leidel*, taxlex 2008, 188; *Tumpel* in *Ludwig* (Hrsg), FS Bruckner (2008) 281.
106 Zu Befreiungen zB EuGH 19.7.2012, C-44/11, *Deutsche Bank AG*, Rn 42; zur engen Auslegung von ermäßigten Steuersätzen zB EuGH 17.6.2010, C-492/08, *Kommission/Frankreich*, Rn 35 mwN; EuGH 9.3.2017, C-573/15, *Oxycure Belgium*, Rn 25.
107 EuGH 19.7.2012, C-44/11, *Deutsche Bank AG*, Rn 43; 2.7.2020, C-231/19, *Blackrock Investment Management (UK)*, Rn 45.
108 EuGH 10. 11. 2016, C-432/15, *Baštová*, Rn 75.
109 Vgl so auch *Tumpel* in *Ludwig* (Hrsg), FS Bruckner (2008) 276.
110 Für viele EuGH 2.7.2020, C-231/19, *Blackrock Investment Management*, Rn 29; 4.3.2021, C-581/19, *Frenetikexito*, Rn 40.
111 Es ist allerdings hervorzuheben, dass der EuGH – soweit ersichtlich – seine Formel bisher in keinem Urteil tatsächlich in dieser Weise fruchtbar gemacht hat.

Sollte es sich um einen grenzüberschreitenden Sachverhalt handeln, ist natürlich auch der Leistungs-/Lieferort relevant. Hinsichtlich des Leistungs-/Lieferortes hat der EuGH bisher nur sehr vereinzelt[112] zur Frage Stellung genommen, wie die anwendbare Leistungs-/Lieferortregel bei einer einheitlichen Leistung zu ermitteln ist. Es ist aber davon auszugehen, dass er bei komplexen einheitlichen Leistungen in Form einer Unternehmensübertragung die Grundregeln als anwendbar erachten würde (§ 3 Abs 7 und § 3a Abs 6 UStG).[113] Die Übertragung eines Unternehmens mit Warenbestand, Betriebs- und Geschäftsausstattung und *beträchtlichen* immateriellen Werten (Know-how, Kundenstamm und Firmenwert) könnte dem folgend bei unionsrechtskonformer Betrachtung als eine einheitliche sonstige Leistung nach § 3a UStG gesamt am Empfängerort nach § 3a Abs 6 UStG steuerbar sein und bei Steuerbarkeit im Inland gesamt dem Normalsteuersatz iHv 20 % unterliegen.[114]

Zusammengefasst betrachtet dürfte § 4 Abs 7 UStG daher nicht unionsrechtskonform sein, da die generelle Behandlung des Unternehmens(ver)kaufs als getrennte Teilleistungen keine Deckung in der MwStSyst-RL und der EuGH-Rechtsprechung findet.[115]

Als Letztes stellt sich jedoch die (methodische) Frage, welche Auswirkungen diese Unionsrechtswidrigkeit hat, solange der österreichische Gesetzgeber keine Änderung vornimmt. Fraglich ist insb, ob sich der Steuerpflichtige auf günstigeres nationales Recht in § 4 Abs 7 UStG berufen kann, um – trotz Unionsrechtswidrigkeit der Bestimmung – eine anteilige Anwendung einer Befreiung und/oder eines ermäßigten Steuersatzes zu erwirken. Eine unmittelbare Anwendung der MwStSyst-RL zum Nachteil des Steuerpflichtigen ist nach ständiger EuGH-Rechtsprechung nicht gestattet.[116] Eine Berufung auf günstigeres nationales Recht und damit eine Verhinderung einer nachteiligen Wirkung erscheint aber im Lichte des unklaren Wortlauts in § 4 Abs 7 UStG nur eingeschränkt möglich. Wie bereits ausgeführt (siehe Abschnitt 5.), ist die Rechtsfolgenanordnung in § 4 Abs 7 UStG undeutlich und stützt die von der Finanzverwaltung und Lehre vorgebrachte Anwendungspraxis nur teilweise. Für Befreiungen kann eine Berufung auf § 4 Abs 7 UStG durch den Steuerpflichtigen aufgrund der ausdrücklichen Nennung uU in Betracht gezogen werden („*Die Befreiungsvorschriften bleiben unberührt*").[117] Eine vergleichbar deut-

---

112 Vgl insb EuGH 29.3.2007, C-111/05, *Aktiebolaget NN*, Rn 45 ff.
113 Vgl idS *Leidel* in *Achatz/Tumpel* (2015) 195 f; zur Frage der Übertragung mehrerer Betriebsstätten in unterschiedlichen Ländern *Tumpel* in *Ludwig* (Hrsg), FS Bruckner (2008) 276 f, der argumentiert, dass diesfalls die Lieferung in mehreren Mitgliedstaaten als ausgeübt gilt.
114 Vgl ähnlich und mit weiteren Beispielen *Leidel*, taxlex 2008, 189.
115 Vgl dazu bereits *Leidel* in *Achatz/Tumpel* (2015) 198; *Lehner*, SWK 2012, 34.
116 EuGH 18.12.2014, verb Rs C-131/13, C-163/13 und C-164/13, *Schoenimport Italmoda*, Rn 55.
117 AA *Leidel*, der offenbar davon ausgeht, dass eine unionrechtskonforme Auslegung auch für Befreiungen möglich ist (*Leidel*, taxlex 2008, 189). Sollte die gänzliche steuerpflichtige Behandlung des Unternehmensverkaufs für den Steuerpflichtigen vorteilhaft sein (zur Erlangung des Vorsteuerabzugs auf Transaktionskosten), so könnte sich der Steuerpflichtige aber uU zu seinen Gunsten auf die MwStSyst-RL berufen (vgl dazu *Tumpel* in *Ludwig* [Hrsg], FS Bruckner (2008) 282).

liche Bestimmung fehlt jedoch für die Steuerbarkeit, den Steuersatz und den Leistungs-/Lieferort,[118] weshalb mE keine hinreichende nationale Rechtsgrundlage besteht, die einen Vorrang des nationalen Rechts rechtfertigen würde. Dass eine ständige Verwaltungsübung besteht, kann daran wohl nichts ändern. MaW: Eine unionsrechtskonforme Auslegung des nationalen Rechts (insb §§ 1, 3, 3a und 10 UStG) für Zwecke des Steuersatzes und des Leistungs-/Lieferortes im Lichte der allgemeinen Grundsätze der MwStSyst-RL erscheint möglich und geboten (sowohl zum Nachteil als auch zum Vorteil des Steuerpflichtigen). Eine gänzliche Steuerpflicht (Versagung der anteiligen Befreiung) könnte der Steuerpflichtige allerdings durch Berufung auf § 4 Abs 7 UStG vermeiden, wenn er diese nicht möchte.[119]

Auf Basis der geltenden Rechtslage sollten daher Unternehmensverkäufe, die als einheitliche Leistung qualifizieren (was für die meisten zutreffen wird), grundsätzlich nur einem Leistungs-/Lieferort unterworfen und gesamt in einem Land steuerbar sein; zudem sollte nur ein Steuersatz auf die gesamte Leistung greifen (idR der Normalsteuersatz). Nur eine Anwendung der Befreiungen auf Teilleistungen (zB Kassa/Bank, Forderungen) erscheint aufgrund der ausdrücklichen Anordnung in § 4 Abs 7 UStG denkbar, wenn dies zu Gunsten des Steuerpflichtigen wirkt (zB günstigerer Verkaufspreis).

Weiters erschwert wird eine methodisch durchdachte Lösung allerdings dadurch, dass die nur teilweise Umsetzung von Artikel 19 MwStSyst-RL ebenso unionsrechtswidrig sein dürfte (siehe Abschnitt 2.2.). Es treffen daher mehrere Unionsrechtswidrigkeiten aufeinander: die eingeschränkte Ausübung des Wahlrechts in Artikel 19 MwStSyst-RL und die unionsrechtswidrige Aufteilung einer einheitlichen Leistung mittels § 4 Abs 7 UStG, die erst dadurch verursacht wird, dass Artikel 19 MwStSyst-RL nicht umfassend umgesetzt wurde. Vor diesem Hintergrund wäre es für einen Verkäufer wohl am vorteilhaftesten, sich unmittelbar auf Artikel 19 MwStSyst-RL zu berufen, um eine Nichtsteuerbarkeit des gesamten Vorgangs zu erwirken.

6. Conclusio

Der Unternehmensverkauf führt in der Umsatzsteuer in Österreich, vor allem bei der Umsetzung als Asset Deal ohne Anwendung des UmgrStG, zu zahlreichen Zweifelsfragen, die sich im grenzüberschreitenden Sachverhalt noch verstärken. Die Rechtslage in Österreich scheint doppelt unionsrechtswidrig: Einerseits hat der österreichische Gesetzgeber das Wahlrecht des Artikels 19 MwStSyst-RL zu

---
118 Dies ebenso bemerkend *Leidel* in *Achatz/Tumpel* (2015) 198.
119 Sollte die gänzliche steuerpflichtige Behandlung des Unternehmensverkaufs für den Steuerpflichtigen vorteilhaft sein (zB zur Erlangung des Vorsteuerabzugs auf Transaktionskosten), so könnte sich der Steuerpflichtige aber uU zu seinen Gunsten auf die MwStSyst-RL berufen (vgl dazu *Tumpel* in *Ludwig* [Hrsg], FS Bruckner [2008] 282).

eingeschränkt umgesetzt; andererseits ist auch die österreichische Sonderregel für alle steuerbaren Übertragungsvorgänge in § 4 Abs 7 UStG unionsrechtlich nicht gedeckt. Der Steuerpflichtige hätte daher in unterschiedlichsten Konstellationen auch mehrere Möglichkeiten, sich direkt auf die MwStSyst-RL zu berufen. Soweit ersichtlich hat bisher allerdings kein Unternehmer ein entsprechendes Verfahren im Rechtsweg vor die österreichischen Gerichte gebracht.

Der österreichische Gesetzgeber wäre gut beraten, es Deutschland gleichzutun und das Wahlrecht in Artikel 19 MwStSyst-RL vollumfänglich auszuüben. Dies würde die praktische Handhabung eines Asset Deals aus umsatzsteuerlicher Sicht stark vereinfachen, dem umsatzsteuerlichen Neutralitätsgedanken Rechnung tragen und auch Wettbewerbsnachteile gegenüber anderen EU-Unternehmern vermeiden. Die derzeitige Rechtslage führt aufgrund ihrer potentiellen Unionsrechtswidrigkeit und als Fremdkörper innerhalb der sonstigen Systematik der Umsatzsteuer zu erheblichem Verwaltungsaufwand und steuerlichen Risiken sowohl auf Verkäufer- als auch auf Käuferseite.

Bei vollumfänglicher Umsetzung des Wahlrechts in Artikel 19 MwStSyst-RL würden sich alle diese Probleme in Luft auflösen.

Die Spaltung als Transaktionsbaustein

Georg Eckert

1. **Einleitung**
2. **Isolierung des Kaufgegenstands Pre-Closing**
   - 2.1. Spaltungsrechtliche Vermögenszuordnung und „objektive" Auslegung
   - 2.2. Spaltungshaftung, ihre Beschränkung und Gläubigerschutz durch Insolvenzanfechtung
3. **Veränderung der Kapitalstruktur der Zielgesellschaft**

1. Einleitung

Die Einsatzbereiche der Spaltung nach dem SpaltG sind vielfältig und die Spaltung als Umstrukturierungsinstrument ist äußerst flexibel. Dies liegt an der Kombination mehrerer Faktoren:

- Das SpaltG ordnet eine „partielle Gesamtrechtsnachfolge" an.[1] Mit diesem auf den ersten Blick in sich widersprüchlichen Begriff wird zum Ausdruck gebracht, dass die Setzung eines sachenrechtlichen Modus für die Vermögensübertragung ebenso wenig erforderlich ist wie die Zustimmung von Vertragspartnern und Gläubigern. Auch ein Widerspruchsrecht ist nicht vorgesehen. Dies gilt etwa auch für ansonsten unübertragbare Rechte wie höchstpersönliche Dienstbarkeiten[2], Vollmachten[3] und Syndikatsverträge[4].
- Das SpaltG erlaubt die Übertragung jedweder Vermögensteile unabhängig davon, ob es sich um umgründungssteuerlich begünstigtes Vermögen handelt. Es können daher auch einzelne Vermögensgegenstände und -verbindlichkeiten übertragen werden, sofern das übertragene Vermögen insgesamt einen positiven Wert hat.
- Die Spaltung ist eine Ausnahme vom Verbot der Einlagenrückgewähr[5] und erlaubt es, Vermögen einer Kapitalgesellschaft außerhalb der Regelungen über Gewinnausschüttung, Kapitalherabsetzung und Liquidation zu übertragen.

Im Transaktionskontext schaffen die gerade genannten drei Gesichtspunkte breite Möglichkeiten, die Zusammensetzung des Vermögens der Zielgesellschaft vor oder auch nach Durchführung der Transaktion anzupassen. Davon soll in diesem Beitrag die Rede sein.

2. Isolierung des Kaufgegenstands Pre-Closing

Im Ausgangsfall hat eine Gesellschaft verschiedene Betriebe, von denen nur einer verkauft werden soll. Ein solcher Verkauf ist natürlich direkt im Wege eines Unternehmenskaufvertrags möglich. Die Vermögensübertragung geschieht dann durch Einzelrechtsnachfolge und bedeutet eine Gewinnrealisation auf Ebene der übertragenden Gesellschaft. Ob der eine oder der andere Weg gewählt wird, ist von vielen steuerlichen und rechtlichen Gesichtspunkten abhängig, die hier nicht im Einzelnen beleuchtet werden können. Vor allem spielen steuerliche Aspekte wie Gewinnrealisation auf Ebene der übertragenden Gesellschaft, Verkehrssteuern

---

1 *Lieder* in *Lutter*, UmwG[6] § 123 Rz 14; *Kalss*, Verschmelzung – Spaltung – Umwandlung[3] Vor §§ 1–17 SpaltG Rz 16.
2 OGH 7.6.2005, 5 Ob 88/05k wbl 2005, 585; 21.3.2006, 5 Ob 55/06h.
3 OGH 25.6.2014, 2 Ob 233/13y; siehe auch *Kalss*, Verschmelzung – Spaltung – Umwandlung[3] § 14 SpaltG Rz 23.
4 OGH 18.2.2021, 6 Ob 140/20m GesRZ 2021, 175.
5 *Eckert* in *Kalss/Torggler*, Einlagenrückgewähr 73; *Kalss*, Verschmelzung – Spaltung – Umwandlung[3] § 1 SpaltG Rz 10.

wie insbesondere Grunderwerbsteuer, die zivilrechtlichen Nachteile der Einzelrechtsnachfolge, die Haftung des übernehmenden Rechtsträgers (§ 1409 ABGB versus § 15 SpaltG) und die Verbandsverantwortlichkeit eine zentrale Rolle. Jedenfalls bietet die Spaltung die Möglichkeit, das zu verkaufende Vermögen in einer eigenen Gesellschaft zu isolieren und in weiterer Folge den Anteil an dieser Gesellschaft zu veräußern. Dies kann durch eine spaltungsbedingte Übertragung des Verkaufsobjekts erfolgen. Umgekehrt kann auch jenes nicht zu verkaufende Vermögen aus der Zielgesellschaft heraus übertragen werden.

Im Folgenden sind zwei Aspekte zu beleuchten: nämlich einerseits die spaltungsrechtliche Vermögenszuordnung (2.1.) und anderseits die Spaltungshaftung (2.2.).

2.1. Spaltungsrechtliche Vermögenszuordnung und „objektive" Auslegung

Die spaltungsrechtliche Vermögenszuordnung definiert gewissermaßen den Kaufgegenstand und ist daher regelmäßig Bestandteil der Transaktionsdokumente. Der Erwerber der Zielgesellschaft erwirbt diese so, wie sie im Spaltungsplan definiert ist. Der Ausgestaltung des Spaltungsplans oder -vertrags kommt daher wesentliche Bedeutung zu.

Während ein Unternehmenskaufvertrag nach allgemeinen bürgerlich-rechtlichen Regelungen, also nach §§ 914 f ABGB, auszulegen ist,[6] vertritt die Rechtsprechung den Grundsatz der objektiven Auslegung von Spaltungsplänen.[7]

Die Bedeutung des Gebotes der objektiven Auslegung liegt nicht darin, dass an einer bloßen Wortlautinterpretation zu haften wäre oder, allgemeiner gesprochen, dass die §§ 914 f ABGB nicht maßgeblich wären.[8] Im Spaltungskontext ist vielmehr sehr wohl auch auf den Parteiwillen und – wenn dieser nicht ermittelbar ist – auf den hypothetischen Willen redlicher und vernünftiger Parteien zurückzugreifen.

Objektive Auslegung bedeutet, dass die Ermittlung des tatsächlichen Parteiwillens im Interesse des Rechtsverkehrs auf bestimmte – „objektive" – Erkenntnisquellen beschränkt ist. Die Kriterien für die Auswahl der maßgeblichen Erkenntnisquellen sind allerdings nicht ganz unumstritten. Nach einer Ansicht kommt es im Ergebnis darauf an, dass die fraglichen Unterlagen nicht manipuliert werden können und dem betroffenen Schuldner, Gläubiger oder Vertragspartner offengelegt werden, wenn auch erst im Nachhinein nach Eintritt der Rechtswirkungen der Spaltung.[9] Hingegen scheint die Rechtsprechung auf dem Standpunkt zu stehen, dass nur auf

---

6　Siehe bspw *Mittendorfer/Hütter* in *Mittendorfer*, Unternehmenskauf in der Praxis² 2/127 ff.
7　OGH 21.12.2004, 4 Ob 241/04a; 7.6.2005, 5 Ob 88/05k; 20.2.2014, 6 Ob 229/13i ecolex 2014, 619; so auch *Kalss*, Verschmelzung – Spaltung – Umwandlung³ § 2 SpaltG Rz 18; *Nowotny* in *Wiesner/Hirschler/Mayr*, HB Umgründungen Art VI Rz 108; *Brix* in WK GmbHG § 2 SpaltG Rz 19.
8　So auch *Kalss*, Verschmelzung – Spaltung – Umwandlung³ § 2 SpaltG Rz 18.
9　*Kalss*, Verschmelzung – Spaltung – Umwandlung³ § 2 SpaltG Rz 18.

solche Unterlagen zurückgegriffen werden könne, die einem Dritten durch Einsichtnahme in den Spaltungsplan samt Anlagen und allenfalls auch sonstige in der Urkundensammlung des Firmenbuchs zugängliche Unterlagen erkennbar sind.[10] Die Auslegung erfolgt somit aus dem *„Empfängerhorizont eines verständigten Dritten".*[11] Der Grund für die Unmaßgeblichkeit eines von (verfügbaren) Informationsquellen abweichenden Parteiwillens liege darin, dass der Spaltungsvorgang durch das Instrument der Gesamtrechtsnachfolge in Rechte Dritter eingreift, namentlich die der Vertragspartner oder Gläubiger der Gesellschaften.[12] Hingegen sind die Bestimmungen des Spaltungsplans, welche den Rechtsverkehr nicht betreffen, subjektiv auszulegen.[13]

Die Kriterien der für die Auslegung maßgeblichen Erkenntnisquellen sind mE je nach übertragenem Vermögensgegenstand unterschiedlich:

Forderungen können schon nach allgemeinen Grundsätzen ohne Kenntnis des Drittschuldners übertragen werden. Daraus folgt, dass zwecks Zuordnung von Forderungen gegen Dritte sehr wohl auf Umstände zurückgegriffen werden kann, die dem Dritten nicht erkennbar sind,[14] daher zB auch auf Teile des Rechnungswesens, die dem Spaltungsplan nicht angeschlossen sind. Der Schuldner kann gemäß § 14 Abs 4 SpaltG an jede beteiligte Gesellschaft mit schuldbefreiender Wirkung zahlen, solange seine Gläubigerin nicht bekannt geworden ist. Angesichts dieser schuldnerschützenden Regelung besteht kein Anlass dafür, bei der Spaltung von allgemein-zivilrechtlichen Grundsätzen abzugehen, wonach Forderungen eben auch ohne Mitwirkung und vor allem Kenntnis des Drittschuldners gültig übertragen werden können. Folglich sollte für die Auslegung des Spaltungsplans auch Material herangezogen werden können, das Dritten im Allgemeinen und dem konkret betroffenen Schuldner im Besonderen nicht zugänglich ist.

Allerdings ist fraglich, ob der Schutz des konkret betroffenen Dritten der einzige für das Gebot der objektiven Auslegung des Spaltungsplans relevante Aspekt ist. Die Vermögenszuordnung im Spaltungsplan ist nämlich Grundlage für die Vermögensausstattung der aus der Spaltung hervorgehenden Gesellschaften und entspricht insoweit funktional einer Sacheinlage- oder Übernahmevereinbarung, deren Aufnahme in die Satzung in § 6 Abs 4 GmbHG und § 20 Abs 1 AktG angeordnet ist. Das Gebot der objektiven Auslegung im Sinne einer Beschränkung des Auslegungsmaterials auf firmenbuch-öffentlich zugängliche Unterlagen ist

---

10 Vgl OGH 21.12.2004, 4 Ob 241/04a; siehe auch *Kalss*, Verschmelzung – Spaltung – Umwandlung³ § 2 SpaltG Rz 18; *Kalss*, Ausprägungen und Auswirkungen des Transparenzgebots im Kapitalmarkt-, Gesellschafts- und Wirtschaftsrecht, in FS Doralt (2004) 275, 292; für D: *Schröer/Greitemann* in Semler/Stengel/Leonard, UmwG⁵ § 126 Rz 25; *Priester* in Lutter, UmwG⁶ § 126 Rz 14.
11 OGH 21.12.2004, 4 Ob 241/04a.
12 Vgl *Napokoj*, Praxishandbuch Spaltung² 111.
13 OGH 21.12.2004, 4 Ob 241/04a; 20.2.2014, 6 Ob 229/13i; *Napokoj*, Praxishandbuch Spaltung² 125 f; *Kalss*, Verschmelzung – Spaltung – Umwandlung³ § 2 SpaltG Rz 18.
14 *Kalss*, Verschmelzung – Spaltung – Umwandlung³ § 2 SpaltG Rz 18; aA OGH 21.12.2004, 4 Ob 241/04a.

bei solchen Vereinbarungen breitflächig anerkannt,[15] und dies aus gutem Grund, weil an der Erkennbarkeit der Vermögensausstattung der Gesellschaft ein schutzwürdiges Drittinteresse besteht. Daher ist der Rechtsprechung zu folgen, wenn sie das für die Vermögenszuordnung maßgebliche Auslegungsmaterial auf Umstände beschränkt, die zum Zeitpunkt des Wirksamwerdens der Spaltung einem (beliebigen) Dritten objektiv erkennbar sind. Dies gilt auch für Forderungen und sonstige Vermögensgegenstände, die nach allgemeinen Grundsätzen auch ohne Kenntnis eines Dritten und ohne Publizitätsakt übertragen werden können.[16]

Umso mehr gilt dies für **Verbindlichkeiten** der übertragenden Gesellschaft und Vertragsverhältnisse. Diese können nach allgemein-zivilrechtlichen Regeln nicht ohne Zustimmung des Gläubigers[17] und daher auch nicht ohne dessen Kenntnis übertragen werden. Schon deswegen liegt es nahe, für die Frage, welcher der spaltungsbeteiligten Gesellschaften ein konkreter Gläubiger nun zuzuordnen ist, nur auf diesem Gläubiger zugängliche Erkenntnisquellen zurückzugreifen. Der in § 14 Abs 5 SpaltG geregelte Gutglaubensschutz ist auf die Abgabe von Erklärungen beschränkt und hilft dem Gläubiger bei der Frage nicht weiter, welche der spaltungsbeteiligten Gesellschaften er nun in Anspruch nehmen soll.[18] Folglich ist mit der Rechtsprechung anzunehmen, dass nur solche Umstände für die Zuordnung von Verbindlichkeiten maßgeblich sein können, die dem betreffenden Gläubiger bei Wirksamwerden der Spaltung objektiv erkennbar sind.

Nur für jene Vermögensgegenstände, bei denen der Zuordnungswille nicht bestimmbar ist, greift die in § 2 Abs 1 Z 11 SpaltG geregelte Generalklausel.[19] Davon umfasst sind die tatsächlich vergessenen sowie auch die (zum Zeitpunkt) nicht erkennbaren Vermögensteile (beispielsweise: Schadenersatzansprüche und Umweltsanierungsverpflichtungen[20] sowie Rückersatzansprüche aus einer erfolgreichen Insolvenzanfechtung[21]).[22]

Unter Umständen bietet die Präambel des Spaltungsplans – als Ausdruck des Parteiwillens – die Motive für einen bestimmten Vorgang bzw eine Vermögenszuordnung,[23] was bei der Auslegung unklarer Zuordnungen der Vermögensgegenstände nützlich sein kann. Durch ihre Niederschrift im Spaltungsplan gerät sie in den Empfängerhorizont eines verständigen Dritten und ist daher für die objektive

---

15 *Fastrich* in *Baumbach/Hueck*, GmbHG[22] § 5 Rz 21a mit § 2 Rz 31; *Schwandtner* in MüKo GmbHG[3] § 5 Rz 64 je mwN.
16 OGH 21.12.2004, 4 Ob 241/04a.
17 Im Anwendungsbereich des § 38 Abs 1 UGB: Nicht gegen den Widerspruch des Gläubigers.
18 *Kalss* in FS Doralt (FN 10) 275, 293.
19 *Kalss* in FS Doralt (FN 10) 275, 292; OGH 21.12.2004, 4 Ob 241/04a.
20 *Kalss*, Verschmelzung – Spaltung – Umwandlung[3] § 2 SpaltG Rz 68.
21 Siehe dazu 2.2.
22 *Nowotny* in *Wiesner/Hirschler/Mayr*, HB Umgründungen Art VI Rz 144; *Brix* in WK GmbHG § 2 SpaltG Rz 91; *Kalss*, Verschmelzung – Spaltung – Umwandlung[3] § 2 SpaltG Rz 68; *Kalss* in FS Doralt (Fn 10) 275, 292.
23 Allgemein dazu *Napokoj*, Praxishandbuch Spaltung[2] 124.

Auslegung maßgeblich.[24] Umgekehrt soll ein Auslegungsergebnis, das etwa aufgrund von Widersprüchen zwischen einer Präambel und den Bestimmungen zur Vermögenszuordnung gem Z 10 und Z 11 widersprüchlich oder mehrdeutig ist, der Unklarheitenregel gemäß § 915 ABGB unterfallen.[25] Es gibt aber mE keinen tauglichen Maßstab dafür, festzulegen, welches Auslegungsergebnis nun das für den betroffenen Dritten günstigere ist.[26] Vor allem aber dient das Gebot der objektiven Auslegung nach dem oben Gesagten nicht allein dem Schutz des konkret betroffenen Dritten, sodass einer Anwendung der Unklarheitenregel die Grundlage fehlt.

2.2. Spaltungshaftung, ihre Beschränkung und Gläubigerschutz durch Insolvenzanfechtung

§§ 38, 39 UGB und § 1409 ABGB treten hinter dem spezielleren § 15 SpaltG zurück und sind auf einen Spaltungsvorgang nicht anzuwenden.[27] Das spaltungsrechtliche Haftungsregime ergibt sich somit aus § 15 SpaltG und umfasst alle bis zur Spaltungseintragung begründeten Verbindlichkeiten.[28] Für solche Verbindlichkeiten haften alle an dem Spaltungsvorgang beteiligten Gesellschaften, und zwar primär, solidarisch und akzessorisch.[29] Die Haftung entfällt bei den Verbindlichkeiten, für welche eine Sicherheit nach § 15 Abs 2 und 3 SpaltG geleistet wurde.

Der Höhe nach haftet jedoch nur jene Gesellschaft unbeschränkt, welcher die betroffene Verbindlichkeit spaltungsbedingt zugeordnet wird – diese ist die Schuldnerin, während die übrigen spaltungsbeteiligten Gesellschaften nur Haftende sind. Die Haftung dieser anderen Gesellschaften ist betraglich mit dem ihnen zugeordneten Nettoaktivvermögen begrenzt. Die Definition des Nettoaktivvermögens des § 15 Abs 1 SpaltG stimmt mit jener des § 3 Abs 4 SpaltG überein – gemeint ist das aktive Vermögen zu Verkehrswerten abzüglich der Verbindlichkeiten. Das (bei der Spaltung zur Aufnahme) schon vor der Spaltung vorhandene Vermögen der übernehmenden Gesellschaft ist unbeachtlich.[30] Berichtigt eine Gesellschaft Verbindlichkeiten, die einer anderen an der Spaltung beteiligten Gesellschaft zugeordnet werden, wird diese Gesellschaft befreit und vermindert das gem Abs 1 Satz 2 die Haftung nach Abs 1 Satz 1. Die Rechtslage gleicht insoweit § 1409 ABGB.

---

24 Vgl *Kalss*, Verschmelzung – Spaltung – Umwandlung³ § 2 SpaltG Rz 18; wohl auch *Napokoj*, Praxishandbuch Spaltung² 124.
25 *Kalss* in FS Doralt (FN 10) 275, 292.
26 AA *Kalss* aaO.
27 *Kalss*, Verschmelzung – Spaltung – Umwandlung³ § 15 SpaltG Rz 56.
28 Siehe dazu ausführlich *Napokoj*, Praxishandbuch Spaltung² 208; *Kalss*, Verschmelzung – Spaltung – Umwandlung³ § 15 SpaltG Rz 15 ff; *Nowotny* in *Wiesner/Hirschler/Mayr*, HB Umgründungen Art VI Rz 46.
29 *Napokoj*, Praxishandbuch Spaltung² 209; *Nowotny* in *Wiesner/Hirschler/Mayr*, HB Umgründungen Art VI Rz 49, 60; *Brix* in WK GmbHG § 15 SpaltG Rz 12 ff.
30 *Napokoj*, Praxishandbuch Spaltung² 209; *Kalss*, Verschmelzung – Spaltung – Umwandlung³ § 15 SpaltG Rz 35.

Nach der Judikatur zu § 1409 ABGB – die auch auf § 15 Abs 1 SpaltG zu übertragen ist[31] – hat die haftende Gesellschaft die fälligen Gläubiger nach dem Zuvorkommen zu befriedigen.[32]

Der (tatsächliche) Haftungsbetrag ist den Gläubigern nicht ohne weiteres bekannt.[33] Aus der Eröffnungs- (Spaltung durch Neugründung) oder der Übertragungsbilanz (Spaltung durch Aufnahme) können sich Anhaltspunkte dann ergeben, wenn die neu gegründete oder übernehmende Gesellschaft von dem Wahlrecht gemäß § 202 Abs 1 UGB Gebrauch macht. Dies gilt aber auch im Falle der Aufwertung nur für die übernehmende Gesellschaft, während die bei der übertragenden Gesellschaft verbleibenden Verkehrswerte für die Gläubiger nicht erkennbar sind. Bei der übertragenden Gesellschaft können sich Anhaltspunkte aus dem Bericht des Restvermögensprüfers (§ 3 Abs 4 SpaltG) ergeben. Dies sind aber nur Anhaltspunkte; außerdem bleibt dem Gläubiger naturgemäß unbekannt, ob und in welchem Betrag der Haftungsrahmen von anderen Gläubigern bereits ausgeschöpft wurde. In analoger Anwendung von § 16 SpaltG, § 171 Abs 1 UGB ist ein Informationsanspruch des Gläubigers sowohl in Bezug auf der Höhe des Nettoaktivvermögens als auch in Bezug auf die Höhe allenfalls bereits geschehener Befriedigungen anderer Gläubiger anzunehmen.

Nicht überraschend eröffnet die betragliche Spaltungshaftungsbegrenzung Gestaltungsmöglichkeiten.[34] Die Haftungssumme kann – vor allem durch die Zuweisung der Verbindlichkeiten – bewusst kleingehalten oder sogar gänzlich (auf null) reduziert werden.[35] Eine Minderung des Nettoaktivvermögens (und somit der Haftsumme der jeweiligen Gesellschaft) ist durch Zuweisung von „echten" Fremdverbindlichkeiten, aber auch Konzernverbindlichkeiten oder sogar eigenkapitalersetzenden Darlehen (auch wenn zurzeit rückzahlungsgesperrt) möglich.[36] Eine niedrige Spaltungshaftung erhöht die Attraktivität des abgespalteten Betriebes für die anschließende Transaktion.[37] Der Haftungsbetrag richtet sich strikt nach dem Zeitpunkt der Eintragung der Spaltung, wird also durch nachfolgende Erhöhungen des Wertes des den haftenden Gesellschaftern zugeordneten Vermögens nicht berührt;[38] der Haftungsbetrag ist daher für einen potentiellen Käufer der aus der Spaltung hervorgehenden Gesellschaft erkennbar.

Die Attraktivität der Spaltung als Instrument zur Trennung von werthaltigem Vermögen und Haftungsrisiken wird durch die Möglichkeit einer Insolvenz- oder

---

31 So auch *Kalss*, GesRZ 2020, 300, 304, allerdings mit weiteren Differenzierungen.
32 OGH 11.11.1971, 1 Ob 183/71; 23.1.2001, 7 Ob 274/00w.
33 *Nowotny* in *Wiesner/Hirschler/Mayr*, HB Umgründungen Art VI Rz 47.
34 *Kalss* in FS Doralt (Fn 10) 275, 291; *Kalss*, Verschmelzung – Spaltung – Umwandlung³ § 15 SpaltG Rz 38.
35 *Nowotny* in *Wiesner/Hirschler/Mayr*, HB Umgründungen Art VI Rz 47; *Kalss*, Verschmelzung – Spaltung – Umwandlung³ § 15 SpaltG Rz 36.
36 Ausführlich dazu *Kalss*, Verschmelzung – Spaltung – Umwandlung³ § 15 SpaltG Rz 36.
37 *Kalss*, Verschmelzung – Spaltung – Umwandlung³ § 15 SpaltG Rz 38.
38 *Kalss*, Verschmelzung – Spaltung – Umwandlung³ § 15 SpaltG Rz 38.

Gläubigeranfechtung der Spaltung vermindert, die durch eine rezente Entscheidung des EuGH bewusst gemacht worden ist.[39] Die Auswirkungen der Insolvenzanfechtung seien im Folgenden exemplarisch am Beispiel der Spaltung durch Neugründung (Anfechtung durch den Insolvenzverwalter der übertragenden Gesellschaft) dargestellt.[40]

Die Beeinträchtigung der Interessen der bei der übertragenden Gesellschaft verbleibenden Gläubiger, die eine Anfechtung rechtfertigt, kann darin gesehen werden, dass durch die Übertragung von Gesellschaftsvermögen auf die übernehmende Gesellschaft das Vermögen der ersten Gesellschaft gemindert wird. Die Vermögensübertragung geschieht zwar gegen eine Gegenleistung, diese – nämlich die Anteile an der neu gegründeten Gesellschaft – wird jedoch nicht an die übertragende Gesellschaft, sondern an deren Gesellschafter gewährt werden. Davon haben die Gläubiger der übertragenden Gesellschaft aber nichts.

Anders ist es mit der Haftung gemäß § 15 Abs 1 SpaltG. Wie ausgeführt, haftet die neu gegründete Gesellschaft für die Verbindlichkeiten, die vor der Spaltung begründet worden sind und bei der übertragenden Gesellschaft verbleiben, betraglich beschränkt mit dem Verkehrswert des übernommenen Nettoaktivvermögens. Daraus wurde geschlossen, dass eine Gläubigerbenachteiligung nicht vorliegen kann.[41] Dies trifft nicht zu.[42] Zwar kann der Insolvenzverwalter der übertragenden Gesellschaft den Haftungsanspruch nach § 15 Abs 1 SpaltG geltend machen.[43] Für die Anfechtung reicht aber mittelbare Nachteiligkeit aus. Paradigmatisch ist die nachträgliche, nicht vorhersehbare Wertsteigerung des übertragenen Vermögens. Sie erhöht den Haftungsanspruch gemäß § 15 Abs 1 SpaltG nicht, den Anfechtungsanspruch dagegen schon. Für die Gläubigerbenachteiligung reicht es aus, wenn die Gläubiger ohne die angefochtene Rechtshandlung besser stünden als mit

---

39 Siehe EuGH 30.1.2020, C-394/18, I.G.I., NZG 2020, 550; s zum Thema auch *König/Trenker*, Die Anfechtung nach der IO[6] Rz 3.6.; *Trenker*, Insolvenzanfechtung gesellschaftsrechtlicher Maßnahmen 283 ff, 290 ff; *Rebernig/Schmidsberger*, GeS 2009, 182, 190 f.

40 Für jene Gläubiger der übertragenden Gesellschaft, die der neu gegründeten Gesellschaft zugeordnet werden, gilt nichts anderes. Auch hier sollte nicht zwischen übertragender und neu gegründeter Gesellschaft differenziert werden. Welche Vermögensteile mit welchen Verbindlichkeiten übertragen werden und welche bei der übertragenden Gesellschaft verbleiben, ist von vielfältigen Überlegungen – beispielsweise steuerlicher, öffentlich-rechtlicher, privatrechtlicher oder praktischer Art – abhängig, die allesamt für das Anfechtungsrecht irrelevant sind. Für das Anfechtungsrecht ist entscheidend, dass die Spaltung zur Aufteilung einer Vermögensmasse im Wege der partiellen Gesamtrechtsnachfolge führt. Die im Einzelfall geschädigten Gläubiger können sich einmal bei der neu gegründeten, das andere Mal bei der übertragenden Gesellschaft wiederfinden. Für den anfechtungsrechtlichen Gläubigerschutz kann dies keinen Unterschied machen. Werden die Interessen der der neu gegründeten Gesellschaft zugeordneten Gläubiger benachteiligt, haben sie daher unter denselben Voraussetzungen einen gegen die übertragende Gesellschaft gerichteten Anspruch wie im umgekehrten Fall.

41 *B. Jud*, Haftung nach § 15 Abs 1 SpaltG im Konkurs der Hauptschuldnerin, NZ 2003, 161.

42 *Rebernig/Schmidsberger*, GeS 2009, 182, 190 f.

43 Nach *Rebernig/Schmidsberger*, GeS 2009, 182, 191 mindert der dadurch erlangte Betrag den Anfechtungsanspruch.

(der Anspruch der Masse gemäß § 15 Abs 1 SpaltG ist dabei freilich zu berücksichtigen). Soweit dies der Fall ist, liegt Gläubigerbenachteiligung vor.

Für die Zulässigkeit der Gläubiger- und Insolvenzanfechtung reicht es überdies aus, wenn Personen benachteiligt werden, die erst nach Rechtshandlung Gläubiger geworden sind.[44] Auch hierin liegt ein Unterschied zur § 15 Abs 1 SpaltG. Die Haftung kann nur von Gläubigern geltend gemacht werden, deren Forderungen spätestens bei Eintragung der Spaltung begründet waren. Wird die Haftung vom Insolvenzverwalter einer aus der Spaltung hervorgehenden Gesellschaft geltend gemacht, ist das Erlangte auch nur an die gem § 15 Abs 1 SpaltG anpruchsberechtigten Gläubiger zu verteilen.[45]

Die Anfechtung der Spaltung kann nicht dazu führen, dass die Spaltung rückabgewickelt wird.[46] Dem stehen Art 153 der Gesellschaftsrechtsrichtlinie[47] und § 14 Abs 3 SpaltG entgegen. Die Rückübertragung ist untunlich iSv § 39 IO und der Anfechtungsanspruch folglich auf Geldersatz gerichtet.[48]

Für die Höhe des Anspruchs kann an die Überlegungen zur Gläubigerbenachteiligung angeknüpft werden: Die Anfechtung tritt zur Haftung nach § 15 Abs 1 SpaltG. Soweit die beiden Ansprüche konkurrieren, ist das aus der Anfechtung Erlangte auf den Haftungsanspruch, das mit der Geltendmachung der Haftung Erlangte auf den Anfechtungsanspruch anzurechnen.[49] Soweit der Anfechtungsanspruch den Betrag der Haftung übersteigt, kann er über diese hinaus geltend gemacht werden.

Wann übersteigt nun der Anfechtungsanspruch den Wert des übertragenen Nettoaktivvermögens? Die Möglichkeit, dass im Nachhinein Wertsteigerungen eintreten, die zum Zeitpunkt der Spaltung nicht vorhersehbar waren, wurde bereits genannt. Aber nicht nur solche nachträglichen Wertsteigerungen können zu einem (im Vergleich zum Haftungsanspruch nach § 15 Abs 1 SpaltG) höheren Anfechtungsanspruch führen. Der Haftungsanspruch richtet sich auf den Wert des **Netto**aktivvermögens, dh der Wert des übertragenen Aktivvermögens ist um die mitübertragenen Verbindlichkeiten zu kürzen. Ein Ausgleich nur dieses Nettobetrags beseitigt die Gläubigerbenachteiligung aber nicht vollständig.

---

44 Vgl § 8 AnfO und dazu OGH RIS-Justiz RS0050702; zur Insolvenzanfechtung ausf *Nunner-Krautgasser*, Schuld, Vermögenshaftung und Insolvenz (2007) 337 ff mwN.
45 *Schimka*, GesRZ 2008, 284, 186 f.
46 *Rebernig/Schmidsberger*, GeS 2009, 182, 190 f.
47 Richtlinie (EU) 1132/2017. Die Bestimmung lässt die Nichtigerklärung der Spaltung zwar zu, dies aber unter Voraussetzungen, die die Anfechtung nach den §§ 27 ff IO und der AnfO nicht erfüllt. Der österreichische Gesetzgeber hat von diesem Wahlrecht überdies keinen Gebrauch gemacht und die Rückabwicklung der Spaltung gemäß § 14 Abs 3 SpaltG ganz ausgeschlossen.
48 *König/Trenker*, Die Anfechtung nach der IO[6] Rz 3.6; *Kalss*, Verschmelzung – Spaltung – Umwandlung[3] § 14 SpaltG Rz 100.
49 Nach *Rebernig/Schmidsberger*, GeS 2009, 182, 191 reduziert das mit der Anfechtung Erlangte die Haftung nach § 15 Abs 1 SpaltG.

Beispiel

Mit der Spaltung werden Aktiva im Wert von EUR 1 Mio und Verbindlichkeiten im Betrag von EUR 900.000 auf eine neu gegründete Gesellschaft übertragen. Über das Vermögen der übertragenden Gesellschaft wird ein Insolvenzverfahren eröffnet. Die Leistung von EUR 100.000 gleicht die eingetretene Gläubigerbenachteiligung nicht vollständig aus: Wäre die Spaltung unterblieben, wären auch die EUR 900.000 Verbindlichkeiten bei der übertragenden Gesellschaft verblieben. Die Gläubiger dieser Verbindlichkeiten hätten aber nur Anspruch auf die Quote gehabt.

Die mit übertragenen Verbindlichkeiten sind daher vom Wert des übertragenen Nettoaktivvermögens nur in jenem Betrag abzuziehen, in dem sie im Insolvenzverfahren der übertragenden Gesellschaft Berücksichtigung gefunden hätten, wenn die Spaltung unterblieben wäre.

Ein weiterer Unterschied zwischen Spaltungshaftung und Insolvenzanfechtungsanspruch ist zu bedenken: Die Haftung nach § 15 Abs 1 SpaltG besteht nur gegenüber den Gläubigern, deren Forderungen bis zur Eintragung der Spaltung begründet sind. Für diese Gläubiger ist daher eine Sondermasse zu bilden.[50] Das an diese Sondermasse Geleistete mindert daher den Anfechtungsanspruch der übrigen Gläubiger – dh derjenigen, deren Forderungen erst nach Eintragung der Spaltung begründet sind – nicht.

Letztlich ist auch in Rechnung zu stellen, dass sich der Anspruch gemäß § 15 Abs 1 SpaltG dadurch mindert, dass die haftende Gesellschaft Gläubiger der jeweils anderen Gesellschaft befriedigt. Dies kommt nur dem einen befriedigten Gläubiger zugute, während sich für die übrigen Gläubiger die spaltungsbedingte Benachteiligung erhöht.

Vor diesem Hintergrund wird offenbar, dass die Anfechtung der Spaltung die von der Haftungsbeschränkung nach § 15 Abs 1 SpaltG intendierte rechtssichere Trennbarkeit von Vermögens- und Haftungsmassen massiv beeinträchtigt. Dies gilt umso mehr, als die übertragende Gesellschaft bei der Spaltung zur Neugründung als Gründerin der übernehmenden Gesellschaft gilt (§ 3 Abs 3 SpaltG) und ihr daher das anfechtungserhebliche Wissen und Wollen (oder Inkaufnehmen) der Organe der übertragenden Gesellschaft zuzurechnen sein soll.[51]

Dem wird durchaus Rechnung getragen, wenn bei der Beurteilung der Anfechtungstatbestände bei der Spaltung „Zurückhaltung" eingemahnt wird,[52] womit offenbar gemeint ist, dass die subjektiven Voraussetzungen (insbesondere: Benachteiligungsabsicht) nur unter wie immer definierten strengeren Voraussetzungen angenommen werden sollen.

Es ist daher erneut auf die zuletzt im Schrifttum überwiegend verneinte Frage zurückzukommen, ob der speziell für Spaltungen vorgesehene gesellschaftsrecht-

---

50 *Rebernig/Schmidsberger*, GeS 2009, 182, 188.
51 *Trenker*, Insolvenzanfechtung gesellschaftsrechtlicher Maßnahmen 309 mwN.
52 *Trenker*, Insolvenzanfechtung gesellschaftsrechtlicher Maßnahmen 310.

liche Gläubigerschutz *lex specialis* zur Insolvenz- und Gläubigeranfechtung der Spaltung ist und diese verdrängt.[53] Der EuGH hat klargestellt, dass das Richtlinienrecht keinen gegenüber der Insolvenz- und Gläubigeranfechtung abschließenden Charakter des spaltungsrechtlichen Gläubigerschutzes vorgibt.[54] Dies bedeutet aber nicht, dass das nationale Recht einen solchen abschließenden Charakter vorsehen kann, zumal dann, wenn es wie das österreichische einen strengeren Gläubigerschutz als das Richtlinienrecht vorsieht.[55]

Dabei sei zunächst die oben skizzierte Funktionsweise des spaltungsrechtlichen Gläubigerschutzes in Erinnerung gerufen: Jeder Gläubiger der übertragenden Gesellschaft wird durch den Spaltungsplan einer der aus der Spaltung hervorgehenden Gesellschaft – der übertragenden oder übernehmenden – zugeordnet, die für diese Verbindlichkeit fortan als Primärschuldnerin haftet. Die andere Gesellschaft haftet gemäß § 15 Abs 1 SpaltG, und zwar betraglich beschränkt mit dem Wert des ihr im Zuge der Spaltung zugeordneten Nettoaktivvermögens. Will sich ein Gläubiger mit dieser Haftung nicht zufriedengeben, hat er gemäß § 15 Abs 2 SpaltG das Recht, Sicherstellung seiner Ansprüche zu begehren. Wenn er dieses Begehren innerhalb von sechs Monaten gerichtlich geltend macht, entfällt die Haftungsbeschränkung für die betreffende Forderung. Die Haftungsbeschränkung lebt nur dann wieder auf, wenn das Sicherstellungsbegehren erfüllt oder rechtskräftig abgewiesen wird (weil das Gericht feststellt, dass die Spaltung die Interessen des Gläubigers nicht gefährdet).

Wie deutlich wurde, steht die Haftung gemäß § 15 Abs 1 SpaltG einer Gläubigerbenachteiligung iSd Anfechtungsrechts nicht in allen Fällen entgegen. Anders ist es aber mit der unbeschränkten Haftung gemäß § 15 Abs 3 SpaltG. Diese gibt dem Gläubiger nach Spaltung weiter unbeschränkten Zugriff auf das im Wege der Spaltung übertragene Vermögen (und danach erworbene). Der Gläubiger kann durch die Spaltung daher auch nicht benachteiligt sein.[56] Er muss dafür allerdings einen Antrag gemäß § 15 Abs 2 SpaltG stellen. In diesem Verfahren prüft das Gericht, ob die Spaltung die Interessen des Gläubigers gefährdet.

Hinter der skizzierten gesellschaftsrechtlichen Regelung steckt eine Abwägung der Interessen der Gläubiger gegen jene der Gesellschafter, denen durch die Spaltung ermöglicht werden soll, Betriebe mit begrenztem Risiko zu übertragen – paradigmatisch etwa bei der sog entflechtenden Spaltung, welche es den Gesellschaftern gestatten soll, fortan getrennte Wege zu gehen. Der österreichische

---

53 *Rebernig/Schmidsberger*, GeS 2009, 182, 191; *König/Trenker*, Die Anfechtung nach der IO[6] Rz 3.6.; *Trenker*, Insolvenzanfechtung gesellschaftsrechtlicher Maßnahmen 283 ff, 290 ff; für abschließende Regelung aber schon *Kalss/Eckert* in *Kodek/Konecny*, Insolvenzforum 2007 (2008) 65, 88; *B. Jud*, NZ 2003, 161.
54 EuGH 30.1.2020, C-394/18, *I.G.I.*, NZG 2020, 550.
55 Dies gilt nicht nur für den sorgsam austarierten Kapitalschutz nach § 3 SpaltG, sondern auch für die unbeschränkte Haftung gemäß § 15 Abs 3 SpaltG.
56 Der „Verschmelzungseffekt" bei der Spaltung zur Aufnahme bleibt dabei ausgeklammert.

Spaltungsgesetzgeber hat sich gegen eine unbeschränkte Haftung nach dem Vorbild von § 133 dUmwG entschieden, um eine solche Trennung zu erleichtern. Eine Regelung wie § 133 dUmwG hätte eine Gläubigerbenachteiligung in allen Fällen ausgeschlossen. Der österreichische Gesetzgeber mutet dem Gläubiger demgegenüber zu, entweder die beschränkte Haftung in Kauf zu nehmen oder binnen sechs Monaten aktiv zu werden, um in den Genuss der unbeschränkten Haftung kommen zu können.

Es liegt auf der Hand, dass ein Eingreifen des Anfechtungsrechts diese Interessenbewertung stören würde. Das Gesellschaftsrecht erklärt einen für die Gläubiger potentiell nachteiligen Vorgang bei Einhaltung umfassender Gläubigerschutzbestimmungen für zulässig. Es ist nicht einzusehen, warum Gläubiger, die nichts unternommen haben – sei es einzeln oder in ihrer Gesamtheit –, noch einmal die Gelegenheit haben sollen, die spaltungsrechtliche Haftungsbegrenzung zu unterlaufen. Dem Gläubiger sind unmittelbare Ansprüche schon vor und unabhängig von der Insolvenz oder erfolglosen Exekution eingeräumt – der Gesetzgeber gibt ihm (a) die Haftung nach § 15 Abs 1 SpaltG, die voraussetzungslos in Anspruch genommen werden kann, und (b) den Sicherstellungsanspruch, der durch eine unbeschränkte Haftung sanktioniert ist. Der Gläubiger wird mit diesem Instrument aufgrund der Tatsache bedacht, dass eine für ihn nachteilige Rechtshandlung vorgenommen wird. Wenn dem aber so ist, wäre es ein doppelter Schutz und daher ein unangemessener Eingriff in die Interessen der Gesellschafter, wenn das Anfechtungsrecht als zusätzliches Instrument zur Verfügung stünde.

Für eine parallele Anwendung des Anfechtungsrechts wird vorgebracht, dass das Ergebnis der Spaltung (Vermögensübertragung) auch durch andere Rechtshandlungen erzielt werden könnte, die dann der Anfechtung unterlägen.[57] Dies trifft zwar zu, spricht aber nicht gegen den Vorrang des Gesellschaftsrechts als speziellere Regelung. Von anderen Rechtsgeschäften werden die Gläubiger weder informiert noch besteht bei solchen Geschäften eine Haftung nach § 15 Abs 1 SpaltG, ein Sicherstellungsanspruch nach § 15 Abs 2 SpaltG oder eine unbeschränkte Haftung nach § 15 Abs 3 SpaltG. Wenn die Vermögensübertragung durch andere Rechtshandlungen bewirkt wird, stellt sich die Frage nach der *lex specialis* gar nicht, weil es keine *lex specialis* gibt.[58]

Als weiteres Argument für die Anwendbarkeit des Spaltungsrechts wird vorgebracht, das Anfechtungsrecht schütze nicht nur die Alt-, sondern auch die Neu-

---

57 *Rebernig/Schmidsberger*, GeS 2009, 182, 191.
58 Hinzuweisen ist allerdings auf den auf Unternehmensübertragungen anwendbaren § 38 Abs 4 UGB, der zwar ausgeschlossen werden kann, dies aber nur, wenn der Haftungsausschluss bekannt gemacht wird. Diese Regelung ist aber weit vom spaltungsrechtlichen Schutzniveau entfernt, weil der Gläubiger keinen Sicherstellungsanspruch hat und durch Stellung eines solchen Antrags auch keine unbeschränkte Haftung erzwingen kann. Der Gläubiger kann seiner Übertragung nur gem § 38 Abs 3 widersprechen, in welchem Fall er bei dem übertragenden Rechtsträger bleibt (dann aber hinnehmen muss, dass der übertragende Rechtsträger das veräußerte Unternehmen eben nicht mehr hat).

gläubiger.[59] Auch daraus ergibt sich kein Argument für die Anwendbarkeit der Insolvenzanfechtung, denn das Gesellschaftsrecht schützt auch die Neugläubiger:[60] Die Neugläubiger haben deswegen keinen Sicherstellungsanspruch, weil ihre Forderungen nach Bekanntmachung der Spaltung begründet worden sind. Die übertragende Gesellschaft wurde vermögensmäßig auf neue (schwächere) Beine gestellt und es liegt der Fall nicht anders, wie wenn ein Gläubiger mit einer schon mit weniger Kapital gegründeten Gesellschaft kontrahiert hat. Die neu gegründete Gesellschaft wurde ja ohnehin erst durch die Spaltung gegründet. Warum solche Gläubiger eines anfechtungsrechtlichen Schutzes vor der Spaltung bedürften, ist unerfindlich.

Es gilt daher für die Spaltung dasselbe wie für andere gesellschaftsrechtliche Maßnahmen – wie namentlich Gewinnausschüttung und Kapitalherabsetzung –, die für die Gläubiger gefährlich sind und eben deswegen nur unter bestimmten gesellschaftsrechtlichen Voraussetzungen durchgeführt werden dürfen. Das Gesellschaftsrecht nimmt sich des Schutzes der Gläubiger an und mutet ihnen, wenn die Zulässigkeitsvoraussetzungen vorliegen, das damit verbundene Risiko zu. Das Schlagendwerden des mit diesen genannten Maßnahmen immer verbundenen Gläubigerrisikos darf von der Gesellschaft auch „beabsichtigt" werden. Der besondere, für diese Vorgänge vorgesehene gesellschaftsrechtliche Gläubigerschutz verdrängt den rudimentären, für alle Rechtshandlungen bestehenden Gläubigerschutz nach § 28 IO.

Im Ergebnis können daher gesellschaftsrechtlich zulässige Spaltungen nicht gemäß § 28 IO angefochten werden.

3. Veränderung der Kapitalstruktur der Zielgesellschaft

Eine direkte Finanzierung des Anteilserwerbs durch Kreditvergabe oder Besicherung durch die Zielgesellschaft scheitert, wenn die Zielgesellschaft eine Kapitalgesellschaft österreichischen Rechts ist, in Österreich regelmäßig am Verbot der Einlagenrückgewähr und gegebenenfalls auch an § 66a AktG. Ähnliche Wirkungen können allerdings dadurch erzielt werden, dass vor der Transaktion Eigenkapital der Zielgesellschaft in die Sphäre der verkaufenden Altgesellschafter übergeführt und dadurch der vom Käufer zu leistende Kaufpreis reduziert wird.

Soweit die Zielgesellschaft über ausreichend ausschüttungsfähige Mittel verfügt, kann dies durch eine – gegebenenfalls fremdfinanzierte[61] – Gewinnausschüttung bewerkstelligt werden.

---

59 *Rebernig/Schmidsberger*, GeS 2009, 182, 191; dem folgend *Trenker*, Insolvenzanfechtung gesellschaftsrechtlicher Maßnahmen 310.
60 Die Abgrenzung von Alt- und Neugläubigern wird anhand des Zeitpunktes des Entstehungsgrundes der Forderungen vorgenommen.
61 Zu den dabei zu beachtenden Grenzen *Eckert*, Gesellschaftsrechtliche Fragen der Finanzierung des Beteiligungserwerbs, in *Althuber/Schopper* (Hrsg), Handbuch Unternehmenskauf und Due Diligence² (2014) Rz 37, 41 ff.

Ist dies nicht oder nicht im erforderlichen Umfang der Fall, kann darüber nachgedacht werden, durch Umstrukturierungsmaßnahmen ausschüttungsfähige Mittel herzustellen.[62] Die Judikatur zu „kapitalentsperrenden" Verschmelzungen und die Neufassung des § 235 UGB durch das RÄG 2015 haben die diesbezüglichen Möglichkeiten stark reduziert. Davon nicht betroffen scheint allerdings die spaltungsbedingte Gewinnrealisierung.[63] Dem ist im Folgenden nachzugehen.

Aufwertungsgewinne, die im Zuge einer Spaltung bei der neu gegründeten oder übernehmenden Gesellschaft entstehen, sind gemäß § 235 UGB ausschüttungsgesperrt. Dies gilt zufolge der Neufassung des § 235 UGB auch bei Up-stream-Spaltungen. Eine gewinnwirksame Aufwertung des in der übertragenden Gesellschaft verbleibenden Vermögens ist nach allgemeinen Grundsätzen unzulässig. Die Spaltung kann dennoch zum Entstehen ausschüttungsfähiger Gewinne führen. Gem § 3 Abs 3 und 4 SpaltG muss nämlich das jeder spaltungsbeteiligten Gesellschaft zugeordnete gebundene Kapital zwar durch Eigenkapital gedeckt sein, aber zu Verkehrs- und nicht zu Buchwerten. Dadurch ist es möglich, der übertragenden Gesellschaft, die vor Spaltung zu Buchwerten über keine ausschüttungsfähigen Mittel verfügt, Vermögen bis zur Höhe der in der übertragenden Gesellschaft vorhandenen stillen Reserven zu entziehen.[64] Sofern das verbleibende Vermögen zu tatsächlichen Werten das gebundene Kapital der übertragenden Gesellschaft deckt, braucht dieses im Zug der Spaltung nicht herabgesetzt zu werden; diesfalls muss auch die neu gegründete Gesellschaft nur mit dem Mindestkapital ausgestattet werden und kann den darüber hinausgehenden Betrag an die Gesellschafter ausschütten, soweit die Sperre gem § 235 Z 3 UGB nicht greift (weil das übertragene Vermögen nicht aufgewertet wird).

Beispiel

Die Zielgesellschaft A-GmbH hat ein Nennkapital von TEUR 5.000 und keine gebundenen Rücklagen. Das buchmäßige Eigenkapital beträgt ebenso TEUR 5.000, Ausschüttungen sind daher nicht möglich.

Aktiva		Passiva	
Anlagevermögen	5.000	Nennkapital	5.000
Liquide Mittel	20.000	Verbindlichkeiten	22.000
Sonstiges Umlaufvermögen	2.000		
Bilanzsumme	27.000		27.000

Der Verkehrswert des Vermögens der Zielgesellschaft übersteigt den Buchwert um TEUR 20.000. Im Zuge einer Spaltung ist es möglich, diesen Unterschiedsbetrag zwi-

---
62 S dazu *Eckert* (FN 61) Rz 56 ff.
63 S dazu bereits *Eckert* (FN 61) Rz 61 ff.
64 *Kalss/Eckert*, GesRZ 2008, 81, 89.

schen Buch- und Verkehrswerten einer Ausschüttung zugänglich zu machen und somit nicht ausschüttungsfähiges Vermögen in ausschüttungsfähiges zu verwandeln.

In der **Variante 1** überträgt die Zielgesellschaft die liquiden Mittel in Höhe von TEUR 20.000 im Wege einer Spaltung auf die dadurch neu gegründete B-GmbH. Deren Stammkapital wird mit dem Mindestbetrag von TEUR 35 festgelegt. Nach Durchführung der Spaltung ergeben sich folgende Bilanzen:

A-GmbH

Aktiva		Passiva	
Anlagevermögen	5.000	Nennkapital	5.000
		Bilanzverlust	−20.000
		Negatives Eigenkapital	−15.000
Liquide Mittel	0	Verbindlichkeiten	22.000
Sonstiges Umlaufvermögen	2.000		
Bilanzsumme	7.000		7.000

Die A-GmbH geht aus der Spaltung mit einem negativen Eigenkapital von TEUR 15.000 hervor. Dies macht die Spaltung aber nicht unzulässig, weil die Restvermögensprüfung gemäß § 3 Abs 4 SpaltG nicht auf Buchwerte, sondern auf tatsächliche Werte gerichtet ist.[65] Da der Verkehrswert des Vermögens der A-GmbH annahmegemäß den Buchwert um TEUR 20.000 übersteigt, steht die durch die Spaltung entstehende buchmäßige Überschuldung der Zulässigkeit der Spaltung nicht entgegen. Eine Aufwertung des in der übertragenden Gesellschaft verbliebenen Vermögens ist allerdings unzulässig.

Bilanz der B-GmbH:

B-GmbH

Aktiva		Passiva	
Anlagevermögen	0	Nennkapital	35
		Kapitalrücklage	19.965
Liquide Mittel	20.000	Verbindlichkeiten	0
Sonstiges Umlaufvermögen	0		
Bilanzsumme	20.000		20.000

Das Vermögen der durch die Spaltung neu gegründeten B-GmbH setzt sich ausschließlich aus den auf sie übertragenen liquiden Mitteln zusammen. Passivseitig entsteht eine gemäß § 229 Abs 4 UGB grundsätzlich nicht gebundene Kapitalrücklage. Da sich auch aus § 3 SpaltG keine Verpflichtung zur Bildung einer gebundenen Kapitalrücklage ergibt, kann diese Rücklage im nächsten Jahresabschluss gegen einen ausschüttbaren Bilanzgewinn aufgelöst werden.

Abgesehen von der gleich zu erörternden Frage der Zulässigkeit dieser Ausschüttung hat dieser Weg den Nachteil eines unvorteilhaften Bilanzbildes der übertragenden

---

[65] *Hirschler/Höltschl* in *Bertl/Hirschler/Aschauer*, HB Wirtschaftsprüfung 396; *Kalss*, Verschmelzung – Spaltung – Umwandlung³ § 3 SpaltG Rz 50.

Gesellschaft. Dies kann in der **Variante 2** vermieden werden, indem anstelle der liquiden Mittel der operative Betrieb übertragen wird und der übertragenden Gesellschaft nur die liquiden Mittel zurückbehalten werden. Zugleich wird das Nennkapital der übertragenden Gesellschaft im höchstzulässigen Ausmaß von TEUR 4.965 gemäß § 3 Abs 1 Satz 1 SpaltG herabgesetzt und bei der übernehmenden Gesellschaft neues Nennkapital entsprechender Höhe gebildet.

Es entstehen folgende Bilanzbilder:

A-GmbH

Aktiva		Passiva	
Anlagevermögen	0	Nennkapital	35
		Bilanzgewinn	19.965
Liquide Mittel	20.000	Verbindlichkeiten	0
Sonstiges Umlaufvermögen	0		
Bilanzsumme	20.000		20.000

B-GmbH

Aktiva		Passiva	
Anlagevermögen	25.000	Nennkapital	5.000
Liquide Mittel	0	Verbindlichkeiten	22.000
Sonstiges Umlaufvermögen	2.000		
Bilanzsumme	27.000		27.000

Die A-GmbH kann fast das gesamte ihr verbliebene Vermögen an die Gesellschafter ausschütten.

Das Bilanzbild der operativen B-GmbH ist weit besser als in Variante 1, weil der übernehmenden Gesellschaft die Aufwertungsmöglichkeit gemäß § 202 Abs 1 UGB (und alternativ auch nach § 202 Abs 2 Z 2 und 3 UGB) zur Verfügung steht, wodurch eine bilanzielle Überschuldung vermieden werden kann.

Die Möglichkeit der Schaffung von vorher nicht vorhandenem Ausschüttungspotential durch Umgründungen wird man angesichts der Diskussion der letzten 20 Jahre besonders kritisch zu hinterfragen haben. In den obigen Fallbeispielen werden die durch § 3 SpaltG geschaffenen Grundsätze der Kapitalerhaltung im Spaltungskreis durchaus gewahrt; die vorher vorhandenen Ausschüttungssperren werden nach Maßgabe des Summengrundsatzes gemäß § 3 Abs. 1 SpaltG nicht verringert. Dass die beschriebenen Spaltungen dennoch zu einem Ausschüttungspotential führen, liegt daran, dass die Restvermögensprüfung als wesentliches Element nicht nur der spaltungsrechtlichen Kapitalaufbringung, sondern auch der spaltungsrechtlichen Kapitalerhaltung (!)[66] nicht auf Buchwerte, sondern auf Ver-

---

66 S zu diesem Zusammenhang *Kalss/Eckert*, GesRZ 2008, 81, 88.

kehrswerte abstellt. Aus dieser gesetzgeberischen Entscheidung folgt die Möglichkeit der spaltungsbedingten Verflüssigung von vorher gebundenem Vermögen.

Dies steht in einem offensichtlichen Spannungsverhältnis zum Kapitalerhaltungsgrundsatz. Bei näherem Hinsehen besteht dieses Spannungsverhältnis nicht zum Grundsatz der Vermögensbindung als solchem – die vor der Spaltung bestehenden Ausschüttungssperren werden ja entsprechend dem Summengrundsatz aufrechterhalten –, sondern zum Realisationsprinzip gemäß § 201 Abs 2 Z 4 lit a UGB,[67] das wie allgemein das Vorsichtsprinzip gerade durch den Kapitalerhaltungsgrundsatz motiviert ist.[68] Dieses Spannungsverhältnis wird dadurch abgemildert, dass die reale Deckung des im Zug der Spaltung realisierten Ausschüttungspotenzials durch den gerichtlich bestellten Restvermögens- oder Gründungsprüfer überprüft wird (§ 3 Abs 4 SpaltG).[69] Auch können die Gläubiger einen Sicherstellungsanspruch gemäß § 15 Abs 2 SpaltG geltend machen. Dieser entsteht zwar erst ex post (mit Eintragung der Spaltung), doch kann auch das spaltungsbedingt entstandene Ausschüttungspotenzial nicht sogleich nach Wirksamwerden der Spaltung, sondern erst nach Feststellung des nächsten Jahresabschlusses der betreffenden Gesellschaft genutzt werden.

§ 235 Abs 1 UGB steht der Ausschüttung eines auf die beschriebene Art entstandenen Spaltungsgewinnes nicht entgegen. Dieser entsteht nämlich nicht durch „Ansatz des beizulegenden Werts", sondern unabhängig vom bilanziellen Wertansatz des spaltungsgegenständlichen Vermögens.[70] Der Spaltungsgewinn hat mit einer Aufwertung nichts zu tun, sondern entsteht (in Variante 2) beim übertragenden Rechtsträger dadurch, dass Vermögen mit negativem Buchwert übertragen (in Variante 1: beim übernehmenden Rechtsträger belassen) wird. Für eine Anwendung des § 123 Abs 1 UGB ist folglich kein Raum.

---

[67] Siehe zum Zusammenhang zwischen Realisationsprinzip und Kapitalerhaltung *Gelter*, Neue Rechnungslegungsnormen im Handelsrecht (2001) 207 ff; *Nowotny*, Funktionen der Rechnungslegung (1989) 197 ff; *Schön*, Internationalisierung der Rechnungslegung und Gläubigerschutz, WPg-Sonderheft 2001, 74, 75 ff.

[68] Amtl Begr zur Aktienrechtsnovelle 1884 bei *Schubert/Hommelhoff*, Hundert Jahre Modernes Aktienrecht (1984) 474: *„Als leitender Grundsatz stellte der Entwurf im Anschluss an Art. 31 des Handelsgesetzbuchs die Bestimmung auf, dass alle Vermögenstücke zum gemeinen Werte zur Zeit der Bilanzaufstellung, jedoch nicht höher als zu dem Anschaffungs- oder Herstellungspreise anzusetzen sind. Die letztere Einschränkung ist dem Art. 31 fremd, findet aber in dem Wesen der Aktiengesellschaft ihre Rechtfertigung, weil mit Rücksicht auf die regelmäßig eintretende Verteilung des Reingewinnes verhindert werden muss, dass nicht ein zwar nominell vorhandener, tatsächlich aber noch nicht durch Verkauf der betreffenden Vermögenstücke verwirklichter Gewinn zur Verteilung gelangt."*

[69] Anhand des obigen Beispiels: Sowohl in Variante 1 als auch in Variante 2 wird ein Betrag von insgesamt TEUR 20.000 „aufgedeckt". Dies führt in Variante 1 zu einer Unterbilanz in Höhe ebendieser TEUR 20.000. Der Restvermögensprüfer hat zu beurteilen, ob diese TEUR 20.000 bei der übertragenden Gesellschaft real vorhanden sind. In Variante 2 wird das Nennkapital der übernehmenden Gesellschaft iHv. TEUR 5.000 durch Vermögen mit einem bisherigen Buchwert von −15.000 aufgebracht. Auch insoweit hat der gerichtlich bestellte Prüfer daher die Werthaltigkeit zu überprüfen.

[70] In Variante 1 ist eine Aufwertung gar nicht zulässig, in Variante 2 ist sie möglich, das Ausschüttungspotenzial entsteht aber auch dann, wenn die übernehmende Gesellschaft die Buchwerte fortführt und von den Wahlrechten nach § 202 Abs 2 Z 2 und 3 UGB keinen Gebrauch macht.

Leistungsstörungen beim Unternehmenskauf

Christian Nowotny

1. Zum Thema
2. Zum „Asset Deal"
3. Gewährleistung beim Asset Deal
4. Gewährleistungsfrist
5. Zur Bedeutung einer Due Diligence
6. „Bilanzgarantien" als Absicherungsinstrument
7. Zum Abschluss

1. Zum Thema

Der Tatbestand der Leistungsstörungen ist breit angelegt: er erfasst alle Umstände, die der vertragskonformen Erfüllung einer Vereinbarung entgegenstehen oder diese beeinträchtigen. Dazu zählen vor allem Verzug, Unmöglichkeit, Irrtum, *laesio enormis*, Gewährleistung und Schadenersatz.[1] Der Beitrag ist auf Fragen der Gewährleistung und damit verbundener/konkurrierender Schadenersatzansprüche fokussiert. Auf die Fallgruppe des Wegfalls bzw der Änderung der Geschäftsgrundlage wird nicht weiter eingegangen; diese wird in der Praxis der Vertragsgestaltung zumeist durch besondere Regelungen, sogenannte MAC-Klauseln *(= material adverse change)*, berücksichtigt.[2]

Im Allgemeinen kommt im Bereich der Leistungsstörungen der Vertragsgestaltung besondere Bedeutung zu, denn das Recht der Leistungsstörungen ist auf einfach abzuwickelnde Austauschgeschäfte ausgerichtet. Zwischen dem Erwerb einer bestimmten Sache und dem Erwerb eines Unternehmens bestehen aber erhebliche Unterschiede, die bei der Anwendung und Auslegung der Regelungen des allgemeinen Zivilrechts zu berücksichtigen sind. Bei einem Unternehmen handelt es sich nämlich aus der Sicht des Schuldrechts um eine Gesamtsache, einem Konglomerat von einzelnen körperlichen und unkörperlichen Sachen, Rechten und Pflichten, die durch ihre Verbindung zur Verfolgung eines wirtschaftlichen Zwecks eine für das schuldrechtliche Geschäft maßgebliche Einheit darstellt.[3] Dies findet in der Regelung des § 38 UGB ihren Ausdruck.[4]

Auf dem ersten Blick scheint dies nur dann von Bedeutung zu sein, wenn Gegenstand einer Transaktion die Gesamtsache Unternehmen ist („Asset Deal") und nicht Anteile an einer juristischen Person (idR Kapitalgesellschaft oder Personengesellschaft), die Eigentümerin eines Unternehmens ist, und die Anteile nur erworben werden, um damit Kontrolle oder maßgeblichen Einfluss über bzw auf das durch die Anteile repräsentierte Unternehmen zu erhalten („Share Deal"). Beide Gestaltungen werden in der Praxis nicht selten kombiniert; so wird etwa manchmal die Liegenschaft aus der Gesellschaft vor dem Verkauf entnommen (zB durch eine Spaltung), die dann der Verkäufer oder die Gesellschafter der Verkaufsgesellschaft zurückbehalten und dann an den Käufer vermieten. Ein wichtiger Aspekt ist daher in der Folge, welche Regelungen im Bereich der Leistungsstörungen und hier vor allem im Bereich der Gewährleistungspflichten bestehen.

---

1 Siehe *Welser/Zöchling-Jud*, Bürgerliches Recht Bd II[14] Rz 200 ff (Unmöglichkeit, Verzug, mangelhafte Leistung, positive Vertragsverletzung).
2 Siehe *Hanslik* in *Althuber/Schopper*, Handbuch Unternehmenskauf & Due Diligence Bd 1 Legal[2] (2015) 514.
3 Siehe *Artmann/Herda* in *Artmann*, UGB Bd 1.1[3] § 1 Rz 23; *Eccher/Riss* in KBB ABGB[6] § 302 Rz 1 f.
4 Siehe *Karollus* in *Artmann*, UGB 1[3] § 38 Rz 11.

2. Zum „Asset Deal"

Hier ist Gegenstand des Erwerbs die Gesamtsache Unternehmen. Grundlage für den Rechtsübergang ist die Regelung in § 38 UGB. Deren Anwendung setzt voraus, dass Gegenstand des Erwerbs die für die Fortführung eines Unternehmens prägenden Vermögenswerte sind; nach hA gilt diese Regelung aber auch, wenn ein Betrieb oder Teilbetrieb im Rahmen eines Kaufes, Tausches oder auch in gemischter Entgeltgestaltung erworben werden soll.[5] Auch wenn der Erwerb im Wege einer (gemischten) Schenkung erfolgt, ist diese Bestimmung anwendbar; Grundtatbestand ist, dass ein unter Lebenden erworbenes Unternehmen fortgeführt werden soll. Nur bei freiberuflichen und land- und forstwirtschaftlichen Unternehmen ist maßgeblich, dass das Unternehmen (freiwillig) im Firmenbuch eingetragen ist (§ 4 Abs 2 und 3 UGB).[6] Es ist nicht Voraussetzung, dass der Erwerber bereits Unternehmer ist. Auch der Erwerb zum Zwecke der Gründung eines Unternehmens wird von dieser Bestimmung erfasst; zu beachten ist, dass dann der Gestaltungsfreiheit beim Kaufvertrag vor allem im Bereich der Gewährleistung Grenzen gesetzt sind; denn der Erwerber ist, wenn es sich um ein Gründungsgeschäft handelt, als Verbraucher anzusehen (§ 1 Abs 3 KSchG), sodass die Gewährleistungsregelungen des § 9 KSchG zwingend sind. Die Frage, ob ein die Gewährleistung ausschließender augenfälliger Mangel vorliegt (§ 928 Satz 1 ABGB), hat hier besondere Bedeutung.[7] Den Versuch, die Gewährleistung durch planmäßiges Offenlegen negativer Eigenschaften, zu vermeiden, hat die Rechtsprechung scheitern lassen, wenn diese nicht den realen Gegebenheiten entspricht.[8]

Die Regelung des § 38 UGB mit allen ihren Facetten näher zu erörtern[9], würde den Rahmen dieses Beitrages sprengen.Sie hat den Vorteil, dass entsprechend dem im Regelfall zutreffenden Parteiwillen das zu übertragende Unternehmen mit allen ihm zugehörigen Vermögensgegenständen und Vertragsverhältnissen erfasst wird, ihre Tücke besteht darin, dass der Übergang von Vertragsverhältnissen durch Widerspruch verhindert werden kann (§ 38 Abs 2 UGB) und nach hA höchstpersönliche Rechtsverhältnisse ohne Zustimmung des Vertragspartners nicht übergehen.[10] Dies bereitet Schwierigkeiten bei der Übertragung von Unternehmen der freien Berufe, wie bei Rechtsanwälten und Wirtschaftstreuhändern, bei denen durch gesetzlich verankerte Berufsgeheimnisse in der Praxis Probleme entstehen. Der zweite praktisch wichtige Aspekt liegt im Haftungsregime des § 38 Abs 1 und 6 UGB iVm § 1409 ABGB. Allerdings zeigt die Praxis, dass es auch ein Grund sein

---

[5] Siehe *Rastegar*, Teilbetriebe in M&A-Transaktionen, GesRZ 2021, 35, worin auf die Anwendbarkeit des § 1409 ABGB auf diese Fallgruppe eingegangen wird; *Karollus* in *Artmann*, UGB 1³ § 38 Rz 15; *Barnert*, Teilbetriebe in M&A Transaktionen – Ein Beitrag zum Unternehmensbegriff des § 38 UGB und § 1409 ABGB, Aufsichtsrat aktuell 2021, 168.
[6] S *Karollus* in *Artmann*, UGB 1.1³ § 38 Rz 10.
[7] Siehe *Lindenbauer*, Gewährleistung beim Unternehmenskauf (2019) 58 f.
[8] OGH 7 Ob 173/10g.
[9] Siehe die ausführliche und grundlegende Kommentierung von *Karollus* in *Artmann*, UGB 1.1³ § 38.
[10] *Karollus* in *Artmann*, UGB 1.1³ § 38 Rz 25.

kann, den Weg des Asset Deal zu beschreiten, um die mit einem Anteilskauf im Wege des Share Deal verbundene volle Risikoübernahme für die in der gekauften Gesellschaft vorhandenen Schulden und Haftungen zu begrenzen. Für die Gewährleistungspflicht ist allerdings, worauf in der Folge einzugehen ist, der Unterschied zwischen Asset Deal und Share Deal nicht signifikant, da die Rechtsprechung beim Share Deal die Erfüllungspflicht des Verkäufers nicht nur auf das formal den Kaufgegenstand bildende Anteilsrecht an der erworbenen Gesellschaft beschränkt, sondern auf das darin steckende Vermögen (dh Unternehmen) bezieht.[11]

3. Gewährleistung beim Asset Deal

Grundregel ist § 922 ABGB; der Verkäufer hat dafür einzustehen, wenn der Kaufgegenstand nicht den gewöhnlich vorausgesetzten oder den vertraglich bedungenen Eigenschaften entspricht. Was sind nun jene hier maßgeblichen gewöhnlich vorausgesetzten Eigenschaften? Maßgeblich ist die hier bestehende Verkehrsauffassung.[12] In der umfangreichen Literatur werden die Folgenden angeführt:

- Das Anlagevermögen steht im unbelasteten Eigentum des Käufers.
- Alle für die Fortführung des Unternehmens wesentlichen behördlichen Genehmigungen liegen vor.
- Die Aufzeichnungen, insb Buchführung, entspricht den gesetzlichen Voraussetzungen.
- Die Abgaben werden gesetzeskonform ermittelt und abgeführt.
- Die Mitarbeiter werden entsprechend den gesetzlichen Regelungen beschäftigt und entlohnt.
- Die für die Fortführung wesentlichen Vertragsbeziehungen können wegen des Eigentümerwechsels nicht gekündigt werden.
- Die Ertragslage ermöglicht die Fortführung.[13]
- Der Ruf des Unternehmens in der Öffentlichkeit (zB Social Media) ist nicht in einem Maße beeinträchtigt, dass die Fortführung erheblich erschwert wird.

Ob dieser Katalog im Einzelfall so passt, ist im Streitfall vom Gericht zu beurteilen. Er bietet jedenfalls Anhaltspunkte für die Vertragsgestaltung. Durch diese können die Kriterien präzisiert, erweitert, aber auch (vorbehaltlich der Anwendbarkeit des KSchG) abgeschwächt oder ausgeschlossen werden.

Nach dem Gesetz besteht aber bereits dann keine Gewährleistungspflicht, wenn ein Mangel augenfällig ist. Das ist der Fall, wenn dieser aus öffentlich zugänglichen Unterlagen (wie insb Grundbuch, Firmenbuch oder ähnlichen Registern) oder bei

---

11 S OGH 5 Ob 136/2d; *Lindenbauer*, Gewährleistung beim Unternehmenskauf 20 ff; *Kogler*, Gewährleistungsfrist beim Unternehmenskauf, ecolex 2010, 239.
12 Eingehend *Lindenbauer*, Gewährleistung 48 ff; s auch *Hasenauer/Pracht* in *Althuber/Schopper*, Handbuch Unternehmenskauf & Due Diligence Bd 1 Legal² (2015) 103 ff.
13 Siehe *Puck*, Anteilskauf: Haftung für die Ertragskraft des Unternehmens, ecolex 1995, 257.

einer vorgenommenen Besichtigung des Gegenstandes zum Zeitpunkt des Vertragsabschlusses eindeutig erkennbar war.[14]

Auch für den Unternehmenskauf anwendbar, obwohl vom Gegenstand her nicht passend ist die Regelung des § 934 ABGB, wonach vermutet wird, dass ein bei der Übergabe bereits vorhandener Mangel vorliegt, wenn dieser innerhalb von sechs Monaten nach der Übergabe hervorkommt.[15] Davon abgesehen ist zu beachten, dass bei Rechtsmängeln für den Beginn der Verjährung nicht die Übergabe, sondern die Erkennbarkeit maßgeblich ist.[16]

4. Gewährleistungsfrist

Sowohl für den Asset Deal als auch für den Anteilskauf ist umstritten, ob – sieht man von Viehmängeln ab – die Gewährleistungsfrist nach § 933 ABGB wie bei unbeweglichen Sachen drei oder wie bei beweglichen zwei Jahre beträgt. Nach Ansicht des Autors eine eher akademische Diskussion, da hier üblicherweise besondere vertragliche Regelungen vereinbart werden und überdies mit der Gewährleistung konkurrierende Schadenersatzansprüche nach § 933a ABGB wegen der Beweislastregel des § 1298 ABGB erst nach zehn Jahren verjähren.[17]

Falls der Unternehmenskauf mit dem Erwerb unbeweglicher Sachen einhergeht, ist klar, dass für diese die Dreijahresfrist maßgeblich ist. Ohne hier zu differenzieren, treten die überwiegende ältere Meinung und auch die Rechtsprechung generell für die Maßgeblichkeit der Dreijahresfrist beim Unternehmenskauf (Asset Deal und Share Deal) ein.[18] Als Begründung wird die einem Liegenschaftskauf vergleichbare typische hohe wirtschaftliche Bedeutung des Geschäftes herangezogen. Die neuere Lehre befürwortet die Anwendung der Zweijahresfrist, da diese ausreichend sei, um Mängel bei einem Unternehmen durch dessen Betrieb zu erkennen; außerdem sei es laufenden Änderungen unterworfen.[19] Diese Argumente überzeugen im Ergebnis; demnach ist mangels vertraglicher Regelung die Zweijahresfrist anwendbar, außer Gegenstand des Erwerbs ist auch eine Liegenschaft (gilt auch beim Share Deal).[20]

---

14   *Zöchling-Jud* in *Kletečka/Schauer*, ABGB-OB[1.02] § 928 Rz 7 ff; *Reischauer* in *Rummel/Lukas*, Komm ABGB[4] § 928 Rz 9 ff, 34 ff; nach OGH 4 Ob 167/95 liegt ein offenkundiger Mangel vor, wenn er bei einer ordnungsgemäßen Untersuchung zutage getreten wäre.
15   *Egermann/Winkler*, Gewährleistung beim Unternehmenskauf, RdW 2002, 197; *Reischauer* in *Rummel/Lukas*, Komm ABGB[6] § 924 Rz 6 (wonach darauf abzustellen ist, ob der Mangel aufgrund der vorausgesetzten Qualität üblicherweise innerhalb von sechs Monaten nicht auftritt).
16   *Reischauer* in *Lukas/Rummel*, ABGB[4] § 933 Rz 90 ff.
17   *Reischauer* in *Rummel/Lukas*, ABGB[4] § 933a Rz 248 ff.
18   *Reischauer* in *Rummel/Lukas*, ABGB[4] § 933 Rz 29 ff; s auch OGH 3 520/94; SZ 68/152 (allerdings bezieht sich die Judikatur auf die Rechtslage vor dem GewÄG unter Geltung der sechsmonatigen Frist).
19   *Ofner* in *Schwimann/Kodek*, Praxiskomm ABGB[4] Bd 4 § 933 Rz 6 f; *Zöchling-Jud* in *Kletečka/Schauer*, ABGB-ON[1.02] § 933 Rz 5; *P. Bydlinski* in KBB[6] § 933 Rz 2; zum Meinungsstand *Lindenbauer*, Gewährleistung beim Unternehmenskauf 132 ff.
20   S im Ergebnis auch *Lindenbauer*, Gewährleistung 136 ff, wonach entsprechend dem mangelhaften Vermögensgegenstand zu differenzieren sei; ausführlich *Lindenbauer*, Gewährleistungsfrist beim Unternehmenskauf, JBl 2018, 286 ff.

5. Zur Bedeutung einer Due Diligence

Es gehört heute in der Regel zur gebotenen Sorgfalt eines Kaufinteressenten, dass er vor dem Kauf eine Prüfung des Kaufgegenstandes durchführt und erst auf dieser Grundlage die Kaufentscheidung trifft. Falls der Erwerber ein Dienstnehmer ist (zB Management Buy-out), wird häufig davon Abstand genommen, da der Käufer das Unternehmen aufgrund seiner Tätigkeit sehr gut kennt und überdies das Regime des KSchG zur Anwendung kommt, weil ein Gründungsgeschäft vorliegt. Selten wird auch eine nachträgliche Prüfung vereinbart, deren Ergebnis zu einer Anpassung der Konditionen führen kann.[21]

In der Folge soll nur die Frage behandelt werden, welche Auswirkungen es haben kann, wenn eine vom Verkäufer angebotene Due Diligence nicht wahrgenommen wird (etwa aus Kostengründen oder weil der Käufer meint, sich durch strenge Vertragsregelungen ausreichend schützen können). Wird allerdings angestrebt, Gewährleistungsansprüche zu versichern (Warranty- & Indemnity-Versicherung), so wird eine Due Diligence von der Versicherung stets verlangt.

Bei Ablehnung einer angebotenen Due Diligence stellt sich die Frage, ob Mängel, die bei deren fachkundiger Durchführung erkennbar gewesen wären, wie ein augenscheinlicher Mangel zu beurteilen sind. Nach zutreffender und wohl auch hA besteht keine Obliegenheit zur Due Diligence, sodass deren Unterlassung nicht zur Einschränkung von Gewährleistungsansprüchen des Erwerbers führt.[22] Die Rügepflicht nach § 377 UGB kommt für den Unternehmenskauf nicht zur Anwendung, da diese nur beim Warenkauf gilt und das Unternehmen keine Ware darstellt.[23] Bei einem Share Deal stellt sich die Frage, ob § 381 UGB zur Anwendung kommt, wenn handelbare Wertpapiere Kaufgegenstand sein sollen. Dies wäre ausnahmsweise dann in Betracht zu ziehen, wenn das dadurch verkörperte Unternehmen keine Bedeutung hat, sondern eine reine Wertpapiertransaktion vorliegt. Im Allgemeinen wird dies nicht zutreffen[24]. Nach einer höchstgerichtlichen Entscheidung liegt etwa beim Kauf eines Minderheitspakets von 10 % durch den Mehrheitsgesellschafter ein Unternehmenskauf vor.[25] In einer anderen Entscheidung wird auf den spekulativen Charakter des Geschäfts abgestellt.[26]

---

21 Siehe allgemein zur Bedeutung der Due Diligence im Rahmen des Gewährleistungsregimes *Hasenauer/Pracht* in *Althuber/Schopper*, Handbuch Unternehmenskauf Bd 1² 103 ff.
22 *Lindenbauer*, Gewährleistung beim Unternehmenskauf 14, *Reischauer* in *Lukas/Rummel*, ABGB⁴ § 928 Rz 7; *Zöchling-Jud* in *Kletečka/Schauer*, ABGB-ON¹·⁰² § 928 Rz 12 (es kann aber eine gänzlich unterlassene Prüfung grobe Fahrlässigkeit begründen, wenn der Verkäufer eine solche anbietet und Unterlagen offenlegt; s auch OGH 4 Ob 1657/95).
23 *Zöchling-Jud* in *U. Torggler*, UGB³ § 377 Rz 7 mwN in FN 17; *Lindenbauer*, Gewährleistung beim Unternehmenskauf 164 ff.
24 *Zöchling-Jud* in *U. Torggler*, UGB³ § 381 Rz 3; *Lindenbauer*, Gewährleistung beim Unternehmenskauf 164 ff.
25 OGH 5 Ob 136/12d.
26 OGH 4 Ob 44/11s; *Lindenbauer*, Gewährleistung beim Unternehmenskauf 78 f.

Wird allerdings eine Due Diligence durchgeführt, so stellt sich die Frage, ob Mängel, die aus den dabei offengelegten Unterlagen erkennbar sind, als augenscheinlich zu werten sind. Das ist mE in dieser Allgemeinheit abzulehnen.[27] Vielmehr bedarf es einer spezifischen Offenlegung, also eines entsprechenden Hinweises auf eine negative Eigenschaft, um diese dann als augenscheinlich zu werten.[28] Allerdings geht die ältere Rechtsprechung (neuere liegt soweit zu sehen nicht vor) davon aus, dass auch die Erkennbarkeit dem Käufer entgegengehalten werden kann.[29] In der Praxis werden die Auswirkungen einer Due Diligence zumeist vertraglich festgelegt; dies kann in beide Richtungen gehen, nämlich einerseits, dass erkennbare negative Eigenschaften eine Haftung ausschließen, oder andererseits, dass es nur bei positiver Kenntnis zu einer Einschränkung von rechtlichen Ansprüchen kommt. Davon unabhängig ist aber § 871 Abs 2 ABGB zu beachten, wonach eine Irrtumsanfechtung möglich ist, wenn der Käufer nach geltenden Rechtsvorschriften über den Geschäftsgegenstand betreffende maßgebliche Umstände hätte aufklären müssen.[30]

Insgesamt zeigt sich, dass es im Bereich des Rechts der Leistungsstörungen, insbesondere auch in dem der der mit dieser konkurrierenden Schadensersatzansprüchen zwischen einem Asset Deal und einem Share Deal keine gravierenden Unterschiede gibt. Der Share Deal bedeutet zwar, dass Gegenstand des Geschäfts ein Recht, also eine unkörperliche Sache ist, doch wird nach Lehre und Rechtsprechung in wirtschaftlicher Betrachtung das durch dieses Recht verkörperte Vermögen gekauft. Der Asset Deal ist allerdings regelmäßig schwieriger bei der Umsetzung. Dies bewirken vor allem das Widerspruchsrecht von Dritten (Vertragspartnern) und der Umstand, dass höchstpersönliche Rechte nur mit Zustimmung des Dritten übertragen werden können. Ein möglicher Vorteil besteht darin, dass der Übergang von nicht mitverkauften Verbindlichkeiten verhindert werden kann, freilich nicht, dass trotzdem der Erwerber haftet (§ 1409 ABGB). Es besteht dann zwar eine Freistellungsverpflichtung des Verkäufers,[31] doch verbleibt hier ein Bonitätsrisiko, falls nicht eine ausreichende Absicherung vereinbart wird. Zweifelsohne kommt der Vertragsgestaltung bei beiden Transaktionsvarianten große Bedeutung zu. Hier besteht große Gestaltungsfreiheit. Bei einem Unternehmenskauf wird auch der völlige Ausschluss der Gewährleistung („wie besichtigt und Probe gefahren") nicht gegen die guten Sitten verstoßen. Ist der Erwerber ein Verbraucher und liegt ein Gründungsgeschäft vor, so ist allerdings

---

27 *Lindenbauer*, Gewährleistung beim Unternehmenskauf 81 ff.
28 So *Lindenbauer*, Gewährleistung beim Unternehmenskauf 83; aA *Hasenauer/Pracht* in *Althuber/Schopper*, Handbuch Unternehmenskauf & Due Diligence Bd I² 102.
29 Siehe insb OGH 4 Ob 1657/95; 4 Ob 1658/95.
30 ZB über den Umstand, dass im Einzugsbereich die Eröffnung eines Konkurrenzunternehmens geplant ist; siehe auch OGH 5 Ob 136/12d zum gemeinsamen Irrtum über die Grundlagen der Kaufpreisermittlung.
31 Zur Unterscheidung zwischen Gewährleistung und Schad- und Klagloshaltung OGH 2 Ob 68/00i.

das KSchG anwendbar, insbesondere im Bereich der Gewährleistung des § 9 KSchG.[32]

6. „Bilanzgarantien" als Absicherungsinstrument

Der Kaufpreis für ein Unternehmen wird zumeist aufgrund der Ertragsaussichten ermittelt, wobei die Erträge, die in den letzten Jahren erwirtschaftet worden sind, auf die in der Zukunft zu erwartenden Erträge projiziert werden.[33] Eine wesentliche Grundlage für die Bewertung sind die Jahres-/Konzernabschlüsse des Unternehmens. Sind diese unrichtig, kann das zu einer für den Erwerber höchst nachteiligen Fehleinschätzung bei der Kaufpreisermittlung führen. Hier bietet das Recht der Leistungsstörungen keinen zuverlässigen Schutz. Deswegen wird dafür zumeist eine besondere vertragliche Regelung vorgesehen, die sehr unterschiedlich gestaltet sein kann.[34] Der hier als Sammelbegriff zumeist verwendete Ausdruck „Bilanzgarantie" ist irreführend, da es selten um eine Garantie im Sinne des § 880a ABGB geht. Von der Zusicherung der Richtigkeit der Rechnungslegungsunterlagen bis zur Erklärung, dass sie nach bestem Wissen des Verkäufers zutreffend sind, besteht ein weites Spektrum. Auf dieses Element der Vertragsgestaltung soll ein Blick geworfen werden. Regelungen, die unter diese Thematik fallen, kommt auch eine besondere Bedeutung zu, wenn eine Warranty- & Indemnity-Versicherung angestrebt wird. Auch wenn für die Unternehmensbewertung ein besonderes Verfahren vereinbart wird, kommt der Finanzberichterstattung hohe Bedeutung zu, da die Anwendung und Umsetzung des konkreten Verfahrens auf Daten aus der Rechnungslegung beruht.

Oben wurde bereits darauf hingewiesen, dass eine in allen wesentlichen Punkten zutreffende Finanzberichterstattung zu den Eigenschaften eines Unternehmens gehört, von denen ein Käufer ausgehen kann. Wichtig ist deshalb, was die Voraussetzungen für eine gesetzes- und GoB-konforme Berichterstattung sind. Dabei geht es um das möglichst getreue Bild iSv § 222 Abs 1 UGB insgesamt und nicht um die einzelnen Posten. Maßgeblich ist, ob bei der Aufstellung/Feststellung des Abschlusses alle Informationen verwendet worden sind, die für das aufstellende/feststellende Organ unter Wahrung der gebotenen Sorgfalt erkennbar waren. Nachher bekannt gewordene wertaufhellende Umstände haben dann nicht zur Folge, dass der Abschluss gesetzwidrig und in diesem Sinn unrichtig wäre.[35] Dies gilt im

---

32   Siehe *Lindenbauer*, Gewährleistung beim Unternehmenskauf 15 ff.
33   Siehe dazu allgemein *Haberer/Purtscher*, Wirtschaftliche und rechtliche Fragen der Unternehmensbewertung, in *Althuber/Schopper*, Handbuch Unternehmenskauf & Due Diligence Bd I^2 163, 171 ff.
34   Siehe dazu aus der reichen Literatur vor allem *Reich-Rohrwig*, Auslegung und Reichweite von Bilanzgarantien, in *Althuber/Schopper*, Handbuch Unternehmenskauf & Due Diligence Bd I^2 391 ff; praxisorientiert *Brugger*, Handbuch Unternehmenserwerb^2 (2020) Kap 11; *Hofmann/Nowotny*, Die Bedeutung von Bilanzgarantien beim Unternehmenskauf, GesRZ 2009, 126 ff; *Nowotny/Gelter*, „Bilanzklausel" und Unternehmenserwerb, GesRZ 2000, 63 ff.
35   Siehe AFRAC-Stellungnahme 16: Wertaufhellung und Wertbegründung (UGB) Rz 9 ff; AFRAC-Stellungnahme 39: Änderung von Abschlüssen und Lageberichten (UGB) Rz 8 ff.

Kern auch für nach internationalen Standards aufgestellte Konzernabschlüsse.[36] Deren Informationsgehalt ist naturgemäß ein anderer; etwa die Anwendung der Percentage-of-completion-Methode für den Auftragsbestand, der aus dem UGB-Abschluss nicht ablesbar ist. Kennzahlen, die aus dem Abschluss errechnet werden, aber im Gesetz nicht eindeutig definiert werden, wie der Cashflow oder das Working Capital, sollten vorsichtsweise vertraglich beschrieben werden.[37]

Eine subjektive „Bilanzgarantie", von der mangels besonderer vertraglicher Regelung auszugehen ist, setzt demnach den Käufer dem Risiko aus, dass auch bei Wahrung der gebotenen unternehmerischen Sorgfalt bei Aufstellung/Feststellung nicht erkennbare Umstände, die erst nachträglich erkennbar werden, sich zu seinem Nachteil auswirken. Dies gilt vor allem für solche Posten, die von der Einschätzung der künftigen Entwicklung, wie etwa im Bereich der Rückstellungen, oder von Wertberichtigungen im Umlaufvermögen abhängen.[38] Auch hier ist noch zu unterscheiden, ob zugesichert wird, dass der Abschluss Gesetz und GoB entspricht, oder bloß „versprochen" wird, dass der Abschluss nach bestem Wissen und Gewissen aufgestellt worden ist. In der letzteren Variante wird zum Ausdruck gebracht, dass ein subjektiver Sorgfaltsmaßstab gilt und nicht die objektiv zu beurteilende Sorgfalt eines Unternehmers heranzuziehen ist.

Bei einem Share Deal ist auch regelungsbedürftig, welches Organ als Verantwortungsträger maßgeblich ist, da hier der für die Aufstellung/Feststellung des Abschlusses maßgebliche Personenkreis nicht auch Organ des Verkäufers ist. Dies gilt vor allem bei einem Erwerb über eine Aktienbeteiligung, da bei der Aktiengesellschaft im Regelfall die Feststellung des Abschlusses nicht durch die Hauptversammlung, sondern durch den Aufsichtsrat erfolgt. Eine objektive „Bilanzgarantie", die den Käufer möglichst umfassend schützt, muss deswegen so formuliert werden, dass die Richtigkeit des Abschlusses unabhängig von den bei der Aufstellung/Feststellung erkennbaren Umständen garantiert wird.[39]

Regelungsbedürftig sind auch die Folgen der Verletzung einer „Bilanzgarantie", welcher Ausprägung auch immer.[40]

Umgekehrt ist (siehe oben) auch ein völliger vertraglicher Ausschluss einer Gewährleistungshaftung des Verkäufers zulässig und wirksam; Sittenwidrigkeit wird allenfalls bei äußerst grob fahrlässiger Verletzung von Aufklärungspflichten vorliegen.[41]

---

36 IAS 10, Ereignisse nach dem Abschlussstichtag; *Grünberger*, IFRS 2020[17] 492 ff.
37 *Hofmann/Nowotny*, GesRZ 2009, 128 f.
38 Siehe *Reich-Rohrwig* in *Althuber/Schopper*, Handbuch Bd I² 400 ff (subjektive Bilanzgarantie).
39 Siehe *Reich-Rohrwig* in *Althuber/Schopper*, Handbuch Bd I² 410 ff; *Brugger*, Unternehmenskauf² 11.15 ff.
40 *Reich-Rohrwig* in *Althuber/Schopper*, Handbuch Bd I² 133 ff.
41 *Hasenauer/Pracht* in *Althuber/Schopper*, Handbuch Bd I² 66 f; *Brugger*, Unternehmenserwerb² 11.289.

Allerdings kann beim Share Deal mit Aktien, Geschäftsanteilen an einer GmbH oder auch GmbH & Co KG nicht ausgeschlossen werden, dass die Zielgesellschaft Ansprüche gegen den Verkäufer oder gegen dem Verkäufer zuzurechnende Personen wegen Verletzung von Kapitalerhaltungsvorschriften geltend macht. Ansprüche aus unzulässiger Einlagenrückgewähr sind zwingendes Recht und verjähren, da zumeist mit Bereicherungsansprüchen konkurrierend, erst nach 30 Jahren.[42] Diese Thematik kann sich vor allem bei Familiengesellschaften stellen. Mögliche Ansprüche aus diesem Titel werden im Abschluss vor ihrer Geltendmachung nicht aktiviert und auch bei einer Due Diligence nicht zumeist offengelegt werden.[43]

Anschaulich sind zwei Fälle, auf die in der Diskussion von Praktikern oft hingewiesen werden. Der eine Fall betrifft den Share Deal an einer Tageszeitung, die als Familienunternehmen geführt wurde. Nach der Abwicklung des Verkaufs machte die Zielgesellschaft erfolgreich Ansprüche aus verbotener Einlagenrückgewähr gegen die Verkäufer geltend, weil diese zum Teil überhöhte Bezüge für die angebliche Mitarbeit im Unternehmen erhalten hatten, obgleich sie praktisch keine Arbeitsleistung erbracht hatten.[44] Haftungsbeschränkungen im Kaufvertrag konnten dies nicht verhindern. Der andere Fall betrifft den Verkauf eines bekannten Handelsgeschäftes mit einer Liegenschaft in hervorragender Lage. Im Penthouse dieses Gebäudes befand sich eine Wohnung mit bestem Ausblick auf den ersten Bezirk in Wien, an der einem wesentlich beteiligten Aktionär ohne Entgelt ein Wohnungsgebrauchsrecht eingeräumt worden war. Dies wurde offenbar im Rahmen der Due Diligence „entdeckt"; das Problem sollte durch eine Anpassung des Kaufpreises nach unten gelöst werden. Was offenbar nicht bedacht wurde, war der Umstand, dass damit Ansprüche der Zielgesellschaft aus diesem Titel nicht beseitigt worden sind. Als einige Jahre später ein weiterer Verkauf als Share Deal an einen neuen Hauptaktionär erfolgte, machte dieser erfolgreich die Löschung des Gebrauchsrechts geltend.[45] Das beabsichtigte Ergebnis der Bereinigung des Mangels durch eine Kaufpreisminderung wäre nur erreicht worden, wenn beim ersten Verkauf vereinbart worden wäre, dass eine Kaufpreisminderung in der Folge auch dann eintritt, wenn die Gesellschaft in Zukunft, wer auch immer sie kontrolliert, Ansprüche aus Einlagenrückgewähr geltend machen sollte. Nur so kann erreicht werden, dass der Erstkäufer bei weiteren Verkäufen diese Pflicht überbindet und seinen Einfluss verwendet, um die Zielgesellschaft von der Geltendmachung des Anspruchs abzuhalten; man muss sich allerdings dessen bewusst sein, dass im Falle der Insolvenz der Insolvenzverwalter kaum davon abgehalten werden kann.

Die Auslegung von „Bilanzklauseln" ist im Streitfall Aufgabe des Gerichts. Öffentlich zugängliche Entscheidungen sind selten. Anschaulich ist ein Urteil des OLG

---

42 Siehe ausführlich die Kommentierung von *Artmann* in *Artmann/Karollus*, AktG[6] § 52 Rz 30 ff.
43 Siehe auch *Grama/Vondrak*, Prüfung der gesellschaftsrechtlichen Aspekte, in *Althuber/Schopper*, Handbuch Due Diligence Bd I[2] 293 ff.
44 Siehe *Karollus* in *Leitner*, Handbuch verdeckte Gewinnausschüttung[2] 81.
45 OGH 6 Ob 195/18x.

Frankfurt mit durchaus etwas überraschenden Aussagen.[46] Ausgangslage war der Verkauf eines Unternehmens als Share Deal von GmbH-Anteilen. Im Kaufvertrag war vereinbart, dass die Käufer bestätigen, dass der Jahresabschluss 2007 der Zielgesellschaft mit der Sorgfalt eines ordentlichen Kaufmannes und unter Beachtung der gesetzlichen Vorschriften erstellt worden ist und ein den tatsächlichen Verhältnissen entsprechendes Bild der Vermögens-, Finanz- und Ertragslage der Gesellschaft vermittelt. Diese Regelung war in einem mit „Garantien" bezeichneten Abschnitt des Vertrages enthalten. Des Weiteren war geregelt, dass für den Fall, dass die Garantieerklärungen bzw Gewährleistungszusagen unzutreffend sein sollten, die Käuferin durch Schadenersatz in Geld so zu stellen ist, wie wenn die entsprechende Zusage zutreffend wäre. Die Käuferin machte geltend, dass bei richtiger Bilanzierung statt eines Gewinns ein Fehlbetrag auszuweisen und außerdem eine Maschine wegen mangelhafter Wartung abzuwerten gewesen wäre. Der Verkäufer wandte ua ein, dass bei Steuern eine bloße Periodenverschiebung vorliegt.

Das Gericht wertete die Klausel als harte Bilanzgarantie. Sie enthalte die objektive Gewähr, dass die tatsächliche Vermögens-, Finanz- und Ertragslage zum Stichtag vollständig und richtig wiedergegeben wird. Demnach hafte der Verkäufer auch für nicht bekannte Schulden und Eventualverbindlichkeiten bis zum Stichtag, mögen diese auch nach subjektiven Kriterien unter Berücksichtigung der bilanzrechtlich erforderlichen Aufstellungssorgfalt nicht erkennbar gewesen sein und im Hinblick auf die Vermögenslage der Zielgesellschaft keine Verletzung der handelsrechtlichen Bilanzierungsgrundlagen darstellen; daher bestehe die Einstandspflicht nicht nur für diejenigen unbekannten Schulden und nicht zurückgestellten Eventualverbindlichkeiten, die später zum Vorschein kommen und nach handelsrechtlichen Grundsätzen unbedingt bilanziell hätten ausgewiesen werden müssen, sondern auch für solche, die aufgrund der angewandten Sorgfalt bis zum Stichtag überhaupt nicht ersichtlich waren. Erfasst werden alle Posten des Jahresabschlusses, weshalb der Einwand der Periodenverschiebung bei Steuern unbeachtlich sei. Auch für den Mangel der nicht ordnungsgemäß gewarteten Maschine sei Gewähr zu leisten. Der Schaden des Käufers liege in der Wertdifferenz zu dem bei zutreffender Rechnungslegung hypothetisch erzielbaren Kaufpreis, nicht aber in der Summe der Differenz von den einzelnen unrichtigen Bilanzpositionen; vielmehr sei der Käufer so zu stellen, als wäre es ihm bei Kenntnis der wahren Sachlage gelungen, den Unternehmenskaufvertrag zu einem günstigeren Kaufpreis abzuschließen. Die Schadensberechnung zielt auf einen Wertausgleich dafür ab, das die Käuferin infolge ihrer Unkenntnis über die wahren objektiven Verhältnisse die Zielgesellschaft zu teuer erworben hat. Ein Anspruch auf Bilanzauffüllung wird (zu Recht) abgelehnt, da die Bilanz zwar einen wesentlichen wertbildenden Faktor darstellt, aber für die Ermittlung des Werts des Unternehmens nicht isoliert herangezogen werden kann.

---

46 OLG Frankfurt 7.5.2015 – 28 U 35/12, BB-ONLINE BBL2016-721-1; dazu auch *Bergjan/Schäfer*, Die Ausgestaltung von Bilanzgarantien in der Praxis des Unternehmenskaufvertrages, Der Betrieb 2016, 2587 ff.

Maßgeblich für die nach dem in der Entscheidung wiedergegebenen Vertragstext sich nicht zwingend ergebende Auslegung als (sehr) harte Bilanzgarantie war wohl der Umstand, dass die Erwartungen des Käufers an die Vermögens-, Finanz- und Ertragslage für die Kaufentscheidung und die Preisermittlung wesentlich waren.

Die Entscheidung zeigt auch, dass für die im Streitfall durch ein Gericht zu beurteilende Auslegung letztlich die Gesamtsituation beim Verkauf und den diesen vorangehenden Verhandlungen maßgeblich ist, um iSv § 914 ABGB den wahren Willen der Parteien zu ermitteln. Der guten Dokumentation dieser Phasen kommt dann maßgebliche Bedeutung zu.

7. Zum Abschluss

Das Recht der Leistungsstörungen, insbesondere der Gewährleistung und von mit dieser konkurrierenden Schadensersatzansprüchen, ist auch bei wenig komplexen Transaktionen für den Erwerb der Gesamtsache Unternehmen wenig geeignet. Es kommt daher der Vertragsgestaltung hohe Bedeutung zu. Für diese ist die Kenntnis und Analyse der Rechtslage als Ausgangsbasis für die vertragliche Optimierung Voraussetzung, was hier im Ansatz zu zweigen versucht wurde.

Im Wesentlichen gilt auch heute noch, was in einem vor mehr als 20 Jahren erschienenen Beitrag ein bekannter, im M&A-Bereich erfahrener Rechtsanwalt ausgeführt hat:[47]

> Unternehmenskäufe, gleichgültig ob in der Form des Anteilserwerbs oder in der Form des unmittelbaren Erwerbs des Unternehmens oder von Unternehmensteilen, gehören zu den anspruchsvollsten Aufgaben des praktisch tätigen Juristen. Die zu behandelnden Rechtsprobleme reichen in verschiedenste Bereiche der Rechtsordnung (Kaufrecht, Gesellschaftsrecht Steuerrecht, Gewerberecht, Internationales Privatrecht, Schiedsverfahren etc.) und erfordern überdies ein Verständnis für die wirtschaftlichen Zusammenhänge.

---

47 *Löber*, Zivilrechtliche Aspekte von Mergers und Acquisitions, AnwBl 1992, 525.

Steuerliche Risikoverteilung beim Unternehmenskauf

Katharina Kubik

1. **Asset Deal versus Share Deal – Determinante für die Risikoverteilung**
2. **Bedeutung der Steuer-Due-Diligence für die steuerliche Risikoverteilung**
3. **Share Deal**
    3.1. Vertragliche versus gesetzliche Haftungen
    3.2. Haftungskonzepte
        3.2.1. Kaufpreisabzug oder Kaufpreiseinbehalt
        3.2.2. Garantien
        3.2.3. Steuerfreistellung
    3.3. Steuern der Zielgesellschaft
        3.3.1. Steuerdefinition
        3.3.2. Zeitliche Abgrenzung
        3.3.3. Transaktionsumfang
    3.4. Transaktionssteuern
    3.5. Sonderthemen
4. **Asset Deal**
    4.1. Vertragliche versus gesetzliche Haftungen
    4.2. Haftungskonzepte, Transaktionssteuern
5. **Versicherungslösungen zur Absicherung steuerlicher Risiken**
    5.1. Warranty- und Indemnity-Versicherungen
    5.2. Spezialversicherungen für steuerliche Risiken

1. Asset Deal versus Share Deal – Determinante für die Risikoverteilung

Ein Unternehmenskauf, die Transaktion, kann als Asset Deal oder als Share Deal ausgestaltet sein – Asset Deal oder Share Deal stellen somit die Transaktionsstruktur dar.

Bei einem Asset Deal bildet das Unternehmen als solches (bzw im Falle der Organisation in Form einer Personengesellschaft die Anteile an dieser Personengesellschaft[1]) den Gegenstand der Transaktion. Ein Beispiel für einen in Form eines Asset Deal durchgeführten Unternehmenskauf ist etwa der Kauf eines Beratungsdienstleistungsunternehmens, wobei der Verkäufer alle seine Mitarbeiter, Arbeitsmittel, Kundenverträge und sonstigen notwendigen Verträge (wie etwa Mietverträge, Lizenzen) verkauft. Auch der Verkauf von einzelnen Vermögensgegenständen, zB Immobilien, wird als Asset Deal bezeichnet. Bei einem Share Deal sind hingegen Anteile an einem (steuerlich intransparenten) Rechtsträger, der das Unternehmen betreibt, zB GmbH-Anteile oder Aktien, Gegenstand der Transaktion. Es erfolgt somit kein direkter Kauf eines Unternehmens, dieser wird vielmehr durch den Erwerb der Anteile mediatisiert.

Die Wahl der Transaktionsstruktur ist steuerlich in vielerlei Hinsicht relevant, denn sie beeinflusst die steuerlichen Konsequenzen der Transaktion als solcher. Zu denken ist hier etwa an die Behandlung des Kaufpreises auf Käufer- bzw Verkäuferseite, die Absetzbarkeit von Finanzierungskosten, die Generierung von Abschreibungspotential und an die damit einhergehenden divergierenden Interessen auf Käufer- und Verkäuferseite.[2]

Neben allen diesen steuerlichen Überlegungen zur Strukturierung ist die gewählte Transaktionsstruktur bei einem Unternehmenskauf aber auch Determinante für die steuerliche Risikoverteilung zwischen Verkäufer und Käufer. Dabei geht es um mögliche steuergesetzliche Haftungsregelungen, die es bei einem Unternehmenskauf zu berücksichtigen gilt, aber auch um die Frage der vertraglichen Absicherung, also wie sich Käufer und Verkäufer die wirtschaftliche Tragung von Steuern aufteilen und wer wirtschaftlich wofür einzustehen hat.

Dabei steht die Haftung für die jeweiligen „Unternehmenssteuern", also die das Unternehmen selbst betreffenden Steuern wie etwa Körperschaftsteuer, Umsatzsteuer und Lohnsteuer, im Vordergrund. Für alle diese Steuern gilt das gesetzliche Zuordnungs- und Haftungsregime. Die Vertragsparteien sehen jedoch oft eigenständige vertragliche Zahlungs- oder Ausgleichsregelungen vor, um das wirtschaft-

---

[1] Da aus steuerlicher Sicht Personengesellschaften transparent behandelt werden, ist der Verkauf von Anteilen an einer Personengesellschaft einem Asset Deal, also dem Verkauf einzelner Vermögensgegenstände, gleichzuhalten.
[2] Siehe dazu zB die Beiträge von *Fraberger* und *Marchgraber* in diesem Band, jeweils mit weiterführenden Literaturnachweisen.

liche Konzept der Transaktion abzubilden. Gleiches gilt auch für die durch die Transaktion ausgelösten Steuern, wie etwa Grunderwerbsteuer, Umsatzsteuer auf den Verkauf der Vermögensgegenstände oder allfällige Rechtsgeschäftsgebühren, wobei hier die gewählte Transaktionsstruktur weniger ausschlaggebend ist.

Bezogen auf Unternehmenssteuern bestimmt die Transaktionsstruktur das Haftungsregime wie folgt:

- Bei einem Asset Deal greifen (allgemeine und besondere) privat- bzw zivilrechtliche Haftungsbestimmungen. Daneben schreiben besondere steuerliche Haftungsbestimmungen vor, dass Steuerverbindlichkeiten direkt den Käufer treffen können. Sofern das nicht der Fall ist, verbleiben diese beim Verkäufer, denn das Steuersubjekt wird bei einem Asset Deal nicht verändert (siehe §§ 14 und 15 BAO). Vertraglich kann für Steuerverbindlichkeiten natürlich eine besondere Haftung vorgesehen werden, um die wirtschaftliche Einigung zwischen den Parteien hinsichtlich Risikotragung auch für Steuer zu widerspiegeln.
- Bei einem Share Deal gibt es aus steuerlicher Sicht hingegen keine spezialgesetzlichen Haftungsregelungen, die an das Verkaufsobjekt, die Anteile, anknüpfen. Es gelten grundsätzlich die normalen zivilrechtlichen Haftungsregelungen wie Gewährleistung und Schadenersatz. Steuer- und andere Verbindlichkeiten verbleiben in der oder den Zielgesellschaften. Auch hier ändert sich das Steuersubjekt grundsätzlich nicht – Steuerverbindlichkeiten der Zielgesellschaft haben den Verkäufer, wenn überhaupt, bisher immer nur indirekt getroffen und genauso verhält es sich beim Käufer. Steuern der Zielgesellschaft werfen aber dennoch regelmäßig einige Fragen auf, denn kommt es zu Mehrsteuern in einer Zielgesellschaft für dem Verkäufer zuzuordnende Zeiträume, fallen zusätzliche Verbindlichkeiten an, die den Wert der Zielgesellschaft und damit mittelbar den Wert der Anteile mindern können. Dagegen kann sich der Käufer durch den Einsatz unterschiedlicher Haftungskonzepte absichern, die vertraglich im Wege der Risikoallokation und über eine mögliche Anpassung des Kaufpreises abzubilden sind.

Welche unterschiedlichen Haftungskonzepte beim Share Deal und Asset Deal üblich sind, soll in den nächsten Kapiteln dargestellt werden. Davor wird ein Überblick über die Bedeutung und Wirkungsweise einer Steuer-Due-Diligence gegeben. Abschließend geht der Beitrag auf Versicherungslösungen (W&I-Versicherungen sowie Spezialversicherungen) ein, die im Transaktionsbereich eingesetzt werden können.

Aufgrund der Breite des Themas werden die einzelnen Bereiche überblicksmäßig behandelt, sodass dem Leser ein allgemeines Verständnis vermittelt wird. Für Detailfragen sei auf weiterführende Literatur zu den einzelnen Teilbereichen verwiesen.

2. Bedeutung der Steuer-Due-Diligence für die steuerliche Risikoverteilung

Unabhängig von der Transaktionsstruktur ist eine Kenntnis der steuerlichen Belange des Transaktionsgegenstandes vor allem für den Käufer wichtig. Dafür wird zumeist eine Steuer-Due-Diligence eingesetzt. Wird eine Due Diligence durchgeführt, so kommt es zu einer Durchleuchtung bzw Untersuchung des Unternehmens aus unterschiedlichen Blickwinkeln. Es geht um das Aufspüren von Risiken, die in einem Unternehmen schlummern können. Die Durchführung einer Due Diligence gehört damit zum Standardrepertoire eines Unternehmenskaufs. Abhängig vom Unternehmensgegenstand haben diese Untersuchungen unterschiedliche Schwerpunkte – neben einer rechtlichen sowie einer steuerlichen Due Diligence kommen zB auch finanzielle, umweltrechtliche oder eine Cyber-Due-Diligence zur Anwendung.[3]

Eine Due Diligence erfüllt unterschiedliche Zwecke auf Käufer- oder Verkäuferseite. Einem Verkäufer ermöglicht die verkäuferseitige Due Diligence die Vorbereitung und Aufarbeitung der Transaktionsstruktur. Auf Käuferseite gibt die Due Diligence die Möglichkeit, den Transaktionsgegenstand besser kennenzulernen und allfällige Haftungsfallen frühzeitig zu entdecken. Basierend auf dieser Risikoanalyse kann er sodann unterschiedliche vertragliche Haftungskonzepte zur Anwendung bringen und eine Risikoallokation bewirken.[4]

Aus steuerlicher Sicht geht es bei einer Due Diligence zumeist um die Ermittlung des Compliance-Status, va im Hinblick auf die Abgabe von Steuererklärungen, Bezahlung von Steuerverbindlichkeiten, aber auch um die Ergebnisse und Feststellungen der letzten Betriebsprüfungen und insgesamt um die Durchleuchtung der aus steuerlicher Sicht besonders relevanten unternehmensinternen und -externen Vorgänge und Strukturen. Das können etwa, je nach Unternehmensschwerpunkt, Verrechnungspreisthemen, die Finanzierungsstruktur oder auch das strukturelle Setup der Zielgesellschaften sein.[5] Der Status der Betriebsprüfung erlaubt dem Käufer dabei eine Einschätzung darüber, für welche Zeiträume noch mit steuerlichen Risiken in der Zielgesellschaft zu rechnen ist. Die Beleuchtung der unternehmensrelevanten steuerlichen Strukturen erlaubt hingegen eine inhaltliche Einschätzung möglicher Risikobereiche.

---

3 Vgl *Hüttner/Schorn*, Due Diligence-Prüfung beim Unternehmenskauf, in *Mittendorfer*, Unternehmenskauf in der Praxis (2019) Rz 1/191 ff; *Baumann/Waitz-Ramsauer*, Tax Due Diligence, in *Baumann/Waitz-Ramsauer* (Hrsg), Handbuch Unternehmenskauf und Due Diligence Band II: Tax (2009) Rz 1 ff; *Thomasberger/Damböck/Flooh*, Tax Due Diligence, RdW 2011, 624 (624); *Strasser*, Tax Due Diligence – die nach § 14 BAO gebotene Sorgfalt, SWK 2003, S 691 (S 691).

4 Abhängig vom Verkaufsprozess kann die verkäuferseitige Due Diligence unterschiedliche Ausmaße annehmen; siehe auch *Hasenauer/Pracht*, Gewährleistungsrecht und Due Diligence, in *Althuber/Schopper* (Hrsg), Handbuch Unternehmenskauf und Due Diligence Band I: Legal (2014) Rz 2 ff.

5 Vgl *Thomasberger/Damböck/Flooh*, RdW 2011, 625 mwN; eine umfassende Übersicht zu möglichen Bereichen einer Steuer-Due-Diligence sowie deren Ablauf bieten die Beiträge in *Baumann/Waitz-Ramsauer* (Hrsg), Handbuch Unternehmenskauf und Due Diligence Band II: Tax (2009).

Für die Risikoallokation ist dabei als Grundregel zu beachten: Was der Verkäufer offengelegt und der Käufer in der Due Diligence damit gesehen hat bzw gesehen haben könnte, dafür gibt es keine Haftung durch den Verkäufer. In der Praxis bringt der Begriff der „Offenlegung" oder „Disclosure" oft Verhandlungs- und Auslegungsspielraum und damit Streitpotential mit sich.[6] Gerade bei der Steuerfreistellung spielt der Begriff der „Offenlegung" eine besondere Rolle, denn grundsätzlich wird der Käufer danach trachten, dass die „Offenlegung" und der damit einhergehende Haftungsausschluss nicht für Steuerfreistellungen gilt, da ansonsten deren Wirkungsweise und damit die Haftung des Verkäufers zu Lasten des Käufers empfindlich eingeschränkt würde. Dies hat sich grundsätzlich zwar auch als Marktstandard etabliert, ist aber im Versicherungskontext besonders zu beachten.

3. Share Deal

Wie einleitend erwähnt, sind Gesellschaftsanteile (GmbH-Anteile oder Aktien) Transaktionsgegenstand bei einem Share Deal. Der Käufer erwirbt somit den (steuerlich intransparenten) Rechtsträger, der das Unternehmen betreibt. Es erfolgt somit kein direkter Kauf eines Unternehmens, dieser wird vielmehr durch den Erwerb der Anteile mediatisiert.

3.1. Vertragliche versus gesetzliche Haftungen

Im Bereich des Share Deal gelten grundsätzlich die gesetzlichen Haftungsregelungen wie bei allen entgeltlichen Rechtsgeschäften. Dazu zählt insbesondere das zivilrechtliche Gewährleistungs- und Schadenersatzregime.[7] Aus steuerlicher Sicht gibt es bei Share Deals grundsätzlich keine besonderen Haftungsregelungen, die es zu beachten gilt, denn das Steuersubjekt – der das Unternehmen betreibende Rechtsträger – bleibt bei einem Share Deal unverändert. Die durch die Transaktion ausgelösten Steuern, zB Steuern auf den Veräußerungsgewinn, sind zumeist bewusst aus dem vertraglichen Regelungswerk ausgeklammert, mit Ausnahme der Transaktionssteuern, wie der Umsatzsteuer oder der Rechtsgeschäftsgebühren. Somit kann es im Bereich der Steuern immer nur um eine mittelbare Haftung gehen, die sich auf den Kaufpreis auswirken kann.

Da jedoch das gesetzliche Gewährleistungs- und Schadenersatzregime oft nicht dem Parteienwillen entspricht, weder im Bereich der Steuern noch abseits davon,

---

[6] Vgl für einen allgemeinen Überblick *Hasenauer/Pracht* in *Althuber/Schopper* (Hrsg), Handbuch Unternehmenskauf und Due Diligence Band I: Legal Rz 31 ff; *Hüttner/Schorn* in *Mittendorfer* (Hrsg), Unternehmenskauf in der Praxis Rz 1/302 ff.

[7] Siehe *Stainer*, Die Gewährleistung beim Unternehmenskauf (1993); *Wolf/Geiger* in *Wolf/Geiger* (Hrsg), SWK-Spezial Betriebsübertragungen kompakt³ (2018) 4.4.1 mwN; *Nowotny* in diesem Band; *Hasenauer/Pracht* in *Althuber/Schopper* (Hrsg), Handbuch Unternehmenskauf und Due Diligence Band I: Legal Rz 38 ff; *Welser/Siegwart*, Die praktische Durchsetzung von Gewährleistungsansprüchen aus Unternehmens- und Anteilskaufverträgen, in *Althuber/Schopper* (Hrsg), Handbuch Unternehmenskauf und Due Diligence Band I: Legal (2014) Rz 1 ff mwN.

wird davon durch vertragliche Regelungen abgewichen. Dieser Abschnitt behandelt die möglichen Haftungskonzepte, die in einem Share Deal aus steuerlicher Sicht zur Anwendung kommen können – unter Berücksichtigung der inhaltlichen und zeitlichen Abgrenzungsmöglichkeiten –, die vertragliche Behandlung von Transaktionssteuern (zB Umsatzsteuer, Rechtsgeschäftsgebühren, Grunderwerbsteuer) sowie zum Abschluss überblicksmäßig Sonderthemen (zB den Verkauf einer Gesellschaft aus einer Körperschaftsteuergruppe heraus).

3.2. Haftungskonzepte

Einleitend soll kurz der Begriff der Haftungskonzepte erläutert werden. Gemeint ist damit die wirtschaftliche Zuordnung und Tragung eines Risikos auf vertraglicher Grundlage. Bei einem Share Deal werden damit nicht nur die direkt mit den Anteilen zusammenhängenden Risiken allokiert, sondern auch die mit dem vom Rechtsträger geführten Unternehmen verbundenen rechtlichen und faktischen Risiken, die in der Vergangenheit und somit unter der Führung des Verkäufers eingetreten sind, verteilt. Im steuerlichen Bereich geht es dabei um die Frage, wer am Ende dafür einstehen muss, wenn eine Steuer für vergangene Zeiträume in der Zielgesellschaft gezahlt werden muss.

Bei Steuern werden in der Praxis zumeist drei Haftungskonzepte im Rahmen der Steuerklauseln zur Anwendung gebracht, wobei der vertragsgestalterischen Fantasie natürlich wenige Grenzen gesetzt sind.

Diese drei Haftungskonzepte sind zumeist wie folgt ausgestaltet:

- Bei identifizierten und quantifizierbaren Steuerrisiken als Kaufpreisabzug, wobei die Identifizierung und Quantifizierung über die Due Diligence erfolgen kann;
- bei Risiken, die aus Sicht des Verkäufers nicht bestehen, oder (dem Grunde oder der Höhe nach) unbekannten Risiken als Steuergarantien oder Steuerfreistellungen. Auch hier kann die Due Diligence in der konkreten Ausgestaltung helfen.

3.2.1. Kaufpreisabzug oder Kaufpreiseinbehalt

Der Kaufpreisabzug ist vertragstechnisch zumeist am einfachsten umzusetzen, erfreut sich beim Verkäufer aber naturgemäß geringer Beliebtheit, denn auch wenn im Rahmen der Due Diligence ein Steuerrisiko identifiziert und quantifiziert wurde, so muss dieses erst einmal tatsächlich schlagend werden, zB als Feststellung im Rahmen einer Betriebsprüfung. Hat der Verkäufer einem Kaufpreisabzug aber zugestimmt, so hat er wirtschaftlich das Risiko unabhängig von dessen Eintritt bereits übernommen.

Eine Zwischenlösung, die dem Käufer einen Haftungspool beschert, aber gleichzeitig dem Verkäufer das Risiko der finalen Kaufpreiskürzung nimmt, ist der

Kaufpreiseinbehalt. Dabei wird ein bestimmter Geldbetrag auf ein Treuhandkonto einbezahlt (der „escrow") und werden die Bedingungen der Auszahlung an Verkäufer oder Käufer gesondert vertraglich geregelt. Beispielsweise könnte eine Auszahlung an den Abschluss einer Betriebsprüfung geknüpft werden, wobei je nach festgestellten Risiken der Verkäufer den Betrag erhält oder im Ergebnis durch Rückauszahlung an den Käufer ein Kaufpreisabzug erfolgt. Schwierigkeiten im Zuge von Verhandlungen können sich im Zusammenhang mit Kaufpreiseinbehalten oft dahingehend ergeben, wie lange der Kaufpreiseinbehalt gültig sein soll bzw unter welchen Bedingungen eine Auszahlung erfolgen muss.

3.2.2. Garantien

Gegen steuerliche Risiken, die aus Sicht des Verkäufers nicht bestehen, bieten Steuergarantien eine Schutzmöglichkeit.[8] Sie reihen sich dabei in den Katalog aller anderen Garantien und Zusagen ein, die in einem Anteilskaufvertrag abgegeben werden. Dazu zählen zB die Garantien hinsichtlich des Eigentums an den Anteilen, arbeitsrechtliche Garantien und Bilanzgarantien. Mit jeder Garantie sagt der Verkäufer damit einen gewissen Zustand des mittelbar verkauften Unternehmens bzw der Anteile zu.

Beispiele für häufig verwendete Steuergarantien sind etwa Zusagen betreffend:
- die Abgabe von Steuererklärungen;
- die Bezahlung von Abgabenschulden und den Einbehalt von Steuern bzw die entsprechende Rückstellungsbildung oder Einbuchung von Verbindlichkeiten;
- die Führung und Aufbewahrung von Büchern sowie
- die Verneinung von Betriebsstätten bzw die steuerliche Ansässigkeit.[9]

Der Katalog wird auf den Einzelfall zugeschnitten erweitert. So ist etwa denkbar, dass es zukünftig auch vermehrt Garantien und Zusagen betreffend die Abgabe von DAC6-Meldungen oder die Einhaltung von Regelungen im Zusammenhang mit COVID-Fördermaßnahmen geben wird. Die konkrete Ausformulierung der einzelnen Garantien und der damit verbundenen Zusage unterliegt im Ergebnis dem Verhandlungsgeschick der Vertragsparteien.

Vertraglich geregelt ist sodann auch die Rechtsfolge einer Garantieverletzung, was also passiert, wenn eine Zusage nicht richtig ist. Zumeist wird Naturalrestitution oder, wo diese nicht möglich ist, Schadenersatz in Geld vereinbart. Hinzu kommt ein Katalog an allfälligen Beschränkungen in zeitlicher, betraglicher und qualita-

---

8 Vgl *Hofmann/Nowotny*, Die Bedeutung von Bilanzgarantien beim Unternehmenskauf, GesRZ 2009 126 (127); *Dolezel-Huber/Greinecker*, Steuerklauseln in Unternehmenskaufverträgen, ecolex 2002 604 (607); zur zivilrechtlichen Einordnung siehe *Havranek/Kocsan*, Handhabung bekannt gewordener Risiken in Transaktionen, in *Althuber/Schopper* (Hrsg), Handbuch Unternehmenskauf und Due Diligence Band I: Legal Rz 10 ff.
9 Siehe *Pucher/Sauer*, Steuerklauseln im Besonderen, in *Mittendorfer* (Hrsg), Unternehmenskauf in der Praxis (2019) Rz 2/283; *Dolezel-Huber/Greinecker*, ecolex 2002, 607.

tiver Hinsicht. Eine solche Beschränkung bildet zumeist die bereits im Abschnitt zur Due Diligence erwähnte Offenlegung. Offengelegte und damit identifizierbare Risiken schließen in den meisten Fällen eine Garantieverletzung aus.[10]

Für steuerliche Zwecke hängt der Schutzumfang, den Steuergarantien dem Käufer konkret bieten können, von der Formulierung der Garantie, der Schadensdefinition und der vertraglich vereinbarten Rechtsfolge ab. In vielen Fällen wird der Steuergarantiekatalog insgesamt nur als Zusage gewertet, dass die Compliance der Zielgesellschaft in Ordnung ist. Ersetzt werden bei Unrichtigkeit einer Zusage oft nur allfällige Kosten zB für die Nachreichung oder Überarbeitung von Steuererklärungen oder die Erstellung von fehlenden Verrechnungspreisdokumentationen, nicht aber eine mögliche Mehrsteuer. Ein Käufer kann jedoch auch versuchen, die Formulierung einer Steuergarantie dahingehend auszugestalten, dass anfallende Mehrsteuern die Zusage als unrichtig einstufen, und über die Schadensdefinition die Mehrsteuer einfordern. Alternativ kann auch versucht werden, eine Euro-für-Euro-Freistellung als Rechtsfolge für den Bruch einer Steuergarantie in den Vertrag zu verhandeln.

3.2.3. Steuerfreistellung

Im Vergleich zu Steuergarantien bieten sicherlich die sogenannten Steuerfreistellungen dem Käufer einen umfassenderen Schutz. Dabei handelt es sich um eine Zusage des Verkäufers, unter bestimmten Voraussetzungen und mit bestimmten Einschränkungen den Käufer von Mehrsteuern, die in der Zielgesellschaft anfallen, freizustellen. Ein einfaches Beispiel dafür: Eine Betriebsprüfung erkennt im vertragsrelevanten Zeitraum den Abzug von Betriebsausgaben gänzlich oder nicht in voller Höhe an. Bei entsprechender Freistellungszusage kann der Käufer sodann die daraus auf Ebene der Zielgesellschaft resultierenden Mehrsteuern vom Verkäufer einfordern.

Verhandlungsgeschick auf Verkäuferseite kann in diesem Zusammenhang vor allem dadurch bewiesen werden, dass möglichst viele Einschränkungen oder Haftungsausschlüsse in eine Steuerfreistellung aufgenommen werden. Solche Einschränkungen können zB betraglicher Natur sein, häufig in Form einer Haftungshöchstgrenze in unterschiedlichen Abstufungen. Beispiele für andere Haftungsausschlüsse sind etwa die Bezahlung der Steuern bis zu einem gewissen Stichtag, die Berücksichtigung durch entsprechende Verbindlichkeiten oder Rückstellungen in den vertragsrelevanten Bilanzen, das Verursacherprinzip oder die Anrechnung von Steuervorteilen, die durch den der Mehrsteuer zugrunde liegenden Sachverhalt verursacht wurden.

---

10 Vgl *Hasenauer/Pracht* in *Althuber/Schopper* (Hrsg), Handbuch Unternehmenskauf und Due Diligence Band I: Legal Rz 46 f und 66 f mwN; *Mittendorfer/Hütter* in *Mittendorfer* (Hrsg), Unternehmenskauf in der Praxis Rz 2/245.

Sofern es zu Zahlungen unter einer Steuergarantie oder Steuerfreistellung kommt, werden diese vertraglich zumeist als Kaufpreisanpassungen ausgestaltet. Im Unterschied zu einer unmittelbaren Kaufpreisanpassung erfolgt hier aber eine Zahlung und somit Anpassung erst bei Eintritt des der Garantie oder Freistellung zugrunde liegenden Risikos.[11]

3.3. Steuern der Zielgesellschaft

Aus praktischer Sicht sind neben betraglichen Begrenzungen und sonstigen Haftungsausschlüssen folgende Punkte für die Steuergarantien und die Steuerfreistellung sehr wichtig, da auch sie den Haftungsumfang des Verkäufers mitbestimmen: die Definition der Steuern, die zeitliche Abgrenzung und der Transaktionsumfang.

3.3.1. Steuerdefinition

Bei der Steuerdefinition geht es um die Frage, welche Steuern als „Steuern" iSd konkreten Vertrags gelten und bei welchen Steuern somit Steuergarantien und -freistellung Anwendung finden. Dem Käufer wird in den meisten Fällen naturgemäß eine möglichst breite Definition am liebsten sein, da dadurch sein Haftungspool erweitert wird (die Breite der Definition ist aber natürlich im Einzelfall genau zu überprüfen und gegebenenfalls anzupassen). Beispiele für eine möglichst weite Steuerdefinition behandeln sodann nicht nur bestimmte Steuerarten, sondern auch Erhebungs- bzw Entstehungsformen. So können zB auch Steuern, die aufgrund vertraglicher Regelungen von den Zielgesellschaften geschuldet werden, etwa aus Transaktionen, als Steuern iSd jeweiligen Vertrags gelten. Umgekehrt wird der Verkäufer natürlich versuchen, die Definition so eng wie möglich zu halten.

Aus Vertragsverfassersicht ist bei der Steuerdefinition insbesondere darauf zu achten, dass sich bei internationalen Transaktionen auch nicht österreichische Steuern und ihre Besonderheiten in der Definition wiederfinden.

3.3.2. Zeitliche Abgrenzung

Bei der zeitlichen Abgrenzung knüpft die Steuerfreistellung zumeist an den für den Vertrag insgesamt maßgeblichen wirtschaftlichen Stichtag an, also jenen Tag, ab dem der Käufer die wirtschaftlichen Risiken im Zusammenhang mit dem Unternehmen trägt und zu dem auch der Kaufpreis determiniert wird. In der Praxis kommen dabei zwei Konzepte regelmäßig vor: das Abschlussstichtagsprinzip („Locked-box-Prinzip"), das auf den regulären Jahresabschluss oder einen unterjährigen Stichtag für einen Zwischenabschluss abstellt, und das Vollzugsstichtagsprinzip („Closing-accounts-Prinzip"), das auf die Übertragung der rechtlichen

---
11 Vgl *Huber/Greinecker*, ecolex 2002, 608.

Verfügungsmacht an den Anteilen, den zivilrechtlichen Vollzug der Transaktion („Closing"), abstellt.[12] Daneben finden sich auch unterschiedliche Kombinationen und Erweiterungen diese Konzepte.

Die wirtschaftlichen und vertraglichen Details dieser Konzepte sollen in diesem Beitrag ausgespart bleiben, da sich daraus für steuerliche Zwecke zumeist keine Besonderheiten ergeben. Bei der Vertragsverfassung ist jedoch auf eine genaue Abstimmung der Steuerklausel, insbesondere der Steuerfreistellung, mit dem im Vertrag gewählten allgemeinen wirtschaftlichen Stichtag zu achten. Im Ergebnis soll dadurch bewirkt werden, dass Steuern bis zum Stichtag vom Verkäufer getragen bzw ersetzt werden und ab dem Stichtag eine mittelbare Haftung des Käufers besteht. Unterjährige Stichtage können dabei für die Vertragsverfassung herausfordernd sein, da solche eine zeitliche oder betragliche Zuordnung von Jahressteuern, wie etwa der Körperschaftsteuer, erforderlich machen können.

Steuergarantien knüpfen zumeist nicht am wirtschaftlichen Stichtag der Transaktion an. Sie werden regelmäßig zum Vertragsunterzeichnungstag abgegeben und in seltenen Fällen zum Vollzugstag wiederholt. Wiederholte Zusagen sind dann zukunftsgerichtet. Eine Wiederholung macht für den Käufer bei Transaktionen, deren wirtschaftlicher Stichtag der Vollzugstag ist, durchaus Sinn. Aus praktischer Sicht wird durch die Verknüpfung der Zusage mit einem gewissen Stichtag ausgedrückt, zu welchem Tag der Inhalt der Garantie auf seine Richtigkeit zu überprüfen ist.

3.3.3. Transaktionsumfang

Der Transaktionsumfang gibt den Kreis der Gesellschaften vor, auf den sich die Transaktion und somit die Steuergarantien und Steuerfreistellungen beziehen. Strukturell ist denkbar, dass eine oder mehrere Zielgesellschaften direkt erworben werden oder ein umfangreiches Beteiligungsnetzwerk besteht, das durch den Erwerb von Anteilen an einer Holdinggesellschaft mittelbar erworben wird.

Hier wird es zumeist nicht viel Verhandlungsspielraum geben. Der Käufer sollte jedoch sicherstellen, dass er das Steuergarantie- und -freistellungsnetz möglichst weit spannt und alle Gesellschaften mit einbezieht.

3.4. Transaktionssteuern

Vertragliche Berücksichtigung finden in als Share Deal ausgestalteten Unternehmenskaufverträgen auch die sogenannten Transaktionssteuern. Das sind die durch den Verkauf direkt ausgelösten Steuern, wie etwa die Umsatzsteuer, Rechtsgeschäftsgebühren oder die Grunderwerbsteuer. Während bei der Umsatzsteuer

---

12 Siehe *Mittendorfer/Hütter* in *Mittendorfer* (Hrsg), Unternehmenskauf in der Praxis Rz 2/168 ff mwN.

zumeist auf die gesetzlichen Regelungen zurückgegriffen wird[13], besteht eine gewisse Marktpraxis dahingehend, Rechtsgeschäftsgebühren und die Grunderwerbsteuer wirtschaftlich vom Käufer tragen zu lassen.

Wie bereits eingangs erwähnt, wird hingegen hinsichtlich der durch die Transaktion auf Ebene des Verkäufers ausgelösten Steuern, wie etwa eine Steuer auf den Veräußerungsgewinn, in den seltensten Fällen eine vertragliche Haftung vereinbart. Eine Ausnahme davon bilden jedoch sogenannte „Gross-up-Klauseln", die im Falle eines Quellensteuereinbehalts auf den Kaufpreis durch den Käufer diesen verpflichten, den Kaufpreis ohne Abzug an den Verkäufer auszuzahlen.[14] Diese sind im grenzüberschreitenden Verkaufsszenario immer wieder anzutreffen.

3.5. Sonderthemen

Abhängig von der konkreten Transaktionsstruktur kann sich noch eine Vielzahl von steuerlichen Sonderthemen ergeben, die einer vertraglichen Regelung und damit Risikoallokation bedürfen. Als Beispiel erwähnt sei etwa der Verkauf von Anteilen an Gesellschaften, die Teil einer körperschaftsteuerlichen Gruppe oder umsatzsteuerlichen Organschaft sind, wobei durch den Verkauf die Gruppe oder Organschaft zerbricht. Hierbei ist auf die besondere Haftungssituation Bedacht zu nehmen und bei der Vertragsausgestaltung dafür Sorge zu tragen, dass die „richtige" Risikoallokation vertraglich abgebildet wird.[15]

Ein eigenes Kapitel in einer umfassenden vertraglichen Steuerklausel, das mittelbar ebenfalls mit der Risikoallokation zusammenhängt, bildet der Abschnitt „Steuerkooperation". In einem solchen wird die Aufteilung von administrativen Themen geregelt. So werden zumeist Regelungen vorgesehen, welcher Vertragspartei die Verantwortung für die Erstellung und Abgabe von Steuererklärungen zukommt oder auch welche Vertragspartei Betriebsprüfungen und mögliche Steuerverfahren begleiten darf.

Da durch die Führung und Teilnahme an Betriebsprüfungen die steuerliche Situation und damit Mehrsteuern theoretisch beeinflusst werden können, wird der Verkäufer im Falle seiner Haftung zumeist ein gesteigertes Interesse daran haben, die Hoheit über Betriebsprüfungen und Steuerverfahren beizubehalten. Der Käufer

---

13 Dies erscheint auch gerechtfertigt, da die Umsatzsteuer für den Käufer im unternehmerischen Kontext einen Durchlaufposten darstellt bzw im Bereich der Share Deals zumeist eine Befreiung greift. Ist der unternehmerische Käufer in einem EU-Land ansässig, das die Möglichkeit, bei Share Deals zur Steuerpflicht zu optieren, gesetzlich vorsieht (zB Deutschland), so ist dies bei der Formulierung der umsatzsteuerlichen Regelungen im Vertrag (zumeist im Zusammenhang mit dem Kaufpreis geregelt) zu berücksichtigen.

14 Siehe *Spies* in diesem Band; *Pucher/Sauer* in *Mittendorfer* (Hrsg), Unternehmenskauf in der Praxis Rz 2/312.

15 Vgl *Plott*, Fragen der Gruppenbesteuerung bei Durchführung einer Tax Due Diligence, in *Baumann/Waitz-Ramsauer* (Hrsg), Handbuch Unternehmenskauf und Due Diligence Band II: Tax (2009) Rz 57 ff.

wird hingegen geneigt sein, so früh wie möglich die Herrschaft über die steuerlichen Belange des von ihm erworbenen Unternehmens zu erlangen. Auch hier wird viel vom Einzelfall, der gewählten Risikoallokation und der Verhandlungsposition abhängen, wie sehr sich die Rechte zwischen den Vertragsparteien aufteilen lassen.[16]

Abschließend seien noch die Verjährungsregelungen und sonstige mögliche Beschränkungen (Haftungshöchstgrenzen, De-minimis-Regelungen etc) genannt, die es regelmäßig bei der Verhandlung von Steuerklauseln iwS zu berücksichtigen gilt.

4. Asset Deal

Bei einem Asset Deal bildet das Unternehmen als solches (bzw im Falle der Organisation in Form einer Personengesellschaft die Anteile an dieser Personengesellschaft) den Gegenstand der Transaktion. Auch der Verkauf von einzelnen Vermögensgegenständen, zB Immobilien, wird als Asset Deal bezeichnet.

4.1. Vertragliche versus gesetzliche Haftungen

Gerade im Bereich der Asset Deals gibt es eine Vielzahl an gesetzlichen Haftungsbestimmungen, die oft nur eingeschränkt oder gar nicht ausgeschlossen werden können. Aus steuerlicher Sicht relevant sind vor allem die §§ 14 und 15 BAO. Daneben können aber noch ua die Bestimmungen des § 1409 ABGB, § 38 UGB sowie § 67 ASVG zur Anwendung kommen.[17]

Aufgrund dieser umfassenden gesetzlichen Haftungsregelungen haben gerade Käufer oft ein Interesse daran, sich vom Verkäufer absichern zu lassen, zumeist durch entsprechende Freistellungszusagen. Die Vielzahl an möglichen Asset-Deal-Strukturen lässt eine abschließende Behandlung möglicher Risiken und deren Allokation in diesem Beitrag nicht zu. Daher soll an dieser Stelle kurz auf die für steuerliche Zwecke relevanten Bestimmungen – §§ 14 und 15 BAO – eingegangen werden.

4.2. Haftungskonzepte, Transaktionssteuern

Auch bei als Asset Deals strukturierten Unternehmenskäufen können die im Zusammenhang mit Share Deals aufgeführten Haftungskonzepte wie Garantien, Freistellungen oder Kaufpreisanpassungen zur Anwendung kommen, und zwar

---

16 Vgl den Überblick bei *Pucher/Sauer* in *Mittendorfer* (Hrsg), Unternehmenskauf in der Praxis Rz 2/297 ff; *Dolezel-Huber/Greinecker*, ecolex 2002, 607.
17 Siehe zur Frage der Abgrenzung ua *Ritz*, BAO[6] § 14 Rz 2; *Wolf/Geiger* in *Wolf/Geiger* (Hrsg), SWK-Spezial Betriebsübertragungen kompakt 2.4 mwN; sowie die Darstellungen in *Mittendorfer/Duursma*, Zivilrechtliche Erwerberhaftung gemäß § 1409 ABGB, in *Mittendorfer* (Hrsg), Unternehmenskauf in der Praxis (2019) Rz 3/4 ff; *Mittendorfer/Duursma*, Haftung gemäß §§ 38 ff UGB, in *Mittendorfer* (Hrsg), Unternehmenskauf in der Praxis (2019) Rz 3/25 jeweils mit weiteren Nachweisen.

mit den jeweils notwendigen Anpassungen an die konkrete Transaktionsstruktur. Daneben spielen aber die gesetzlichen Haftungsregelungen eine besondere Rolle.

§ 14 BAO sieht dabei unter bestimmten Voraussetzungen[18] und mit Einschränkungen in betraglicher[19], zeitlicher[20] und inhaltlicher Hinsicht eine Haftung des Käufers für Unternehmenssteuern und Abfuhrabgaben vor, wenn die Gesamtsache Unternehmen oder ein Betrieb übertragen wurde. Der inhaltliche Umfang ist dabei auf Steuern, die am Unternehmen oder dem Betrieb hängen, beschränkt. Er umfasst die Umsatzsteuer, die Lohnsteuer und die Kapitalertragsteuer. Eine Haftung für Einkommen- oder Körperschaftsteuer besteht regelmäßig nicht.[21] Die Haftung wird weiters auf jene Schulden eingeschränkt, die der Erwerber kannte oder kennen musste, wobei die Beweislast grundsätzlich die Abgabenbehörde trifft.[22] Da nach hM leichte Fahrlässigkeit genügt[23], hat diese Einschränkung vor dem Hintergrund der meistens durchgeführten Steuer-Due-Diligence natürlich besondere Bedeutung.[24]

Daneben sieht § 15 Abs 1 iVm Abs 2 BAO eine Haftung des Unternehmenserwerbers sowie bei einem Wechsel in der Person des gesetzlichen Vertreters des neuen Vertreters für vorenthaltene Abgaben vor, und zwar dann, wenn diese Personen erkennen, dass Abgabenerklärungen unrichtig oder unvollständig sind oder dass die Abgabe solcher Erklärungen pflichtwidrig unterlassen wurde.[25] In sachlicher Hinsicht sind, wie bei § 14 BAO, wiederum nur jene Steuern erfasst, die aus dem Betrieb resultieren. Im Unterschied zu § 14 BAO gibt es hier keine betraglichen oder zeitlichen Beschränkungen. Allerdings greift die Haftung erst dann, wenn trotz Erkennens keine Erklärungen nachgeholt werden.[26]

Gerade im Bereich der Asset Deals können sich Fragen nach der Tragung von Transaktionssteuern stellen. Mangels einschlägiger Regelungen im österreichischen

---

18 So gilt die Haftungsregelung etwa nicht bei Erwerben im Zuge eines Vollstreckungsverfahrens, aus einer Insolvenzmasse oder während der Überwachung durch eine im Sanierungsplan bezeichnete Person – siehe § 14 Abs 2 BAO.
19 Es wird betraglich grundsätzlich nur mit dem Wert des übernommenen Vermögens gehaftet. Zu den Details der Berechnung siehe *Ritz*, BAO⁶ § 14 Rz 18 ff.
20 In zeitlicher Hinsicht wird die Haftung dahingehend eingeschränkt, dass der Erwerber lediglich für solche Steuern, die seit dem Beginn des letzten vor dem Verkauf liegenden Kalenderjahres entstanden sind, einzustehen hat. Siehe dazu ua *Doralt/Twardosz*, Haftungsfragen und Risikobeurteilung in Abhängigkeit von der Transaktionsstruktur, in *Baumann/Waitz-Ramsauer* (Hrsg), Handbuch Unternehmenskauf und Due Diligence Band II: Tax (2009) Rz 21 ff.
21 Siehe die Darstellung bei *Doralt/Twardosz* in *Baumann/Waitz-Ramsauer* (Hrsg), Handbuch Unternehmenskauf und Due Diligence Band II: Tax Rz 8 ff mwN.
22 Vgl *Ritz*, BAO⁶ § 14 Rz 17 mwN.
23 Vgl *Dolezel-Huber/Greinecker*, ecolex 2002, 605 mwN.
24 Siehe *Doralt/Twardosz* in *Baumann/Waitz-Ramsauer* (Hrsg), Handbuch Unternehmenskauf und Due Diligence Band II: Tax Rz 40 mwN; aA *Strasser*, SWK 2003, S 691.
25 Siehe für die Voraussetzungen im Detail zB *Ritz*, BAO⁶ § 15 mwN.
26 Vgl *Doralt/Twardosz* in *Baumann/Waitz-Ramsauer* (Hrsg), Handbuch Unternehmenskauf und Due Diligence Band II: Tax Rz 50 ff mwN.

Umsatzsteuerrecht zu Geschäftsveräußerungen im Ganzen sind bei Veräußerung mehrerer Einzelvermögensgegenstände trotz der Möglichkeit, diese als einheitliche Lieferung zu qualifizieren, die umsatzsteuerlichen Konsequenzen hinsichtlich Bemessungsgrundlage, Steuersatz und Befreiungen für jedes Wirtschaftsgut einzeln zu prüfen.[27]

Daneben können sich auch Fragen im Bereich der Rechtsgeschäftsgebühren und natürlich der Grunderwerbsteuer stellen. Wird ein Unternehmen iSd § 38 UGB übertragen, so ist – auf Basis der Rechtsprechung des VwGH – darauf zu achten, dass die Formulierungen in den Transaktionsunterlagen keinen eigenständigen Forderungsübergang dokumentieren, sodass von einer gebührenfreien Legalzession ausgegangen werden kann.[28]

5. Versicherungslösungen zur Absicherung steuerlicher Risiken

Abgesehen von den in den vorstehenden Kapiteln vorgestellten Haftungskonzepten erlangen im Transaktionsgeschäft vermehrt Versicherungslösungen zur Absicherung unterschiedlicher Risiken Bedeutung, so auch im Steuerbereich. Während Versicherungen vormals vorrangig im Private-Equity-Bereich eingesetzt wurden[29], nutzen nunmehr auch strategische Verkäufer Versicherungen, und zwar mit einer ähnlichen Motivation wie PE-Fonds, nämlich um eine klare Abgrenzung in der Haftungssituation zu schaffen. Zu den im Transaktionsgeschäft relevantesten Versicherungslösungen gehören „Warranty- and Indemnity"-Versicherungen (W&I-Versicherungen)[30] und die (zumeist kostenintensiven) Spezialversicherungen für konkrete Risiken.

Sowohl W&I-Versicherungen als auch Spezialversicherungen bilden seit geraumer Zeit eine häufig anzutreffende Ergänzung von Haftungskonzepten in Unternehmenskauftransaktionen und erlauben eine zusätzliche Variation der Risikoallokation zwischen Verkäufer und Käufer.

---

27 Siehe die Ausführungen bei *Pernegger* in *Melhardt/Tumpel* (Hrsg), UStG³ (2021) § 4 Rz 251 ff.
28 Vgl *Pinetz/Zeiler* in *Bergmann/Pinetz* (Hrsg), GebG² (2020) § 33 TP 21 Rz 34 ff.
29 Im Private-Equity-Bereich werden Versicherungen va dann eingesetzt, wenn der PE-Fonds auf Verkäuferseite auftritt. Die Versicherung und damit die Übernahme von Risiken aus dem Veräußerungsvorgang durch einen Dritten, den Versicherer, erlauben dem PE-Fonds einen raschen Ausstieg und die Weiterleitung der Veräußerungserlöse an die PE-Anteilsinhaber. Der Käufer ist dabei auf die Risikoabsicherung durch die Versicherung beschränkt.
30 Siehe für eine überblicksmäßige Darstellung *Ratz/Heidrich*, W&I-Versicherungen: Begriff, Vor- und Nachteile, Prozess und steuerliche Aspekte, RdW 2019, 716 (716 ff) mwN; *Lunn/Young*, Warranty and indemnity insurance, Practical Law UK Practice Notes maintained; *Hoger/Baumann*, Der M&A-Vertrag bei Abschluss einer W&I-Versicherung, NZG 2017, 811; *Hörlsberger*, Versicherungsrechtliche Aspekte der Legal Due Diligence, in *Althuber/Schopper* (Hrsg), Handbuch Unternehmenskauf und Due Diligence Band I: Legal (2014) Rz 82 ff.

5.1. Warranty- und Indemnity-Versicherungen

Diese Versicherungen übernehmen die zwischen Verkäufer und Käufer verhandelten Zusagen („Warranties") und Freistellungen („Indemnities") gegen Zahlung einer Prämie. Im klassischen (käuferseitigen) Konzept wird die Haftung des Verkäufers dabei (zumeist) gänzlich ausgeschlossen – in inhaltlicher, betraglicher und zeitlicher Hinsicht. Vielmehr hat der Käufer nur mehr einen Rückgriff auf die Versicherung gemäß den in der Polizze festgehaltenen Regeln.

Die Versicherung baut hinsichtlich der Anspruchsgrundlage – Gewährleistung oder Freistellung – auf den möglichen Ansprüchen unter dem Kaufvertrag auf[31], sieht aber ihre eigenen Haftungseinschränkungen und Ausschlüsse vor. So sind oft folgende Beschränkungen anzutreffen:

- in betraglicher Hinsicht ein De-minimis-Betrag und ein Selbstbehalt,
- in zeitlicher Hinsicht ein Stichtag, der zumeist mit dem Stichtag der Due Diligence zusammenfällt[32], und
- in inhaltlicher Hinsicht die von der Due Diligence umfassten Jurisdiktionen und – im Bereich der Steuern – Steuerarten.

Diese allgemeinen Beschränkungen sind in einem ersten Schritt für die Determinierung des Versicherungsumfangs ausschlaggebend. Daneben schränken Standardausschlüsse den Haftungsumfang ein. Zu den Standardausschlüssen gehören aus steuerlicher Sicht insbesondere Verrechnungspreisthemen, Haftungssteuern und Verlustvorträge bzw andere Steuer-Assets. Liegt einem möglichen Anspruch gegenüber der Versicherung zB ein Verrechnungspreissachverhalt zugrunde, so kann die Versicherung über Anwendung dieses Ausschlusses die Auszahlung einer Versicherungsleistung verweigern. Außerdem werden, basierend auf den Ergebnissen der Due Diligence, oft auch einzelfallbezogene transaktionsspezifische Ausschlussgründe aufgenommen.

Da nur unbekannte Risiken versicherbar sind, erlangt die Due Diligence bei versicherten Transaktionen besondere Bedeutung, denn einerseits muss die Zielgesellschaft ordentlich „durchleuchtet" werden, um Versicherbarkeit überhaupt zu

---

31 Eine Ausnahme dazu bilden sogenannte synthetische Versicherungsabreden. Diesen liegt kein Anspruch unter einem Kaufvertrag zugrunde, sondern die Versicherungspolizze beinhaltet die originäre Anspruchsgrundlage. Dieses Konzept wird immer wieder auch im Steuerbereich eingesetzt.
32 Der Stichtag ist im Steuerbereich deshalb relevant, weil er festlegt, für welche Besteuerungszeiträume überhaupt ein Anspruch unter der Versicherung geltend gemacht werden kann. Aufgrund der Anknüpfung an den Stichtag der steuerlichen Due Diligence weicht der zeitliche Haftungsumfang der Versicherung daher zumeist vom vertraglich vereinbarten wirtschaftlichen Haftungsstichtag („Closing-accounts-" oder „Locked-box"-Prinzip) ab. Zu unterscheiden ist dieser Stichtag allerdings von dem Zeitraum, in dem ein Anspruch unter der Versicherung geltend gemacht werden kann. W&I-Versicherungen sind sogenannte „claims made policies". Das bedeutet, dass ein Anspruch innerhalb der zeitlichen Dauer der Versicherung, für Steuern zumeist sieben Jahre ab Vertragsabschluss, geltend gemacht werden muss. Auf welches Steuerjahr sich der Anspruch bezieht, ist hingegen irrelevant (mit der stichtagsbezogenen Einschränkung).

ermöglichen, und andererseits wird die Versicherung identifizierte Risiken von ihrem Haftungsumfang ausschließen. Damit müssen für solche identifizierten Risiken andere Haftungskonzepte (siehe dazu 3.2.) gefunden werden.

Wird eine W&I-Versicherung in eine Transaktion aufgenommen, so ist dies in der Planung des Transaktionsprozesses zu berücksichtigen. Verhandelt wird die Polizze dabei vorrangig über einen Broker, die Versicherung unterzieht das Unternehmen jedoch auf Basis der bestehenden Due-Diligence-Berichte einer zusätzlichen Untersuchung und determiniert im sogenannten Underwriting-Prozess ihren Haftungsumfang.

5.2. Spezialversicherungen für steuerliche Risiken

Im Unterschied zu einer W&I-Versicherung bieten Spezialversicherungen hingegen Schutz für bestimmte bekannte (steuerliche) Risiken und finden auch im Transaktionsgeschäft Anwendung. Ihr Einsatz ist zB dann denkbar, wenn die Risiko- und Transaktionsstruktur eine Haftung über eine W&I-Versicherung nicht ermöglicht. Sie werden insbesondere dann genutzt, wenn es um betraglich hohe Steuerrisiken geht, deren Aufgriffswahrscheinlichkeit vergleichsweise gering ist. Beispiele für die Anwendung von Spezialversicherungen sind etwa die Versicherung der Existenz von Steuer-Assets und die Steuerneutralität von Umgründungsvorgängen.

Im Vergleich zu W&I-Versicherungen sind solche Spezialversicherungen jedoch kosten- und auch prozessintensiver, da der jeweilige Versicherer nur auf Basis von Gutachten über die Versicherbarkeit entscheidet und sich das eingekaufte Risiko auch entsprechend abgelten lässt.[33]

---

33 Vgl *Ratz/Tachezy*, W&I-Versicherungsprodukte für „Distressed Assets" und identifizierte Steuer-Risiken – Chancen und Risiken für Geschäftsführer und Insolvenzverwalter? BB 2020, 219 (221) mwN.

Erst- und Endkonsolidierung von Anteilen

Klaus Hirschler[1]

1. **Vorbemerkung**
2. **Erstkonsolidierung**
    2.1. Zeitpunkt der Erstkonsolidierung
        2.1.1. Zeitpunkt des Erwerbs der Anteile
        2.1.2. Zeitpunkt der erstmaligen Einbeziehung des Tochterunternehmens
        2.1.3. Zeitpunkt, zu dem das Unternehmen Tochterunternehmen wurde
    2.2. Wertansatz der Anteile
    2.3. Eigenkapital des Tochterunternehmens
    2.4. Behandlung eines Unterschiedsbetrags
    2.5. Auf- und Abstockung von Anteilen
        2.5.1. Kapitalvorgang
        2.5.2. Erwerbs- und Veräußerungsvorgang
3. **Endkonsolidierung**

---

1 Ich danke Herrn *David Roider*, MSc (WU) für die Unterstützung bei der Verfassung des Beitrags.

1. Vorbemerkung

Der vorliegende Beitrag behandelt ausgewählte Fragestellungen im Zusammenhang mit der Erst- und Endkonsolidierung von Anteilen nach UGB. Zu Grundsatzfragen der Kapitalkonsolidierung nach UGB wurde 2019 vom Austrian Financial Reporting and Auditing Committee (AFRAC) die Stellungnahme AFRAC 33 veröffentlicht.[2]

Die Vorgehensweise bei der Kapitalaufrechnung (Erstkonsolidierung) leitet sich im Wesentlichen aus den §§ 254, 259 und 261 UGB ab. Konkret werden in diesem Beitrag die geltenden Bestimmungen in Bezug auf den Zeitpunkt der Erstkonsolidierung, den Wertansatz der Anteile sowie die Neubewertung des übernommenen Reinvermögens diskutiert. Des Weiteren wird die Vorgehensweise bei der Auf- bzw Abstockung von Anteilen erörtert. Abschließend gibt dieser Beitrag noch einen Überblick über die Bestimmungen im Hinblick auf die Endkonsolidierung eines Tochterunternehmens. Wesentliche Unterschiede zu den IFRS werden ergänzend dargelegt.

2. Erstkonsolidierung

Die in § 250 Abs 3 UGB normierte Einheitstheorie besagt, dass im Konzernabschluss die Vermögens-, Finanz- und Ertragslage der einzubeziehenden Unternehmen so darzustellen ist, als ob diese ein einziges Unternehmen darstellen würden.[3] Demzufolge gibt es in dieser rechtlichen Einheit keinen Beteiligungsansatz an den und kein Eigenkapital der einzelnen Tochterunternehmen. Diese beiden Posten werden im Zuge der Kapitalkonsolidierung (Kapitalaufrechnung) aus dem Konzernabschluss eliminiert. Somit verbleiben die Vermögensgegenstände und Schulden des vollkonsolidierten Tochterunternehmens in der Konzernbilanz.[4] Die erstmalige Durchführung der Kapitalaufrechnung erfolgt im UGB prinzipiell nach dem Erwerb oder der Neugründung einer Tochtergesellschaft. Auch Anteile, welche durch Zukäufe oder anderweitige Erlangung von Beherrschung nunmehr als Tochterunternehmen klassifiziert werden, können eine Erstkonsolidierung auslösen. Zusätzliche Sachverhalte stellen die erstmalige Überschreitung der in § 246 UGB festgelegten Schwellenwerte oder der Wegfall des Umstandes der Unwesentlichkeit gem § 249 UGB dar.[5]

Unter dem Terminus Erstkonsolidierung wird die erstmalige Erfassung von Vermögensgegenständen, aktiven latente Steuern, Rückstellungen, Verbindlichkeiten und Rechnungsabgrenzungsposten von einzubeziehenden Unternehmen im Kon-

---

2 Vgl AFRAC 33 (2019), Kapitalkonsolidierung (UGB).
3 Vgl *Bergmann/Lehner* in *Straube/Ratka/Rauter*, UGB II/RLG[3] § 254 Rz 1.
4 Vgl *Fröhlich* in *Hirschler*, Bilanzrecht[2] § 254 Rz 9.
5 Vgl *Egger/Samer/Bertl*, Der Jahresabschluss nach dem Unternehmensgesetzbuch Band 2[8] 98.

zernabschluss verstanden.[6] Prozessual kann die Erstkonsolidierung gem § 254 Abs 1 bis 3 UGB in folgende Schritte eingeteilt werden:[7]

1. Neubewertung des übernommenen Reinvermögens zum Zeitpunkt der Erstkonsolidierung;
2. Verrechnung der Anschaffungskosten der erworbenen Anteile des Mutterunternehmens mit dem zurechenbaren Anteil am neu bewerteten Eigenkapital des Tochterunternehmens;
3. Erfassung eines etwaigen verbleibenden Unterschiedsbetrags.

Im UGB sowie im IFRS wird die Erstkonsolidierung ausschließlich anhand der Erwerbsmethode in Form der Neubewertungsmethode als zulässig angesehen. Die IFRS kennen den Begriff der Kapitalkonsolidierung nicht und interpretieren die Verrechnung des Beteiligungsansatzes mit dem Anteil am Reinvermögen als konzerninternen Sachverhalt gem IFRS 10.B86 lit b. Notwendige Anpassungen im Hinblick auf den Wertansatz der Anteile oder die Neubewertung des übernommenen Reinvermögens sind in IFRS 3 normiert.[8]

2.1. Zeitpunkt der Erstkonsolidierung

Der Erstkonsolidierungszeitpunkt stellt den relevanten Zeitpunkt der Kapitalaufrechnung dar. Zugleich werden ab diesem Zeitpunkt die Erträge und Aufwendungen des Tochterunternehmens in der Konzern-Gewinn- und Verlustrechnung erfasst.[9]

§ 254 Abs 2 UGB sieht ein Wahlrecht für den Zeitpunkt der Verrechnung des neu bewerteten Eigenkapitals mit den Anteilen des Mutterunternehmens vor: entweder zum Zeitpunkt des Erwerbs der Anteile, zum Zeitpunkt der erstmaligen Einbeziehung in den Konzernabschluss oder zum Zeitpunkt, an dem das Unternehmen zum Tochterunternehmen wurde. Letztgenannte Möglichkeit bezieht sich auf den stufenweisen Anteilserwerb. Im Konzernanhang ist der gewählte Zeitpunkt für die Kapitalaufrechnung jedenfalls anzugeben.[10] Das Wahlrecht kann für jedes Tochterunternehmen separat ausgeübt werden, wobei die Generalnorm sowie das Gebot der Willkürfreiheit zu beachten sind. Erfolgt eine unterschiedliche Ausübung, ist nach hM eine sachliche Begründung mit in den Anhang aufzunehmen.[11]

---

6 Vgl *Milla/Müller* in *Bertl/Mandl*, Rechnungslegungsgesetz[20] § 254 Rz 12.
7 Abgeleitet aus der Definition der Erstkonsolidierung in AFRAC 33 Rz 15.
8 Vgl *Fröhlich*, Praxis der Konzernrechnungslegung[4] 128 f.
9 Vgl *Fröhlich* in *Hirschler*, Bilanzrecht[2] § 254 Rz 100.
10 Nicht zwingend anzugeben ist das exakte Kalenderdatum; s dazu *Milla/Müller* in *Bertl/Mandl*, Rechnungslegungsgesetz[20] § 254 Rz 69.
11 Vgl ua *Schiemer-Haberl* in *Jabornegg/Artmann*, UGB[2] § 254 Rz 5; *Fröhlich* in *Hirschler*, Bilanzrecht[2] § 254 Rz 101.

2.1.1. Zeitpunkt des Erwerbs der Anteile

Die im UGB verpflichtend anzuwendende Erwerbsmethode unterstellt, dass zum Erwerbszeitpunkt die erworbenen Vermögensgegenstände und Schulden im Rahmen eines Asset Deal einzeln auf das Mutterunternehmen übertragen werden.[12] Dieser Zeitpunkt gilt zumeist als Bewertungsstichtag der erworbenen Anteile und ab diesem Zeitpunkt wird das vom Tochterunternehmen erwirtschaftete Ergebnis dem Konzern zugerechnet. Somit stellt der Zeitpunkt des Erwerbs der Anteile den sachgerechten Zeitpunkt der Kapitalkonsolidierung dar.[13] Idealtypisch fällt dieser mit dem Bilanzstichtag des erworbenen Tochterunternehmens zusammen, was eine Kapitalaufrechnung auf Basis des ohnehin aufzustellenden Jahresabschlusses ermöglicht. Divergieren diese Zeitpunkte, ist das zu verrechnende Reinvermögen durch die Aufstellung eines unterjährigen Zwischenabschlusses zu ermitteln.[14] Bei unwesentlicher Auswirkung auf den Konzernabschluss besteht die Möglichkeit, das übernommene Reinvermögen zum Zeitpunkt des Anteilserwerbs auch durch eine Rückrechnung auf Basis des folgenden Jahresabschlusses des Tochterunternehmens zu ermitteln. Für die Differenzierung zwischen Vor- und In-Konzern können Erträge sowie Aufwendungen pro rata temporis abgegrenzt werden.[15]

Theoretisch sollte die Kapitalaufrechnung zum Zeitpunkt des Erwerbs der Anteile jederzeit möglich sein. Die damit verbundene praktische Umsetzung kann jedoch einen erheblichen Arbeitsaufwand auslösen. Vor allem bei einer erstmaligen Einbeziehung mehrere Jahre nach dem Erwerb kann die Bewertung des Reinvermögens mangels verlässlicher Unterlagen zu den jeweiligen Erwerbszeitpunkten problematisch sein.[16] AFRAC 33 empfiehlt, bei fehlenden verlässlichen Unterlagen zur Neubewertung die Erstkonsolidierung zum Zeitpunkt der erstmaligen Einbeziehung des Tochterunternehmens durchzuführen.[17]

2.1.2. Zeitpunkt der erstmaligen Einbeziehung des Tochterunternehmens

Als praktische Vereinfachung wird die Möglichkeit gesehen, die Kapitalaufrechnung auf Basis der Wertverhältnisse zum Zeitpunkt der erstmaligen Einbeziehung durchzuführen. Durch die Ausübung des Wahlrechts entfällt die Pflicht zur Aufstellung eines unterjährigen Zwischenabschlusses.[18] Vor allem bei der Einführung der Konzernrechnungslegungspflicht durch das RLG (BGBl 1990/475) war

---

[12] Vgl ua *Bergmann/Lehner* in *Straube/Ratka/Rauter*, UGB II/RLG³ § 254 Rz 63; *Milla/Müller* in *Bertl/Mandl*, Rechnungslegungsgesetz²⁰ § 254 Rz 69.
[13] Vgl *Bergmann/Lehner* in *Straube/Ratka/Rauter*, UGB II/RLG³ § 254 Rz 63.
[14] Vgl *Fröhlich* in *Hirschler*, Bilanzrecht² § 254 Rz 104.
[15] Vgl ua *Bergmann/Lehner* in *Straube/Ratka/Rauter*, UGB II/RLG³ § 254 Rz 63/1; *Milla/Müller* in *Bertl/Mandl*, Rechnungslegungsgesetz²⁰ § 254 Rz 72.
[16] Vgl AFRAC 33 Rz 34.
[17] Vgl AFRAC 33 Rz 35.
[18] Vgl *Bergmann/Lehner* in *Straube/Ratka/Rauter*, UGB II/RLG³ § 254 Rz 65.

diese Option von großer Bedeutung. Nach wie vor ist sie bei unterjährigen Erwerbsvorgängen von Tochterunternehmen, erstmaliger Einbeziehung bisher nicht einbezogener Tochterunternehmen gemäß § 249 UGB sowie für Konzerne, die bis zum Wegfall größenabhängiger Erleichterungen gemäß § 246 UGB von der Konzernrechnungslegungspflicht befreit waren, relevant.[19]

Bei Anteilserwerben, die mehr als ein Jahr zurückliegen, sollte diese vereinfachte Form der Kapitalaufrechnung gemäß § 254 Abs 2 UGB auf Basis der zu Beginn des Geschäftsjahres zugrunde liegenden Wertverhältnisse durchgeführt werden. Ist dies nicht der Fall und erfolgte der Anteilserwerb während des abgelaufenen Konzerngeschäftsjahres, stellt der Zeitpunkt des Erwerbs der Anteile den frühestmöglichen Aufrechnungszeitpunkt dar. Mit Ausübung der Vereinfachung gem § 254 Abs 2 UGB erfolgt die Kapitalkonsolidierung auf Basis der Wertverhältnisse zum Ende des Konzerngeschäftsjahres.[20] Diese Erleichterung kann unabhängig von der Wesentlichkeit der resultierenden Auswirkungen auf den Konzernabschluss ausgeübt werden.[21]

Zielsetzung der vom Gesetzgeber gegebenen Vereinfachung ist es, den damit verbundenen Aufwand für die Erstellung eines Zwischenabschlusses bzw der Rückrechnung auf weit in der Vergangenheit liegende Erwerbszeitpunkte zu vermeiden. Damit gehen entsprechende Einbußen in der sachgerechten Darstellung der Vermögens-, Finanz- und Ertragslage einher.[22] Durch die Kapitalaufrechnung zum Zeitpunkt des erstmaligen Einbezugs des Tochterunternehmens werden mitunter der resultierende Unterschiedsbetrag bzw das Konzernergebnis im ersten Jahr falsch ausgewiesen. Durch die zeitliche Verschiebung fallen erwirtschaftete Gewinne bzw Verluste, die zwischen dem Zeitpunkt des Anteilserwerbs und dem der Kapitalaufrechnung liegen, in den verbleibenden Unterschiedsbetrag und werden nicht in den Konzernabschluss mit einbezogen. Zusätzlich entfällt die Abschreibung eines etwaig resultierenden Firmenwertes.[23]

2.1.3. Zeitpunkt, zu dem das Unternehmen Tochterunternehmen wurde

Werden die Anteile an einem Tochterunternehmen sukzessive erworben und erfüllen sich dadurch die Voraussetzungen zur Vollkonsolidierungspflicht erst einige Zeit nach dem ersten Anteilserwerb, ergibt sich bei der Kapitalkonsolidierung

---

19 Vgl ua *Fröhlich* in *Hirschler*, Bilanzrecht[2] § 254 Rz 110; *Bergmann/Lehner* in *Straube/Ratka/Rauter*, UGB II/RLG[3] § 254 Rz 65.
20 Vgl *Bergmann/Lehner* in *Straube/Ratka/Rauter*, UGB II/RLG[3] § 254 Rz 65/1; bei unterjährigen Erwerben besteht auch die Möglichkeit, die Wertverhältnisse zu Beginn des Geschäftsjahres für die Kapitalkonsolidierung heranzuziehen, wenn die Auswirkung auf den Konzernabschluss als unwesentlich eingestuft werden kann.
21 *Bergmann/Lehner* in *Straube/Ratka/Rauter*, UGB II/RLG[3] § 254 Rz 65.
22 Vgl *Milla/Müller* in *Bertl/Mandl*, Rechnungslegungsgesetz[20] § 254 Rz 75.
23 Vgl ua *Fröhlich* in *Hirschler*, Bilanzrecht[2] § 254 Rz 112.

Erst- und Endkonsolidierung von Anteilen

zum Zeitpunkt des Erwerbs der Anteile eine stufenweise Kapitalaufrechnung.[24] Demnach müsste für jeden Erwerbsvorgang eine separate Verrechnung des Reinvermögens durchgeführt und ein etwaiger Unterschiedsbetrag ermittelt werden. Solch eine stufenweise Kapitalkonsolidierung kann aus praktischer Sicht einige Probleme hervorrufen. Einerseits müssen für jeden Erwerbszeitpunkt verlässliche Unterlagen vorliegen und andererseits ergeben sich durch die rückwirkenden Eigenkapitalveränderungen Inkonsistenzen im Konzernabschluss.[25] Bei bisheriger Bilanzierung der Anteile als Finanzinstrument zu fortgeführten Anschaffungskosten empfiehlt AFRAC 33 die Kapitalaufrechnung zu dem Zeitpunkt, an dem das Unternehmen zum Tochterunternehmen wurde, oder von der praktischen Erleichterung zum Zeitpunkt des erstmaligen Einbeziehens in den Konzernabschluss Gebrauch zu machen.[26] Wurde hingegen der nunmehrige Anteil am Tochterunternehmen als assoziiertes Unternehmen gem § 264 UGB im Konzernabschluss bilanziert, wird in AFRAC 33 empfohlen, die Erstkonsolidierung zum Zeitpunkt des jeweiligen Anteilserwerbs durchzuführen.[27]

Im Unterschied zum UGB gibt es in den IFRS kein Wahlrecht bezüglich des Erstkonsolidierungszeitpunktes. Die Kapitalaufrechnung ist verpflichtend zum Zeitpunkt des Erwerbs durchzuführen. Demnach löst ein unterjähriger Erwerb die Aufstellung eines Zwischenabschlusses aus. Als Erwerbszeitpunkt gilt gem IFRS 3.8 der Zeitpunkt, an dem der Erwerber seine Kontrollrechte effektiv ausüben kann. In der Regel stellt diesen Zeitpunkt das Datum, an dem die erworbenen Vermögensgegenstände und Schulden rechtlich auf den Erwerber übergehen, dar. Lediglich bei unwesentlichem Einfluss auf den Konzernabschluss kann die Kapitalaufrechnung zum Zeitpunkt der erstmaligen Einbeziehung erfolgen.[28]

2.2. Wertansatz der Anteile

Zum Zeitpunkt der Erstkonsolidierung ist der Wertansatz jener Anteile, die dem Mutterunternehmen zuzurechnen sind, mit dem entsprechenden Anteil am neu bewerteten Eigenkapital des Tochterunternehmens zu verrechnen.

Neben den direkt gehaltenen Anteilen des Mutterunternehmens sind auch indirekte, durch andere Unternehmen im Konzernverbund gehaltene Anteile am Eigenkapital eines Tochterunternehmens zu berücksichtigen.[29] Nicht einzubeziehen sind Anteile, die von assoziierten Unternehmen oder at equity bilanzierten Unter-

---

24 Vgl ua *Bergmann/Lehner* in *Straube/Ratka/Rauter*, UGB II/RLG³ § 254 Rz 67 f; *Fröhlich* in *Hirschler*, Bilanzrecht² § 254 Rz 120.
25 Vgl *Fröhlich* in *Hirschler*, Bilanzrecht² § 254 Rz 121; va betrifft das zwischenzeitlich entstandene stille Reserven sowie Gewinnausschüttungen zwischen den Erwerbszeitpunkten.
26 Vgl AFRAC 33 Rz 36.
27 Vgl AFRAC 33 Rz 37.
28 Vgl *Fröhlich*, Praxis der Konzernrechnungslegung⁴ 142 f.
29 Vgl *Fröhlich* in *Hirschler*, Bilanzrecht² § 254 Rz 14.

nehmen gehalten werden.[30] Keinen Einfluss haben der Ausweis im Anlage- oder Umlaufvermögen sowie die Rechtsform des anteilsbesitzenden Unternehmens. Als Anteile gelten jegliche Ansprüche, die einen Anteil am Eigenkapital des Tochterunternehmens begründen. Als Fremdkapital klassifizierte Ansprüche sind im Rahmen der Schuldenkonsolidierung nach § 255 UGB zu eliminieren.[31] Die Abgrenzung zwischen Eigen- und Fremdkapital erfolgt nach den allgemein gültigen Kriterien.[32] Der Wertansatz der Anteile, welche wirtschaftlich dem Mutterunternehmen zuzurechnen sind, basiert auf dem Buchwert gem Handelsbilanz II des anteilsbesitzenden Unternehmens. § 254 Abs 1 UGB verweist explizit auf den Buchwert der Beteiligung zum Erstkonsolidierungszeitpunkt und nicht auf die entrichteten Anschaffungskosten zum Erwerbszeitpunkt. Der Buchwert der Anteile entspricht demnach den Anschaffungskosten inklusive angefallener Anschaffungsnebenkosten exklusive etwaiger erfasster außerplanmäßiger Abschreibungen.[33] Ergibt sich folglich zwischen Anteilserwerb und Zeitpunkt der Kapitalaufrechnung eine außerplanmäßige Abschreibung, ist der wertgeminderte Beteiligungsansatz für die Kapitalkonsolidierung heranzuziehen. Eine Zuschreibung auf die Anschaffungskosten ist nur bei gestiegenem beizulegendem Wert zulässig.[34]

In Bezug auf den Wertansatz der Anteile enthält AFRAC 33 diverse Sondervorschriften. Diese sind kongruent bei der Ermittlung der Anschaffungskosten des Beteiligungsansatzes im Einzelabschluss anzuwenden.[35] Für die Kapitalaufrechnung ist lediglich der Wertansatz der erworbenen Anteile heranzuziehen. Wird zusätzlich zu den Anteilen auch eine Option auf verbleibende Anteile erworben, ist der Kaufpreis auf die erworbenen Anteile und die Option aufzuteilen. Die Option ist bis zu ihrer tatsächlichen Ausübung mit den fortgeführten Anschaffungskosten als separater Vermögensgegenstand zu bilanzieren. Wird die erworbene Option zukünftig ausgeübt, stellt der Buchwert der Option zum Ausübungszeitpunkt die Anschaffungskosten der erworbenen Anteile dar.[36]

Neben fixen Kaufpreisbestandteilen werden im Zuge eines Anteilserwerbs oft auch variable vereinbart. Derartige Vertragsbestandteile sollen den Abschluss einer Transaktion herbeiführen, bei der Käufer und Verkäufer unterschiedliche Vorstellungen hinsichtlich des Wertes der Anteile besitzen.[37] Kaufpreisanpassungsklauseln können beim Eintreten gewisser Bedingungen nachträgliche Zahlungen zwischen

---

30 Vgl AFRAC 33 Rz 40.
31 Vgl *Fröhlich* in *Hirschler*, Bilanzrecht² § 254 Rz 17; Zu hybriden Finanzierungsformen in der Kapitalkonsolidierung s *Schiemer-Haberl* in *Jabornegg*, UGB² § 254 Rz 8.
32 Kriterien nach KFRS/RL 13 Rz 7 ff: Nachrangiges Kapital, welches unbefristet überlassen wird und bis zur vollen Höhe am Verlust partizipiert. Vergütungsleistungen müssen an den Erfolg des Unternehmens geknüpft sein.
33 Vgl *Fröhlich* in *Hirschler*, Bilanzrecht² § 254 Rz 18.
34 Vgl AFRAC 33 Rz 46.
35 Vgl *Fröhlich* in *Hirschler*, Bilanzrecht² § 254 Rz 20.
36 Vgl AFRAC 33 Rz 50.
37 Vgl *Milla/Müller* in *Bertl/Mandl*, Rechnungslegungsgesetz²⁰ § 254 Rz 19.

Käufer und Verkäufer auslösen und zu einer Adaption des Kaufpreises führen, was uU auch Auswirkungen auf den ermittelten Firmenwert hat.[38] Ist bereits zum Zeitpunkt der Erstkonsolidierung davon auszugehen, dass es aufgrund einer Kaufpreisanpassungsklausel zu einer nachträglichen Erhöhung des Kaufpreises kommen wird, ist dies bereits im Wertansatz der Anteile zu berücksichtigen. Demgegenüber ist gem § 198 Abs 8 Z 1 UGB eine Rückstellung für ungewisse Verbindlichkeiten mit dem voraussichtlichen Erfüllungsbetrag zu dotieren. Nachfolgende Erhöhungen der Rückstellung bzw Zahlungen des Käufers, die noch nicht in der zum Zeitpunkt der Kapitalkonsolidierung dotierten Rückstellung berücksichtigt wurden, führen zu nachträglichen Anschaffungskosten gem § 203 Abs 2 UGB. Verminderungen der Rückstellung bzw nachträgliche Zahlungen des Verkäufers sind anschaffungskostenmindernd. Nachträgliche Änderungen der Anschaffungskosten führen zu einer nachträglichen Adaptierung des im Zuge der Kapitalaufrechnung ermittelten Firmenwertes. Zu beachten ist, dass nachträgliche Anschaffungskosten und Minderungen mit dem Barwert zum Zeitpunkt des Anteilserwerbs anzusetzen sind. Dies ermöglicht eine Darstellung der tatsächlichen Wertverhältnisse zum Erwerbszeitpunkt im Konzernabschluss.[39] Die Differenz zwischen dem Barwert zum Erwerbszeitpunkt und der zu entrichtenden nachträglichen Gegenleistung ist im Zinsaufwand erfolgswirksam zu erfassen.[40] Nachträgliche Anpassungen der Bewertung einzelner übernommener Vermögensgegenstände und Schulden führen zu keiner Veränderung des ermittelten Firmenwertes, außer die Adaptierung erfolgt innerhalb des Werterhellungszeitraums bis zur Fertigstellung des Konzernabschlusses.[41] AFRAC 16 zu Werterhellung und Wertbegründung ist sinngemäß anzuwenden.

Vor dem Erwerb bestehende Schuldverhältnisse zwischen Mutter- und Tochterunternehmen gehen aus Konzernabschlusssicht allenfalls unter. Stehen sich Anspruch und Verpflichtung aus den zuvor bestehenden Beziehungen betragsgleich gegenüber, verändern sich die Anschaffungskosten der Anteile dadurch nicht. Im Falle eines Ertrags für die Mutter, der sich aus der Beendigung des Schuldverhältnisses ergibt, erhöht sich entsprechend der Anschaffungspreis der Anteile. Sinngemäß sind die Anschaffungskosten der Anteile zu vermindern, wenn aus der Auflösung der zuvor bestehenden Beziehungen ein Aufwand für das Mutterunternehmen entsteht.[42]

Die IFRS definieren den Wertansatz der Anteile für die Kapitalaufrechnung als Gegenleistung für den Unternehmenserwerb. Diese ermittelt sich aus dem beizulegenden Zeitwert der hingegebenen Vermögensgegenstände inklusive der vom Käufer übernommenen Verbindlichkeiten und der ausgegebenen Eigenkapital-

---

38 Vgl ua *Fröhlich* in *Hirschler*, Bilanzrecht[2] § 254 Rz 23; *Milla/Müller* in *Bertl/Mandl*, Rechnungslegungsgesetz[20] § 254 Rz 21.
39 Vgl *Milla/Müller* in *Bertl/Mandl*, Rechnungslegungsgesetz[20] § 254 Rz 23.
40 Vgl AFRAC 33 Rz 53.
41 Vgl *Fröhlich* in *Hirschler*, Bilanzrecht[2] § 254 Rz 96.
42 Vgl AFRAC 33 Rz 65 ff.

instrumente des Erwerbers.[43] Anschaffungsnebenkosten bilden im IFRS keinen Bestandteil der Gegenleistung und sind im Aufwand zu erfassen. Begründet wird diese Vorgehensweise vom IASB damit, dass die Anschaffungsnebenkosten nicht im Austausch für die erworbenen Anteile hingegeben werden und auch nicht die Ansatzkriterien eines separaten Vermögensgegenstandes erfüllen. Unterschiede ergeben sich auch im Hinblick auf die Behandlung bedingter Gegenleistungen. Während im UGB nachträgliche Anschaffungskosten und Minderungen zu einer Adaptierung des Firmenwertes führen, kommt es nach IFRS bei einer nachträglichen Erwartungsänderung zu keiner Anpassung des zum Erwerbszeitpunkt erfassten Unterschiedsbetrags.[44]

2.3. Eigenkapital des Tochterunternehmens

Der ermittelte Wertansatz der Anteile am Tochterunternehmen zum Zeitpunkt der Erstkonsolidierung ist anschließend mit dem auf diese Anteile entfallenden Betrag am neu bewerteten Eigenkapital des Tochterunternehmens zu verrechnen. In § 254 Abs 1 UGB wird hierzu explizit auf die Residualgröße zwischen Vermögensgegenständen, Rückstellungen, Verbindlichkeiten und Rechnungsabgrenzungsposten abgestellt. Die detaillierte Untergliederung des Eigenkapitals ist durch den Verweis auf einen Residualwert demnach nicht von Bedeutung.[45]

Im Rahmen der Neubewertung sind jegliche übernommenen Vermögensgegenstände zum Zeitpunkt der Erstkonsolidierung einzeln zu erfassen und mit dem beizulegenden Zeitwert neu zu bewerten. Dies gilt unabhängig davon, ob die übernommenen Vermögensgegenstände bereits im Jahresabschluss des übernommenen Tochterunternehmens aktiviert worden sind. Hervorzuheben sind aufgrund des Bilanzierungsverbots nach § 197 Abs 2 UGB im Jahresabschluss des Tochterunternehmens nicht aktivierte, selbst erstellte immaterielle Vermögensgegenstände des Anlagevermögens. Im Sinne der unterstellten Einzelerwerbsfiktion gelten diese aus Sicht des Konzernabschlusses als entgeltlich erworben und sind somit beim Erwerber zu aktivieren. Geschäftswertähnliche Vorteile wie Standortvorteile, Knowhow, Ruf der Firma oder Mitarbeiterqualitäten stellen im UGB keinen separat verwertbaren Vermögensgegenstand dar und dürfen im Rahmen der Neubewertung nicht angesetzt werden. Diese sind demnach Bestandteil eines Firmenwertes[46]. Zu überprüfen ist auch, ob beim Tochterunternehmen bisher nicht bilanzierte Verpflichtungen, wie zB aus eingegangenen Haftungsverhältnissen, im Rahmen der Erstkonsolidierung erstmalig angesetzt werden müssen.[47] Dies kann sich ua aus einer veränderten Einschätzung der Eintrittswahrscheinlichkeit ergeben. Für den

---
43 Vgl IFRS 3.37.
44 Vgl *Fröhlich* in *Hirschler*, Bilanzrecht[2] § 254 Rz 185.
45 Vgl *Bergmann/Lehner* in *Straube/Ratka/Rauter*, UGB II/RLG[3] § 254 Rz 16/1.
46 Vgl *Milla/Müller* in *Bertl/Mandl*, Rechnungslegungsgesetz[20] § 254 Rz 40.
47 Vgl AFRAC 33 Rz 68.

Ansatz einer zuvor nicht erfassten Schuld ist die verlässliche Bewertbarkeit ausschlaggebend.

AFRAC 33 betont explizit, dass Schulden, die sich aus Sicht des Erwerbers ergeben, nur dann in der Kapitalkonsolidierung berücksichtigt werden dürfen, wenn diese auf Entscheidungen und Maßnahmen vor der Entstehung des Mutter-Tochter-Verhältnisses zurückzuführen sind.[48] Ausdrücklich werden Rückstellungen iZm Restrukturierungen genannt. Diese werden in der Neubewertungsbilanz berücksichtigt, sofern bereits zum Zeitpunkt des Anteilserwerbs eine Außenverpflichtung vorlag und damit eine Verpflichtung bereits vor Begründung des Konzernverhältnisses bestand.[49] Dabei wird auf den Zeitpunkt des Anteilserwerbs verwiesen und nicht auf den Erstkonsolidierungszeitpunkt.[50]

Als grundsätzlicher Wertmaßstab für die Bewertung der übernommenen Vermögensgegenstände gilt der beizulegende Zeitwert. Primär sollten Marktpreise herangezogen werden. Ist kein aktiver Markt für den zu bewertenden Vermögensgegenstand vorhanden, soll der beizulegende Zeitwert auf Basis der Marktpreise vergleichbarer Vermögensgegenstände abgeleitet werden. Sind auch keine vergleichbaren Markttransaktionenerkennbar, wird auf anerkannte Bewertungsverfahren zurückgegriffen. Ertrags- oder kapitalwertbasierte Verfahren können lediglich im Falle einer verlässlichen Zuordnung der Zahlungsströme zum Bewertungsobjekt angewandt werden. Kann auch durch das Heranziehen von anerkannten Bewertungsverfahren kein verlässlicher beizulegender Zeitwert bestimmt werden, ist dieser auf Basis kostenorientierter Bewertungsverfahren (Reproduktions- oder Wiederbeschaffungskostenmethode) zu bestimmen. Dabei ist auf den derzeitigen Zustand des Vermögensgegenstandes durch Wertabschläge Rücksicht zu nehmen.[51]

Der beizulegende Zeitwert ersetzt seit dem RÄG 2014 den beizulegenden Wert, was eine Anpassung der nationalen Bestimmungen an die IFRS bedeutet.[52] Jedoch ermöglicht AFRAC 33 es dem Abschlussersteller, trotzdem den beizulegenden Wert als Bewertungsmaßstab heranzuziehen, falls der beizulegende Zeitwert für einen Vermögensgegenstand nicht verlässlich ermittelt werden kann.[53] Prinzipiell gilt der beizulegende Zeitwert auch für übernommene Rückstellungen und Schulden als Wertmaßstab. AFRAC 33 stellt jedoch klar, dass diese übernommenen Passivposten mit dem Erfüllungsbetrag gem § 211 UGB in der Neubewertungsbilanz zu erfassen sind.[54]

Für latente Steuern, welche im Rahmen der Neubewertung des Eigenkapitals entstehen, sind die Bestimmungen der §§ 258 und 198 Abs 9 und 10 UGB zu beachten.[55]

---

48 Vgl AFRAC 33 Rz 72.
49 Vgl AFRAC 33 Rz 73.
50 Vgl *Fröhlich* in *Hirschler*, Bilanzrecht[2] § 254 Rz 47.
51 Vgl ua *Milla/Müller* in *Bertl/Mandl*, Rechnungslegungsgesetz[20] § 254 Rz 23; AFRAC 33 Rz 80.
52 Vgl *Fröhlich* in *Hirschler*, Bilanzrecht[2] § 254 Rz .51
53 Vgl AFRAC 33 Rz 81.
54 Vgl AFRAC 33 Rz 76.
55 Vgl *Fröhlich* in *Hirschler*, Bilanzrecht[2] § 254 Rz 44.

Die Bewertung der temporären Differenzen erfolgt unter Bezugnahme des unternehmensindividuellen Steuersatzes des Tochterunternehmens, bei dem sich die Differenzen wieder umkehren werden.[56] Abhängig von der Ausübung des Wahlrechts in § 198 Abs 9 UGB sind latente Steuern für steuerliche Verlustvorträge des Tochterunternehmens in der Neubewertungsbilanz zu berücksichtigen. Entscheidet man sich dafür, die erworbenen Verlustvorträge nicht zu aktivieren, verbleibt der darauf entfallene Teil am Kaufpreis im Firmenwert.[57] Keinen Einfluss auf die Kapitalaufrechnung hat eine Veränderung der Werthaltigkeit bereits vorhandener Verlustvorträge beim Mutterunternehmen oder sonstiger Unternehmen im Konzernverbund.[58]

Gedeckelt wird die Aufdeckung stiller Reserven in den übernommenen Vermögensgegenständen gem § 254 Abs 1 mit den Anschaffungskosten der Anteile am Tochterunternehmen. Dabei wird explizit auf die Anschaffungskosten verwiesen und nicht auf den Beteiligungsansatz zum Zeitpunkt der Erstkonsolidierung. Etwaige außerplanmäßige Abschreibungen zwischen dem Erwerbszeitpunkt und dem Zeitpunkt der Erstkonsolidierung sind demnach für die Ermittlung des neu bewerteten Eigenkapitals nicht von Bedeutung.[59]

Die Beschränkung der Neubewertung mit den Anschaffungskosten als sog pagatorischem Deckel bringt einige vom Gesetz ungeklärte Sachverhalte mit sich. Im Fall, dass nicht alle stillen Reserven aufgedeckt werden können, ist zu überlegen, welche stillen Reserven in welchem Ausmaß angesetzt werden. In der Literatur werden mehrere Ansätze vertreten. Die Aufteilung kann auf der Bedeutung, Bestimmtheit, Liquidierbarkeit, Nutzungsdauer der stillen Reserven oder einer proportionalen Verteilung basieren[60], wobei in der Literatur eine proportionale Verteilung der stillen Reserven je Vermögensgegenstand im Verhältnis zur Summe an stillen Reserven präferiert wird.[61]

Die Neubewertung des Reinvermögens des Tochterunternehmens zum beizulegenden Zeitwert erfolgt unabhängig vom Ausmaß der konkreten Beteiligungshöhe des Mutterunternehmens. Das neu bewertete Reinvermögen, unter Berücksichtigung des pagatorischen Deckels der Anschaffungskosten, stellt somit die Basis für die Ermittlung der nicht beherrschenden Anteile dar.[62] Die Begrenzung der Neubewertung mit den Anschaffungskosten beeinflusst somit auch die Höhe der Anteile nicht beherrschender Gesellschafter.

Für die schlussendliche Kapitalaufrechnung wird das neu bewertete Eigenkapital mit der auf das Mutterunternehmen entfallenden Beteiligungsquote multipliziert.

---

56   Vgl AFRAC 33 Rz 68.
57   Vgl *Fröhlich* in *Hirschler*, Bilanzrecht[2] § 254 Rz 61 f.
58   Vgl AFRAC 30 (2020) Latente Steuern im Jahres- und Konzernabschluss Rz 12 ff.
59   Vgl *Milla/Müller* in *Bertl/Mandl*, Rechnungslegungsgesetz[20] § 254 Rz 23; AFRAC 33 Rz 35.
60   Vgl *Egger/Samer/Bertl*, Der Jahresabschluss nach dem Unternehmensgesetzbuch, Band 2[8] 65 f.
61   Vgl *Bergmann/Lehner* in *Straube/Ratka/Rauter*, UGB II/RLG[3] § 254 Rz 41.
62   Vgl *Fröhlich* in *Hirschler*, Bilanzrecht[2] § 254 Rz 72.

Diese bestimmt sich bei Beteiligungen an Kapitalgesellschaften auf Basis des dem Mutterunternehmen mittelbar oder unmittelbar zuzurechnendenAnteils am gezeichneten Stamm- bzw Nennkapital des Tochterunternehmens.. Handelt es sich um eine Beteiligung an einer Personengesellschaft, wird der Anteil am Festkapital bzw, falls nur ein Kapitalkonto geführt wird, nach dem Verhältnis am Gesamtkapital für die Berechnung der Beteiligungsquote herangezogen.[63]

Ein wesentlicher Unterschied zwischen UGB und IFRS ergibt sich im Ansatz immaterieller Vermögensgegenstände im Zuge der Neubewertung. Während im UGB die Kriterien eines Vermögensgegenstandes erfüllt sein müssen, dh die Einzelveräußerbarkeit bzw Einzelverwertbarkeit gegeben sein muss, um als Vermögensgegenstand aktiviert werden zu können, ist nach IFRS 3 die Identifizierbarkeit eines immateriellen Vermögensgegenstandes ausschlaggebend. Die Identifizierbarkeit ist gegeben, wenn der immaterielle Vermögensgegenstand entweder das Separierbarkeitskriterium oder das vertragliche/gesetzliche Kriterium erfüllt.[64] Separierbarkeit bedeutet die Möglichkeit, den immateriellen Vermögensgegenstand entweder einzeln oder in Verbindung mit einem Vertrag einem anderen Vermögensgegenstand oder einer Schuld getrennt vom erworbenen Unternehmen zu verkaufen, zu übertragen, lizenzieren, vermieten oder tauschen.[65] Beispielhaft können im Zuge eines Anteilserwerbs nach IFRS unter gewissen Umständen Kundenbeziehungen separat aktiviert werden, die nach nationalen Bestimmungen Teil eines etwaigen Firmenwertes sind.[66] Anders als im UGB gibt es nach IFRS keinen pagatorischen Deckel für die Neubewertung. Es sind sämtliche stille Reserven in den übernommenen Vermögensgegenständen aufzudecken, auch wenn die Anschaffungskosten überschritten werden. Infolgedessen kann sich nach IFRS durchaus ein passiver Unterschiedsbetrag ergeben.[67] Die Frage, in welchem Ausmaß stille Reserven aufgedeckt werden können, stellt sich durch die fehlende Beschränkung der Neubewertung somit im IFRS nicht.

2.4. Behandlung eines Unterschiedsbetrags

Nach Durchführung der Kapitalkonsolidierung gem § 254 Abs 1 und 2 UGB kann sich ein positiver sowie unter gewissen Umständen ein negativer Unterschiedsbetrag ergeben. Ein positiver Unterschiedsbetrag, dh der Wertansatz der Anteile des Mutterunternehmens, übersteigt den Anteil am erworbenen neu bewerteten Eigenkapital, wird als Firmenwert bezeichnet, welcher innerhalb der immateriellen Vermögensgegenstände in der Konzernbilanz aktiviert wird.

---

63   Eine abweichende Stimmrechtsverteilung ist für die Ermittlung des Anteils am neu bewerteten Eigenkapital nicht von Bedeutung; s hierzu AFRAC 33 Rz 63.
64   Vgl IFRS 3.B31.
65   Vgl IFRS 3.B33.
66   Für eine ausführliche Diskussion der Ansatzbestimmungen von immateriellen Vermögensgegenständen im Zuge eines Unternehmenszusammenschlusses nach IFRS 3 s *Senger/Brune* in Beck'sches IFRS-Handbuch[6] § 34 Rz 127 ff.
67   Vgl *Fröhlich* in *Hirschler*, Bilanzrecht[2] § 254 Rz 188.

Die ermittelte Residualgröße repräsentiert unter anderem zukünftig positive Ertragserwartungen, die das Management mit dem Anteilserwerb assoziiert.[68] Zusätzlich spiegeln sich Vermögensgegenstände, die aufgrund einer fehlenden Bilanzierungsfähigkeit im Rahmen der Neubewertung nicht separat angesetzt wurden, im Firmenwert wider. Beispielhaft sind potenzielle Synergieeffekte, die Qualität der übernommenen Mitarbeiter inklusive deren Know-how, Standortvorteile oder ein erworbener Kundenstamm zu nennen. Solche Faktoren spielen im Rahmen der Kaufpreisfindung eine essenzielle Rolle, jedoch können diese in isolierter Betrachtung nicht verlässlich bewertet werden und gehen folglich aus Sicht des Konzernabschlusses im Firmenwert auf.[69] Die einzelnen Bestandteile des resultierenden Firmenwertes können in der Regel nicht separiert werden, was die Heterogenität des Postens zusätzlich unterstreicht.

Eine Beschränkung der Aufdeckung stiller Reserven verhindert die mögliche Erfassung eines passiven Unterschiedsbetrags nach § 261 Abs 2 Z 2 UGB. Lediglich bei Anschaffungskosten, die geringer sind als der Buchwert des Eigenkapitals des Tochterunternehmens, kann sich demnach ein negativer Unterschiedsbetrag im Rahmen der Kapitalaufrechnung ergeben.[70] Ergibt sich eine solche Konstellation, leitet sich der anschließende Ausweis im Konzernabschluss aus der Ursache des passiven Unterschiedsbetrags ab. Handelt es sich um einen sog Badwill, resultiert die negative Differenz zwischen Kaufpreis und Eigenkapital des Tochterunternehmens aus bereits antizipierten negativen Ertragsaussichten für das erworbene Unternehmen. Folglich ist der ermittelte Badwill gesondert als Rückstellung zu passivieren. Ein weiterer Grund für einen negativen Unterschiedsbetrag ist der sog „Lucky Buy". Dieser kann sich durch Verhandlungsgeschick des Käufers oder aus einer sonstigen speziellen Verhandlungssituation ergeben. Ein passiver Unterschiedsbetrag, welcher auf einem „Lucky Buy" gründet, wird zum Zeitpunkt der Erstkonsolidierung erfolgswirksam erfasst.[71]

Werden 100 % der Anteile am Tochterunternehmen erworben, ergibt sich im Hinblick auf die Vorgehensweise der Kapitalaufrechnung kein Unterschied zwischen UGB und IFRS. In jeglicher Hinsicht ist die Kapitalkonsolidierung nach der Erwerbsmethode in Form der Neubewertungsmethode durchzuführen. Im Falle eines Anteilserwerbs von weniger als 100 % normiert IFRS 3.19 ein Wahlrecht, welches es dem Erwerber ermöglicht, die nicht beherrschenden Anteile auf Basis des neu bewerteten Reinvermögens oder des beizulegenden Zeitwertes zu bewerten.[72] Entscheidet man sich für den Ansatz zum beizulegenden Zeitwert, wird ein höherer Firmenwert aus Konzernsicht ermittelt, da dieser auch den Anteil anderer – nicht beherrschender – Gesellschafter umfasst. Entscheidet man sich hingegen für den

---

68 Vgl *Kuntner/Schereda* in *Bertl/Mandl*, Rechnungslegungsgesetz[20] § 261 Rz 8.
69 Vgl *Fröhlich* in *Straube/Ratka/Rauter*, UGB II/RLG[3] § 261 Rz 5.
70 Vgl *Fröhlich* in *Hirschler*, Bilanzrecht[2] § 254 Rz 69 f.
71 Vgl *Aschauer/Waldmann* in *Hirschler*, Bilanzrecht[2] § 261 Rz 6 f.
72 Vgl IFRS 3.19.

Ansatz auf Basis des neu bewerteten Reinvermögens, ist die Vorgehensweise identisch zu der nach § 254 Abs 1 UGB.[73] Verbleibt bei der Kapitalaufrechnung ein negativer Unterschiedsbetrag, ist dieser gem IFRS 3.63 erneut zu überprüfen. Ein danach noch verbleibender Unterschiedsbetrag ist unmittelbar in der Konzernergebnisrechnung erfolgswirksam zu erfassen. Die Dotierung einer Rückstellung aufgrund negativer Ertragsaussichten ist somit im IFRS nicht möglich.

2.5. Auf- und Abstockung von Anteilen

Anteilserwerbe und Anteilsveräußerungen, die zu keinem Beherrschungsverlust des Mutterunternehmens führen, können nach AFRAC 33 entweder als Erwerbs-/Veräußerungsvorgang oder Kapitalvorgang im Konzernabschluss dargestellt werden.[74] Die gewählte Vorgehensweise für solche Transaktionen ist stetig anzuwenden.

2.5.1. Kapitalvorgang

Die Darstellung als Kapitalvorgang leitet sich aus der in § 250 Abs 3 UGB normierten Einheitstheorie ab. Ein Erwerb bzw eine Veräußerung von Kapitalanteilen stellt somit den Tausch von Eigenkapitalbestandteilen dar. Interpretiert man die Auf- oder Abstockung als Kapitalvorgang, wird keine Neubewertung der Vermögensgegenstände und Schulden ausgelöst, ein etwaiger Firmenwert bleibt unberührt.[75]

Im Falle eines zusätzlichen Anteilserwerbes werden die Anschaffungskosten mit dem darauf entfallenden Anteil nicht beherrschender Gesellschafter zum Zeitpunkt des Anteilserwerbes verrechnet. Ein resultierender Unterschiedsbetrag wird mit dem auf das Mutterunternehmen entfallenden Konzerneigenkapital saldiert.[76] Ob die Verrechnung innerhalb der Gewinnrücklagen oder der Kapitalrücklagen erfolgt, ist nicht eindeutig geregelt. AFRAC 35 zur Eigenkapitalüberleitungsrechnung lässt beide Varianten zu.[77] Für eine Darstellung innerhalb der Kapitalrücklage spricht die Tatsache, dass eine Transaktion zwischen Eigentümern vorliegt. Dagegen spricht, dass es sich um eine Zahlung aus dem Vermögen des Konzerns handelt und nicht um eine solche von den bzw an die Gesellschafter der Mutter. Zusätzlich kann argumentiert werden, dass die Kapitalrücklage durch die Verrechnung negativ werden könnte.[78] Eine Anteilsveräußerung ohne Verlust der Beherrschung iSd § 244 UGB führt zu einer Erhöhung der ausgewiesenen nicht beherrschenden

---

73 Vgl *Fröhlich* in *Hirschler*, Bilanzrecht[2] § 254 Rz 183.
74 Vgl AFRAC 33 Rz 134.
75 Vgl ua *Milla/Müller* in *Bertl/Mandl*, Rechnungslegungsgesetz[20] § 254 Rz 102; *Fröhlich* in *Hirschler*, Bilanzrecht[2] § 254 Rz 147 f.
76 Vgl AFRAC 33 Rz 138.
77 Vgl AFRAC 35 (2019) Konzerneigenkapitalspiegel (UGB) Rz 31.
78 Vgl *Fröhlich* in *Hirschler*, Bilanzrecht[2] § 254 Rz 152.

Anteile in der Höhe des veräußerten Anteils am Eigenkapital der Tochter. Eine positive Differenz zwischen Verkaufserlös und veräußertem Anteil am Eigenkapital des Tochterunternehmens erhöht demnach das Konzerneigenkapital.[79]

Besitzen die nicht beherrschenden Gesellschafter eine Put-Option, die es ihnen ermöglicht, ihre Anteile an das Mutterunternehmen zu veräußern, ergibt sich aus konzernaler Sicht eine Zahlungsverpflichtung in Höhe des Ausübungspreises. Aufgrund der bereits zu 100 % einbezogenen Vermögenswerte und Schulden im Konzernabschluss findet bei Ausübung der Option lediglich eine Veränderung des Eigenkapitals statt. Im Konzernabschluss ist somit eine Rückstellung in Höhe der zu erwartenden Zahlungsverpflichtung zu bilden und der korrespondierende Anteil nicht beherrschender Gesellschafter auszubuchen. Veränderungen der erfassten Rückstellung sind erfolgswirksam zu erfassen.[80]

2.5.2. Erwerbs- und Veräußerungsvorgang

Alternativ kann die Auf- bzw Abstockung von Anteilen als Erwerbs- bzw Veräußerungsvorgang interpretiert werden. Dabei sind die Regelungen des § 254 UGB sinngemäß anzuwenden. Somit hat im Erwerbsfall eine Verrechnung der erworbenen Anteile mit dem darauf entfallenden Anteil am neu bewerteten Eigenkapital des Tochterunternehmens zu erfolgen. Im Falle eines Unterschiedsbetrags zwischen dem Wertansatz der Anteile und dem neu bewerteten Eigenkapital ist dieser gem §§ 254 Abs 3 und 261 UGB zu behandeln.[81]

Im Falle einer Anteilsveräußerung, bei der die Beherrschung iSd § 244 UGB nicht verloren geht, erfolgt eine erfolgswirksame Erfassung der Differenz zwischen Verkaufserlös und anteiligem Eigenkapital inklusive eines etwaigen anteiligen Firmenwertes. Der Anteil am veräußerten Eigenkapital ist anschließend in den nicht beherrschenden Anteilen darzustellen.[82]

Besteht eine Put-Option, die den nicht beherrschenden Gesellschaftern die Möglichkeit einräumt, ihre Anteile am Tochterunternehmen an die Mutter zu verkaufen, nimmt der Konzern die Rolle des Stillhalters für eine spätere Transaktion ein, welche als Erwerb oder Veräußerung erfasst wird. Erwartet man für diese Transaktion einen Verlust, da der Ausübungspreis über dem beizulegenden Zeitwert der Anteile liegt, ist eine Rückstellung für drohende Verluste in Höhe des erwarteten Verlustes zu dotieren. In einer solchen Konstellation werden die nicht beherrschenden Anteile nicht berührt.[83]

---

79 Vgl AFRAC 33 Rz 139.
80 Vgl AFRAC 33 Rz 140.
81 Vgl *Fröhlich* in *Hirschler*, Bilanzrecht² § 254 Rz 148.
82 Vgl AFRAC 33 Rz 136; aA DRS 23 (2017) Rz 173, welche den abgehenden Anteil am Firmenwert ebenfalls in die nicht beherrschenden Anteile umgliedern.
83 Vgl AFRAC 33 Rz 137.

Nach IFRS 10.23 ist eine nachträgliche Auf- bzw Abstockung von Anteilen zwingend als Transaktion zwischen Eigentümern und somit als Kapitalvorgang im Konzernabschluss darzustellen.

3. Endkonsolidierung

Unter dem Begriff Endkonsolidierung versteht man das Ausscheiden eines Tochterunternehmens aus dem Konzernverbund. Dies impliziert iSd Einheitstheorie den vollständigen Abgang jeglicher Vermögensgegenstände und Schulden des Tochterunternehmens.[84] Im UGB sind keine gesetzlichen Regelungen im Zusammenhang mit der Endkonsolidierung normiert. Ausgelöst wird eine Endkonsolidierung durch Verlust des Beherrschungstatbestandes gem § 244 UGB oder die erstmalige Anwendung des Wahlrechtes gem § 249 UGB.[85]

Als Zeitpunkt der Endkonsolidierung gilt der Stichtag, an dem die Beherrschung iSd § 244 UGB nicht mehr besteht. Ein Wahlrecht vergleichbar mit den Bestimmungen zum Erstkonsolidierungszeitpunkt ist nicht gegeben. Somit kann lediglich aus Wesentlichkeitsgründen eine Endkonsolidierung auf Basis der Wertverhältnisse zum vorangegangenen Stichtag erfolgen.[86] Bis zum Zeitpunkt der Endkonsolidierung sind jegliche Erträge und Aufwendungen sowie das auf die nicht beherrschenden Anteile entfallende Ergebnis in den Konzernabschluss mit einzubeziehen.[87]

Die Differenz zwischen Veräußerungspreis und abgehendem Reinvermögen zu Konzernbuchwerten ist ergebniswirksam im sonstigen betrieblichen Ertrag bzw Aufwand zu erfassen.[88] Besteht zum Zeitpunkt der Endkonsolidierung noch ein Firmenwert oder ein passiver Unterschiedsbetrag, ist dieser in die Berechnung mit einzubeziehen. Auf das Mutterunternehmen entfallende Eigenkapitaldifferenzen aus der Währungsumrechnung sind ebenfalls in der Ermittlung des Veräußerungsgewinns oder -verlusts zu berücksichtigen. Nicht beherrschende Anteile sowie deren Anteil an den Währungsumrechnungsdifferenzen sind erfolgsneutral auszubuchen.[89]

Verbleiben nach dem Veräußerungsvorgang noch Anteile am Tochterunternehmen bei der Mutter, bilden die anteiligen fortgeführten Konzernbuchwerte der Vermögensgegenstände und Schulden die Ausgangsbasis für die zukünftige Bewertung.[90] Sind die Anteile zukünftig als Finanzanlage zu klassifizieren, stellt die Summe

---

84 Vgl AFRAC 33 Rz 24.
85 Vgl *Fröhlich* in *Hirschler*, Bilanzrecht[2] § 254 Rz 166.
86 Vgl ua *Bergmann/Lehner* in *Straube/Ratka/Rauter*, UGB II/RLG[3] § 254 Rz 131.
87 Vgl ua *Bergmann/Lehner* in *Straube/Ratka/Rauter*, UGB II/RLG[3] § 254 Rz 131; *Fröhlich* in *Hirschler*, Bilanzrecht[2] § 254 Rz 167.
88 Vgl AFRAC 33 Rz 145.
89 Vgl AFRAC 33 Rz 146.
90 Vgl *Fröhlich* in *Hirschler*, Bilanzrecht[2] § 254 Rz 170.

der fortgeführten Buchwerte inklusive stiller Reserven und eines noch bestehenden Firmenwertes oder passiven Unterschiedsbetrags die Anschaffungskosten jener dar.[91] Auch im Falle einer zukünftigen Behandlung als assoziiertes Unternehmen nach § 264 UGB bilden die anteiligen verbleibenden Konzernbuchwerte der Vermögensgegenstände und Schulden die Ausgangsbasis für die Bewertung.[92] Wird das zuvor vollkonsolidierte Tochterunternehmen zukünftig als Gemeinschaftsunternehmen gem § 262 UGB konsolidiert, werden die Vermögensgegenstände sowie ein allfälliger Firmenwert bzw passiver Unterschiedsbetrag auch mit den entsprechenden Buchwerten fortgeführt.[93]

Während im UGB keine Bestimmungen für die Endkonsolidierung normiert sind, wird dieser Vorgang in den IFRS detailliert geregelt. Der wesentliche Unterschied ergibt sich aus der Behandlung von im Konzern verbleibenden Anteilen. Diese werden nicht wie im UGB zum Buchwert fortgeführt, sondern gem IFRS 10.B98 mit dem beizulegenden Zeitwert angesetzt.[94]

---

91 Vgl AFRAC 33 Rz 150.
92 Vgl *Bergmann/Lehner* in Straube/Ratka/Rauter, UGB II/RLG³ § 254 Rz 130.
93 Vgl AFRAC 33 Rz 148.
94 Vgl *Fröhlich* in *Hirschler*, Bilanzrecht² § 254 Rz 194.

Steuerliche Implikationen der Gestaltung des Unternehmenskaufpreises

Friedrich Fraberger

1. **Fixkaufpreis und Kaufpreisstundung („simple vendor loan")**
   1.1. Rechtsprechungskriterien für das wirtschaftliche Eigentum am Kapitalanteil
   1.2. Wirtschaftliche Kaufpreisdefinition
   1.3. Abgrenzung Verkäuferdarlehen – Noch-nicht-Zufluss von aleatorischen Kaufpreisbestandteilen
2. **Bilanzierung und Besteuerung von ergebnisabhängigem und exit-basiertem „Earn-out"**
   2.1. Logik einer „Earn-out"-Klausel sowie Typen von „Earn-out"-Klauseln
   2.2. VwGH 29.4.2010 als Grundsatzerkenntnis zur Bilanzierung und Besteuerung von „ergebnis- oder umsatzabhängigen Earn-outs"
      2.2.1. Ergebnisabhängiger „Earn-out" aus der Sicht des Käufers
      2.2.2. Ergebnisabhängiger „Earn-out" aus der Sicht des Verkäufers
   2.3. Der exit-basierte Earn-out („Besserungsklausel")
3. **Unternehmenserwerb durch Kapitalerhöhung**
   3.1. Übertragung wirtschaftlichen Eigentums durch Kapitalerhöhung mit Bezugsrechtsausschluss?
   3.2. Entgelt für Altgesellschafter durch Kapitalerhöhung mit Bezugsrechtsausschluss der Altgesellschafter?
4. **Concluosio**

Steuerliche Implikationen der Gestaltung des Unternehmenskaufpreises

Im folgenden Beitrag wird auf ausgewählte und praktisch relevante Aspekte nach UGB und Ertragsteuerrecht beim Erwerb von Unternehmensanteilen eingegangen, wobei der Fokus auf dem Erwerb von Anteilen an Kapitalgesellschaften liegt, weil der Erwerb von Personengesellschaftsanteilen und Betrieben/Teilbetrieben Sonderkomplexitäten aufwerfen würde, die den Rahmen dieser Abhandlung sprengen würden. Viele Aspekte des Beitrags können dennoch – mutatis mutandis – auch auf den Erwerb von Personengesellschaftsanteilen und/oder Betrieben/Teilbetrieben umgelegt werden.

Darüber hinaus wird im Folgenden von betrieblichen Gewinnermittlungsgrundsätzen auf der Basis des § 5 Abs 1 EStG (Maßgeblichkeit des UGB) ausgegangen und damit der zT steuerlich abweichende Bereich der Veräußerung bzw des Erwerbs von Kapitalanteilen im außerbetrieblichen Bereich ausgeklammert, der teilweise unterschiedlichen Prinzipien folgt (Maßgeblichkeit des zivilrechtlichen Verpflichtungsgeschäfts, außer es wäre bereits vorgängig vor dem Verpflichtungsgeschäft wirtschaftliches Eigentum [§ 24 BAO] am Kapitalanteil übergegangen). Viele der hier gemachten Überlegungen können aber sinngemäß in den außerbetrieblichen Bereich übernommen werden, auf Besonderheiten des Zufluss-Abfluss-Prinzips (§ 19 EStG) ist jedoch zu achten.[1]

1. Fixkaufpreis und Kaufpreisstundung („simple vendor loan")

Die einfachste Form des Anteilskaufs/-verkaufs mit Finanzierungsfunktion ist die Anteilsübertragung durch den Verkäufer gegen Stundung des Kaufpreises gegenüber dem Käufer. Als „Anteilsübertragung" in diesem Zusammenhang ist die Übertragung des wirtschaftlichen Eigentums (§ 24 BAO) am Kapitalanteil zu verstehen. Um erkennen zu können, wer aufgrund des Anteilskaufvertrags („share purchase agreement", kurz: SPA) wirtschaftlicher Eigentümer des Kapitalanteils geworden ist, muss mit Hilfe der Klauseln des Anteilskaufvertrags (SPA) genau analysiert und festgestellt werden, welche der Vertragsparteien die gesellschaftertypischen Rechte aus dem Kapitalanteil zukünftig ausüben bzw maßgeblich beeinflussen bzw bestimmen wird. Die Höhe des Veräußerungserlöses auf der Seite des Verkäufers sowie typischerweise der Anschaffungskosten und der Kaufpreisverbindlichkeit auf der Käuferseite ergibt sich nach der Rechtsprechung aus einer wirtschaftlichen Betrachtungsweise (§ 21 BAO): es ist in diesem Zusammenhang genau zu analysieren, welche geld- und/oder vermögenswerten Vorteile im Austausch für die Übertragung des wirtschaftlichen Eigentums am Kapitalanteil zu leisten sind.

---

[1] Jüngst zB zum steuerlichen Zufluss (§ 19 EStG) bei aufschiebenden Bedingungen im außerbetrieblichen Bereich etwa BFG Linz 30.6.2021, RV/5101057/2019 (Zeitpunkt des Entstehens der KESt-Schuld bei bloß bestimmbaren, aufschiebend bedingten Gewinnausschüttungs- oder Zuwendungsbeschlüssen).

1.1. Rechtsprechungskriterien für das wirtschaftliche Eigentum am Kapitalanteil

Für die steuerliche Zurechnung des Kapitalanteils ist stets das wirtschaftliche Eigentum im Sinne des § 24 BAO relevant, und zwar auch dann, wenn ausländische Steuerpflichtige in den Verkaufsvorgang involviert sein sollten. Selbst wenn der Unternehmenskaufvertrag nach ausländischem Zivil- und Gesellschaftsrecht erstellt wurde und danach auszulegen ist, ist für die Ermittlung des Veräußerungszeitpunkts der Übergang des wirtschaftlichen Eigentums am Gesellschaftsanteil (§ 24 BAO) maßgeblich. Zwar ist der Übergang der Preisgefahr nach der vereinbarten Zivilrechtsordnung nicht alleine kriegsentscheidend[2], es sind allerdings die Besonderheiten des ausländischen Zivilrechts bei der Klärung der Frage, ab wann jemand die gesellschafterähnlichen Rechte am Target zustehen, zu berücksichtigen.[3] Legt das Steuergericht einen nach ausländischem Zivilrecht erstellten Kaufvertrag nach rein inländischen Auslegungsprinzipien aus, dann liegt insoweit grundsätzlich ein Verfahrensfehler vor.[4] Nach der jüngsten Rsp des VwGH ist dabei zu beachten, dass hinsichtlich ausländischen Rechts der „Curia-novit-iura"-Grundsatz **nicht** gilt, daher eine erweiterte Mitwirkungspflicht besteht, die Besonderheiten des ausländischen Rechts dem inländischen Steuergericht so zu erläutern, dass es ohne weiteres die Schlussfolgerungen nach inländischem Steuerrecht treffen kann.[5]

Nach der Rsp ist das wirtschaftliche Eigentum an Gesellschaftsanteilen durch folgende Eigenschaften charakterisiert:[6]

- Übergang des Gewinnbezugsrechts auf den wirtschaftlichen Eigentümer,
- Ausübung des Stimmrechts durch den wirtschaftlichen Eigentümer,
- Substanzverwertungsmöglichkeit (durch Veräußerung oder Belehnung/Verpfändung) sowie Chance der Wertsteigerung oder Risiko der Wertminderung der Anteile beim wirtschaftlichen Eigentümer.

Die Rechtsprechung misst bei der Zuordnung des wirtschaftlichen Eigentums insbesondere der Substanzkomponente Bedeutung bei, weil zB das Gewinnbezugsrecht und/oder Stimmrecht über einen Fruchtgenussbestellungsertrag (= Ertrags-

---

2 So zB VwGH 8.3.1994, 93/14/0179 sowie 25.2.1997, 97/14/0006.
3 Vgl zB VwGH 20.11.1990, 90/14/0139, VwSlg 6.551 (F), sowie 15.2.2006, 2002/13/0033, jeweils zum Übergang wirtschaftlichen Eigentums an Schweizer AGs, wobei der VwGH eine eingehende Analyse des dem Vertrag zugrunde liegenden schweizerischen Obligationenrechts (OR) und der dazu ergangenen Rsp des Schweizerischen Bundesgerichts vornahm, daraus und in Kombination mit dem Vertragstext die effektiven Verfügungsmöglichkeiten von Verkäufer und Erwerber ableitete und den Zeitpunkt des Übergangs des wirtschaftlichen Eigentums bestimmte. Ähnlich BFH 21.10.1999, BStBl II 2000, 424 ff (zu einem Erwerb nach US-Recht).
4 Ausdrücklich BFH 7.12.2017, IV R 23/14, BStBl II 2018, 444 ff.
5 Ausdrücklich VwGH 7.12.2020, Ra 2019/15/0122, Rz 27 mwN.
6 Vgl zB VwGH 21.9.2006, 2003/15/0053 (mit Bezugnahme auf VwGH 6.4.1995, 94/15/0194); 13.9.2018, Ra 2018/15/0055, oder 24.10.2019, Ro 2019/15/0077, sowie BFH 17.2.2004, BStBl II 2004, 651 ff; 17.2.2004, BStBl II 2005, 46ff; 18.5.2005, BStBl II 2005, 857ff; 8.11.2005, BFH/NV 2006, 491f; 11.7.2006, VIII R 32/04, BStBl II 2007, 296 ff. Jüngst wieder BFG Klagenfurt 26.7.2021, RV/4100568/2016.

komponente) an andere Personen übertragen werden kann, ohne dass dadurch das wirtschaftliche Eigentum am Kapitalanteil zwangsweise verloren geht.[7]

Stets kontroversiell diskutiert werden Gestaltungen, bei denen formal betrachtet kein zivilrechtlicher Kauf von Kapitalanteilen stattfindet, aber durch vertragliche Gestaltungen eine derart enge Bindung zwischen Vertragsparteien geschaffen wird, dass es zweifelhaft sein könnte, welche der beiden Vertragsparteien nunmehr wirtschaftlicher Eigentümer der Kapitalanteile (§ 24 BAO) ist. Exemplarisch dafür genannt werden die sog „Doppeloptionen" oder „gekreuzten Optionen", die dadurch charakterisiert sind, dass der Veräußerer eine Put-Option gegenüber dem Erwerber hat, während der potentielle Käufer durch eine mehr oder weniger gegengleiche Call-Option das Target in seine wirtschaftliche Verfügungsgewalt bringen kann. Bei einer derart engen Bindung zweier Vertragsparteien mit gleichem Basispreis der Optionen, denselben Ausübungsmodalitäten und übereinstimmenden Laufzeiten unterstellt die Rechtsprechung – bei Ausübung einer oder auch beider Optionen – in der Regel einen Übergang wirtschaftlichen Eigentums am Target, sobald die Put- und die Call-Option einander gegengleich gegenüberstehen (sog „Überschneidungsbereich"), selbst wenn eine der Optionen oder beide erst während der Laufzeit ausgeübt worden sein sollten.[8]

Der BFH rechtfertigt den Übergang wirtschaftlichen Eigentums damit, dass kein vernünftiger Grund bestehe, warum die Parteien hinsichtlich der zu übertragenden Betriebe/Teilbetriebe/Gesellschaftsanteile derart erhebliche Restriktionen in der Verfügungsgewalt dauerhaft – dh auch für den Fall der Nichtausübung der Optionsrechte – hinnehmen sollten, außer dass für beide Parteien die Ausübung der Optionsrechte von vornherein klar war. Dies stimmt auch mit der Rechtsprechung des VwGH zum Finanzierungsleasing überein, nach welcher aufgrund eines Optionsrechts eine Zurechnung wirtschaftlichen Eigentums am Optionsgegenstand in Frage kommen kann, wenn die Nichtausübung der Option wider jegliche wirtschaftliche Vernunft wäre.[9] Nach Ansicht des IdW reicht eine hohe Wahrscheinlichkeit der Optionsausübung bei Bedingungsidentität der Optionen aus, damit in Verkaufsfällen das wirtschaftliche Eigentum bereits dem Erwerber zugerechnet wird oder in Rückverkaufsfällen weiterhin beim Veräußerer verbleibt.[10]

Wie im Schrifttum[11] festgehalten wird, liegt bei identen Doppeloptionen im Wesentlichen ein Fall eines Terminverkaufs[12] vor, sodass ein A-priori-Übergang

---

7   Vgl zB VwGH 13.9.2018, Ra 2018/15/0055, Rz 32 ff.
8   So ausdrücklich BFH 27.1.1977, BStBl II 1977, 754 ff, oder 11.7.2006, VIII R 32/04, BStBl II 2007, 296 ff.
9   Vgl zB VwGH 29.6.1995, 93/15/0107; 22.11.2001, 98/15/0198; 29.7.2010, 2007/15/0248, uvam, zuletzt zB VwGH 14.9.2020, Ra 2019/15/0146, Rz 26 ff.
10 Vgl *IdW* ERS HFA 13, Einzelfragen zum Übergang von wirtschaftlichen Eigentum und zur Gewinnrealisierung nach HGB (Stand: 29.11.2006) Rz 30.
11 Vgl zB *Fraberger*, Die Doppeloption als steuerliches Gestaltungsinstrument im M&A-Geschäft, RdW 2008, 170 ff.
12 Zum Terminverkauf eines Gesellschaftsanteils mit vertraglicher Einschränkung der Ausübung der Gesellschafterrechte des Verkäufers sowie diversen aufschiebenden Bedingungen vgl VwGH 21.10.1986,

des wirtschaftlichen Eigentums mE nur dann zulässig ist, wenn die gegengleiche Optionseinräumung von einem vertraglichen Übergang der wesentlichen Gesellschafterrechte begleitet ist, so zB aufgrund einer koordinierten Willensbildung auf Basis eines Syndikatsvertrages, sodass eine effektive Interessenwahrnehmung des Verkäufers gegen den Willen des Käufers nicht mehr möglich ist.[13] Die Vereinbarung der Abstandnahme des Verkäufers von außerordentlichen Geschäften oder geschäftsschädigendem Verhalten bzw eines Zustimmungsrechts der Käuferin zu außerordentlichen Geschäften ist hingegen steuerlich unschädlich.[14] Dem in diesem Stadium möglicherweise noch fehlenden Gewinnbezugsrecht des Erwerbers kommt nach der Rsp des BFH zur „Doppeloption" nur eine eher untergeordnete Rolle zu (*„unbeachtlicher Schönheitsfehler"*).[15]

Sollte hingegen der Sachverhalt bei der „Doppeloption" derart gelagert sein, dass der Anteilsinhaber bis zur Ausübung eines der beiden oder beider Optionsrechte völlig uneingeschränkt seine Gesellschafterrechte ausüben kann und die Optionsbedingungen nicht völlig ident sind (und daher noch beachtliches wirtschaftliches Risiko für die Vertragsparteien existiert), dann kann von einem vorzeitigen Übergang wirtschaftlichen Eigentums nicht gesprochen werden.[16] Dieses wirtschaftliche Risiko der Parteien, welches einem vorzeitigen Übergang des wirtschaftlichen Eigentums am Optionsgegenstand entgegensteht, kann zB dadurch geschaffen werden, dass

- die Ausübungspreise der Optionen unterschiedlich ausgestaltet werden,
- die Fristen der Put- und der Call-Option unterschiedlich lang laufen (nach deutscher Finanzverwaltungspraxis muss die Frist zwischen den Ausübungsterminen mindestens 50 % der Frist bis zur ersten Option betragen)[17],

---

84/14/0021, VwSlg 6.159 (F). Beim klassischen, vertraglich nicht eingeschränkten Termingeschäft werden der Zeitpunkt des Übergangs des wirtschaftlichen Eigentums sowie auch der Realisationszeitpunkt (trotz der vertraglichen Verpflichtung) in einen zukünftigen Besteuerungszeitraum verschoben – vgl einerseits EStR 2000 Rz 5669 sowie andererseits BFH 29.4.1993, IV R 107/92, BStBl II 1993, 666 ff.

13 Vgl einerseits VwGH 29.7.2010, 2007/15/0248 (in Abgrenzung zu VwGH 9.5.1989, 89/14/0033) sowie andererseits BFH 11.7.2006, VIII R 32/04, BStBl II 2007, 296 (298). Zum Zeitpunkt der tatsächlichen Übertragung der wesentlichen Gesellschafterrechte als Realisationszeitpunkt vgl auch VwGH 6.4.1995, 94/15/0194.

14 Vgl BFG Klagenfurt 26.7.2021, RV/4100568/2016.

15 Vgl zu dieser „Gesamtschau der Verhältnisse" (ähnlich zB dem wirtschaftlichen Eigentum an Gesellschaftsanteilen bei Fruchtgenussbestellung: wirtschaftliches Eigentum bleibt trotz fehlenden Gewinnbezugsrechts beim Fruchtgenussbesteller) zB Anmerkung *Hoffmann* zu BFH 11.7.2006, GmbHR 2007, 54 (55). Der BFH hatte bereits in seinem „Dividendenstripping"-Urteil vom 15.12.1999, I R 29/97, BStBl II 2000, 527 ff, festgehalten, dass es beim wirtschaftlichen Eigentum auf das Gesamtbild der Verhältnisse hinsichtlich der Herrschaftsrechte an den Gesellschaftsanteilen ankäme, einzelne „Unschönheiten" wären dem Übergang des wirtschaftlichen Eigentums unschädlich.

16 Aus der deutschen Rsp zB FG Hamburg 24.9.1987, II 133/84, EFG 1988, 475 f. In Österreich zuletzt zB BFG Graz 10.12.2020, RV/2100717/2015.

17 So *Rödder*, Gestaltungsbeispiele für die Verbesserung des Steuerstatus des Verkäufers, in *Schaumburg* (Hrsg), Unternehmenskauf im Steuerrecht³ 67 (74).

- nicht durch begleitende vertragliche Vereinbarungen die Aktivitäten der Zielgesellschaft wirtschaftlich in das Unternehmen des potentiellen Erwerbers integriert werden (insbesondere sollten das Stimmrecht und das Gewinnbezugsrecht in der Interimsphase ohne nennenswerte Einschränkungen dem potentiellen Verkäufer zustehen)[18].

Idealerweise werden auch alle jene wirtschaftlichen Überlegungen auf der Seite der Optionsberechtigten in nachvollziehbarer Form dokumentiert, welche die Parteien zu unterschiedlichen Zeitpunkten aufgrund der dort jeweils gegebenen Risikolage angehalten haben, einen Ausübungs- oder einen Nichtausübungsbeschluss zu treffen.[19] Dadurch wird deutlich dargelegt, dass es sich nicht um ein Vorgehen aufgrund eines im Vorhinein abgestimmten „Gesamtplans" handelt, sondern vielmehr selbständige wirtschaftliche Entscheidungen im Zeitablauf vorliegen, was gegen den A-priori-Übergang wirtschaftlichen Eigentums spricht.[20] Ganz in diese Betrachtung hinein passt die Aussage des OGH aus 2019, dass bei gekreuzten Optionen an einem Gesellschaftsanteil ein zivilrechtlicher Glücksvertrag mit aleatorischen Elementen vorliegt, welcher in aller Regel eine „laesio enormis" hinsichtlich der Optionen selbst sowie des zugrunde liegenden Gesellschaftsanteils ausschließt.[21]

Das Bundesfinanzgericht Graz hat in einem Ende 2020 gefällten Erkenntnis[22] die Grundsätze der oben beschriebenen BFH-Judikatur ins österreichische Steuerrecht übertragen und für relevant erklärt. Das BFG Graz hat dabei auch unter Würdigung der Gesamtumstände bestätigt, dass für den A-priori-Nicht-Übergang des wirtschaftlichen Eigentums bei „gekreuzten Optionen" nicht nur die unterschiedlichen Ausübungsbedingungen für den Call bzw den Put maßgeblich sind, sondern auch klar erkennbar unterschiedlich gelagerte Risikoposition der jeweiligen Optionsinhaber. Darüber hinaus ist es für den Nicht-Übergang des wirtschaftlichen Eigentums am Gesellschaftsanteil essentiell, dass in jenem Zeitraum, in welchem Put und Call einander gegengleich oder im Wesentlichen ident gegenüberstehen, die Ausübung der gesellschaftertypischen Rechte durch den zivilrechtlichen Eigentümer weder vertraglich noch faktisch eingeschränkt ist und insbesondere keine Bindung an Weisungen des potentiellen Anteilserwerbers besteht. Die Rsp des BFG liegt somit vollinhaltlich auf einer Linie mit der Rechtsprechung des deutschen Bundesfinanzhofs.

---

18 Vgl *Rödder/Hötzel/Mueller-Thuns*, Unternehmenskauf – Unternehmensverkauf (2003) § 26 Rz 8.
19 Vgl nur *Holzapfel/Pöllath*, Unternehmenskauf in Recht und Praxis[15] (2017) Rz 420 f und Rz 1252.
20 So auch Anmerkung *Schimmele* zu BFH 4.7.2007, GmbH-StB 2007, 367. Im Sachverhalt des BFH-Urteils vom 4.7.2007, BFH/NV 2007, 2192 ff, waren die zivilrechtlich (in einem einheitlichen Vertragswerk) vereinbarten Preise für Erwerbe von Aktienpaketen durch denselben Erwerber steuerlich korrigiert worden, weil sich keine vernünftigen, kaufmännisch nachvollziehbaren Gründe für eine Preisdifferenzierung erkennen ließen.
21 Vgl nur OGH 23.5.2019, 6 Ob 20/19p, Pkt 1.2., mit Hinweis auf zivilrechtliches Schrifttum zur Thematik.
22 Vgl BFG Graz 10.12.2020, RV/2100717/2015, sowie dazu *Hirschler/Sulz/Oberkleiner*, BFGJournal 2021, 218 ff.

Eine Revision an das Höchstgericht hat das BFG Graz nicht zugelassen und wurde seitens der am BFG unterlegenen Partei auch nicht eingelegt, obwohl eigentlich keine Rechtsprechung des VwGH zur Themenstellung der „Doppeloption" vorliegt und somit eine Frage grundsätzlicher Bedeutung (mit Zulässigkeit der Revision) vorgelegen wäre.

1.2. Wirtschaftliche Kaufpreisdefinition

Bei der Ermittlung des steuerlichen Veräußerungserlöses auf der Seite des Verkäufers sowie der steuerlichen Anschaffungskosten des Kapitalanteils beim Käufer ist nach ständiger Rechtsprechung des VwGH eine wirtschaftliche Betrachtungsweise (§ 21 BAO) anzulegen und nicht beim zivilrechtlich vereinbarten Kaufpreis stehen zu bleiben, sondern jeder wirtschaftliche Vorteil, der Geldes- oder Vermögenswert hat, ist insoweit in Anschlag zu bringen.[23] Damit können zB auch völlig unbare Transaktionen unternehmensrechtliche und steuerliche Bedeutung erlangen, wie zB Schuldübernahmen (Übernahme von betrieblichen oder privaten Schulden des Verkäufers oder einer diesem nahestehenden Person)[24] oder Forderungskompensationen (Aufrechnungen nach § 1438 ABGB), wenn dem Erwerber aus vorgängigen Transaktionen bereits Forderungen gegenüber dem Verkäufer zugestanden sind und nach zivilrechtlichen Grundsätzen Aufrechenbarkeit vorliegt.[25]

Bei diesen „wirtschaftlichen Kaufpreisbestandteilen" sind nach der Rsp folgende Besonderheiten zu berücksichtigen:

- Im Falle der sog „befreienden Schuldübernahme" tritt nach § 1405 ABGB der wirtschaftliche Vorteil aus der endgültigen Schuldentlastung erst mit der Zustimmung des Gläubigers ein, sodass diesem Sachverhaltselement bei der Ermittlung des Veräußerungserlöses (Verkäuferseite) bzw der Anschaffungskosten (Käuferseite) besonderes Augenmerk zu schenken ist.[26]
- Liegt hingegen nach zivilrechtlichen Grundsätzen „nur" ein sog Schuldbeitritt nach § 1404 ABGB vor, dh aus der Sicht des Gläubigers kommt es zur Erweiterung des Haftungspools, aber zu keiner finalen Entlastung des Altschuldners, dann liegt insoweit in diesem Zeitpunkt weder ein Veräußerungserlös (Verkäuferseite) noch Anschaffungskosten (Käuferseite) vor, sondern gegebenenfalls erst im Zeitpunkt der tatsächlichen Inanspruchnahme.[27]
- Nach der Rsp des BFG Graz soll hingegen auch eine aufschiebend bedingte Schuldübernahme durch den Erwerber (bei einer Gewinnermittlung nach § 5 Abs 1 EStG auf Seiten des Verkäufers) sofort als Bestandteil des Veräußerungs-

---

23 Vgl zB VwGH 6.4.1995, 94/15/0194.
24 Vgl zB BFG Graz 4.4.2018, RV/2100727/2011 (Übernahme eines privaten Verrechnungskontos durch den Anteilserwerber).
25 Ausdrücklich VwGH 24.2.2021, Ra 2020/15/0107, Rz 13.
26 So VwGH 26.6.2014, 2011/15/0028.
27 So BFG Klagenfurt 31.8.2017, RV/4100379/2013.

erlöses anzusetzen und im Falle des Nichteintritts der aufschiebenden Bedingung eine Korrektur des Veräußerungserlöses vorzunehmen sein[28] – insoweit scheint die bundesfinanzgerichtliche Rechtsprechung nicht 100-prozentig konsistent zu sein!

Im Übrigen erfolgt bei einer Gewinnermittlung nach § 5 Abs 1 EStG die Gewinnrealisation beim Übergang des wirtschaftlichen Eigentums völlig unabhängig davon, ob der vereinbarte Kaufpreis tatsächlich geflossen ist oder nicht.[29] Allfällig ist bei einem späteren Forderungsausfall der Veräußerungsgewinn auf Verkäuferseite zu korrigieren bzw auf Erwerberseite die Anschaffungskosten[30] – hinsichtlich des Zeitpunktes „ex tunc" (im [historischen] Zeitpunkt des Übergangs des wirtschaftlichen Eigentums) oder „ex nunc" (im Zeitpunkt des Forderungsausfalls, somit gegebenenfalls mehrere Jahre nach dem Übergang des wirtschaftlichen Eigentums) besteht Streit. Während die VwGH-Rsp seit 2009[31] tendenziell von einer „Ex-nunc"-Wirkung der Korrektur auszugehen scheint, wird im Fachschrifttum[32] auf verfassungsrechtliche Prinzipien und teleologische Interpretation iVm § 295a BAO (somit auf eine „Ex-tunc"-Wirkung der Korrektur) verwiesen, und zwar für folgende Sachverhaltskonstellationen:

- Uneinbringlichkeit des Veräußerungspreises,
- nachträglich entstandene Veräußerungskosten,
- Änderungen des Unternehmenskaufpreises aufgrund von Wertsteigerungen oder sonstigen im Kaufvertrag enthaltenen Klauseln,
- Rückabwicklung des Unternehmens- oder Beteiligungsverkaufs aufgrund einer erfolgreichen Anfechtung des der Veräußerung zugrunde liegenden Rechtsgeschäfts.

Soweit ersichtlich, wurde der VfGH mit dieser Fragestellung zu § 295a BAO bislang noch nicht befasst, eine Klärung dieser Frage steht daher noch aus.

---

28 Vgl nur BFG Graz 27.3.2015, RV/2100124/2009.
29 Vgl zB VwGH 6.7.2006, 2003/15/0123 uvam. Zuletzt BFG Linz 15.9.2021, RV/7104368/2017.
30 Vgl zB BFG Linz 18.5.2021, RV/5101642/2019: Erlässt der Verkäufer einen Teil seiner Kaufpreisforderung, sind Veräußerungserlös und Anschaffungskosten zu korrigieren. Fällt hingegen beim Käufer eine Finanzierungsverbindlichkeit (gegenüber einem Dritten) weg, dann reduziert dies die Anschaffungskosten des erworbenen Anteils *nicht*, weil darin eine Verminderung einer Geldschuld gegenüber einem Dritten, aber eben nicht einer Kaufpreisverbindlichkeit zu sehen ist.
31 Vgl VwGH 4.2.2009, 2006/15/0151.
32 Vgl zB *Ritz*, Rückwirkende Ereignisse (§ 295a BAO) im Einkommensteuerrecht, in *Renner/Schlager/Schwarz* (Hrsg), Praxis der steuerlichen Gewinnermittlung, GedS Köglberger 635 (648 ff); *Doralt W.*, § 295a BAO (rückwirkendes Ereignis) – ein halber Flop? RdW 2009, 502 (502f); *Fraberger*, Die „sachverhaltsgestaltende Rückwirkung im Steuerrecht (§ 295a BAO)" im M&A-Business – ein Schuss in den Ofen? in *Roth* et al (Hrsg), FS Torggler (2013) 253 (262 ff), jeweils mit Hinweis auf VfGH 11.3.1994, B 1297/93, VfSlg 13.724, sowie 11.12.2002, B 941/02, VfSlg 16.760.

1.3. Abgrenzung Verkäuferdarlehen – Noch-nicht-Zufluss von aleatorischen Kaufpreisbestandteilen

Die jüngste Rsp des VwGH[33] sowie des BFG[34] zeigt zumindest für den außerbetrieblichen Bereich die Trennlinie zwischen einem vollständigen Verkäuferdarlehen und einem steuerlich wirksamen „Retainer" (Rückbehalt von Kaufpreisbestandteilen durch den Käufer) auf. Bei einem Sachverhalt, in welchem der Gesamtkaufpreis für Unternehmensanteile an einem Start-up-Unternehmen in einen fixen (sofort zahlbaren) Kaufpreis, einen variablen Kaufpreis (der vom Erreichen bestimmter Unternehmensziele innerhalb eines überschaubaren Zeitraums) sowie einen „aleatorischen" (verhaltensabhängigen) Teil (welcher erst nach einer bestimmten Mitwirkens- und Wohlverhaltensphase zu zahlen war) unterteilt war, entstand zwischen der Finanzverwaltung und den Verkäufern Streit darüber, ob der „aleatorische Kaufpreisteil" bereits bei den Verkäufern bereits im Zeitpunkt des Übergangs des wirtschaftlichen Eigentums am Kapitalanteil an den Käufer als steuerpflichtiger Veräußerungserlös entstanden und zugeflossen wäre. Hinsichtlich der steuerlichen Vorgangsweise bei „Earn-out"-Klauseln und variablen Kaufpreisbestandteilen vgl in extenso die Ausführungen im Punkt 2.3. dieses Beitrags!

Die Auszahlung des aleatorischen Kaufpreisbestandteils war laut dem SPA von folgenden zukünftigen Sachverhaltselementen abhängig:[35]

- Die Verkäufer (zugleich Gründer des Start-up) sollen für eine definierte Zeitspanne ab dem Verkauf noch im Unternehmen verbleiben.
- Der tiefere Sinn ist der Erhalt von Know-how, Management- und Vermarktungsfähigkeiten im Unternehmen.
- Die Auszahlung des aleatorischen Kaufpreisbestandteils entfällt, wenn die Verkäufer die Funktion als Geschäftsführer niederlegen oder abberufen werden, wobei die Abberufung aus wichtigem Grund wegen wiederholter böswilliger, absichtlicher oder schwerwiegender Pflichtverletzung erfolgt („Bad-leaver"-Logik)[36].

Der VwGH hielt dazu im Zurückweisungsbeschluss gegen die Amtsrevision des Finanzamts fest, dass aufgrund der im SPA gesetzten zukunftsgerichteten Bedingungen im Verkaufszeitpunkt noch **nicht** davon ausgegangen werden konnte, dass die aufschiebenden Bedingungen mit hoher Wahrscheinlichkeit eintreten, sodass auch auf der Seite der Käufer keineswegs eine rechtliche und tatsächliche Verfügbarkeit dieses Retainers (zurückbehaltenen Kaufpreisanteils) – im Sinne eines Zuflusses nach § 19 EStG - vorlag.[37] Ob demnach bei „aleatorischen (verhaltensabhängigen) Kaufpreisbestandteilen" bereits auf der Verkäuferseite ein Ver-

---

33 Vgl VwGH 20.10.2020, Ra 2019/15/0094.
34 Vgl BFG Linz 13.11.2020, RV/5100913/2018.
35 Vgl nur die Sachverhaltsbeschreibung bei VwGH 20.10.2020, Ra 2019/15/0094, Rz 2 ff.
36 Vgl dazu zB FG Hamburg 14.3.2018, 3 K 30/16.
37 Ausdrücklich VwGH 20.10.2020, Ra 2019/15/0094, Rz 11 f.

äußerungsgewinn realisiert werden muss und auf der Käuferseite nachträgliche Anschaffungskosten (mit entsprechender nachträglicher Kaufpreisverbindlichkeit) zu buchen sind, hängt letztlich von der Eintrittswahrscheinlichkeit der aufschiebenden Bedingung – und damit dem „aleatorischen Element" (Zufallselement) – ab.[38] Vgl dazu wiederum im Detail die Ausführungen unter Punkt 2.3. bei „Exit-basierter Earn-out (Besserungsklausel)"!

2. Bilanzierung und Besteuerung von ergebnisabhängigem und exit-basiertem „Earn-out"

2.1. Logik einer „Earn-out"-Klausel sowie Typen von „Earn-out"-Klauseln

Kaufpreise für Unternehmen werden häufig in Form eines festen Basispreises (Fixpreis) sowie einer erfolgsabhängigen Komponente (variabler Kaufpreis) ausgestaltet, wobei die variable Komponente je nach Vereinbarung sowohl kaufpreiserhöhend als auch kaufpreissenkend wirken kann.[39] Der „Earn-out" kann entweder rein auf schuldrechtlicher Basis (über den Unternehmenskaufvertrag) oder auf gesellschaftsrechtlicher Basis („*earn-out-in-shares*"[40]) vereinbart werden, wobei die praktisch häufigere Form der rein schuldrechtliche „Earn-out" ist.[41] Diese Kaufpreisgestaltungen werden beispielsweise als Risikoteilungsinstrument zwischen Verkäufer und Käufer in volatilen Branchen (zB New Economy[42]), bei Unternehmen mit neuen Produkten/neuer Technologie oder noch nicht umgesetzten Patenten oder noch nicht zugelassenen Medikamenten („*Quantensprungvision*"[43]), bei Unternehmen mit hoher Abhängigkeit von einem Kunden oder einer Kundengruppe,[44] bei Unternehmen, deren wirtschaftlicher Erfolg von der Verbesserung bestimmter struktureller Faktoren abhängt oder deren wirtschaftlicher Erfolg sich erst aus erhoffter Synergien mit dem Unternehmen des Käufers ergibt, vereinbart.[45] In diesem

---

38 Vgl auch BFG Linz 13.11.2020, RV/5100913/2018 (rkr).
39 Vgl zB *Meuli*, Earn-Out-Methode als Instrument der Preisgestaltung bei Unternehmensverkäufen (1996) 80 ff.
40 Vgl zB *Payer*, earn-in and earn-out: Anteilstransaktionen über alineare Gewinnausschüttungen, taxlex 2012, 446 ff, oder *Endfellner*, Die alineare Gewinnausschüttung einer GmbH im Ertragsteuerrecht, taxlex 2019, 36 ff.
41 Vgl zB *Fisseler/Weißhaupt*, Vendor Finance beim nicht-öffentlichen Unternehmenskauf, DB 2006, 431 (432).
42 Vgl zB *Knourek*, Beweisführung der Sinnhaftigkeit einer Earn-Out-Vereinbarung in Kombination mit der Unternehmensbewertungsmethode nach dem EVA-Ansatz bei einer M&A-Transaktion von Internet-Portalanbietern (2004) passim.
43 Vgl *Holzapfel/Pöllath*, Unternehmenskauf in Recht und Praxis[15] (2017) Rz 431, sowie *von Braunschweig*, Variable Kaufpreisklauseln in Unternehmenskaufverträgen, DB 2002, 1815 (1818).
44 Vgl *Baums*, Ergebnisabhängige Preisvereinbarungen in Unternehmenskaufverträgen („earn-outs"), DB 1993, 1273 (1273).
45 Vgl *Bruski*, Kaufpreisbemessung und Kaufpreisanpassung im Unternehmenskaufvertrag, Beilage 7 zu BB 2005, 19 (27): Es ist aber auch denkbar, dass der Käufer nicht willig ist, den Verkäufer an den Käufersynergien teilhaben zu lassen. In einem solchen Fall müssten die Käufersynergien quantifiziert und aus dem Ergebnis eliminiert werden, was in praxi nicht immer leicht durchführbar ist.

Sinne kann die Variabilität des Kaufpreises an Umsatz, Bilanzgewinn, EBIT, Cashflow anknüpfen oder bei Abhängigkeit von einzelnen Kundengruppen zB nur an Teilen der vorgenannten Größen.[46]

Insbesondere in Fällen, in denen das Verhalten des Verkäufers für den Erfolg der Akquisition eine Rolle spielt, kann ein Earn-out den Verkäufer in besonderem Ausmaß zu loyalem Verhalten motivieren.[47] Es ist aber auch denkbar, dass der Verkäufer simpel das Interesse hat, in der Zukunft am Erfolg des Unternehmens partizipieren zu wollen, weil er in der Vergangenheit Investitionen vorgenommen hat, die sich bislang noch nicht im Jahresergebnis niedergeschlagen haben, sondern sich erst in der Zukunft positiv auswirken werden.[48] Alternativ könnten auch Verkäufer und Käufer unterschiedliche Preisvorstellungen über das Unternehmen haben und mit Hilfe einer erfolgsabhängigen Kaufpreisanpassung einen am tatsächlichen Leben orientierten Kaufpreisausgleich suchen.[49]

2.2. VwGH 29.4.2010 als Grundsatzerkenntnis zur Bilanzierung und Besteuerung von „ergebnis- oder umsatzabhängigen Earn-outs"

Zu „Earn-out"- oder Besserungsscheinvereinbarungen existiert nur wenig Rechtsprechung und Schrifttum;[50] in Österreich hat sich der VwGH im April 2010 mit der steuerlichen Behandlung von ergebnisabhängigen (variablen) Kaufpreisteilen beschäftigt und grundsätzlich die Auffassung der Vorinstanz bestätigt, dass auf die Rechtsprechungsgrundsätze des Erwerbs/Verkaufs von Wirtschaftsgütern gegen umsatz- oder gewinnabhängige Renten zurückgegriffen werden kann. Die Grundsätze der Rentenbesteuerung sind deswegen sinngemäß anzuwenden, weil eine Abhängigkeit von zukünftigen, im Zeitpunkt des Verkaufs noch nicht vorhersehbaren Schätzgrößen – und somit eine Abhängigkeit von aleatorischen Elementen (= Zufallselementen) – gegeben ist.[51] Jüngere Rechtsprechung zur Thematik existiert zB zum umsatzabhängigen „Earn-out" in margenärmeren Branchen, wobei ausdrücklich auf das VwGH-Erkenntnis vom 29.4.2010 Bezug genommen wird.[52]

---

46 Vgl zB *Galla*, Earn-out-Vereinbarung bei M&A-Transaktionen, taxlex 2010, 384 (384).
47 Vgl nur den vom VwGH am 20.10.2020, Ra 2019/15/0094 entschiedenen Fall und die dortige Motivation des Käufers!
48 So zB *Gröger/Wellens* in *Kneip/Jänisch* (Hrsg), Tax Due Diligence² (2010) 915 Rz 77.
49 Vgl die verschiedenen Konstellationen von Interessen von Verkäufer und Käufer zueinander bei *Meuli*, Earn-Out-Methode als Instrument der Preisgestaltung bei Unternehmensverkäufen 50 ff.
50 Vgl aber umfangreich aus jüngerer Zeit zB *Tüchler*, Preisänderung beim Unternehmensverkauf im Ertragsteuerrecht (2014) 156 ff. Zuvor zum VwGH-Erkenntnis vom 29.4.2010, 2006/15/0269, zB *Bertl/Hirschler*, Bilanzierung variabler Kaufpreise bei Käufer und Verkäufer, RWZ 2010, 176 f; *Fritz-Schmied*, Variable Kaufpreisvereinbarungen, SWK 2011, W 15 ff; *Galla*, Earn-out-Vereinbarung bei M&A-Transaktionen, taxlex 2010, 384 ff.
51 So wohl auch *Stoll*, Rentenbesteuerung⁴ (1997) Rz 724, mit Bezugnahme auf RFH 14.5.1930, RStBl 1930, 580 f.
52 Vgl zB BFG Linz 29.6.2021, RV/5100172/2013, mit Hinweis auf VwGH 29.4.2010, 2006/15/0269.

2.2.1. Ergebnisabhängiger „Earn-out" aus der Sicht des Käufers

Aufgrund der Bestätigung durch den VwGH in seinem Erkenntnis vom 29.4.2010 zum „Earn-out" ist als Anschaffungskosten eines Wirtschaftsgutes bei Kauf mittels Rente der Barwert der Rentenverpflichtung auf den Zeitpunkt des Erwerbes des Wirtschaftsgutes (berechnet nach der versicherungsmathematischen Methode) heranzuziehen. In gleicher Höhe wird dieser Betrag als „Rentenschuld" passiviert. Der Wert der Rentenschuld ist sodann an jedem Bilanzstichtag erneut nach versicherungsmathematischen Grundsätzen zu berechnen.[53] Diese Grundsätze sind auch beim Kauf gegen eine umsatzabhängige Rente anzuwenden.[54] Der einzige Unterschied zum „herkömmlichen" Rentenfall besteht laut VwGH darin, dass die Ungewissheit über eine Umsatzentwicklung und damit über die Höhe der einzelnen Rentenzahlungen hinzukommt. Jedoch besteht auch in diesem Fall die Möglichkeit, den Barwert zu jedem Bewertungsstichtag zu ermitteln, wenn auch die Bewertung zusätzliche Unsicherheiten mit sich bringt. Der der Bewertung zugrunde liegende Umsatz, der in Zukunft voraussichtlich erzielt werden wird, muss diesbezüglich geschätzt werden. Die Schätzung ist im Zeitpunkt des Verkaufes anhand der Planzahlen für die zukünftigen Jahre vorzunehmen und an jedem Bilanzstichtag entsprechend den tatsächlich eingetretenen bzw im Sinne eines Werterhellungsprinzips erkennbaren zukünftigen Entwicklungen zu adaptieren.[55]

Die vorgenannten Grundsätze sind nach dem VwGH[56] und der hA im Fachschrifttum[57] prinzipiell auch auf „Earn-out"-Vereinbarungen anzuwenden. Im Unterschied zum Rentenfall ist aber eine nachträgliche Anpassung des Kaufpreises infolge eines variablen Kaufpreisanteils als nachträgliche Anschaffungskosten bzw nachträgliche Anschaffungspreisminderung des erworbenen Wirtschaftsgutes zu sehen,[58] was – für die deutsche, durchaus vergleichbare Rechtslage – das FG Düsseldorf bereits in seinem Urteil vom 17.4.2003 zu einer „Earn-out"-Klausel bestätigt hat.[59] Dem Urteil des FG Düsseldorf folgend wirken daher Abweichungen zum geschätzten Kaufpreis **ex nunc** und nicht ex tunc, dh eine nachträgliche Berichtigung der Anschaffungskosten ex radice eines bereits abgelaufenen Geschäfts-

---

53 Vgl *Quantschnigg/Schuch*, ESt-HB³ (1993) § 6 Rz 240 und § 24 Rz 99 ff; *Stoll*, Rentenbesteuerung⁴ (1997) Rz 440 ff, *Doralt/Mayr*, in Doralt (Hrsg), EStG⁴ § 6 Rz 94.6 iVm Rz 274.
54 VwGH 30.11.1993, 90/14/0107: *„Es ist kein Grund feststellbar, die Kapitalisierung der umsatzabhängigen Rente anders vorzunehmen als die Kapitalisierung der herkömmlichen Rente."* Ebenso *Mayr* in Doralt (Hrsg), EStG⁴ § 6 Rz 275; *Quantschnigg/Schuch*, ESt-HB³ § 6 Rz 240 iVm § 24 Rz 101.
55 Ausdrücklich VwGH 30.11.1993, 90/14/0107, sowie *Stoll*, Rentenbesteuerung⁴ Rz 730.
56 Vgl VwGH 29.4.2010, 2006/15/0269 (insoweit hat der VwGH die Vorinstanz bestätigt).
57 Vgl zB *Bertl/Hirschler*, Bilanzierung variabler Kaufpreise bei Käufer und Verkäufer, RWZ 2010, 176 f; *Fritz-Schmied*, Variable Kaufpreisvereinbarungen, SWK 2011, W 15 ff; *Galla*, Earn-out-Vereinbarung bei M&A-Transaktionen, taxlex 2010, 384 ff.
58 Vgl nur EStR 2000 Rz 2189 zu nachträglichen Anschaffungskosten bei *„aufschiebend bedingten Verbindlichkeiten"*.
59 Vgl FG Düsseldorf 17.4.2003, 16 K 5643/02 F, EFG 2003, 1296 ff. Ähnlich dürfte dies auch der VwGH im Erkenntnis vom 14.12.2005, 2002/13/0053 = RWZ 2006, 14 f, mit zustimmender Anmerkung *Wiesner*, gesehen haben (Sachverhalt allerdings etwas diffus, die Entscheidung betrifft hauptsächlich die Seite des Veräußerers).

jahrs aufgrund der Aufschlüsse aus späteren Wirtschaftsjahren hat nicht zu erfolgen. Daher ist bei der Bilanzierung und Ertragsbesteuerung auf Käuferseite wie folgt vorzugehen:

- Im Jahr des Kaufs ist der geschätzte Kaufpreis aufgrund versicherungsmathematischer Methoden zu berechnen und muss aktiviert und passiviert werden.
- An jedem Bilanzstichtag hat in weiterer Folge eine „Neubewertung" aufgrund des dann bereits bekannten variablen Kaufpreises zu erfolgen.
- Die sich daraus ergebenden Änderungen sind als nachträgliche Anschaffungskosten bzw nachträgliche Anschaffungspreisminderung ertragsneutral zu berücksichtigen.[60]

Jedenfalls vertretbar ist aber auch die bloße Aktivierung/Passivierung des fixen Kaufpreises sowie die sukzessive nachträgliche Aktivierung und Passivierung des variablen Kaufpreisanteils, insbesondere wenn die Erreichung der Planzahlen fraglich ist.[61]

Aus diesem Procedere ergeben sich beim Erwerb von Mitunternehmeranteilen gegen „Earn-out"-Zahlungen nicht unerhebliche administrative Aufwendungen, weil es in den Ergänzungsbilanzen des Käufers zu ständigen Anpassungen der Anschaffungskosten bzw Akquisitionsverbindlichkeiten kommt.[62]

Die deutsche Rechtsprechung[63] sowie die hA im Schrifttum[64] gehen bei vergleichbarer Rechtslage ebenfalls von einer erfolgsneutralen Auf-/Abstockung der Anschaffungskosten sowie spiegelbildlich des „Earn-out"-Passivums aus. Dies wird damit argumentiert, dass auf der Basis des Unternehmens- oder Anteilskaufvertrages dem Grunde nach mit Anschaffungskostenänderungen zu rechnen ist, deren Höhe wegen ihrer Abhängigkeit von zukünftigen Entwicklungen noch nicht bekannt ist (sog „unbestimmte oder bedingte Anschaffungskosten" – unbestimmt, weil die Höhe des endgültigen Kaufpreises von zukünftigen Ereignissen abhängig gemacht wird)[65]. Hängt die Veränderung des Wertes der Gegenleistung vom

---

60 Vgl ausdrücklich zu „Earn-out"-Klauseln *Bertl R.*, Beteiligungsbewertung in der Handelsbilanz und im internationalen Abschluss, in *Bertl* et al (Hrsg), Beteiligungen im Rechnungswesen und Besteuerung (2004) 85 (93). Auch EStR 2000 Rz 2189 erlaubt es, Kaufpreiserhöhungen als nachträgliche Anschaffungskosten zu behandeln, und führt beispielsweise Neufestlegungen des Kaufpreises aufgrund eines Urteils oder eines Vergleichs an. Bestätigend Anmerkung GZ zu FG Düsseldorf 17.2.2003, StuB 2004, 418.

61 Diese Vorgangsweise priorisierend *Fritz-Schmied*, Variable Kaufpreisvereinbarungen, SWK 2011, W 15 ff. Beide Vorgangsweisen für vertretbar haltend zB *Bertl/Hirschler*, Bilanzierung variabler Kaufpreise bei Käufer und Verkäufer, RWZ 2010, 176 f.

62 Vgl dazu EStR 2000 Rz 5857.

63 Vgl FG Düsseldorf 17.2.2003, 16 K 5643/02 F, EFG 2003, 1296 (1297).

64 Vgl zB *Schubert/Gadek*, in *Grottel* et al (Hrsg), Beck´scher Bilanzkommentar[11] (2018) § 255 Rz 64 und Rz 66; *Stobbe* in *Herrmann/Heuer/Raupach* (Hrsg), Kommentar zum EStG/KStG[21] (Stand: März 2007) § 6 Rz 288 iVm Rz 290 iVm Rz 300; *Adler/Düring/Schmaltz*, Rechnungslegung und Prüfung der Unternehmen[6] § 255 Rz 46.

65 Ähnlich wohl auch *Fey/Deubert*, Bedingte Anschaffungskosten für Beteiligungen im handelsrechtlichen Jahresabschluss des Erwerbers, BB 2012, 1461 ff (mit ausdrücklicher Bezugnahme auf „Earnout"-Klauseln).

Eintreten künftiger Umstände ab, die das erworbene Wirtschaftsgut selbst betreffen (so zB Erreichen bestimmter Gewinne oder Umsätze beim Unternehmenskauf), dann liegen nachträgliche Anschaffungspreisänderungen vor, die bereits dem Grunde nach im Unternehmens- oder Anteilskaufvertrag festgelegt sind (*„dauerhafte Verknüpfung von Aktivum und Passivum"*).[66] Diese Junktimierung zwischen Aktivum und Passivum aufgrund des Unternehmenskaufvertrags bzw des SPA wird von der hA im österreichischen Fachschrifttum einhellig vertreten.[67]

Demgegenüber schlagen Änderungen, die nicht im angeschafften Wirtschaftsgut selbst, sondern in den Modalitäten der eingegangenen Verpflichtung (so zB Rentenverpflichtung oder vergleichbare Verpflichtung) liegen, nicht auf die Anschaffungskosten des erworbenen Wirtschaftsgutes durch, weil es sich insoweit nur um *„Finanzierungskosten im weiteren Sinne"* (EStR 2000 Rz 2170) handelt – hier gilt der Grundsatz der „Entkoppelung von Aktivum und Passivum", das typische „Rentenwagnis" wäre ein Anwendungsfall.[68]

2.2.2. Ergebnisabhängiger „Earn-out" aus der Sicht des Verkäufers

Nach der Rsp des VwGH ab 2009[69] bzw dem VwGH-Erkenntnis vom 17.9.1997[70] ist bei einer Gewinnermittlung nach § 5 Abs 1 EStG und einem an zukünftigen Erträgen bzw Umsätzen orientierten Unternehmenskaufpreis zwar der Veräußerungsgewinn spiegelbildlich zu den Anschaffungskosten stichtagsbezogen und gegebenenfalls nach Rentenprinzipien (bei gewinn- oder umsatzabhängiger Basis) zu berechnen, die sich aus der zukünftigen Umsatz- oder Ergebnisentwicklung ergebenden Korrekturen sind jedoch nach Meinung des VwGH **nicht** auf den Veräußerungszeitpunkt rückzubeziehen, sondern „ex nunc" in den jeweilig nachfolgenden Veranlagungszeiträumen als „nachträgliche Einkünfte" nach § 32 Z 2 EStG zu behandeln. Der VwGH hat dies in seinem Erkenntnis aus 1997 hauptsächlich mit verfahrensrechtlichen Argumenten begründet, in der Rsp ab 4.2.2009 mit fundamentalen Erwägungen (ohne Bezugnahme auf verfahrensrechtliche Korrektur-

---

66 Sehr deutlich *Stobbe* in *Herrmann/Heuer/Raupach* (Hrsg), Kommentar zum EStG/KStG[21] (Stand: März 2007) § 6 Rz 288 iVm Rz 290.
67 Vgl nur *Bertl/Hirschler*, Bilanzierung variabler Kaufpreise bei Käufer und Verkäufer, RWZ 2010, 176 (177); *Fritz-Schmied*, Variable Kaufpreisvereinbarungen, SWK 2011, W 15 (19); *Galla*, Earn-out-Vereinbarung bei M&A-Transaktionen, taxlex 2010, 384 (386).
68 So auch *Stobbe* in *Herrmann/Heuer/Raupach* (Hrsg), Kommentar zum EStG/KStG[21] (Stand: März 2007) § 6 Rz 288.
69 Vgl das Grundsatzerkenntnis des VwGH vom 4.2.2009, 2006/15/0151 und seine Kritik bei *Ritz*, Rückwirkende Ereignisse (§ 295a BAO) im Einkommensteuerrecht, in *Renner/Schlager/Schwarz* (Hrsg), Praxis der steuerlichen Gewinnermittlung, GedS Köglberger 635 (648 ff); *Doralt W.*, § 295a BAO (rückwirkendes Ereignis) – ein halber Flop? RdW 2009, 502 (502f); *Fraberger*, Die „sachverhaltsgestaltende Rückwirkung im Steuerrecht (§ 295a BAO)" im M&A-Business – ein Schuss in den Ofen? in *Roth* et al (Hrsg), FS Torggler (2013) 253 (262 ff), jeweils mit Hinweis auf VfGH 11.3.1994, B 1297/93, VfSlg 13.724, sowie 11.12.2002, B 941/02, VfSlg 16.760.
70 Vgl zB VwGH 17.9.1997, 93/13/0106.

möglichkeiten) unterlegt, sodass die mit dem Jahr 2003 eingeführte Möglichkeit des § 295a BAO (Rechtskraftdurchbrechung durch „rückwirkende Sachverhaltsgestaltung") letztlich nicht zur Anwendung kommen konnte.[71]

Demgegenüber wird im Fachschrifttum[72] gerade für den Fall des „Earn-out" – mit Bezugnahme auf verfassungsrechtliche Prinzipien und teleologische Interpretation und Verweis auf die Anlegung der Korrektur „ab ovo" bereits im Unternehmenskaufvertrag oder im „share purchase agreement" selbst – die „Ex-tunc"-Korrektur unter Einsatz der Rechtskraftdurchbrechung nach § 295a BAO gefordert, und zwar für folgende Sachverhaltskonstellationen:

- Uneinbringlichkeit des Veräußerungspreises,
- nachträglich entstandene Veräußerungskosten,
- Änderungen des Unternehmenskaufpreises aufgrund von Wertsteigerungen oder sonstigen im Kaufvertrag enthaltener Klauseln,
- Rückabwicklung des Unternehmens- oder Beteiligungsverkaufs aufgrund einer erfolgreichen Anfechtung des der Veräußerung zugrunde liegenden Rechtsgeschäfts.

Der Steuergesetzgeber des Jahres 2003 wollte mit der Einführung des § 295a BAO sichtlich und erkennbar auf den rechtspolitisch unbefriedigenden Zustand bei der Besteuerung stichtagsbezogener Umstände reagieren und sah einen der Hauptanwendungsfälle des neuen § 295a BAO einerseits in der nachträglichen Änderung des Kaufpreises für das Unternehmen (§ 24 EStG) oder der Beteiligung (§§ 30 und 31 EStG [alt])[73] und andererseits in der periodenübergreifenden Vereinnahmung von Entgelten für Unternehmens- oder Beteiligungsverkäufe.[74] Der BFH möchte die dem § 295a BAO vergleichbare deutsche verfahrensrechtliche Norm insbesondere für Fälle angewendet wissen, bei denen im historischen Unternehmenskaufvertrag keine abschließende Einigung über den Veräußerungspreis getroffen wird und damit spätere Änderungen des Kaufpreises im ursprünglichen (historischen) Rechtsgeschäft wurzeln.[75]

---

[71] Vgl dazu im Detail *Tüchler*, Preisänderung beim Unternehmensverkauf im Ertragsteuerrecht (2014) 170 ff. Zur deutschen Rechtslage bei der jährlichen Anpassung zB BFH 19.12.2018, I R 71/16, BStBl II 2019, 493 ff.

[72] Vgl zB *Ritz*, Rückwirkende Ereignisse (§ 295a BAO) im Einkommensteuerrecht, in Renner/Schlager/Schwarz (Hrsg), Praxis der steuerlichen Gewinnermittlung, GedS Köglberger 635 (648 ff); *Doralt W.*, § 295a BAO (rückwirkendes Ereignis) – ein halber Flop? RdW 2009, 502 (502 f); *Fraberger*, Die „sachverhaltsgestaltende Rückwirkung im Steuerrecht (§ 295a BAO)" im M&A-Business – ein Schuss in den Ofen? in Roth et al (Hrsg), FS Torggler (2013) 253 (262 ff), jeweils mit Hinweis auf VfGH 11.3.1994, B 1297/93, VfSlg 13.724, sowie 11.12.2002, B 941/02, VfSlg 16.760.

[73] Vgl nur *Ritz*, Abänderung nach § 295a BAO, SWK 2003, S 880 (887 f), oder *Doralt W.*, AbgÄG 2003: Bescheidänderung wegen rückwirkender Ereignisse, RdW 2004, 57.

[74] Vgl zB *Perktold/Huber*, Die Abänderung von Bescheiden aufgrund rückwirkender Ereignisse (§ 295a BAO), in Althuber/Toifl (Hrsg), Rückforderung rechtswidrig erhobener Abgaben (2005) 139 (153 FN 80).

[75] So BFH 23.5.2012, IX R 32/11, BStBl II 2012, 675ff (zu einer Besserungsvereinbarung im Unternehmenskaufvertrag), zuletzt in diesem Sinne zB BFH 4.2.2020, IX R 7/18, BFH/NV 2020, 864 ff.

Soweit ersichtlich, wurde der VfGH mit dieser Fragestellung zu § 295a BAO bislang noch nicht befasst, eine Klärung dieser Frage steht daher noch aus.

Demgegenüber lässt sich aus der jüngeren Rechtsprechung des Bundesfinanzgerichts die Tendenz entnehmen, dass eine „Ex-tunc"-Berichtigung des Veräußerungserlöses für den Zeitraum des Übergangs des wirtschaftlichen Eigentums am Gesellschaftsanteil dann zulässig sein soll, wenn entweder die „Wurzel der Berichtigung" bereits im ursprünglichen Anteilskaufvertrag („share purchase agreement") angelegt ist und auf keiner neuerlichen, in einem späteren Veranlagungszeitraum gelegenen Willensentscheidung der Vertragsparteien beruht[76] oder der Leistungsstörung bereits zivilrechtlich Ex-tunc-Wirkung zukommt und damit eine „rückwirkende Sachverhaltsgestaltung" vorliegt.[77] Das BFG liegt damit auf einer Linie mit dem deutschen BFH, der die rückwirkende Korrektur nur dann versagt, wenn sie auf einem neuen Rechtsgrund beruht, der nicht mit dem ursprünglichen Rechtsgeschäft in Zusammenhang steht.[78]

Nach Ansicht des Institutes deutscher Wirtschaftsprüfer (IdW) hat unter bestimmten Umständen (planungsrechnungsbasierte „Earn-out"-Klauseln, wobei der Verkäufer für die Planzahlen garantiert) die Gewinnrealisierung beim Verkäufer überhaupt zu unterbleiben, wenn er transaktionswesentliche Risiken bei sich zurückbehält:[79]

- Eine langfristige Zurückbehaltung bedeutsamer Risiken liegt etwa beim Verkauf eines Unternehmens oder einer Beteiligung dann vor, wenn für eine gewisse Zeitspanne bestimmte Plandaten dergestalt garantiert werden, dass das Risiko aus der wirtschaftlichen Entwicklung des Unternehmens bzw der Beteiligung im Wesentlichen für mehr als zwei bis drei Jahre beim Verkäufer verbleibt.[80]
- Ist mit dem Verkauf eines Vermögensgegenstandes eine befristete Wertgarantie verbunden und erstreckt sich diese Garantie auf einen erheblichen Teil des Kaufpreises oder eine unbedingte Einstandspflicht für künftige Risiken, dann verbleiben die zentralen Risiken für die Zeitspanne der Wertgarantie beim Verkäufer.[81]

Diese Ansicht findet im österreichischen Fachschrifttum Zustimmung, wenn und weil sie den allgemeinen bilanzsteuerrechtlichen Realisationsprinzipien (insbe-

---

76 Vgl zB BFG Wien 27.1.2016, RV/7101432/2009, 10, oder BFG Linz 31.5.2017, RV/5100603/2017, 4 f.
77 So zB BFG Linz 20.7.2021, RV/5100970/2016.
78 Vgl dazu zB BFH 4.10.2016, IX R 8/15, BStBl II 2017, 316 ff, Rz 13.
79 So *IdW* ERS HFA 13, Einzelfragen zum Übergang von wirtschaftlichem Eigentum und zur Gewinnrealisierung nach HGB (Stand: 29.11.2006) Rz 55 ff.
80 Vgl *IdW* ERS HFA 13, Einzelfragen zum Übergang von wirtschaftlichem Eigentum und zur Gewinnrealisierung nach HGB (Stand: 29.11.2006) Rz 56.
81 Ausdrücklich *IdW* ERS HFA 13, Einzelfragen zum Übergang von wirtschaftlichem Eigentum und zur Gewinnrealisierung nach HGB (Stand: 29.11.2006) Rz 57.

sondere unter Berücksichtigung von Unsicherheit und/oder aleatorischen Elementen) entspricht.[82]

2.3. Der exit-basierte Earn-out („Besserungsklausel")

Beim „exit-basierten Earn-out" wird die Kaufpreisnachbesserung für den Verkäufer nicht mit den laufenden Ergebnissen einer begrenzten Anzahl von Jahren nach dem Übergang des wirtschaftlichen Eigentums an der Beteiligung an den Käufer junktimiert, sondern mit einem späteren, allfälligen (höheren) Verkaufserlös des aktuellen Erwerbers (für den Fall, dass dieser zu einem späteren Zeitpunkt die erworbene Beteiligung zu einem höheren Preis als seinen eigenen Anschaffungskosten weiterverkaufen kann).

Ob ein derartiger (zukünftiger) Verkauf überhaupt stattfindet und (wenn ja) zu welchen Konditionen, ist in aller Regel im „Erstverkaufszeitpunkt" überhaupt nicht oder nur sehr wenig abschätzbar und wird daher in aller Regel ein sog „aleatorisches Element" darstellen bzw die entsprechende Forderung aus dem Kaufvertrag unter einer „aufschiebenden Bedingung" (nämlich Umsetzung eines Weiterverkaufs) stehen. Nach Rz 65 ERS HFA 13 des IdW stehen derartige Vereinbarungen einer umfänglichen Realisation des Veräußerungsgewinns aus dem „Erstverkauf" nicht entgegen, weil sämtliche Risken aus dem Vermögensgegenstand beim Veräußerer abgegangen und nur mehr Chancen zurückgeblieben sind. Nach Rz 66 ERS HFA 13 des IdW darf die bedingte Forderung aus der Besserungsabrede erst mit dem tatsächlichen Bedingungseintritt erfolgswirksam vereinnahmt werden. Dies ergibt sich auch aus einer sinngemäßen Übernahme der Wertung aus EStR 2000 Rz 2157 iVm Rz 6623:

- Ist bei einem unter einer aufschiebenden Bedingung abgeschlossenen Rechtsgeschäft der Bedingungseintritt hinreichend wahrscheinlich, dann sind die steuerlichen Folgen des Rechtsgeschäfts zu realisieren.
- Sollte trotz hinreichender Wahrscheinlichkeit des Bedingungseintritts die Bedingung tatsächlich nicht eintreten, wäre wegen „rückwirkender Sachverhaltsgestaltung" über § 295a BAO eine Korrektur der Vergangenheit durchzuführen.
- Ist bei aufschiebend bedingten Veräußerungen der Bedingungseintritt von Beginn an nicht hinreichend wahrscheinlich, dann liegt eine Veräußerung erst bei Bedingungseintritt vor.

Spiegelbildlich dazu ergibt sich aus EStR 2000 Rz 2189 sowie der hA im Fachschrifttum[83], dass auf der Erwerberseite sog „aufschiebend bedingte Kaufpreisverbind-

---

[82] Vgl zB *Fraberger*, Steuerlich relevante Klauseln im und rund um den Kaufvertrag, in *Polster-Grüll* et al (Hrsg), Handbuch Mergers & Acquisitions (2007) 303 (350), sowie *Galla*, Earn-out-Vereinbarung bei M&A-Transaktionen, taxlex 2010, 384 (386 f).

[83] Vgl dazu zB *Fey/Deubert*, Bedingte Anschaffungskosten für Beteiligungen im handelsrechtlichen Jahresabschluss des Erwerbers, BB 2012, 1461 ff.

lichkeiten" vorliegen, die erst im Zeitpunkt ihres Feststehens zu nachträglichen Anschaffungskosten auf die Beteiligung führen. Nach EStR 2000 Rz 2427 sind aufschiebend bedingte Verbindlichkeiten zumindest dann als Rückstellung zu passivieren, wenn eine Inanspruchnahme wahrscheinlich geworden ist.[84]

Hinsichtlich der zukünftigen Veräußerung der Kapitalbeteiligung durch den aktuellen Erwerber liegt ein echtes „aleatorisches Element" vor, sodass insoweit sowohl für die Realisation des (nachträglichen) Veräußerungserlöses auf der Verkäuferseite als auch den Ansatz der (nachträglichen) Kaufpreisverpflichtung auf der Erwerberseite die Rechtsprechungsgrundsätze des VwGH zu „aufschiebenden Bedingungen" zum Tragen kommen, die im betrieblichen Bereich wie folgt zusammengefasst werden können:

Nach stRsp des VwGH[85], des UFS/BFG sowie der hA im Fachschrifttum[86] ist in der Gewährung einer simplen Anwartschaft oder Chance noch kein Zufluss von Einkünften zu sehen, wenn weitere Bedingungen erfüllt sein müssen, damit dem Steuerpflichtigen ein greifbarer Vorteil in Geld oder Geldeswert zukommt. Die Einräumung eines Gestaltungsrechts, welches in Zukunft in Abhängigkeit von zufälligen Faktoren zum Entstehen von Einkünften führen kann oder auch nicht, reicht für den Zufluss der zukünftigen Einkünfte noch nicht aus.[87]

Dabei kommt nach der Rsp von UFS und BFG der Qualität dieser Bedingungen erhebliche Bedeutung zu: Handelt es sich um aufschiebende Bedingungen, die in der Zukunft eintreten können oder auch nicht, und hat der Steuerpflichtige nur geringfügige Möglichkeit, die Bedingung zu beeinflussen, sodass der Eintritt der Bedingung stark von einem aleatorischen Element (Zufallselement) geprägt ist, dann **hindern** diese aufschiebenden Bedingungen den steuerlichen Zufluss des in Aussicht gestellten Vorteils.[88] Je weitreichender die Verfügungsbeschränkungen über den Vorteil und je geringer die Beeinflussungsmöglichkeiten des Steuerpflichtigen für den Bedingungseintritt sind, desto weniger kann von einem sofor-

---

84 In diesem Zusammenhang ist sicherlich die 50-%-Regel bzw der „More-likely-than-not"-Grundsatz der VfGH-Rsp zu § 198 Abs 8 UGB (ausdrücklich VfGH 9.12.1997, G 403/97, VfSlg 15.040) von Interesse, weil diese Regeln nicht 1:1 mit der Rsp-Linie des VwGH zur *„notwendigen Wahrscheinlichkeit"* bei aufschiebenden Bedingungen iZm einer Gewinnrealisation kongruent sind (dazu gleich weiter unten).
85 Vgl zB VwGH 15.12.2009, 2006/13/0136, zur Einräumung von „Stock Options", deren Ausübbarkeit an mehrere Bedingungen geknüpft war – nach Meinung des VwGH ist erst die Ausübung der Option als steuerbarer Zufluss zu würdigen. Zuletzt zB VwGH 20.10.2020, Ra 2019/15/0094 (zum Nicht-Zufluss eines Kaufpreis-Retainers wegen zukünftiger Verhaltensverpflichtungen des Verkäufers).
86 Vgl zB *Mayr/Hayden* in Doralt et al (Hrsg), EStG-Kommentar (Stand: 1.4.2016) § 19 Rz 30 „Mitarbeiterbeteiligungen".
87 So *Brugger*, Einnahmenrealisation im außerbetrieblichen Bereich (2011) 64, aus der Rsp zB BFH 25.11.1993, VI R 45/93, BStBl II 1994, 254 ff.
88 Ausdrücklich UFS Salzburg 9.3.2009, RV/0422-S/06 (zur Abhängigkeit der Optionsausübung von der Börsenotierung des Arbeitgeberunternehmens zu einem bestimmten Stichtag) sowie BFG Linz 4.7.2014, RV/5100353/2011 (bestätigt durch VwGH 23.2.2017, Ro 2014/15/0043).

tigen und steuerpflichtigen Zufluss des Vorteils beim Steuerpflichtigen ausgegangen werden.[89]

Nach Meinung des UFS Salzburg kann das *"Erreichen eines genau definierten Unternehmensziels"* (dort relevant: Börseneinführung des Arbeitgeberunternehmens bis zu einem bestimmten Stichtag) eine derartige Beschränkung sein, die der Arbeitnehmer individuell nur sehr wenig beeinflussen kann (wenngleich er bei der Erreichung der Ziele aktiv mitwirkt), weil es von einer Vielzahl von Faktoren (im Sinne einer Multikausalität) abhängt, ob das gesteckte Ziel erreicht werden kann.[90] Im Fachschrifttum besteht absolute Einigkeit, dass die aufschiebende Bedingung auch als das Erreichen diverser Unternehmenskennzahlen oder von Umsatz- oder Gewinnzielen ausgestaltet werden kann.[91] Ebenso hat der BFH eine Kaufpreisnachbesserung für einen Gesellschaftsanteil in Abhängigkeit von der Erfüllung eines (zukünftigen) Fünf-Jahres-Planes als – im vorgenannten Sinne – ausreichende, aufschiebende Bedingung für den Zufluss des Vorteils angesehen.[92] Dasselbe gilt für mehrjährige Wohlverhaltenspflichten des Verkäufers im Sinne einer positiven Mitwirkung im verkauften Unternehmen und der Vermeidung eines Abgangs als „Bad Leaver"[93]. Eine ähnliche Wirkung hat eine aufschiebende Bedingung dahingehend, dass bestimmte rechtliche relevante Schritte durch den Verkäufer im Firmen- oder Grundbuch gesetzt werden müssen, damit ein weiterer Kaufpreisanteil überwiesen wird.[94]

Der VwGH hat sich hinsichtlich des Ausmaßes der Wahrscheinlichkeit des Eintritts der aufschiebenden Bedingungen für einen „Durchgriff durch die aufschiebende Bedingung" noch nicht exakt festgelegt. In seiner ständigen Rsp zu aufschiebenden Bedingungen in der betrieblichen Gewinnermittlung[95] setzt er eine *„hohe Wahrscheinlichkeit"* des Eintritts einer aufschiebenden Bedingung voraus, damit der Gewinn aus der zugrunde liegenden Transaktion verwirklicht werden darf. Nimmt man die jüngste Rsp des BFG als Maßstab, dann müsste letztlich bereits eine an Sicherheit grenzende Wahrscheinlichkeit vorliegen, damit bei einem aufschiebend bedingten Rechtsgeschäft trotz noch nicht formal eingetretener Bedingung der Gewinn aus dem zugrunde liegenden Rechtsgeschäft realisiert werden

---

89 Vgl BFG Linz 4.7.2014, RV/5100353/2011, mit Verweis auf VwGH 15.12.2009, 2006/13/0136 (zu „Stock Options") sowie BFG Linz 13.11.2020, RV/5100913/2018 (zum Nicht-Zufluss eines Kaufpreis-Retainers wegen zukünftiger Verhaltensverpflichtungen des Verkäufers – „bad leaver").
90 Ausdrücklich UFS Salzburg 9.3.2009, RV/0422-S/06.
91 Vgl *Haunold*, Die steuerliche Behandlung von Stock Options beim Dienstnehmer, SWK 2001, S 55 (57); *Damböck*, Stock Options aus Arbeitnehmersicht, ÖStZ 2001, 115 (116 ff); *Peyerl*, Zuflusszeitpunkt, Bewertung und Besteuerung von Stock Options, FJ 2009, 337 (339); *Aigner G.*, Aktuelle Fragen zur aktienkurswertorientierten Vergütungssystemen, in *Mayr* et al (Hrsg), Einkommensteuer – Körperschaftsteuer – Steuerpolitik, GedS Quantschnigg (2010) 9 (14 f).
92 Vgl BFH 23.5.2012, IX R 32/11, BStBl II 2012, 675 ff.
93 Ausdrücklich VwGH 20.10.2020, Ra 2019/15/0094, sowie BFG Linz 13.11.2020, RV/5100913/2018.
94 Vgl zB BFG Linz 30.6.2021, RV/5101057/2019.
95 Vgl zB VwGH 26.3.2003, 97/13/0052; 30.1.2013, 2009/13/0025; 25.5.2016, 2013/15/0257; 20.10.2020, Ra 2019/15/0094.

darf.[96] Erst jüngst hat das BFG Klagenfurt zum Übergang des wirtschaftlichen Eigentums an Kapitalanteilen mit vielen aufschiebenden Bedingungen im Anteilskaufvertrag bestätigt, dass eine Wahrscheinlichkeitsbetrachtung hinsichtlich des Eintritts der aufschiebenden Bedingungen anzustellen ist und bei „hoher Eintrittswahrscheinlichkeit" ein Übergang des wirtschaftlichen Eigentums **vor** dem Eintritt der aufschiebenden Bedingungen möglich ist. Unabdingbar für das wirtschaftliche Eigentum am Kapitalanteil vor dem Eintritt der aufschiebenden Bedingungen ist nach Ansicht des BFG jedoch die tatsächliche Sachherrschaft des Erwerbers am Kapitalanteil, dh eine reale Übergabe mit dem „Signing" (= Abschluss des Verpflichtungsgeschäfts) muss bereits stattgefunden haben.[97]

Dies entspricht im Ergebnis auch der stRsp des BFH[98] sowie der hA im deutschen Fachschrifttum[99] zum Zufluss-Abfluss-Prinzip: Ein Zufluss ist zu verneinen, wenn mit der Beschränkung/Bedingung ein echter Aufschub der Leistung beabsichtigt und aufgrund der Beschränkung/Bedingung eine rechtliche und faktische Verfügungsmacht des Steuerpflichtigen über den Vorteil ausgeschlossen ist.

3. Unternehmenserwerb durch Kapitalerhöhung

Ein Unternehmenserwerb kann auch ohne „derivative Anteilsübertragung" erfolgen, indem eine Kapitalerhöhung mit Ausschluss der Altgesellschafter vom Bezugsrecht beschlossen wird und damit Neugesellschafter die Möglichkeit haben, „originäre Anteile" aus einer Kapitalerhöhung zu erwerben. Unter fremden Dritten erfolgt die Kapitalerhöhung typischerweise „werterhaltend", dh die Summe aus dem Nennwert der Kapitalerhöhung und dem darauf zu leistenden Agio entspricht dem aliquoten Unternehmenswert und stellt damit den „wirtschaftlichen Kaufpreis" (und somit auch die Anschaffungskosten des Neu-Gesellschafters für die Anteile) dar. Die Besonderheit dieser Anteilsanschaffungskosten besteht darin, dass sie aus einer Einlage in eine Körperschaft im Sinne des § 8 Abs 1 KStG entstanden sind und damit aus der Sicht des Anteilsinhabers grundsätzlich für eine Einlagenrückzahlung im Sinne des § 4 Abs 12 EStG qualifizieren.[100]

Durch die Kapitalerhöhung und die Ausgabe neuer Anteile verliert hingegen der Alt-Gesellschafter einen Teil seiner Beteiligung, es kommt durch die Kapitalerhöhung mit Bezugsrechtausschluss zur Anteilsverwässerung: insofern stellt sich die Frage, ob eine solche Ausgabe neuer Anteile in wirtschaftlicher Betrachtungsweise

---

96 Vgl nur BFG Linz 30.6.2021, RV/5101057/2019.
97 Vgl nur BFG Klagenfurt 26.7.2021, RV/4100568/2016.
98 Vgl zB BFH 18.6.1980, I R 72/76, BStBl II 1980, 741ff (zu Erfolgsprämien für Mitarbeiter, die nur in Abhängigkeit von der Ertragslage sowie der zukünftigen Liquiditätslage des Unternehmens bezahlt werden), oder 2.3.1993, VIII R 13/91, BStBl II 1993, 602ff (zur Auszahlung von Garantiezinsen in Abhängigkeit von der Veräußerung der Kapitalanlage).
99 Vgl zB *Kister* in *Herrmann/Heuer/Raupach* (Hrsg), EStG – KStG (Stand: Januar 2017) § 11 Rz 34 f iVm Rz 68.
100 So BFG Wien 10.9.2018, RV/7101840/2015.

(§ 21 BAO) nicht einer Veräußerung eines Teils der Altanteile gleichzuhalten ist und die Einlage der neu eintretenden Gesellschafter als versteckter Kaufpreis an die Alt-Gesellschafter anzusehen ist.[101]

Demnach ist zu überprüfen, ob die Qualifikation der Kapitalerhöhung gegen Einlage – gleich wie die Anteilsabtretung – als Veräußerungsvorgang auf Ebene des Alt-Gesellschafters gerechtfertigt wäre. Für die Vergleichbarkeit dieser beiden Vorgänge nicht deren Identität, sondern *„ihre Ähnlichkeit und damit ihre Abstraktion unter einem bestimmten Gesichtspunkt"* maßgebend. Es müssen daher jene Gegebenheiten überprüft werden, die mit dem Ziel der Veräußerungsgewinnbesteuerung in einem besonderen Zusammenhang stehen.[102] Dabei handelt es sich zum einen um den **„Übergang des wirtschaftlichen Eigentums"** (siehe Punkt 3.1.) und zum anderen um die **„Entgeltlichkeit"** (siehe Punkt 3.2.).[103]

3.1. Übertragung wirtschaftlichen Eigentums durch Kapitalerhöhung mit Bezugsrechtsausschluss?

Um die Ausgabe neuer Aktien als zumindest teilweise Veräußerung der Altanteile qualifizieren zu können, müsste das wirtschaftliche Eigentum an den Altanteilen auf die neuen Gesellschafter übergehen. Für den Übergang des wirtschaftlichen Eigentums an einer Beteiligung ist die Verlagerung der mit ihr verbundenen Mitgliedschaftsrechte ausschlaggebend.[104] Die Kapitalerhöhung führt auf Ebene der Altgesellschafter zu einer Veränderung ihrer Beteiligungsquote. Daran knüpft die Veränderung wesentlicher Gesellschafterrechte[105] wie das Stimmrecht oder das Gewinnbezugsrecht, da ein Teil der Mitgliedschaftsrechte über das Bezugsrecht auf die neuen Aktien übergeht.[106] Nach der Substanzabspaltungstheorie verkörpert

---

101 *Beiser* (Beiser, Kapitalerhöhung mit Ausgabe neuer Anteile an Dritte oder Anteilsverkauf mit nachfolgender Einlage? SWK 2009, S 672 [672 ff]) und ihm folgend *Mühlehner* (Mühlehner, Kapitalerhöhung als Veräußerungsvorgang? SWK 2009, S 850 [S 850 ff]) hinterfragen die offenbar in einem Praxisfall zum Ausdruck gebrachte Ansicht der Finanzverwaltung, nach der die Anteilsausgabe durch das Target wirtschaftlich der teilweisen Anteilsveräußerung durch die Altgesellschafter mit nachfolgender Einlage in das Target entspricht.
102 Vgl *Haslinger K.*, Die Veräußerung von Beteiligungen (2006) 69.
103 *Mühlehner*, Kapitalerhöhung als Veräußerungsvorgang? SWK 2009, S 850 (S 851).
104 Vgl VwGH 9.5.1989, 89/14/0033; BFH 18.12.2001, VIII R 5/00, BFH/NV 2002, 640; BFHE 183, 518, BStBl II 1998, 152, 156, betreffend Treuhand; 16.5.1995, VIII R 33/94, BFHE 178, 197, BStBl II 1995, 870; 10.3.1988, IV R 226/85, BFHE 153, 318, BStBl II 1988, 832, 834 f; vgl auch BFH 25.5.2011, IX R 23/10, wonach die reine Mitwirkung an einer alinearen Kapitalerhöhung beim verzichtenden Gesellschafter kein wirtschaftliches Eigentum (im Sinne eines Durchgangserwerbs) bewirkt; vgl *Ursprung-Steindl*, Unternehmenserwerb mittels Kapitalerhöhung, in *Lang/Marchgraber/Rust/Schuch/Staringer* (Hrsg), Aktuelle Fragen des Unternehmenskaufs 53.
105 Vgl *Schopper* in *Jabornegg/Strasser*, AktG I 5 § 8 Rz 7; ders in *Gruber/Harrer* (Hrsg), GmbHG (2014) § 75 Rz 9: Bei einer GmbH ist für Stimmrecht und Bezugsrecht die Höhe der übernommenen Stammeinlage entscheidend, während die Verteilung des Bilanzgewinns sowie des Vermögens an die Gesellschafter bei Liquidation von der Höhe der eingezahlten Stammeinlage abhängt.
106 Vgl *Ursprung-Steindl*, Unternehmenserwerb mittels Kapitalerhöhung, in *Lang* et al (Hrsg), Aktuelle Fragen des Unternehmenskaufs 53.

das Bezugsrecht als abgespaltene Substanz vom Altanteil einerseits die stillen Reserven und andererseits die abgespaltenen Mitgliedschaftsrechte. Folgt man der Substanzabspaltungstheorie,[107] könnte man zum Ergebnis kommen, dass ein Teil der Mitgliedschaftsrechte der Altaktionäre über das Bezugsrecht auf die jungen Aktien übergeht.[108] Der BFH[109] geht von einer wirtschaftlichen Teilidentität zwischen dem Gesamtwirtschaftsgut Aktie und dem davon abgespaltenen Bezugsrecht aus. Aus dieser Perspektive liegt der Übergang des wirtschaftlichen Eigentums der Altaktien auf die jungen Aktien und schließlich die Teilveräußerung nahe.[110]

Dem ist allerdings entgegenzuhalten, dass bei Kapitalerhöhung die jungen Aktien originär entstehen und folglich keine Altaktien an die Erwerber übergehen.[111] Somit ist die Übertragung des wirtschaftlichen Eigentums der Altaktien an die Erwerber ausgeschlossen.[112] Eine Identität von Altaktie und Bezugsrecht kann schon insofern verneint werden, als das Bezugsrecht im Gegensatz zum Wirtschaftsgut Anteil die damit verbundenen Rechte bloß vermittelt. Aufgrund des Bezugsrechts als selbständiges, eigenständiges Mitgliedschaftsrecht des Anteils können keine anderen Mitgliedschaftsrechte, wie das Stimmrecht oder das Gewinnbezugsrecht, ausgeübt werden, sondern erst durch das Wirtschaftsgut Altanteil oder Junganteil.[113] Bei der Kapitalerhöhung nehmen die in den Altanteilen verkörperten Mitgliedschaftsrechte im Verhältnis der Anzahl der neuen zur Anzahl der alten Anteile zwar ab und es kommt daher zu einer Verschiebung des Gewichts der Stimmrechte zu Lasten der Altgesellschafter und zugunsten der Erwerber.[114] Durch den Vorgang einer Kapitalerhöhung bleiben allerdings alle mit der Beteiligung (Mitgliedschaft) verbundenen Rechte (zB Recht auf Gewinnbeteiligung, Stimmrecht, Recht auf Vermögensbeteiligung) beim Altgesellschafter grundsätzlich erhalten; die Kapitalerhöhung bewirkt nicht, dass Vermögensrechte oder das Stimmrecht, die vor der Kapitalerhöhung mit dem Geschäftsanteil verbunden waren, verlorengehen. Die mit dem vom Altgesellschafter gehaltenen Geschäftsanteil verbundenen Rechte und Pflichten werden nämlich nicht an einen anderen im Sinne einer Veräußerung übertragen. Die Einlagenleistung berechtigt den Erwerber damit nicht,

---

107 Vgl weiterführend *Ursprung-Steindl*, Die Kapitalerhöhung im Ertragsteuerrecht (2015) 113.
108 Vgl *Ursprung-Steindl*, Unternehmenserwerb mittels Kapitalerhöhung, in *Lang* et al (Hrsg), Aktuelle Fragen des Unternehmenskaufs 53.
109 BFH 22.5.2003, IX R 9/00.
110 *Ursprung-Steindl*, Unternehmenserwerb mittels Kapitalerhöhung, in *Lang* et al (Hrsg), Aktuelle Fragen des Unternehmenskaufs 53.
111 Vgl BFH 15.12.1999, I R 29/97; die jungen Aktien seien mit den Altaktien nicht ident; eine Gesamtbetrachtung widerspreche dem Gesetzeswortlaut.
112 Vgl *Ursprung-Steindl*, Unternehmenserwerb mittels Kapitalerhöhung, in *Lang* et al (Hrsg), Aktuelle Fragen des Unternehmenskaufs 54.
113 Vgl *Ursprung-Steindl*, Unternehmenserwerb mittels Kapitalerhöhung, in *Lang* et al (Hrsg), Aktuelle Fragen des Unternehmenskaufs 54.
114 Vgl BFH 21.1.1999, IV R 27/97; vgl *Ursprung-Steindl*, Unternehmenserwerb mittels Kapitalerhöhung, in *Lang* et al (Hrsg), Aktuelle Fragen des Unternehmenskaufs 54; kritisch offenbar *Niemann* (*Niemann*, Kapitalerhöhung, Grüne Briefe Nr 315, 24 f), nach ihrer Auffassung wird der Inhalt und Umfang dieser Pflichten durch einen Kapitalerhöhungsbeschluss nicht verändert.

die mit der Beteiligung der Altgesellschafter verbundenen Vermögens – und Verwaltungsrechte an deren Stelle auszuüben.[115] Der neu hinzutretende Gesellschafter erwirbt die im Rahmen der Kapitalerhöhung neu geschaffenen Anteile und die mit ihnen verbundenen Rechte.[116] Der Geschäftsanteil der Altgesellschafter bezieht sich auf ein entsprechend höheres Nominalkapital; die wertäquivalente Kapitalerhöhung bewirkt damit keinen Vermögensabgang (keine Vermögensminderung) im Sinne einer Übertragung eines Wirtschaftsguts, dh sämtliche Rechte, die vor der Kapitalerhöhung mit dem vom Altgesellschafter gehaltenen Geschäftsanteil verbunden waren, sind dies auch nach der Kapitalerhöhung.[117]

3.2. Entgelt für Altgesellschafter durch Kapitalerhöhung mit Bezugsrechtsausschluss der Altgesellschafter?

Eine Veräußerung im steuerlichen Sinne wird im Übrigen nur durch einen entgeltlichen Vorgang bewirkt. Das etwaige Entgelt muss in der Sphäre des Veräußerers zu einem Vermögenszugang führen, der zumindest in einem kausalbegründeten sachlichen Zusammenhang mit der Übertragung des wirtschaftlichen Eigentums an einer Beteiligung steht. Dies trifft deshalb nicht zu, weil durch eine wertäquivalente Kapitalerhöhung in der dargestellten Form im Vermögen des Altgesellschafters keine Änderung eintritt. Die wertäquivalente Kapitalerhöhung bewirkt auf Ebene der Altgesellschafter weder einen Vermögensabgang noch einen Vermögenszufluss.[118] Der Altgesellschafter erleidet aufgrund der Kapitalerhöhung keinen Vermögensabgang, weil er weiterhin mit gleichem Nennkapital beteiligt bleibt.[119] Durch eine angemessene Agiozahlung wird den Altgesellschaftern der Mehrwert des Unternehmens abgegolten.[120] Die Anteile der Altgesellschafter beziehen sich nach der Kapitalerhöhung damit auf ein höheres Unternehmensvermögen. Der Einstieg der Neugesellschafter senkt daher den Vermögenswert der Altanteile nicht.[121] Weder zivilrechtlich noch wirtschaftlich findet bei einer Kapitalerhöhung nämlich eine anteilige Übertragung an den neu hinzutretenden Gesellschafter statt, die durch ein dem Altgesellschafter zustehendes Entgelt abgegolten wird.[122]

---

115 Vgl *Mühlehner*, Kapitalerhöhung als Veräußerungsvorgang? SWK 2009, S 850 (S 851).
116 Vgl *Ursprung-Steindl*, Unternehmenserwerb mittels Kapitalerhöhung, in *Lang* et al (Hrsg), Aktuelle Fragen des Unternehmenskaufs 54.
117 Vgl *Mühlehner*, Kapitalerhöhung als Veräußerungsvorgang? SWK 2009, S 850 (S 851); vgl auch BFH 25.5.2011, IX R 23/10, wonach die Mitwirkung an einer alinearen Kapitalerhöhung beim verzichtenden Gesellschafter kein wirtschaftliches Eigentum bewirkt: daraus ist daher zu schließen, dass umgekehrt auch der Altgesellschafter kein wirtschaftliches Eigentum an den Junganteilen erwirbt.
118 Vgl *Mühlehner*, Kapitalerhöhung als Veräußerungsvorgang? SWK 2009, S 850 (S 851).
119 *Beiser*, Das Bezugsrecht von Gesellschaftern in der Einkommensteuer, ÖStZ 2012, 368 (368).
120 Vgl *Kalss*, Die Kapitalerhöhung in der börsennotierten Gesellschaft, in *Gruber/Rüffler* (Hrsg), Gesellschaftsrecht – Wettbewerbsrecht – Europarecht (2007) Festschrift Koppensteiner 45 (68) mwN; *Daxkobler/Steindl*, Bezugsrechtsübertragung bei Kapitalerhöhung zur Nominale, RdW 2013, 104 (105); *Ursprung-Steindl*, Unternehmenserwerb mittels Kapitalerhöhung, in *Lang* et al (Hrsg), Aktuelle Fragen des Unternehmenskaufs 55.
121 *Beiser*, ÖStZ 2012, 368.
122 Vgl *Mühlehner*, Kapitalerhöhung als Veräußerungsvorgang? SWK 2009, S 850 (S 852).

Aktionären und GmbH-Gesellschaftern steht das in § 153 AktG verankerte Bezugsrecht zu. Als Bestandteil des allgemeinen Mitgliedschaftsrechts nimmt das Bezugsrecht in doppelter Hinsicht eine wichtige Schutzfunktion ein.[123] Zum einen dient es der Bewahrung des Einflusses und der Vermögensbeteiligung der Altgesellschafter, indem es diesen ermöglicht, entsprechend ihrer bisherigen Beteiligungsquote an der Ausgabe neuer Gesellschaftsanteile zu partizipieren.[124] Zum anderen besteht der Sinn des gesetzlichen Bezugsrechts darin, die bisherigen Anteilsinhaber vor Verwässerung ihrer Beteiligung zu schützen. Werden die jungen Anteile unter dem inneren Wert der alten Anteile ausgegeben, erleiden die Altgesellschafter eine Wertminderung, da sich der Unternehmenswert künftig gleichmäßig auch auf die neu ausgegebenen Anteile verteilt.[125]

Den Aktionären steht es frei, auf ihr Bezugsrecht zu verzichten und damit an der Kapitalerhöhung nicht teilzunehmen. Für die Qualifikation des Bezugsrechtsverzichts als Veräußerung durch die Altgesellschafter ist entscheidend, ob die Neugesellschafter eine Gegenleistung als Entgelt an die Altgesellschafter für ihren Verzicht auf das Bezugsrecht erbracht haben. Dabei spielen nach der Rechtsprechung eine wirtschaftliche Betrachtungsweise (§ 21 BAO) sowie Missbrauchsgesichtspunkte (§ 22 BAO) – im Sinne einer „Kaufpreisdurchschleusung durch das Unternehmen" – eine besondere Rolle.

Erfolgt eine Kapitalerhöhung auf Ebene der Gesellschafter bei gleichzeitigem Verzicht der Altgesellschafter auf das Bezugsrecht und zahlen die Neugesellschafter die Kapitalerhöhung und das Agio direkt in die Gesellschaft ein, dann kann darin nach der Rsp keine entgeltliche Veräußerung des Bezugsrechts des Verkäufers gesehen werden, weil es sich um keine direkte Zahlung des Neugesellschafters an den Altgesellschafter für den Verzicht auf das Bezugsrecht handelt,[126] sondern um eine ertragsteuerneutrale Einlage in eine Körperschaft (§ 8 Abs 1 KStG).[127] Der Verzicht auf das gesetzliche Bezugsrecht der Altgesellschafter ist daher wirtschaftlich weder eine Teilveräußerung der Altanteile mit Wiedereinlage in die Gesellschaft noch ein Anteilstausch.[128] Die Altgesellschafter werden nicht vom Einlage- und Tauschvorgang berührt.[129]

Die Kaufpreisdurchschleusung bei einem Bezugsrechtsverzicht bedingt einen Gegenleistungszusammenhang. Auf der einen Seite leisten die Altgesellschafter ihr Bezugsrecht in Form eines Verzichtes, auf der anderen Seite die neu hinzutre-

---

123 *Reich-Rohrwig*, Sanierung durch vereinfachte Kapitalherabsetzung und -erhöhung, GesRZ 2001, (69) 71.
124 Vgl dazu *Nagele/Lux* in *Jabornegg/Strasser*, AktG II⁵ § 153 Rz 1 ff.
125 *Kalss*, Fragen zur Kapitalerhöhung in der börsennotierten Aktiengesellschaft, in *Gruber/Rüffler* (Hrsg), Gesellschaftsrecht, Wettbewerbsrecht, Europarecht, FS Koppensteiner (2006) 45 (68).
126 Vgl dazu auch BFH 17.9.2014, IV R 33/11.
127 Vgl *Fraberger* in *Polster-Grüll/Zöchling/Kranebitter* (Hrsg), HB MA, 303 (317). Aus jüngerer Zeit zB BFG Wien 10.9.2018, RV/7101840/2015.
128 *Mayr/Melhardt/Lattner/Kufner*, SWK-Sonderheft Der Salzburger Steuerdialog 2014, 33.
129 *Mayr/Melhardt/Lattner/Kufner*, Salzburger Steuerdialog 2014, 33.

tenden Gesellschafter ein Entgelt dafür. Einen Missbrauch von Gestaltungsmöglichkeiten (§ 22 BAO) mit der Folge der Unterstellung einer steuerpflichtigen Bezugsrechtsveräußerung nimmt die Rechtsprechung stets an, wenn zeitnah zur Kapitalerhöhung ohne Angabe beachtlicher außersteuerrechtlicher Gründe das (in die gegebenenfalls gebundene Kapitalrücklage gem § 229 Abs 2 Z 1 UGB) eingestellte Agio aufgelöst und an die Altgesellschafter ausbezahlt wird: dies würde in wirtschaftlicher Betrachtungsweise als Direktveräußerung des Bezugsrechts durch die Altgesellschafter an die Neugesellschafter gewertet werden.[130] Diese Rechtsfolgen dürften auch dem Verständnis des österreichischen BMF entsprechen.[131]

Unter Anwendung der wirtschaftlichen Betrachtungsweise hat dazu der VwGH in seinem Erkenntnis vom 14.12.2005[132] ausgeführt, dass im Fall der Auszahlung einer Vorzugsdividende an den Verkäufer, wobei diese aus Mitteln eines vom Käufer einseitig geleisteten Gesellschafterzuschusses vorgenommen wurde, diese Sonderdividende ebenfalls Bestandteil des Veräußerungserlöses ist, aber nur insoweit, als der vom Käufer geleistete Zuschuss tatsächlich als Dividende an den Verkäufer ausgeschüttet wurde; soweit der Zuschuss im Vermögen der Gesellschaft verblieb, entstand für den Verkäufer kein Veräußerungserlös (zur Rechtslage seit 1996 siehe § 4 Abs 12 EStG bzw § 15 Abs 4 EStG). Das Judikat des VwGH vom 14.12.2005 betraf daher einen sehr speziellen Einzelfall (Zuschuss, durch den die Ausschüttung der Dividende überhaupt erst ermöglicht wird; Unverhältnismäßigkeit zwischen Kaufpreis und vorbehaltener Dividende).[133] Zudem unterscheidet sich dieser Sachverhalt vom Fall der bloßen **Kapitalerhöhung** dadurch, dass dem Grunde nach eine Anteilsabtretung erfolgte, bei der nach der vertraglichen Gestaltung eine Aufteilung des Kaufpreises in mehrere Komponenten vorgenommen wurde.[134] Eine generelle Umqualifikation von Dividendenvorbehalten in steuerpflichtige Veräußerungserlöse ist daher aus der Erkenntnis des VwGH nicht ableitbar.[135] *Staringer* führt dazu aus, dass eine Vorzugsdividende nur dann eine Gegenleistung des Käufers sein kann, wenn diese wie im Entscheidungssachverhalt vom Käufer vorfinanziert wird.[136] Die Gegenleistung muss daher vom Käufer selbst getragen werden, es reicht nicht aus, dass die Gesellschaft die Dividende leistet.[137] So

---

130 So ausdrücklich BFH 13.10.1992, BStBl II 1993, 477 ff; 19.4.2005, BStBl II 2005, 762 ff; 30.11.2005, BFH/NV 2006, 426 ff; 14.3.2006, BStBl II 2006, 746 ff.
131 Vgl BMF, Protokoll über die Bundeskörperschaftsteuertagung 2003, FJ 2003, 341, Pkt 2, zum Verzicht der Altgesellschafter auf ihr Bezugsrecht gegen Entgelt (seitens der Emissionsbank geleistet).
132 VwGH 14.12.2005, 2002/13/0053.
133 Vgl BFG Linz 23.6.2020, RV/5100129/2020. Dazu Anm *Resenig/Stefaner M.* zu BFG Linz 23.6.2020, RV/5100129/2020, taxlex 2021/14.
134 Vgl *Mühlehner*, Kapitalerhöhung als Veräußerungsvorgang? SWK 2009, S 850 (S 853).
135 Vgl *Fürnsinn/Massoner* in *Lang/Rust/Schuch/Staringer*, KStG² (2016) § 10 Rz 43; *Wiesner*, RWZ 2006, 14 f; *Fraberger* in *Polster-Grüll/Zöchling/Kranebitter*, Handbuch Mergers & Acquisitions 303 (336 ff); *Plott*, KStR 2013: Neues bei den Beteiligungserträgen, SWK 2013, 710 ff; *G. Kofler* in *Achatz/Kirchmayr*, KStG § 10 Tz 160.
136 *Staringer*, Konzernsteuerrecht, 18. ÖJT Band IV/1 41 f.
137 Vgl *Staringer*, Konzernsteuerrecht, 18. ÖJT Band IV/1 42.

hat auch jüngst das BFG Klagenfurt festgehalten, dass das VwGH-Erkenntnis vom 14.12.2005 einen „Extremfall" betraf, aus dem nicht notwendigerweise Regeln für den Standardfall eines Dividendenvorbehalts abgeleitetet werden können.[138]

Im weiteren Schrifttum wird zutreffend – mit Bezugnahme auf VwGH 14.12.2005 – darauf hingewiesen, dass sachlich gerechtfertigte alineare Gewinnausschüttungen sowie Dividendenvorbehalte nur dann in wirtschaftlicher Betrachtungsweise in ein Veräußerungsentgelt umgedeutet werden dürfen, wenn kumulativ die folgenden Voraussetzungen erfüllt sind:[139]

- Die alineare Gewinnausschüttung wird im Rahmen der die Abtretung betreffenden Vereinbarung vorgesehen **und**
- der Anteilskäufer leistet gleichzeitig einen Zuschuss in das Target, ohne welchen die alineare Gewinnausschüttung gar nicht möglich gewesen wäre, **oder** der Anteilsverkäufer tätigt eine „Kapitalentnahme" aus dem Target, **und**
- erst die Summe aus vertraglich vereinbartem Kaufpreis und Zusatzleistung (Dividendenvorbehalt/Entnahme/Einlagenrückzahlung/Rentenleistung) ergibt einen angemessenen, fremdüblichen Kaufpreis.[140]

Der BFH hat diesen Zusammenhang von alinearer Gewinnverteilung und Veräußerungsgewinn dahingehend konkretisiert, dass eine im Anteilsabtretungsvertrag vereinbarte alineare Gewinnverteilung zugunsten des grundsätzlich nicht mehr beteiligten Verkäufers ein Substitut für einen Veräußerungsgewinn sein kann, wenn dieses nachweislich einen angemessenen Verkaufspreis ersetzt[141] (ähnlich wie im Sachverhalt VwGH 14.12.2005[142]).

Auch der UFS Wien hat die VwGH-Entscheidung vom 14.12.2005 in genau diesem Sinne verstanden: Nur dann, wenn der Dividendenvorbehalt iVm vorgängigen, das Ausschüttungssubstrat wesentlich vergrößernden Maßnahmen des Erwerbers einen angemessenen Anteilskaufpreis darstellt, könnte eine Umdeutung des Dividendenvorbehaltes in einen Veräußerungspreis stattfinden.[143] Im Jahr 2020 hat sich auch das BFG Linz[144] mit der Umqualifikation eines ergebnisunabhängigen Gewinn-

---

138 Vgl BFG Klagenfurt 26.7.2021, RV/4100568/2016 (in der Grundtendenz scheint das BFG aber KStR 2013 Rz 1168 beizupflichten).
139 Vgl *Fraberger*, Der Gewinnausschüttungsvorbehalt im Steuerrecht – Grundsatzfragen und systematische Überlegungen angesichts KStR 2013, Rz 1168 unter Berücksichtigung beteiligter Personengesellschaften, in GS Bruckner 335 (346 f).
140 Vgl zu einer „Kapitalentnahme" als Bestandteil des Veräußerungsgewinns nach § 24 EStG zB VwGH 6.4.1995, 94/15/0194, zu einer Rentenleistung der Gesellschaft als Substitut für einen angemessenen Kaufpreis durch die übernehmenden Gesellschafter zB VwGH 5.12.1991, 90/13/0056 (mit Ergebnis einer verdeckten Gewinnausschüttung an die übernehmenden Gesellschafter, weil die GmbH den wirtschaftlichen Kaufpreis für die Anteile getragen hat).
141 Vgl nur BFH 12.10.1982, BStBl II 1983, 128 ff mit Hinweis auf RFH 17.6.1931, RStBl 1931, 633 f, sowie BFH 17.10.2001, BFH/NV 2002, 628 ff und 28.6.2006, BFH/NV 2006, 2207 ff.
142 Vgl VwGH 14.12.2005, 2002/13/0053.
143 UFS Wien 16.1.2013, RV/3521-W/09.
144 BFG Linz 23.6.2020 RV/5100129/2020.

vorab als Dividendenvorbehalt in einen Veräußerungserlös auseinandergesetzt und diesen bejaht: Die Argumentation als „nachlaufender Dividendenvorbehalt" scheitert daran, dass nicht simpel durch vertragliche Bestimmung der auf den Anteil entfallende Teil des zur Ausschüttung kommenden Betrags vorbehalten wurde, sondern ein Betrag in absoluten Zahlen ausformuliert wurde, der sogar noch durch eine Garantiebestimmung iSd § 880a ABGB abgesichert wurde. Es liegt somit nahe, dass es sich im vom BFG zu beurteilenden Sachverhalt in wirtschaftlicher Betrachtungsweise um einen Kaufpreisbestandteil handelt. Gleich wie im vom VwGH zu entscheidenden Sachverhalt in seiner Entscheidung vom 14.12.2005 liegt daher ein eher speziell gelagerter Einzelfall vor.[145]

In ähnlicher Weise führt der BFH in seinem Urteil vom 19.4.2005, VIII R 68/04, BStBl 2005 II, 762, unter Bezugnahme auf seine bisherige Rechtsprechung aus, dass hinsichtlich der Leistung eines Agios iZm einer Kapitalerhöhung infolge der gesellschaftsrechtlichen Bindung dieses Betrags noch keine Leistung an die Altgesellschafter bewirkt wird; die Zahlung eines Agios an die Gesellschaft wird vielmehr erst dann und insoweit zu einem Entgelt an die Altgesellschafter für die Einräumung des Bezugsrechts, als das Agio in einem **engen zeitlichen Zusammenhang** mit der Kapitalerhöhung an diese ausgezahlt wird oder ihnen auf andere Weise zufließt.[146] Allerdings qualifizieren auch später eintretende Vorteile als Gegenleistung an die Altgesellschafter für ihren Bezugsrechtsverzicht.[147]

Daraus folgt, dass für die Qualifikation der Ausschüttung des Agios an die Altgesellschafter als Gegenleistung für deren Bezugsrechtsverzicht neben einem sachlichen auch ein enger zeitlicher Zusammenhang erforderlich ist. Allerdings können die Altgesellschafter der Besteuerung des aus dem Bezugsrechtsverkauf erzielten Gewinnes nicht automatisch dadurch entgehen, dass sie durch genügend langes Abwarten mit der Ausschüttung des Agios den engen zeitlichen Zusammenhang mit der Kapitalerhöhung in Frage stellen („Aussitzen").[148]

Einen derartigen engen sachlichen und zeitlichen Bezug zwischen Bezugsrechtsverzicht anlässlich eines Einstiegs von Neugesellschaftern über Kapitalerhöhung und einer Vorteilsgewährung an die Altgesellschafter hat das BFG Linz in einer Entscheidung aus 2014 in einem im Gesellschaftsvertrag verankerten Dividendenverzicht der Neugesellschafter gesehen, der so lange währen sollte, bis der Verzicht die stillen Reserven und der Firmenwert (jeweils im Ausmaß vor Kapitalerhöhung) der Höhe nach erreicht.[149]

---

145 Ebenso Anm *Resenig/Stefaner M.* zu BFG Linz 23.6.2020, RV/5100129/2020, taxlex 2021/14.
146 Vgl. *Mühlehner*, Kapitalerhöhung als Veräußerungsvorgang? SWK 2009, S 850 (S 853).
147 BFH 19.4.2005, VIII R 68/04.
148 Vgl BFH 19.4.2005, VIII R 68/04; *Ursprung-Steindl*, Unternehmenserwerb mittels Kapitalerhöhung, in *Lang* et al (Hrsg), Aktuelle Fragen des Unternehmenskaufs 57.
149 Vgl BFG Linz 5.12.2014, RV/5100505/2011 (rechtskräftig nach VfGH-Ablehnung vom 19.11.2015, E 111/2015).

Liegen derartige Spezialverhältnisse nicht vor, dann kann grundsätzlich auf das Urteil des BFH vom 13.10.1992, VIII R 3/89 verwiesen werden, wonach „*auch bei Berücksichtigung des wirtschaftlichen Gehalts des Vorgangs nicht von einer entgeltlichen Veräußerung des Bezugsrechts die Rede sein*" kann. Die Altgesellschafter haben weder einen Vermögenswert realisiert, denn ihnen ist nichts zugeflossen, noch ist der Wert ihres Geschäftsanteils gestiegen. Die Zahlung habe nur ausgeglichen, was an stillen Reserven auf den Erwerber übergegangen ist bzw was die Altgesellschafter durch die Übernahme des neuen Geschäftsanteils durch den Erwerber an stillen Reserven verloren haben.

4. Conclusio

Das M&A-Steuerrecht ist – obwohl prima vista vieles „sonnenklar" erscheint – von hoher Komplexität, Kasuistik in der Rechtsprechung sowie Einzelfallabhängigkeit von Sachverhaltsbesonderheiten gekennzeichnet. Selbst einfach anmutende Anteilskaufverträge können insoweit eine Vielzahl von Fragen aufwerfen, die weder in Rsp noch im Fachschrifttum bislang geklärt wurden. Umso wichtiger ist eine Beschäftigung mit den Grundlagen des M&A-Steuerrechts, um sich im Einzelfall selbst die Lösung für den individuellen Sachverhalt aus den Grundlagen ableiten zu können.

Steuerfragen der Akquisitionsfinanzierung

Christoph Marchgraber

1. Historischer Überblick und Themenstellung
2. Der Zinsenbegriff des § 11 Abs 1 Z 4 KStG in wirtschaftlicher Betrachtungsweise
3. Die betragsmäßige Saldierung iSd § 12 Abs 2 TS 1 KStG bei Geldbeschaffungs- und Nebenkosten
4. Die Zuordnungsfreiheit bei Fremdfinanzierungen
5. Fremdfinanzierte Erwerbe von Personengesellschaftsanteilen
6. Würdigung

1. Historischer Überblick und Themenstellung

Die Frage, inwieweit für einen fremdfinanzierten Beteiligungserwerb anfallende Fremdfinanzierungskosten steuerlich abzugsfähig sind, beschäftigt das Schrifttum und die Praxis seit Jahrzehnten.[1] Dennoch finden sich nach wie vor Fragestellungen, die bisher nicht oder nur vereinzelt aufgegriffen wurden. Einige davon sollen in weiterer Folge näher beleuchtet werden:

- Mit dem Budgetbegleitgesetz 2014 (BBG 2014)[2] wurde § 11 Abs 1 Z 4 KStG insofern geändert, als Geldbeschaffungs- und Nebenkosten ausdrücklich vom Anwendungsbereich dieser Regelung ausgenommen wurden. Während also für einen (nicht konzernintern erfolgten) fremdfinanzierten Beteiligungserwerb anfallende Zinsen abzugsfähig sind, unterliegen Geldbeschaffungs- und Nebenkosten dem Abzugsverbot des § 12 Abs 2 TS 1 KStG. Zinsen sowie Geldbeschaffungs- und Nebenkosten sind aber bis zu einem gewissen Grad austauschbar. Kreditgeber und -nehmer können zB höhere Zinsen vereinbaren und im Gegenzug auf Geldbeschaffungs- und Nebenkosten verzichten. Nach einer im Schrifttum vertretenen Ansicht wäre in einem solchen Fall zu prüfen, ob die Zinsen überhöht und die Nebenkosten eingepreist worden sind. Ist dies der Fall, sollen in wirtschaftlicher Betrachtungsweise nur die für den Steuerpflichtigen marktüblichen Zinsen abzugsfähig sein.[3] Es stellt sich die Frage, ob der Zinsenbegriff des § 11 Abs 1 Z 4 KStG einer solchen wirtschaftlichen Betrachtungsweise zugänglich ist.[4]

- Nach der Rechtsprechung des VfGH ist im Anwendungsbereich des § 12 Abs 2 TS 1 KStG *„im Veräußerungszeitpunkt fest[zustellen], ob und in welchem Ausmaß die Erwerbsquelle ,Beteiligung' zu steuerfreien oder steuerpflichtigen Einkünften geführt hat"*. Demnach ist zunächst von einem das Abzugsverbot auslösenden Zusammenhang von Fremdfinanzierungsaufwendungen mit den steuerfreien Beteiligungserträgen auszugehen. Zum Zeitpunkt der Veräußerung können die vorläufig vom Abzug ausgeschlossenen Aufwendungen jedoch unter Umständen nachträglich geltend gemacht werden. Fraglich ist, wie die Geldbeschaffungs- und Nebenkosten den steuerfreien und den steuerpflichtigen Einkünften zuzuordnen sind, wenn die Fremdfinanzierungszinsen gemäß § 11 Abs 1 Z 4 KStG ohnehin zur Gänze abzugsfähig sind.[5]

---

[1] Für einen historischen Überblick vgl *Marchgraber*, Fremdfinanzierter Beteiligungserwerb, in *Lang/Schuch/Staringer/Storck* (Hrsg), Aktuelle Fragen der Konzernfinanzierung (2013) 133 (133 ff); *Marchgraber*, Geldbeschaffungs- und Nebenkosten beim fremdfinanzierten Beteiligungserwerb, GES 2014, 349 (349 ff); *Marchgraber*, Neuerungen beim fremdfinanzierten Beteiligungserwerb im Konzern, SWK 2014, 634 (634 ff).
[2] BGBl I 2014/40.
[3] Vgl *Mayr*, RdW 2014, 431.
[4] Vgl *Marchgraber*, Der Zinsenbegriff des § 11 Abs 1 Z 4 KStG in wirtschaftlicher Betrachtungsweise, RdW 2021, 654 (654 ff).
[5] Vgl *Marchgraber*, Steuerliche Behandlung der Beteiligungsfremdfinanzierung, in *Bergmann/Kalss* (Hrsg), Rechtsformwahl (2020) 877 (884 ff).

- Das Abzugsverbot des § 12 Abs 2 KStG verlangt einen unmittelbaren wirtschaftlichen Zusammenhang zwischen den potenziell vom Abzug ausgeschlossenen Aufwendungen und Ausgaben und bestimmten Einnahmen und Einkünften. Ein solcher Zusammenhang wird zweifelsohne vorliegen, wenn die vorhandene Finanzierung ausschließlich auf Fremdmittel zurückzuführen ist. Da im Anwendungsbereich des § 11 Abs 1 Z 4 KStG nur die Geldbeschaffungs- und Nebenkosten vom Abzugsverbot des § 12 Abs 2 KStG erfasst sind, stellt sich die Frage, welche aufgenommenen Fremdmittel für den Erwerb verwendet wurden und wen die diesbezügliche Nachweispflicht trifft. Stehen auch Mittel aus der Innen- und Beteiligungsfinanzierung zur Verfügung, ist zudem zu eruieren, welche der vorhandenen Mittel für die Investition aufgenommen wurden.
- Personengesellschaften werden ertragsteuerlich als transparent behandelt. Abhängig davon, welche Einkünfte die Personengesellschaft erwirtschaftet, können diese auf Ebene der Anteilseigner das Abzugsverbot des § 20 Abs 2 EStG oder das des § 12 Abs 2 KStG auslösen. Erfolgt der Erwerb der Personengesellschaftsanteile kreditfinanziert, ist festzustellen, inwieweit die Fremdfinanzierungskosten den über die transparente Personengesellschaft bezogenen „schädlichen" Einkünften zuzuordnen ist.[6]

2. Der Zinsenbegriff des § 11 Abs 1 Z 4 KStG in wirtschaftlicher Betrachtungsweise[7]

Seit dem StRefG 2005[8] sind Fremdfinanzierungszinsen gemäß § 11 Abs 1 Z 4 KStG – unter bestimmten Voraussetzungen[9] – vom Abzugsverbot des § 12 Abs 2 KStG ausgenommen. Welche Aufwendungen und Ausgaben von dieser Bestimmung konkret erfasst sind, lässt sich dem Gesetzeswortlaut mangels Definition des Begriffs „Zinsen" nicht explizit entnehmen. Nach der bisherigen Rechtsprechung des VwGH handelt es sich bei Zinsen um jenen Betrag, der als *„Entgelt für die Überlassung von Kapital"* anzusehen ist.[10]

Das BFG hat aus der VwGH-Judikatur ursprünglich abgeleitet, dass der Zinsenbegriff des § 11 Abs 1 Z 4 KStG idF StRefG 2005 generell „weit" zu verstehen und *„bei der Auslegung des ‚Zinsenbegriffs' auf die Literatur und Judikatur zum wirtschaftlichen ‚Schuldzinsenbegriff'"* zurückzugreifen sei.[11] Dies deckt sich im Wesentlichen mit einer von Teilen des Schrifttums vertretenen Ansicht, wonach auch Abrechnungs- und Auszahlungsgebühren, Bankspesen und Bankverwaltungs-

---

6 Vgl *Marchgraber* in Bergmann/Kalss (Hrsg), Rechtsformwahl 891 ff.
7 Siehe *Marchgraber*, RdW 2021, 654 ff.
8 BGBl I 2004/57.
9 Vgl zB *Marchgraber* in Lang/Schuch/Staringer/Storck (Hrsg), Aktuelle Fragen der Konzernfinanzierung, 150 ff.
10 VwGH 25.1.2017, Ra 2015/13/0027; siehe jedoch auch VwGH 29.5.1981, 2882/79 und 27.2.2014, 2011/15/0199, wo von Entgelt für die „Nutzung" des Kapitals die Rede ist.
11 BFG 22.4.2015, RV/7101809/2011.

kosten (wie zB Kontoführungsgebühren), Bürgschaftsprovisionen des Hauptschuldners, das Damnum, Gebühren für die Prüfung der Beleihungsunterlagen, Hypothekenbestellungskosten, Kosten der grundbücherlichen Sicherstellung, Kreditvermittlungsprovisionen, Kurssicherungskosten, Makler- und Notariatskosten, Rechtsgeschäftsgebühren, Reisekosten zur Kreditbesorgung, Verwaltungs- und Bearbeitungskosten, Verzugszinsen, Wertsicherungsbeträge sowie Zinseszinsen als „Zinsen" iSd § 11 Abs 1 Z 4 KStG anzusehen seien.[12] Der VwGH hat mittlerweile jedoch klargestellt, dass die bisherige Rechtsprechung keineswegs eine derart „weite" Interpretation des Zinsenbegriffs vor Augen hatte. Es ist vielmehr im Einzelfall zu prüfen, ob es sich bei den fraglichen Kosten um das *„Entgelt für die Überlassung von Kapital"* handelt.[13]

Aufgrund der umstrittenen Konturen des in § 11 Abs 1 Z 4 KStG verankerten Zinsenbegriffs hat sich der Gesetzgeber mit dem BBG 2014 veranlasst gesehen, Geldbeschaffungs- und Nebenkosten ausdrücklich vom Anwendungsbereich des § 11 Abs 1 Z 4 KStG auszunehmen. In der Praxis ist es daher bei fremdfinanzierten Beteiligungserwerben steuerlich von maßgebender Bedeutung, ob Kreditgeber und -nehmer Zinsen und/oder Geldbeschaffungs- und Nebenkosten vereinbaren. Da Zinsen sowie Geldbeschaffungs- und Nebenkosten wirtschaftlich bis zu einem gewissen Grad austauschbar sind, könnten sich Kreditgeber und -nehmer angesichts der unterschiedlichen steuerlichen Behandlung zB darauf einigen, auf die Vereinbarung (steuerlich nicht abzugsfähiger) Geldbeschaffungs- und Nebenkosten zu verzichten und stattdessen entsprechend höhere Zinsen festzulegen.

Nach *Mayr* vermag dies die Anwendung des Abzugsverbots des § 12 Abs 2 KStG jedoch nicht zwangsläufig zu vermeiden. Denn in einem solchen Fall könnte davon ausgegangen werden, *„dass die Zinsen überhöht und die Nebenkosten eingepreist worden sind. In [...] in wirtschaftlicher Betrachtungsweise [wären] nur die für den Steuerpflichtigen marktüblichen Zinsen abzugsfähig[,] [...] wenn die Umstände im konkreten Sachverhalt klar für eine ‚Einpreisung' der Geldbeschaffungs-/Nebenkosten in die Zinsen sprechen".*[14] Demnach soll es die wirtschaftliche Betrachtungsweise ermöglichen, vertraglich vereinbarte Zinsen in Geldbeschaffungs- und Nebenkosten umzuqualifizieren.

Folgt man diesem Verständnis, könnte auch überlegt werden, Provisionen, die an Dritte für die Übernahme einer Bürgschaft oder einer Garantie geleistet werden, wirtschaftlich betrachtet als Entgelt für die Kapitalüberlassung anzusehen, sofern die Zahlungen an den Kreditgeber ohne die Bürgschaft oder die Garantie entsprechend (oder womöglich auch überproportional) höher ausgefallen wären.[15] Da es sich nach der Rechtsprechung des VwGH bei Fremdfinanzierungskosten nur dann

---

12 Vgl *Renner*, SWK 2014, 670; weiters *Beiser*, SWK 2014, 1162.
13 VwGH 25.1.2017, Ra 2015/13/0027.
14 *Mayr*, RdW 2014, 431.
15 Vgl *Marchgraber*, ecolex 2017, 365.

um Zinsen iSd § 11 Abs 1 Z 4 KStG handelt, wenn sie als „*Entgelt für die Überlassung von Kapital*" anzusehen sind,[16] sollten solche Zahlungen, die an Dritte geleistet werden, – entgegen der Ansicht des BFG[17] – grundsätzlich nicht vom Zinsenbegriff des § 11 Abs 1 Z 4 KStG erfasst sein.[18] Es stellt sich allerdings die Frage, ob solche Provisionen, die an Dritte für die Übernahme einer Bürgschaft oder einer Garantie geleistet werden, wirtschaftlich betrachtet nicht als Entgelt für die Kapitalüberlassung angesehen werden können.

Ohne Beistellung von Sicherheiten würde ein Kreditgeber das Risiko für einen Kreditausfall höher einschätzen und daher ein höheres Entgelt für die Überlassung von Kapital verlangen. Der Kreditnehmer wird daher prüfen, ob die an einen Dritten zu leistenden Entgelte für die Übernahme einer Bürgschaft oder Garantie geringer sind als die ohne eine solche Sicherheit anfallenden Zinsen, die der Kreditgeber zusätzlich verlangen würde. Sind die Kosten für die Beistellung einer Sicherheit niedriger als die andernfalls anfallenden zusätzlichen Zinsen, wird der Kreditnehmer einen Bürgen oder Garanten der Zinserhöhung bevorzugen. Diese Überlegung zeigt, dass Entgelte für die Beistellung von Sicherheiten Zinsen wirtschaftlich ersetzen können. Ermöglicht es die wirtschaftliche Betrachtungsweise somit, an Dritte geleistete Zahlungen in Zinsen umzuqualifizieren und damit die Abzugsfähigkeit sicherzustellen?

Diese Form der wirtschaftlichen Betrachtungsweise des Zinsenbegriffs würde dazu führen, dass die Fremdfinanzierungskonditionen einer Art Fremdvergleichsprüfung zu unterziehen wären. Als dabei anzuwendender Maßstab wäre nach *Mayr* auf die „*marktüblichen*" Konditionen abzustellen. Soweit der Verzicht auf Geldbeschaffungs- und Nebenkosten nicht marktüblich ist, müssten die (uU nicht abzugsfähigen) Geldbeschaffungs- und Nebenkosten aus den (überhöhten) Zinsen herausgerechnet werden. Bei Provisionen, die an Dritte für die Übernahme einer Bürgschaft oder einer Garantie geleistet werden, müsste demgegenüber wohl geprüft werden, wie hoch die marktüblichen Zinsen wären, wenn keine vergleichbaren Sicherheiten vorlägen. Insoweit wäre eine Umqualifizierung denkbar.

Bei Verträgen zwischen fremden Dritten ist eine solche „Marktüblichkeitsprüfung" allerdings nicht überzeugend, zumal nach der Rechtsprechung des VwGH „[i]*m geschäftlichen Verkehr* [...] *grundsätzlich vermutet werden* [kann], *dass zwei unabhängige Vertragspartner einander ‚nichts schenken wollen'*".[19] Die Fremdfinanzierungskonditionen sind das Ergebnis einer Verhandlung *konkreter* Vertragsparteien. Es kann aus Verträgen zwischen *anderen* unabhängigen Vertragsparteien nicht abgeleitet werden, welche Vereinbarung die konkreten unabhän-

---

16 VwGH 25.1.2017, Ra 2015/13/0027; anders VwGH 29.5.1981, 2882/79 und 27.2.2014, 2011/15/0199, wo von Entgelt für die „Nutzung" des Kapitals die Rede ist.
17 BFG 22.4.2015, RV/7101809/2011.
18 Vgl *Philipp*, Kommentar zum Gewerbesteuergesetz[26] § 7 Tz 90.
19 VwGH 24.6.2009, 2007/15/0113.

gigen Vertragsparteien aus steuerlicher Sicht hätten treffen müssen. Dies käme einer (partiellen) Aushöhlung der Privatautonomie für steuerliche Zwecke gleich. Eine privatautonome Vereinbarung fremder Dritter kann (auch nach der Rechtsprechung des VwGH)[20] nicht in wirtschaftlicher Betrachtungsweise für steuerliche Zwecke uminterpretiert werden,[21] unabhängig davon, ob sich dies steuerlich zu Gunsten oder zu Lasten der Steuerpflichtigen auswirken würde.

Daher können Provisionen, die an Dritte für die Übernahme einer Bürgschaft oder einer Garantie geleistet werden, nicht wirtschaftlich betrachtet in Zinsen uminterpretiert werden. Bei der vom Finanzierungswerber zu treffenden Entscheidung, ob Provisionen an den Sicherheitengeber oder (mangels Sicherheitsleistung idR überproportional) höhere Zinsen an den Kreditgeber geleistet werden sollen, wird dieser auch die steuerlichen Konsequenzen mit zu berücksichtigen haben. Es reicht nicht aus, die Höhe der an den Sicherheitengeber zu leistenden Provisionen den Zinsen gegenüberzustellen, die ohne Sicherheitsleistung zusätzlich anfallen würden. Vielmehr ist auch zu berücksichtigen, dass die Zinsen abzugsfähig sind, während die Provisionen womöglich einem Abzugsverbot unterliegen. Der Finanzierungswerber wird sich nur dann für die Provisionen und gegen höhere Zinsen entscheiden, wenn diese Variante trotz steuerlicher Nichtabzugsfähigkeit der Provisionen wirtschaftlich vorteilhafter ist. Die steuerlichen Implikationen fließen in die wirtschaftliche Entscheidung des Finanzierungswerbers ein und sind daher Teil der wirtschaftlichen Betrachtungsweise. Für eine Umqualifizierung besteht daher keine Notwendigkeit.

Ähnliches gilt im Fall einer *„"Einpreisung' der Geldbeschaffungs-/Nebenkosten in die Zinsen"*,[22] denn der Finanzierer wird einer solchen Einpreisung nur dann zustimmen, wenn er an einem etwaigen Steuervorteil des Finanzierungswerbers partizipiert. Die Zinserhöhung wird daher höher ausfallen als der Betrag der Geldbeschaffungs- und Nebenkosten, auf die im Gegenzug verzichtet wird. Dies ist auch nicht weiter ungewöhnlich. Bei Vertragsverhandlungen zwischen fremden Dritten, bei denen mehrere Ausgestaltungsvarianten möglich sind, werden regelmäßig einzelne Varianten für eine Vertragspartei steuerlich vorteilhafter sein als andere. Selbst wenn die Gegenpartei diesen Varianten indifferent gegenübersteht, wird sie der für die andere Partei steuerlich vorteilhaften Variante nur dann zustimmen, wenn auch für sie dabei etwas herausspringt. Kreditgeber und -nehmer werden daher nur dann höhere Zinsen einerseits sowie niedrigere Geldbeschaf-

---

20 VwGH 16.3.1983, 3849/80, wonach *„für den Abgabepflichtigen im Rahmen seiner Gestaltungsfreiheit die Möglichkeit besteht, zur Erreichung eines bestimmten wirtschaftlichen Zieles unterschiedliche Wege zu wählen. Solange die gewählten Wege nicht als mißbräuchlich (§ 22 BAO) oder als Scheinhandlungen (§ 23 BAO) zu werten sind, hat ihnen grundsätzlich auch die Besteuerung zu folgen. Ein tatsächlich gewählter und abgabenrechtlich zulässiger Weg kann daher auch nicht im Weg der wirtschaftlichen Betrachtungsweise in einen anderen Weg umgedeutet werden."*
21 Vgl idS auch BFG 14.9.2018, RV/7102069/2012; BFG 8.6.2017, RV/7101375/2011.
22 *Mayr*, RdW 2014, 431.

fungs- und Nebenkosten andererseits vereinbaren, wenn dies für beide Seiten wirtschaftlich vorteilhafter ist. Ob eine solche Vereinbarung steuerlich anzuerkennen ist, kann nicht anhand einer wirtschaftlichen Betrachtungsweise beurteilt werden.

Der Gedanke von *Mayr* hat allerdings aus anderen Gründen etwas für sich. Es kann für Zwecke der Einordnung als Zinsen einerseits oder Geldbeschaffungs- und Nebenkosten andererseits nicht darauf ankommen, ob Kreditgeber und -nehmer vereinbarte Zahlungen vertraglich als „Zinsen" bezeichnen oder nicht. Werden zB laufende Zinsen vereinbart, wird aber daneben bei Krediteinräumung ein ebenfalls als Zinsen bezeichneter Einmalbetrag fällig, stellt sich die Frage, ob es sich dabei tatsächlich um Zinsen oder nicht doch um als Zinsen bezeichnete Geldbeschaffungs- und Nebenkosten handelt.

Für die steuerliche Einordnung sollte dabei weniger auf die Zinsendefinition als vielmehr darauf abgestellt werden, was unter Geldbeschaffungs- und Nebenkosten zu verstehen ist. Nach den Gesetzesmaterialien fallen darunter *„insbesondere Abrechnungs- und Auszahlungsgebühren, Bankspesen bzw. Bankverwaltungskosten, Bereitstellungsprovisionen und -zinsen, Fremdwährungsverluste, Haftungsentgelte, Kreditvermittlungsprovisionen oder Wertsicherungsbeträge".*[23] Es ist vor diesem gesetzlichen Hintergrund (und nicht nach Maßgabe der von den Vertragsparteien gewählten Bezeichnung) zu prüfen, ob vertraglich vereinbarte Aufwendungen als dem Abzugsverbot gemäß § 12 Abs 2 KStG fallende Geldbeschaffungs- und Nebenkosten anzusehen sind.

Ein Kriterium könnte zB sein, ob die Höhe der Aufwendungen abhängig von der Laufzeit des Kredits ist. Um dies beurteilen zu können, wird es oft ausreichen, auf die vertraglichen Vereinbarungen abzustellen. Jene Kosten, die auch dann zur Gänze anfallen, wenn der Kredit zB vorzeitig zurückgezahlt wird, sind nicht laufzeitabhängig. Dies spricht dafür, dass es sich um Geldbeschaffungs- und Nebenkosten handelt. Als weiteres Kriterium könnte darauf abgestellt werden, ob die Höhe der Kosten vom Betrag der noch aushaftenden (Rest-)Schuld abhängt. Jährlich anfallende Verwaltungskosten sind zB insofern laufzeitabhängig, als sie nach Tilgung des Kredits nicht mehr anfallen. Die Höhe solcher Kosten ist aber typischerweise unabhängig davon, ob eine vorzeitige Teiltilgung stattfindet.

Es kommt für Zwecke der Anwendung des § 11 Abs 1 Z 4 KStG nicht darauf an, ob es sich bei vertraglich vereinbarten Aufwendungen in wirtschaftlicher Betrachtungsweise um Surrogate für Zinsen oder Geldbeschaffungs- und Nebenkosten handelt. Es sind vielmehr im Auslegungsweg die Kriterien für Geldbeschaffungs- und Nebenkosten iSd § 11 Abs 1 Z 4 KStG herauszuarbeiten. Anhand eines solchen Kriterienkatalogs ist zu prüfen, ob es sich bei vertraglich vereinbarten Aufwendungen um Geldbeschaffungs- und Nebenkosten handelt oder nicht.

---

[23] ErlRV 53 BlgNR XXV. GP 15.

3. Die betragsmäßige Saldierung iSd § 12 Abs 2 TS 1 KStG bei Geldbeschaffungs- und Nebenkosten

Gemäß § 12 Abs 2 TS 1 KStG *„dürfen bei der Ermittlung der Einkünfte die nicht unter § 11 Abs. 1 fallenden Aufwendungen und Ausgaben nicht abgezogen werden, soweit sie mit nicht steuerpflichtigen (steuerneutralen) Vermögensmehrungen und Einnahmen [...] in unmittelbarem wirtschaftlichem Zusammenhang stehen".* Da bei fremdfinanziert erworbenen internationalen Schachtelbeteiligungen beim Anteilseigner grundsätzlich sowohl die laufenden Erträge (§ 10 Abs 1 Z 7 iVm Abs 2 KStG) als auch die mit der Substanz zusammenhängenden Einkünfte (§ 10 Abs 3 KStG) steuerneutral bleiben,[24] hängen dabei erwerbsbedingt anfallende Geldbeschaffungs- und Nebenkosten potenziell ausschließlich mit steuerfreien Erträgen zusammen. Sofern kein Anwendungsfall des § 10a oder des § 10 Abs 4 KStG vorliegt, sind mit dem Erwerb von internationalen Schachtelbeteiligungen zusammenhängende Geldbeschaffungs- und Nebenkosten somit gemäß § 12 Abs 2 TS 1 KStG vom Abzug ausgeschlossen.

Demgegenüber ist § 12 Abs 2 TS 1 KStG in jenen Fällen, in denen sowohl die laufenden Einkünfte als auch die Substanzeinkünfte steuerwirksam sind, grundsätzlich nicht anwendbar. Beim fremdfinanzierten Erwerb einer Beteiligung, bei der sowohl die laufenden Einkünfte als auch die Substanzeinkünfte beim Anteilseigner steuerwirksam sind, können die erwerbsbedingt anfallenden Aufwendungen und Ausgaben somit auch dann steuermindernd geltend gemacht werden, wenn sie nicht unter § 11 Abs 1 Z 4 KStG fallen. Eine Einschränkung kann sich in solchen Fällen aber nach Maßgabe der in § 12 Abs 1 Z 9 und Z 10 KStG enthaltenen Abzugsverbote ergeben.

Unklar ist, wie bei fremdfinanziert erworbenen In- und Auslandsbeteiligungen iSd § 10 Abs 1 Z 1–6 KStG vorzugehen ist.[25] Zwar bleiben in diesen Fällen die laufenden Erträge grundsätzlich ebenfalls steuerfrei,[26] Substanzeinkünfte sind jedoch steuerwirksam. Die beim fremdfinanzierten Erwerb solcher Beteiligungen anfallenden Aufwendungen und Ausgaben hängen somit potenziell sowohl mit steuerneutralen als auch mit steuerwirksamen Erträgen zusammen. Nach der Rechtsprechung des VfGH ist daher im *„im Veräußerungszeitpunkt fest[zustellen], ob und in welchem Ausmaß die Erwerbsquelle ‚Beteiligung' zu steuerfreien oder steuerpflichtigen Einkünften geführt hat".*[27] Dabei ist zunächst von einem das Abzugsverbot

---

24   Es besteht allerdings gemäß § 10 Abs 3 Z 1 KStG die Möglichkeit, zur Steuerwirksamkeit der Wertänderungen internationaler Schachtelbeteiligungen zu optieren.
25   Die folgenden Ausführungen gelten in bestimmten Fällen auch bei fremdfinanziert erworbenen internationalen Schachtelbeteiligungen, wenn zB im Jahr der Anschaffung gemäß § 10 Abs 3 Z 1 KStG zur Steuerpflicht optiert wird.
26   Eine Ausnahme besteht bei Auslandsbeteiligungen allerdings in den Fällen des § 10a und des § 10 Abs 4 KStG.
27   VfGH 25.6.1998, B 125/97, VfSlg 15.229.

auslösenden Zusammenhang mit den steuerfreien Beteiligungserträgen auszugehen. Zum Zeitpunkt der Veräußerung können die vorläufig vom Abzug ausgeschlossenen Geldbeschaffungs- und Nebenkosten jedoch unter Umständen nachträglich geltend gemacht werden. Fraglich ist jedoch, wie festzustellen ist, inwieweit die Geldbeschaffungs- und Nebenkosten mit steuerfreien und inwieweit sie mit steuerpflichtigen Einkünften zusammenhängen.

Bis zur Einführung des § 11 Abs 1 Z 4 KStG stellte sich diese Frage in Bezug auf sämtliche Fremdkapitalkosten. Nach einigen literarischen Diskussionen[28] setzte sich dabei die Ansicht durch, dass die Fremdkapitalkosten insoweit abzugsfähig sind, als sie den Gesamtbetrag der (steuerfreien) Beteiligungserträge übersteigen, die zwischen Erwerb und Veräußerung der Beteiligung erzielt wurden (betragsmäßige Saldierung).[29] Mittlerweile ist aber zwischen Zinsen einerseits und Geldbeschaffungs- und Nebenkosten andererseits zu differenzieren. Zinsen sind – sofern dem kein (anderes) Abzugsverbot entgegensteht – gemäß § 11 Abs 1 Z 4 KStG ohnehin abzugsfähig. Daher ist nur mehr bei Geldbeschaffungs- und Nebenkosten festzustellen, inwieweit sie mit steuerfreien und mit steuerpflichtigen Einkünften zusammenhängen. Dabei sind unterschiedliche Vorgehensweisen denkbar:

Eine Möglichkeit bestünde darin, die gemäß § 11 Abs 1 Z 4 KStG ohnehin abzugsfähigen Zinsen außer Betracht zu lassen. Geldbeschaffungs- und Nebenkosten wären demnach nur insoweit abzugsfähig, als sie den Gesamtbetrag der (steuerfreien) Beteiligungserträge übersteigen, die zwischen Erwerb und Veräußerung der Beteiligung erzielt wurden.

Alternativ wäre es aber ebenso denkbar, jenen Betrag als abzugsfähig anzusehen, um den die Summe aus den gemäß § 11 Abs 1 Z 4 KStG abzugsfähigen Zinsen und den von § 12 Abs 2 TS 1 KStG erfassten Geldbeschaffungs- und Nebenkosten den Gesamtbetrag der (steuerfreien) Beteiligungserträge übersteigt, die zwischen Erwerb und Veräußerung der Beteiligung erzielt wurden. Ist dieser Differenzbetrag aber zB niedriger als die gemäß § 11 Abs 1 Z 4 KStG abzugsfähigen Zinsen, stellt sich die (Folge-)Frage, ob überhaupt noch Raum für einen Abzug der Geldbeschaffungs- und Nebenkosten bleibt. Dies lässt sich anhand folgenden Beispiels veranschaulichen:

---

28 Für einen Überblick über die im Schrifttum diskutierten Methoden vgl *Marchgraber*, Fremdfinanzierter Beteiligungserwerb, in *Lang/Schuch/Staringer/Storck* (Hrsg), Aktuelle Fragen der Konzernfinanzierung (2013) 133 (141 ff).

29 Diese Methode geht auf einen Vorschlag von *Michael Lang* zurück (vgl *Lang*, Neue Rechtsprechung des VfGH zum Fremdkapitalzinsenabzug, SWK 1998, S 733 [S 737]; *Lang*, Ermittlung der abzugsfähigen Fremdkapitalzinsen bei Beteiligungsveräußerung, RdW 1999, 107 (108); zustimmend *Bergmann*, Die Reichweite des steuerlichen Abzugsverbotes von Aufwendungen für Beteiligungen und Kapitalveranlagungen mit DBA-Vorteilen, in *Bergmann* [Hrsg], Praxisfragen des Körperschaftsteuerrechts – FS Werilly [2000] 31 [44 f]), wurde von der Finanzverwaltung übernommen (KStR 2013 Rz 1281; zuvor bereits KStR 2001 Rz 1212) und mittlerweile auch vom VwGH akzeptiert (VwGH 22.12.2005, 2004/15/0142).

Beispiel

Für den fremdfinanzierten Erwerb einer Beteiligung an einer österreichischen Kapitalgesellschaft fallen EUR 12.000 an Zinsen und EUR 3.000 an Geldbeschaffungs- und Nebenkosten an. Beim Verkauf der Beteiligung zeigt sich, dass seit dem Erwerb EUR 9.000 an steuerfreien Dividenden vereinnahmt wurden. Die Summe aus Zinsen sowie Geldbeschaffungs- und Nebenkosten übersteigt den Gesamtbetrag der Dividenden um EUR 6.000. Da die Zinsen iHv EUR 12.000 ohnehin abzugsfähig sind, lässt sich vertreten, dass für einen Abzug der Geldbeschaffungs- und Nebenkosten kein Raum mehr bleibt. Alternativ könnte man aber auch die Ansicht vertreten, dass aufgrund des Verhältnisses des Betrags von EUR 6.000 und dem Gesamtbetrag der Zinsen und der Geldbeschaffungs- und Nebenkosten von EUR 15.000 sowohl von den Zinsen als auch von den Geldbeschaffungs- und Nebenkosten zumindest ein Anteil von 40 % abzugsfähig sein sollte. Dies würde bedeuten, dass auch von den Geldbeschaffungs- und Nebenkosten ein Betrag von EUR 1.200 abzugsfähig wäre.

Alle diese Auslegungsvarianten erscheinen vertretbar. Welche sich letztlich durchsetzen wird, bedarf einer Klärung durch die Gerichte.

4. Die Zuordnungsfreiheit bei Fremdfinanzierungen

Der VwGH anerkennt, dass es aus betriebswirtschaftlicher Sicht zwar *„keine Möglichkeit der unmittelbaren Zuordnung von Schulden zu bestimmten Aufwendungen oder bestimmten Wirtschaftsgütern"* gibt. Es ist *„bei Bargeld grundsätzlich nicht feststellbar [...], welcher Schilling gerade welche Ausgabe deckt"*.[30] Das Steuerrecht fordert nach der Ansicht des VwGH aber eine solche Zuordnung, um abzugsfähige Werbungskosten und Betriebsausgaben von nicht abzugsfähigen Privataufwendungen abgrenzen zu können. Daher sei *„es Aufgabe der Rechtsprechung des Verwaltungsgerichtshofes, Kriterien für die Zuordnung von Fremdkapital herauszuarbeiten"*.[31]

Nach der Rechtsprechung des VwGH kommt es für die Abgrenzung von privaten und betrieblichen Schulden auf die Mittelverwendung an: *„Ein Kredit stellt eine betriebliche Verbindlichkeit dar, wenn die verfügbar gewordenen finanziellen Mittel betrieblichen Zwecken dienten."*[32] Ob eine betriebliche Veranlassung besteht, hängt somit von der Mittelverwendung im Zeitpunkt der Schuldaufnahme ab.[33] Eine nachträgliche Umwidmung einer bestimmten Wirtschaftsgütern oder Aufwendungen wirtschaftlich zuordenbaren Verbindlichkeit ist grundsätzlich nicht möglich.[34] Eine (Quasi-)Umwidmung könnte von der VwGH-Rechtsprechung

---

30 VwGH 15.3.1988, 87/14/0071.
31 VwGH 30.9.1999, 99/15/0106.
32 VwGH 16.12.2015, 2013/15/0148; weiters VwGH 2.9.2009, 2008/15/0062; VwGH 13.9.2006, 2002/13/0108; VwGH 24.2.2005, 2000/15/0057; VwGH 28.3.2000, 96/14/0104; VwGH 30.9.1999, 99/15/0106, 0107; VwGH 29.6.1999, 95/14/0150; VwGH 16.11.1993, 89/14/0158; VwGH 27.1.1998, 94/14/0017; VwGH 16.11.1993, 89/14/0163.
33 VwGH 23.3.2000, 97/15/0164.
34 VwGH 30.9.1999, 99/15/0106; VwGH 23.4.2001, 2001/14/0044.

allenfalls in jenen Fällen gedeckt sein, in denen ein erst im Nachhinein aufgenommener Kredit nachweislich der Finanzierung einer bereits vor der Kreditaufnahme erfolgten Investition dient.[35]

Steht fest, dass eine Verbindlichkeit nicht privat veranlasst ist, bedeutet dies noch nicht, dass die daraus resultierenden Zinsen als Betriebsausgaben abzugsfähig sind. Finanziert zB eine natürliche Person damit die Anschaffung einer Beteiligung an einer Kapitalgesellschaft, steht dem Betriebsausgabenabzug die Regelung des § 20 Abs 2 EStG entgegen. Dass ein von diesem Abzugsverbot geforderter unmittelbarer wirtschaftlicher Zusammenhang zu „schädlichen" Einkünften vorliegt, ist von der Abgabenbehörde nachzuweisen.[36] Im Zweifel darf kein das Abzugsverbot auslösender Zusammenhang unterstellt werden. Ist sich nämlich *„ein Kaufmann dessen bewusst [...], dass er Zinsen für aufgenommenes Fremdkapital nicht als Betriebsausgaben absetzen kann, wenn er das Fremdkapital unmittelbar für die Erzielung nicht steuerpflichtiger Einkünfte verwendet, so wird er bestrebt sein, die Fremdmittel vorrangig für andere Zwecke zu verwenden und die begünstigten Einkünfte mit Eigenmitteln zu finanzieren. Ein solches aus steuerlicher Sicht sinnvolles Verhalten kann grundsätzlich auch einem Kreditunternehmen unterstellt werden."*[37]

Der Nachweis kann von der Abgabenbehörde nicht mittels eines Verweises auf statische Bilanzrelationen erbracht werden. Ansonsten blieben zB das gesamte Innenfinanzierungspotential sowie die Mittelbeschaffung durch Vermögensumschichtung unberücksichtigt.[38] Es bedarf daher eines Nachweises, welche konkreten Finanzierungsmittel für die Investition verwendet wurden, oder zumindest darüber, dass nicht ausreichend liquide Mittel aus der Innen- und Beteiligungsfinanzierung vorhanden waren, um die Investition vollständig abzudecken.[39] Verfügt ein Steuerpflichtiger somit zum Zeitpunkt einer Investition über genügend Liquidität aus der Innen- und Beteiligungsfinanzierung, um die damit einhergehenden Kosten abdecken zu können, können die Fremdfinanzierungskosten nur dann einem Abzugsverbot unterliegen, wenn die Finanzverwaltung nachweist, dass diese Investition dennoch aus Fremdmitteln finanziert wurde.[40]

---

35 IdS VwGH 20.10.2010, 2007/13/0084.
36 EStR 2000 Rz 1428.
37 VwGH 20.10.1999, 94/13/0027; VwGH 31.5.2000, 95/13/0138.
38 VwGH 20.10.1999, 94/13/0027; weiters *Zöchling*, Zinsabzugsverbot und bilanzielle Kapitalstruktur, ÖStZ 2000, 4 (4 ff).
39 Wenngleich die Beweislast bei der Abgabenbehörde liegt, bedarf es einer Mitwirkung des Steuerpflichtigen (vgl *Kotschnigg*, Grundsatzentscheidung zum Fremdkapitalzinsenabzug bei steuerfreien Einnahmen, SWK 1999, S 803 [S 806]). Die Mitwirkungspflicht darf jedoch nicht derart strapaziert werden, dass es im Ergebnis einer Beweislastumkehr gleichkommt (vgl *Schilcher*, Grenzen der Mitwirkungspflichten im Lichte des Gemeinschaftsrechts [2010] 99 f).
40 Ein solches Verständnis muss auch auf jene Fälle übertragbar sein, in denen es darum geht, festzustellen, ob eine Schuld der Finanzierung privater oder betrieblicher Zwecke dient: Sind ausreichend (gegebenenfalls entnahmefähige) Eigenmittel vorhanden, um die private Lebensführung zu finanzieren, kann im Zweifel von einer betrieblichen Veranlassung der Fremdmittelaufnahme ausgegangen werden.

Kann die ein Abzugsverbot nach sich ziehende Investition nur teilweise aus der Liquidität aus der Innen- und Beteiligungsfinanzierung finanziert werden, stehen aber Mittel aus unterschiedlichen Verbindlichkeiten zur Verfügung, stellt sich die Frage, welche Fremdmittel zur Abdeckung des (Rest-)Finanzierungsbedarfs verwendet werden. Die VwGH-Rechtsprechung spricht für eine Zuordnungsfreiheit des Steuerpflichtigen: Im Zweifel kann davon ausgegangen werden, dass der Finanzierungsbedarf mit jenen Fremdmitteln abgedeckt wird, die den geringsten steuerlichen Schaden nach sich ziehen. Dies kann zB bei (nicht konzerninternen) Beteiligungserwerben einer Kapitalgesellschaft relevant sein. Steht nicht ausreichend Liquidität aus der Innen- und Beteiligungsfinanzierung zur Verfügung, sind die Geldbeschaffungs- und Nebenkosten jener Verbindlichkeit, die den restlichen Finanzierungsbedarf deckt, vom Abzugsverbot des § 12 Abs 2 TS 1 KStG bedroht. Sind liquide Mittel aus mehreren Verbindlichkeiten mit unterschiedlichen Konditionen (und damit unterschiedlich hohen Geldbeschaffungs- und Nebenkosten) vorhanden, können im Zweifel die Verbindlichkeiten mit den geringsten Geldbeschaffungs- und Nebenkosten dem Erwerb zugeordnet werden.

5. Fremdfinanzierte Erwerbe von Personengesellschaftsanteilen

Wird ein Anteil an einer Personengesellschaft fremdfinanziert erworben, führen die dafür anfallenden Zinsen zu Sonderbetriebsausgaben oder -werbungskosten des neuen Gesellschafters.[41] Diese sind in der Erklärung der Einkünfte von Personengesellschaften geltend zu machen.[42] Werden über die Personengesellschaft Einkünfte bezogen werden, die beim Gesellschafter steuerfrei bleiben oder einem besonderen Steuersatz gemäß § 27a Abs 1 oder § 30a Abs 1 EStG unterliegen, stellt sich die Frage, ob die Fremdfinanzierungszinsen dem Abzugsverbot des § 20 Abs 2 EStG oder dem des § 12 Abs 2 KStG unterliegen.[43]

Gemäß § 32 Abs 2 EStG stellt „[d]ie Anschaffung [...] einer unmittelbaren oder mittelbaren Beteiligung an einer Personengesellschaft [...] eine Anschaffung [...] der anteiligen Wirtschaftsgüter dar". In vergleichbarer Weise normiert § 24 Abs 1 lit e BAO, dass „Wirtschaftsgüter, die mehreren Personen ungeteilt gehören, [...]

---

41 Vgl zB *Matzka*, Optimale Rechtsform im Konzern: Kapital- und Personengesellschaften im Vergleich, in *Fraberger/Baumann/Plott/Waitz-Ramsauer* (Hrsg), Handbuch Konzernsteuerrecht² (2014) 43(51); *Staringer* in *Bertl/Eberhartinger/Egger/Kalss/Lang/Nowotny/Riegler/Schuch/Staringer* (Hrsg), Die Personengesellschaft im Unternehmens- und Steuerrecht 221.
42 Vgl *Drapela/Knechtl/Wagner*, Die Personengesellschaft in der Steuererklärung 2016 (2017) Rz E5. Wenngleich die §§ 21 Abs 2 Z 2, 22 Z 3 und 23 Z 2 EStG bei vermögensverwaltenden Personengesellschaften nicht anwendbar sind, erfolgt die Berücksichtigung von Fremdfinanzierungszinsen bei solchen Gesellschaften nach hA analog als Sonderwerbungskosten. Vgl zB *Haselsteiner*, Die vermögensverwaltende Personengesellschaft (2017) 147; *Bergmann*, Personengesellschaften im Ertragsteuerrecht (2009) 118.
43 Vgl *Marchgraber* in *Bergmann/Kalss* (Hrsg), Rechtsformwahl, 891 ff.

diesen so zuzurechnen [sind], *als wären sie nach Bruchteilen berechtigt"*. Demnach ist der fremdfinanzierte Erwerb eines Personengesellschaftsanteils steuerlich als eine fremdfinanzierte Anschaffung der von der Personengesellschaft gehaltenen Wirtschaftsgüter anzusehen. Ob die Fremdkapitalzinsen abzugsfähig sind, richtet sich somit – wie bei jedem anderen fremdfinanzierten Erwerb eines Wirtschaftsguts – danach, welche Einkünfte mit diesen Wirtschaftsgütern erzielt werden (können).[44]

Geht man davon aus, dass trotz Zwischenschaltung der Personengesellschaft ein unmittelbarer wirtschaftlicher Zusammenhang mit den von der Personengesellschaft erzielten Einkünften besteht, stellt sich die Frage, welchen der von der Personengesellschaft im Erwerbszeitpunkt gehaltenen Wirtschaftsgüter[45] die Fremdmittel zuzuordnen sind.[46] So könnte für steuerliche Zwecke unterstellt werden,

---

44 Der Anwendung des Abzugsverbots des § 20 Abs 2 EStG und des § 12 Abs 2 KStG könnte entgegengehalten werden, dass aufgrund der zwischengeschalteten Personengesellschaft womöglich kein unmittelbarer, sondern nur ein mittelbarer wirtschaftlicher Zusammenhang mit den erzielten Einkünften vorliegt. Nach der VwGH-Rechtsprechung bedarf es für die Anwendbarkeit des § 12 Abs 2 TS 1 KStG eines klar abgrenzbaren, objektiven wirtschaftlichen Zusammenhangs (VwGH 16.12.1986; 84/14/0127; 3.6.1987, 86/13/0201; 16.2.1988, 87/14/0051; 10.10.1996, 94/15/0187; 20.11.1996, 96/15/0188; 22.10.2002, 2002/14/0030; 14.1.2003, 97/14/0073; 2.6.2004, 2003/13/0074; 8.7.2009, 2008/15/0031; 30.3.2011, 2008/13/0008). Die Einnahmen und Ausgaben müssen durch dasselbe Ereignis veranlasst sein oder es muss zumindest ein enger, nicht durchbrochener Konnex zwischen den maßgeblichen Ereignissen bestehen (UFS 28.9.2006, RV/0262-K/05; 7.3.2007, RV/0204-G/03; 22.3.2007, RV/0093-K/06; 21.4.2008, RV/0825-I/07; 24.2.2009, RV/3360-W/08; 19.6.2009, RV/0414-S/06; 24.6.2009, RV/0497-G/08; 6.7.2011, RV/0068-L/06; 21.9.2011, RV/2005-W/11; 18.10.2011, RV/0157-K/09; 1.12.2011, RV/1334-L/11; 16.5.2012, RV/0777-I/10; 24.9.2013, RV/0450-F/10). Eine solche Veranlassung durch dasselbe Ereignis liegt beim fremdfinanzierten Erwerb eines Personengesellschaftsanteils wohl vor, denn sowohl die über die Personengesellschaft erzielten Einkünfte als auch die Fremdfinanzierungsaufwendungen sind durch den Erwerb veranlasst. Insofern ist fraglich, ob die Unmittelbarkeit aufgrund der zwischengeschalteten Personengesellschaft verneint werden kann.

45 Wird zB ein Personengesellschaftsanteil fremdfinanziert erworben und veräußert die Personengesellschaft in weiterer Folge sämtliche Wirtschaftsgüter, sind die damit erzielten Einkünfte steuerlich anteilig den Gesellschaftern zuzurechnen. Werden damit neue Wirtschaftsgüter erworben, erfolgt dies aus der Sicht der Personengesellschaft nicht mit Fremd-, sondern mit Eigenmitteln. Steuerlich gilt zwar das Durchgriffsprinzip, sodass jeder Gesellschafter anteilig die neuen Wirtschaftsgüter erwirbt und daher aus der Sicht der Gesellschafter zu beurteilen ist, ob der (anteilige) Erwerb fremd- oder eigenfinanziert wird. Selbst jenen Gesellschaftern, die ihren Personengesellschaftsanteil fremdfinanziert erworben haben und deren entsprechende Verbindlichkeiten noch nicht getilgt sind, wird man aber nicht unterstellen können, dass die ursprünglich aufgenommenen Fremdmittel für den Erwerb der neuen Wirtschaftsgüter herangezogen werden. Daher besteht kein eindeutiger Zusammenhang zu bestimmten Einkünften mehr, sodass es am von § 20 Abs 2 EStG und § 12 Abs 2 KStG geforderten unmittelbaren wirtschaftlichen Zusammenhang fehlt. Nach der Verwaltungspraxis sind die zur Finanzierung des veräußerten Wirtschaftsgutes aufgenommenen Fremdmittel aber „*weiterhin eine betrieblich veranlasste Schuld*" (EStR 2000 Rz 1425). Dieses Verständnis steht mit der Rechtsprechung des VwGH in Einklang. Demnach hängt nämlich die Frage, ob eine betriebliche Veranlassung besteht, von der Mittelverwendung im Zeitpunkt der Schuldaufnahme ab (VwGH 23.3.2000, 97/15/0164). Eine nachträgliche Umwidmung einer bestimmten Wirtschaftsgütern oder Aufwendungen wirtschaftlich zuordenbaren Verbindlichkeit ist daher grundsätzlich nicht möglich (VwGH 30.9.1999, 99/15/0106; VwGH 23.4.2001, 2001/14/0044).

46 Alternativ wäre es zwar denkbar, von einem unmittelbaren wirtschaftlichen Zusammenhang mit sämtlichen dem Gesellschafter zurechenbaren Einkünften der Personengesellschaft auszugehen und die Höhe der abzugsfähigen Fremdkapitalkosten von der Zusammensetzung der dem Gesellschafter zurechenbaren Einkünfte der Personengesellschaft im jeweiligen Veranlagungsjahr abhängig zu machen.

dass jedes von der Personengesellschaft gehaltene Wirtschaftsgut anteilig fremdfinanziert erworben wird. Für die Fremdfinanzierung anfallende Kosten wären daher in jenem Ausmaß abzugsfähig, das dem Verhältnis des Verkehrswertes jener Wirtschaftsgüter, die zu keinen das Abzugsverbot auslösenden Einkünften führen, zum Verkehrswert sämtlicher Wirtschaftsgüter (jeweils einschließlich eines allfälligen Firmenwertes) entspricht.

Überzeugender ist es jedoch, auf jene Rechtsprechung des VwGH abzustellen, wonach davon auszugehen ist, dass Steuerpflichtige Fremdmittel vorrangig zur Finanzierung jener Wirtschaftsgüter verwenden, die zu keinen ein Abzugsverbot auslösenden Einkünften führen.[47] Demnach sind die Fremdmittel iSd VwGH-Rechtsprechung vorrangig dem Erwerb jener Wirtschaftsgüter wirtschaftlich zuzurechnen, die zu keinen das Abzugsverbot auslösenden Einkünften führen.

6. Würdigung

Die Akquisitionsfinanzierung wirft seit jeher zahlreiche diffizile Fragen auf. Selbst nach Jahrzehnten finden sich neue Aspekte zu altbekannten oder stellen sich überhaupt gänzlich neue Rechtsfragen. Angesichts der praktischen Bedeutung dieses Themengebiets ist dies nicht überraschend. Die Praxisrelevanz ist wohl auch der Grund, warum der Gesetzgeber immer wieder Anpassungen der rechtlichen Rahmenbedingungen vornimmt. Nicht immer trägt dies zur Vereinfachung der Rechtslage bei. Ob sämtliche im Gesetz angelegten Differenzierungen rechtspolitisch überhaupt notwendig sind, ist fraglich. So liegt es zB nicht auf der Hand, warum es einer Unterscheidung zwischen Zinsen einerseits und Geldbeschaf-

---

Erzielt der Gesellschafter über die Beteiligung an der Personengesellschaft zB in einem Kalenderjahr dem progressiven Tarif unterliegende Einkünfte iHv EUR 50.000 und einem Sondersteuersatz unterliegende Einkünfte in Höhe von ebenfalls EUR 50.000, wären nach diesem Verständnis die beim Gesellschafter anfallenden Fremdkapitalkosten nur zu 50 % als Sonderbetriebsausgaben oder -werbungskosten abzugsfähig. Eine solche Vorgehensweise steht aber im Widerspruch zur Rechtsprechung des VwGH iZm der steuerlichen Behandlung von Fremdkapitalkosten beim fremdfinanzierten Erwerb von Anteilen an Kapitalgesellschaften. Nach der Rechtsprechung des VwGH stehen solche Fremdkapitalkosten mit den Beteiligungserträgen in einem unmittelbaren wirtschaftlichen Zusammenhang (so zB VwGH 16.2.1988, 87/14/0051; 8.6.1988, 87/13/0068; 20.9.1989, 88/13/0072; 10.12.1991, 89/14/0064; 20.11.1996, 96/15/0188; 20.9.1989, 88/13/0072; 10.12.1991, 89/14/0064; 10.10.1996, 94/15/0187; differenzierend BFH 25.10.1966, I 26/64, BStBl III 1967, 92; 21.2.1973, I R 26/72, BStBl II 1973, 508; 5.12.1984, I R 62/80, BStBl II 1985, 311; BFH 29.5.1996, I R 21/95, BStBl 1997, 63). Dieser Zusammenhang besteht dem VwGH zufolge unabhängig davon, ob im jeweiligen Veranlagungszeitraum tatsächlich steuerfreie Beteiligungserträge vereinnahmt werden, weil es nicht auf einen zeitlichen, sondern vielmehr auf einen wirtschaftlichen Zusammenhang ankommt (so zB VwGH 20.11.1996, 96/15/0188; 10.10.1996, 94/15/0187; 20.9.1989, 88/13/0072; 8.6.1988, 87/13/0068; 16.2.1988, 87/14/0051. Nach der Auffassung des VwGH kann ein unmittelbarer wirtschaftlicher Zusammenhang selbst dann vorliegen, wenn die Fremdkapitalaufnahme dem Beteiligungserwerb zeitlich nachgelagert ist (VwGH 20.10.2010, 2007/13/0085; vgl dazu *Marchgraber*, Nachträgliche Fremdfinanzierung eines Beteiligungserwerbs, ecolex 2011, 79 [79 f])). Vor diesem Hintergrund wäre es somit inkonsistent, bei fremdfinanzierten Erwerben von Personengesellschaftsanteilen auf die im jeweiligen Veranlagungszeitraum anfallende Einkünftezusammensetzung abzustellen.

47 VwGH 20.10.1999, 94/13/0027.

fungs- und Nebenkosten andererseits in § 11 Abs 1 Z 4 KStG bedarf. Sofern nicht budgetäre Überlegungen dahinterstehen, würde die Aufgabe dieser Differenzierung zur Vereinfachung der Rechtspraxis beitragen, zumal auch manche der in diesem Beitrag aufgeworfenen Fragen dadurch obsolet werden würden.